ロジャー・オーウェン
Roger Owen

山尾 大／溝渕正季 訳

現代中東の
国家・権力・政治

State, Power and Politics
in the Making of the
Modern Middle East
3rd Edition

明石書店

日本語版への序文

本書が日本語に翻訳されたことをとても嬉しく思う。私は、本書が原語で外務省の中東専門家に読まれていることは耳にしていたが、このたび、山尾大氏（九州大学）と溝渕正季氏（名古屋商科大学）の尽力によって、より広く日本の読者の手に届くようになったことを、おおいに喜びたい。

私は、現代中東政治史の重要な特徴を理解するための入門書となることを願って本書を執筆した。本書では、主たる政治アクターと、そのアクターが重要な政治的役割を果たし続けることを可能にする構造との関係を記述することを、とりわけ重視した。だからこそ、二〇一一年のアラブ動乱に端を発する一連の大きな政変や、中東に住む多くの人々の政治的アイデンティティの拠り所としての宗教や宗派主義の再興といった、それにともなって中東各地でみられた最近の展開を盛り込んだ加筆修正がなされていないにもかかわらず、本書が繰り返し読まれ、評価を得てきたのではないかと、私は思う。

中東は依然として最も重要な地域の一つである。というのも、三大世界宗教の発祥地であり、巨大な天然資源を抱えており、さらに政治的に不安定で、国家にもとづく安定した正当な政治秩序を構築できていないからである。そのうえ、中東政治は、一般に誤った理解に晒されており、不幸にも、中東政治分析はしばしば過度に単純化された図式に陥ってしまうか、あるいは思慮のない単純な言葉で語られる傾向があまりに強い。本書が、一般読者の包括的な中東政治理解の一助となり、それがシンクタンクの報告書を超えた広い解釈へとつながるよう、心より願っている。

ロジャー・オーウェン
ハーバード大学中東政治史・名誉教授

およそ三〇年前、地質学者は観察に徹するべきであり、理論化を志向すべきではない、とさかんに言われていた。こうした言説に従い、砂利採取場へ行き、小石の数を数え、その色を記述することのみに徹したとしても、それはそれで結構なことだと誰かが言っていたことを、私はよく覚えている。だが、全ての観察は、それが何かの役に立つものであろうとするならば、既存の見方に賛成か反対かの見解を示すべきだ。このように誰も考えないということは、なんと奇妙なことであろうか。

チャールズ・ダーウィンからヘンリー・ファウセットへ、一八六一年

目次

図表一覧

序文

本書の第一版のほとんどは、一九八〇年代後半に書かれたものである。その後に発生した主要な出来事をふまえ、一九九九年と二〇〇三年に二度改訂版を刊行した。その間、冷戦が終結し、湾岸戦争とイラク戦争が勃発し、イスラエル・パレスチナ和平交渉の進展や後退がみられた。そして、大幅な経済自由化が進み、少数ではあるがそれにともなって政治的自由化が進行した例もあった。こうした経験は、著者にとって良い教訓となった。とりわけ、二〇〇〇年に第二版を出版した直後に発生した、第二次インティファーダと二〇〇一年九月一一日の同時多発テロという二つの予想外の出来事は、重要であった。

改訂版を作るなかで、いくつかの誤りを正したり、同僚からの批判に応えたりすることができるようになった。同様に重要なことは、時間の経過にともなって、いくつかの大きな傾向がかつてより明確に浮き彫りになり、その特徴をより適切にとらえ、その意味と通底する論理を理解できるようになったことである。特に、私が中東の「再編」と呼んでいる現象は、時を経るごとに幾分違った形をとるようになった。多くのアラブ諸国の権威主義体制は、一九九〇年代前半に想定されたこととは裏腹に、経済的・政治的支配を断固として維持するために多数の手段に訴えていることが明らかになったのである。また、最近の研究では、体制側と主要な民間部門との関係を再編するための初期段階の政策が、始まったばかりの大幅な経済自由化の道をいかにして閉ざすことになるのか、という点が明らかになっている。

本書では、アラブ連盟に加盟する二〇カ国（モーリタニアとソマリアは除く）、イラン、イスラエル、そしてトルコによって構成される地域を中東ととらえている。これは、第二次世界大戦以前、英国で中近東として知られていた地域と概ね重なる。第二次大戦以降、戦争指導者であったウィンストン・チャーチルに倣って、英国では近東という名称は公式には使われなくなった（米国では時として使われることもあったが）。中東の歴史を描くにあたって、本書ではその対象を二〇世紀にほぼ限定した。ただし、現在の出来事を適切に理解するために必要だと思われる時に限って、それより以前の時代についても言及した。最後に、本書ではトルコを中東諸国に含めているが、それは同国が長年中東と密接に関わってきたからであり、また一九九〇年代を通じて、イラクとイスラエルを中心とする非ヨーロッパの近隣諸国といくつもの新しい関係を作り上げていったからである。

本書が対象とする読者層についても言及しておきたい。本書は主として専門家ではない人々を想定して書かれている。すなわち、日常的にニュースで取り上げられるにもかかわらず、依然として謎に包まれ、未来の予測が困難で、暴力によって彩られた独自の政治力学が作用しているようにみえる中東地域を理解するための入門書を求めている、欧米の読者が対象である。同時に本書は、中東についてより深く、より繊細な理解を必要としている人々、自らを中東との文化的な架け橋であると考える人々も対象としている。彼らは、まったく異なる環境で生きている人々の政治現象を説明する際に、しばしば自らの政治を分析するのと同じ枠組みを利用しがちである。エドワード・サイードらが鋭く指摘しているように、そこには多くの落とし穴が潜んでいる。とはいえ、より多くの人々に中東を理解してもらう必要があるならば、慣れ親しんだ分析枠組を使うことに起因するある程度のリスクは避けて通れないだろう。その上で、そうしたリスクを最小限にすることに意識を向けるべきである。私は、本書を執筆する過程で、本書が提示した分析が中東の人々にとっても意味の通るものであるか否か、という点に常に気を配っていた。なんといっても、この点は、西洋人が非西洋人の書いた西洋論を読むときの態度なのだから。

本書の狙いは、現代中東政治史について質の高い概説を提供することである。そのために、本書は、重要なトピックを選び出し、独自の解釈を加えている。単純な時系列的説明を求める読者は、他の著作を先に読まれたい。私自身は大学での講義で、M・E・ヤップ『第一次世界大戦以降の近東――一九九五年までの現代史』（第二版、ロングマン、一九九五年）や、ウィリアム・L・クリーブランド『現代中東史』（ウェストビュー・プレス、一九九五年［二〇一二年に第五版刊行]）を薦めている。その他にも、ワシントンDCのコングレッショナル・クォータリー社が毎年出している『中東』（二〇一五年三月時点での最新版は、二〇一三年のエレン・ラスト編、第一三版）、マリオン・ファルーク＝スラグレット、ピーター・スラグレット編『中東入門』（第三版、タイムス・ブックス、一九九六年）もよくまとまっている。

本書で扱う最初のテーマは、中東諸国の誕生と国家機構の創出、そして国家間の相互作用である。これらについては第一部で、歴史を振り返りつつ、とりわけ以下の点に着目することによって考察していく。すなわち、オスマン帝国崩壊から第一次世界大戦終結までの期間にみられた主権国家システムの成立、英国とフランスによる植民地主義の影響、独立直後の中央集権的な政治・行政権力の確立、そして一九三〇年代以降の中東に広くみられるようになった国家間関係の特別なパターン、である。第一部にはこれに加えて、イラン、トルコ、そしてイスラエルの政治史を簡単に分析する章も設けてある。これらの三カ国は、ほとんどのアラブ諸国と幾分異なる歴史経路を辿った。最後に、第一部には第二版以降、「一九九〇年代における中東政治の再編」と題するもう一つの新しい章を加えることにした。

第一部の分析を通して、いくつかの重要なトピックが浮上する。たとえば、政治・経済発展をめぐるポリティクス、ますます顕在化しつつある宗教の政治化という現象、そして軍の役割の変遷、などである。第二部では、こうした問題を詳細に分析する。さらに、労働組合、女性団体、そして一九九〇年代前半にパレスチナ暫定自治政府（PNA）が創出される前の西岸・ガザ地区におけるパレスチナ人の役割など、様々な非国家アクターの活動に焦点を当てた章も設けている。最後に、九・一一事件が中東に及ぼした衝撃を検証し、英米によるイラク占領の初期段階を分析した第一二章も加えた。

本書がこうした構成をとっている理由はいくつかある。第一に、国ごとに章を設けるような従来通りの構成にするには、国の数が多過ぎるためである。第二に、選挙はどのように実施されるのか、宗教と世俗の境界線はどこにあるのか、経済再建を進めるにあたり何が主要な政治的障害となるのか、といったいくつも重要な問題については、様々な国の事例を用いて比較考察を行うほうが、より有益な分析が可能になるためである。

第三に、中東の様々な国家や社会に共通する特徴とは何か、そもそもそういったものは存在するのか、といった問いに由来する問題が存在するためである。これは、地理的に区切られた特定の地域の政治を分析するにあたり、避けて通ることのできない最も困難な問題でもある。中東では、こうした問題は通常、宗教、人種、そして地理的条件といった地域全体に共通する要因に着目し、本質主義的、あるいは還元主義的な立場から議論されてきた。そうした観点からすれば、中東を一つにまとめ上げている要因や、中東で生じたあらゆる出来事を実質的に説明する要因は、「その地域の大多数の人々が、石油の富で潤い、砂漠で部族的生活を営むアラブ人でありムスリムである」、ということになる。これはもはやパロディであるが、こうした見方はしばしば、東洋についてのステレオタイプでなんの役にも立たない次のような考え方と結びつくことになる。すなわち、表面的な激動とは裏腹に、中東には部族主義や独裁体制、あるいは宗教の名の下に互いに殺し合う衝動といった不変の要因が内在している、というものである。

私に言わせれば、こうした見方はあまりに単純過ぎ、歴史的な変化に対しては何も言っていないに等しい。なんの説明にもなっていないのである。にもかかわらず、こうした見方は依然として、中東の人々や外部者による最近の中東研究にも深く埋め込まれている。それゆえに、こうした見方を覆すには多大なる労力を要するが、その最良の方法は、中東を終始一貫して非ヨーロッパ世界や第三世界の一部であると認識することである。これらの地域にある国々は、概ね似通った普遍的な歴史的展開を経験している。具体的には、植民地支配を受けた後に計画・統制経済が導入され、さらに、遅々として進まない経済自由化と継続する権威主義的な統治機構の組み合わせに至るという過程である。このようなアプローチを採用することの利点は多々ある。たとえば、これによって中東を国際的な比較研究の俎上に載せることが可能となり、比較政治学や社会学、経済学の膨大な先行研究に依拠することができるようになる。それに加え、権威主義体制の適応性や一党支配体制に内在する長期的な課題といった、緻密な検証が必要とされる普遍的なトピックを見出すことができるようになるのである。それに加え、こうした見方によって、中東は常に政治的・社会的・宗教的に特異である、という思い込みを退けることができる。同時に、中東例外論にもとづく説明に対して、ある種の代替的で説得的な議論を提供することもできるだろう。たとえば、イスラームこそが軍事政権を成立させるための要因であるという議論に対しては、政治的野心を持った軍人の台頭という現象は第三世界全般で普遍的にみられる現象だ、と反論することができるのである。

なお、本書は第一義的には英語圏の読者を対象としているため、フランス語やアラビア語の資料はやむを得ない場合を除いて引用しなかったことをお断りしておきたい。

ロジャー・オーウェン

ハーバード大学、二〇〇三年

謝辞

本書はもちろん印刷された書籍や文書に依拠しているが、なによりも私が初めてイスラエル、ヨルダン、レバノン、そしてエジプトを訪問した一九五五～五六年以降、中東で出会った全ての人々に多くを負っている。また、オックスフォード大学セントアントニーズ・カレッジ、ハーバード大学、ワシントンの中東調査情報プロジェクト（ＭＥＲＩＰ）のオフィス、あるいは英国の中東ディスカッション・グループにおける定例研究会、それからニューヨークやその他の場所で開催された社会科学研究委員会の部会である中近東合同委員会で、これまで長年にわたり中東政治をめぐって議論を交わしてきた数多くの友人や同僚からも特別な知的恩恵を受けている。

本書の各部分に有益なコメントを寄せてくれたジョエル・ベイニン、チャーラル・ケイダー、チャールズ・トリップ、ジェニー・ホワイトに、貴重なアイディアを援用させてくれたイスラエル・ゲルショーニー、ハーレド・ヘルミー、アン・レッシュ、ロイ・モッタヒダ、エリザベス・ピカード、ヤズィード・サーイグ、ジョン・スファキアナキス、マイケル・シャレブ、故ナズィーフ・アイユービーに、そして本書全体を通じて私の考え方に多大な影響を及ぼしているタラル・アサド、フーリー・イスラモグル、ガッサーン・サラーメ、ティム・ミッチェル、サーミー・ズバイダに、深く感謝したい。当然のことながら、本書の最終的な質については、彼らはいかなる意味においても責任を負っていない。

第一部　国家と国家建設

序論　中東の国家

第一部の第一章から第五章では、現代中東において多様な近代国家がどのように誕生し、定着していったのかという問題を取り上げる。これらの国家はいずれも、一九世紀後半から二〇世紀前半にかけて、オスマン帝国とペルシア帝国の版図を分割することで作り上げられたものである。次に第六章では、一九九〇年代にこれらの国家が「再編」されていったことを論じる。はじめに、本書で用いる「国家」の概念について説明しておく必要があるだろう。

「国家」という言葉には、日常的にしばしば混同される二つの意味がある。一つ目は、主権を持った政治的エンティティを指す。たとえば、独自の国境や国際連合の議席、そして国旗を持ち、国際的に承認を得ている政体のことである。二つ目は、行政権や司法権、規則を作り出す権力、そして強制力をあわせ持つ制度とその実践である。第一の意味で国家という言葉を使う場合には、その意味するところは極めて明確であり、中東の文脈では、アラブ諸国やイスラエル、トルコやイランを直接指して用いることができる。だが、第二の意味で国家という言葉を用いる場合は、いくつかの問題を含んでおり、さらなる説明が必要となる。

「国家」と呼ばれる政体の存在を最初に取り上げたのは、少なくともマキャベリーまで遡るヨーロッパの政治思想であった。しかし、最も重要な思想が生み出されたのは一八世紀のことで、その当時、ヘーゲルをはじめとする思想家が国家の定義について議論を繰り返していた。こうした議論は、おそらく最も影響力があるマックス・ウェーバーによる国家の定義へと結実していった。ウェーバーは国家を、「ある一定の領域内で、正当な物理的暴力の行使を独占的に（かつ実効的に）要求する人間集団」と定義した。

しかし、ウェーバーの定義にせよ、他のいかなる定義にせよ、コンセンサスを獲得した国家の定義は存在しない。この点はきちんと認識しておかねばならない。そして、「国家」という言葉は、近代世界の極めて多様な政治情勢やそれをめぐる論争について語り、分析し、正当化するために使われる多くの政治的語彙のなかで、不可欠なものになっている。最も一般的なのは、国家と社会、公と私、フォーマルとインフォーマルといった、現代政治を語るうえで必須となる相反概念の一方を指して、国家という言葉を用いる方法である。だが、他にも異なる意味で国家が使われることがある。たとえば、一九九七年に世界銀行がまとめた『世界開発レポート』では、「国家」は「政府」と同じ意味で用いられている。(1) 他にも、「王朝」や「体制」の延長線上の意味で用いられることもある。とはいえ、いずれの用法も問題がないわけではない。

概念上の混乱を示す一例として、上述の相反概念の一方を国家ととらえる用法についてみてみよう。その場合、国家と社会は異なるものだ、ということを意味しているのだろうか。もしそうであるなら、両者の境界線はどのように引かれるのだろうか。それは、たとえば公と私のあいだに存在する境界線と同じものなのだろうか。ある特定の目的を持って展開される議論においては、この点はそれほど問題ではないだろう。たとえば、国家の役割をめぐる議論をみると、国家機能の多くを民間企業に委譲すべきだと主張する多くの現代政治論では、国家と社会を分けることは問題にならないことがわかる。しかし、一般的に「汚職」と呼ばれる問題や闇経済、インフォーマル経済について真剣に分析しようとすれば、こうした単純な想定は極めて複雑な現実の理解を妨げることになる。現実には、国家と社会の境界線は穴だらけであるか、存在すらしないかもしれない。国家と社会を規定する要素はそれほど明確ではなく、多くのアクターは法的な障壁をほとんど感じないか、あるいはまったく感じることなく、国家の役割と社会の役割を演じ分けるかもしれない。

さらに、少なくともカール・マルクスまで遡る権威ある伝統にも注意を払わねばならない。マルクスは、国家を首尾一貫したものであると想定することは幻想であり、公の場で演じられる大胆な手品のようなものであると考えた。マルクスによれば、こうした手品を演じているのは自らの権力の拡大を希求する者である。彼らは、一見明確な国家という政体が、実際には首尾一貫したものではなく、党派や派閥の利害を競合させるツールである点、そして国家が一般的に信じられているよりもずっと混沌としているという現実を、覆い隠そうとしてきたという(2)。

この問題は、非ヨーロッパ世界全般、とりわけ中東に目を向けると、さらに複雑になる。国家を定義しようとする書物のほとんどは、「正当性」や「ヘゲモニー」、「権威」といった鍵概念となる語彙とともに、概してヨーロッパで書かれ、純粋にヨーロッパの経験にもとづいて論を展開してきた。こうした思想の一部は、ヨーロッパとはまったく異なる歴史や文化を持つ環境のなかでも意味をなすかどうかについてほとんど検証されないまま、ヨーロッパ以外の国家をめぐる議論に置き換えられた。つまり、中東の国家は、西洋の国家と同じような構造を持ち、同じような役割や発展経路を有していると想定されてきたし、現在もそう考えられているのである。言い換えるなら、中東の国家においても、西洋がそうであったように、戦争を遂行する過程で社会に対する国家の力が強化されていくはずだと想定された。そして、現代の西洋人と同じように、中東の人々が中央統制経済よりも市場のほうが資源をより適切に配分できるはずだと考えるようになると、中東の国家の力も減退するだろうと想定されるようになった。さらに、課税権力や戦争を遂行する力、そして社会に浸透して再編する能力についても、中東の国家はヨーロッパ諸国と同様の強靭さと脆弱性を備えているはずだ、と分析されるようになった。[3]とはいえ、こうした前提は常に正反対の見解も生み出していった。すなわち、中東に西洋的な国家像を当てはめることはできない、というのも、中東諸国には西洋的な近代国家の基盤や文化が欠如しているからだ、という議論である。そして、実際に政府を運営することが困難であるため、さらに国家の能力の欠如が際立つことになる、と論が展開される。[4]

このように、「国家」という言葉を二つ目の意味で用いる際には様々な問題がある。この点をふまえて、以下では、本書でこうした問題にどのように取り組むのかについて明らかにしたい。第一に、国家は狭義に解釈される傾向があるが、ここではより広い概括的な概念から議論を始めることが重要だろう。また、中東政治の重要な特徴を分析するにあたり、実際の障壁となる点を明らかにすることも、もちろん重要となる。そのため、本書はジョエル・ミグダルの概念を援用したい。というのも、彼は、ヨーロッパ以外の政治的エンティティを分析するのに適した国家の概念を提示しているからである。ミグダルは国家を次のように定義する。

国家とは、その指導部（行政権力）によって主導・調整される多数の機関から成る組織である。行政権力たる指導部は、必要であれば物理的な力を行使して、当該領域内の全ての人々に拘束力のある統治を実行し、他の社会組織を規定する規則を作りだす能力を有している。[5]

本書では、「抽象的な概念」として国家をとらえるナズィーフ・アイユービーの定義よりも、この定義を採用したい。というのも、アイユービーの「抽象的な概念」は、多くの社会科学の語彙の理論的特徴を注意深く考察する一方で、中東のほとんどの人々が認識する実態としての国家を否定しているようにみえるからである。中東の人々は、国家が現実に存在し、国家が「恐怖」（アイユービー独自の概念）の対象であり、[6]国家が善悪の判断をする際に相当な権力を行使している、という点を充分に認識しているのである。

第二に、中東の国家が西洋の国家と同じか否かという問題については、本書はサーミー・ズバイダの議論を援用する。ズバイダは、中東の国家はヨーロッパのそれと「似ている」と主張する。というのも、一九世紀以降、ヨーロッパ外部に新たな政治単位が作られる過程で、国家という形の組織が形成され続けたからである。国家以外に存続し得る代替案がなかったことが、その理由だと考えられる。ズバイダはこれを「強制的なモデル」と呼んでいる[7]。同様に、たとえば都市化のように、近代的な資本が発達した結果生じた社会経済的な基盤の上に国家が成立しているという点で、中東の国家は「近代」国家であると言ってよい。また、タラル・アサドが指摘しているように、二〇世紀になってようやく進行した社会の組織化が中東でもみられるようになったという点でも[8]、中東の国家は「近代」国家である。だが、中東の国家は西洋諸国とは極めて異なる歴史的環境のなかで誕生したという事実、そしてほとんどの場合、国家と大多数の市民との関係はヨーロッパと大きく異なるという事実は、強調しておかねばならない。無論、このことは、ヨーロッパのモデルだけでは単純に中東の国家の発展を予測することはできない、ということを意味する。

第三に、中東の文脈ではとりわけ、実際にはかなり曖昧な、国家（state）、体制（regime）、政府（government）のあいだの概念上の区別を明確にしておく必要がある。アラブ諸国については、この三つの概念は、一種のスペクトラム上に位置すると考えるとわかりやすい。つまり、一方の極にあるエジプトは、国家・体制・政府の区別が最も明確である。もう一方の極にあるのは湾岸諸国で、国家・体制・政府の区別が極めて曖昧である。そのため、湾岸諸国では、ある首長が率いる体制が終焉すると、その首長が構築し、支配してきた政治的エンティティも同時に消滅してしまう、と考えられるほどである。だからこそ、アラブ諸国の正当性について分析することは困難をともなうものである。というのも、ウェーバーの古典的なパラダイムとは異なり、アラブ諸国において多くの政治的・学問的注目を集めてきたのは、国家だけではなく体制そのものであり、体制が自らをイデオロギー的に正当化するために行ってきた様々な政策だからである。それは、イランも、場合によってはトルコも同様である。そして、市民の忠誠に対して常に猜疑心を向けている体制こそが、苦労して作り上げてきたごく少数の支持者をつなぎ止めるために、ほとんど躊躇なく市民を投獄し、拷問しているのである。

第四に、中東の国家は、ネーションという別の構築物とのあいだで、特別な問題を孕んだ関係にある。他の地域と同様に、中東で国家形成が進んだ時期には、現地の人々は多様なコミュニティの一員であると自認し、ほとんどの場合そのように行動することが当たり前であると考えていた。つまり、部族や宗教共同体の一員であると考える者もいれば、国家の領域にアイデンティティを見出す者もあり、パン・アラブ主義[i]やパン・トルコ主義、パン・イスラーム主義[ii]といった多様な超国家的アイデンティティを持つ者もいた。これに対して、いくつもの体制が、辺境の開拓やパスポートの導入、法律や課税制度の構築を通して国家形成のプロセスを整え、管理しようと試みてきた。体制側は常に、市民となる人々に対して単一のアイデンティティを植え付けようとしてきたのである。こうしたプロセスは、ズバイダが「国民的政治空間」と呼んだものが作られることによって促進されてきた。国民政治空間とは、独立後、全ての政治活動がそのなかに集中する空間のことである。新たな国境に囲まれたこの空間は、国境を超えた繋がりや関係を封じ込め、地方勢力による主張や利害関係を首都に向けさせた。そして、こうして主要な政治闘争の大半が、首都で繰り広げられるようになったのである。

国家形成のプロセスは、新たに主権を持ったエンティティを作り上げ、権力や支配の新たな中心を生み出した。これは概ね二〇世紀に成し遂げられた。本書が扱うのはこの時期の歴史である。第一部は連続する三つの段階、すなわち、植民地支配下の国家、独立直後の国家、そして権威主義体制下の国家に分けられる。いずれにも、独特な政治とその実践、そして特徴ある政策がみられる。第一章では、主要アラブ諸国における植民地支配下の国家と独立直後の国家について分析し、第二章と第三章で権威主義体制下の国家を扱う。第四章では、アラブ諸国の人々が共有する様々な連帯と、より大きな政治単位を希求しつつもその帰結に対して恐怖を抱いているという矛盾に着目し、アラブ諸国間の相互交渉のパターンを分析する。

イラン、イスラエル、トルコという非アラブ諸国の二〇世紀の歴史については、第一章と第五章で扱う。これらの三カ国は、アラブ諸国とは幾分異なる歴史的発展を辿った。いずれも、外国の侵入と支配の経験から強い影響を受けてきた。しかし、実際にはいずれの国家も、社会内部の強力な集団が自らの歴史経験と政治発展を充分に活用することによって国家形成を成し遂げた。それゆえ、これらの三カ国は、アラブ諸国と比べてより強固な連続性を持つことになり、国家・社会関係をより自由に制度化することが可能となった。最後に第六章では、中東政治システムの「再編」という概念を導入し、二〇世紀最後の一〇年間で生じた国家間関係のパターンを分析する。

i　アラブの統一を求める思想や運動、本書の第四章を参照のこと。

ii　イスラーム世界の統一と協力を目指す思想や運動を意味する。

第一章　帝国の終焉——現代中東諸国家の誕生

オスマン帝国の崩壊

二〇世紀初頭の中東地域は、約四〇〇年続いた世界帝国であるオスマン帝国の支配下にあった。オスマン帝国はヨーロッパの辺境を主要な領地としていたが、アラブ人が住む広大な地域をもその支配下に置いていた。それは今日、シリア、イラク、ヨルダン、北イエメン、そしてパレスチナ／イスラエルとして知られる地域を含む、地中海東部に広がっていた。さらに、英国にエジプトを奪われ、フランスにアルジェリアとチュニジアを占領されるなど、アフリカ大陸沿岸部の領土を喪失したものの、オスマン帝国は、北アフリカでもリビアのトリポリとベンガジ周辺に足場を維持していた。オスマン帝国の直接支配への反乱に対処しなければならなかったのは、東はペルシアとアラビア半島の中心部、西はモロッコといった帝国の辺境地域においてのみであった。その他の中東地域では、イスタンブルに絶対的な忠誠を誓う知事の支配が何世紀にもわたって続き、それがオスマン帝国の行政や文化的遺産を生み出し、数えきれないほど多くの点で政治に影響を与え続けた。

とはいえ、帝国の版図が極めて大きく、また地政学的に重要な位置にあったために、オスマン帝国の支配者は、一八世紀後半に生じた二つの大革命、すなわち、一七八九年以降のフランス革命と英国の産業革命によって勢力を伸ばしたヨーロッパと、一〇〇年にわたって対峙しなければならなった。具体的には次の二つのことが起こった。第一に、ヨーロッパ諸国がアフリカと西アジアに位置する帝国の辺境地域を少しずつ浸食し、ヨーロッパの影響力や植民地支配の空間を確立したことである。第二に、外国の支配からオスマン帝国を守るために帝国内部の支配構造を改革し、帝国の勢力を復興させる試みが繰り返されたことである。こうして、二〇世紀初頭に至るまで、帝国内の司法や軍、行政を刷新するための改革が継続的に実施された。だが、それとて、ヨーロッパの経済的・文化的なプレゼンスの高まりを回避できず、アナトリアのアルメニア人やレバノン山脈のマロン派キリスト教徒といった多くの帝国臣民のあいだに、初期のナショナリズム運動を生み出す結果となったのである。

こうしたプロセスがもたらした影響は、一九一四年の段階で、もはや無視できないものとなっていた。一連のバルカン戦争によってオスマン帝国はヨーロッパの残り少ない版図を喪失し、北アフリカのトリポリ周辺地域では、イタリアが帝国の弱みをついて攻撃を繰り返した。その間、一九〇八年の青年トルコ人革命によって権力を掌握した将校と官僚は、オスマン帝国の制度改革を加速させ、初期のトルコ・ナショナリズムを熱心に宣伝し始めた。だがそれは、これまで帝国の支配者であったトルコ人と、その主たるパートナーとみなされてきたアラブ人のあいだに楔を打ち込む危険性があった。実際、これによって多くのアラブ人将校や行政官の帝国に対する忠誠心が、多少なりとも損なわれることになった。とはいえ、アラブ人の国家を持つべきだという議論に至った者はほとんどいなかった。アラブ人にとっては、政治指導者としてのオスマン帝国スルタン[i]、そして、彼らがムスリム[ii]であれば、宗教指導者としてのス

i　一一世紀以降、スンナ派の政治権力者あるいは君主に与えられた称号を指す。
ii　イスラーム教徒を意味する。

ルタンがいない世界を想像することは困難であった。そして、独自の軍隊や国旗に加え、ヨーロッパに大使館を有するオスマン帝国こそが、ヨーロッパのさらなる侵略に対する唯一の保護者となり得ることは明らかであった。このことは、パレスチナの状況をみると最もよくわかる。パレスチナのアラブ人は、オスマン帝国がユダヤ人移民を封じ込めるために十分な努力をしていない点に懸念を深める一方、オスマン帝国から英仏へと支配者が代わるとシオニスト[i]の入植が認められるということを理解していた。これは一難去ってもより大きな困難が訪れることを意味していたのである。

　第一次世界大戦でオスマン帝国軍が英仏に敗退したことによって、中東全域が根本的に変わった。戦争中に締結された諸条約の結果、帝国のアラブ地域はいくつかの国家に分割され、戦勝国の支配下に置かれることとなった。つまり、シリアとレバノンはフランスの、イラクとパレスチナ、トランスヨルダンは英国の統治下に入ったのである。だが、英仏はあまり乗り気ではなかったが、時々アラブ人を政治の表舞台に起用することもあった。というのも、ヒジャーズ地方の支配者であったハーシム家に代表されるアラブ人が、オスマン帝国に対する戦争で英仏の軍事同盟者であったためである。また、英国人がしばしば「時代の精神」と呼んだものに譲歩したことも、その一因であった。「時代の精神」とは、米国をはじめとする国際連盟の創設者が提唱した自由や民族自決といった力強い概念に対して、全ての国が折り合いを付けなければならなかった、ということを示唆した言葉である。こうした概念が広がったために、政治支配の新たな装置として「委任統治」という言葉が発明され、英仏が中東諸国を所有することを正当化するために使われた。これは古典的な植民地支配の特徴をたくさん持っていたが、その一方で、委任統治権を持つ国家は国際的に承認されたガイドラインに従うことが要求された。具体的には、このガイドラインは、最終的な独立を準備する手段として新たな国家に立憲政府を確立することを要求していたのである。他にも、とりわけ委任統治下のパレスチナでは重要なガイドラインが適用され、英国は、ユダヤ人の国家を建設することを宣言した一九一七年一一月のバルフォア宣言の規定を実現することを、条約で規定されていた。

中東の新たな秩序は、多くの住民にすんなり受け入れられるようなものではなかった。イラクでは一九二〇年に一連の反英暴動が発生し、同じ年、パレスチナでも反英、反ユダヤ人の暴動が起こった。その間、フランスによるシリアの委任統治も同様の挑戦を受けた。具体的には、まずトルコ人が撤退した後にダマスカスで形成されたアラブ政府が反乱を起こし、次いで、地方で発生した一連の暴動が一九二五〜二七年に全国規模の反仏蜂起に繋がったのである。こうした挑戦は、いずれも委任統治下の領域内に封じ込められた。しかし、一九一四年に英国が保護国宣言をしたエジプトでは、ナショナリストがこの保護国化を強く拒絶し、パリ講和会議に代表団(あるいはワフド)[ii]を派遣しようとした。これが全国に広がった一九一九年の暴動に火をつけた。この暴動は極めて深刻なものであり、その結果、英国は政策を大きく変え、一九二二年に実質的な独立を一方的に承認することになったのである。また、欧州列強が軍事的影響力の及ぶ空間を設けようとしたアナトリア地方では、より激しい抵抗運動が起こった。そこでは、後にアタチュルクとなるムスタファー・ケマル将軍のもとにトルコ人兵士が集結し、一九二三年にはトルコ共和国を形成するに至った。同じことはペルシアでも生じた。そこでは、後にレザー・シャーとなるレザー・ハーンが、英国とロシア、そして第一次世界大戦前後に地方の大部分を支配下に置いていた部族勢力の手から全土の支配を取り戻すために、自らの軍隊を動員した。

とはいえ、地方では反乱が散発していたものの、一九二〇年代の半ばまでに英国とフランスが中東の支配者になっていたことは明らかであった。英仏こそが、新たな国境のほぼ全てを画定し、統治者を選び出し、どのような形の政

i　ユダヤ人がパレスチナにユダヤ人国家を建設する運動をシオニズムと呼び、そのイデオロギーを信奉し、その運動にかかわる者を指す。

ii　アラビア語で派遣団、あるいは代表団を意味し、この代表団をもとに一九二四年に結成された組織が、エジプト立憲君主制期の最大政党であったワフド党である。

府を作るべきかを決めた。さらに、中東地域にねむる天然資源へのアクセスとその配分方法について、米国と協力して決定を下したのも英仏であった。とりわけ、ペルシア湾岸地域とイラク北部のモスルで発見された油田は重要であった。英仏の影響が大きかったために、名目上は独立していたトルコやエジプト、ペルシア（一九二五年にイランに改名）でさえ、新たな国境と秩序を承認するよう強制されたのである。他方、ハーシム家との闘争に敗北した後に、アラビア半島に新たな国家を形成しようとしたアブドゥルアズィーズ・イブン・サウード[i]らは、自らの目的を達成するためには英国の支援が必要だということを理解していた。一九六〇年代初頭にエリザベス・モンローは、一九一四年から一九五六年までの期間が中東における英国の「時代」であったと述べている。[(1)]今となっては短い期間ではあるが、中東政治の基本的枠組みがしっかりと根付いたのはこの時期に他ならない。そして同時に、問題が山積したままの国境線や民族と宗教の緊張、少数派の存在など、現在に至るまで未解決のまま残されている多くの問題もまた、この時期に中東政治にしっかりと根を張ることになった。少数派の問題は、クルド人のように独自の国家を持つことに失敗した事例や、あるいはパレスチナ人のように国家を持つことが不可抗力によって妨げられた事例にみられる。

植民地国家の政治実践

厳密に言えば、二〇世紀の中東で実際に植民地支配が行われたのは一握りの地域に過ぎなかった。具体的には、英国が支配したアデン、イタリア支配下のリビア、そしてフランスが支配したアルジェリアである。残りの地域では、大英帝国の力は委任統治や保護国といった別の呼称の下で行使されたが、休戦オマーン（Trucial Oman）[ii]のように条約によって大英帝国の力が及んだ場合や、英国とエジプトが共同支配したスーダンのように共同主権として力が行使された場合もあった（図1参照）。そこでは、政府の形態にも重要な違いがあった。たとえば、王政か共和国か、直接支配

図1：大戦間期の中東における外国支配の諸形態

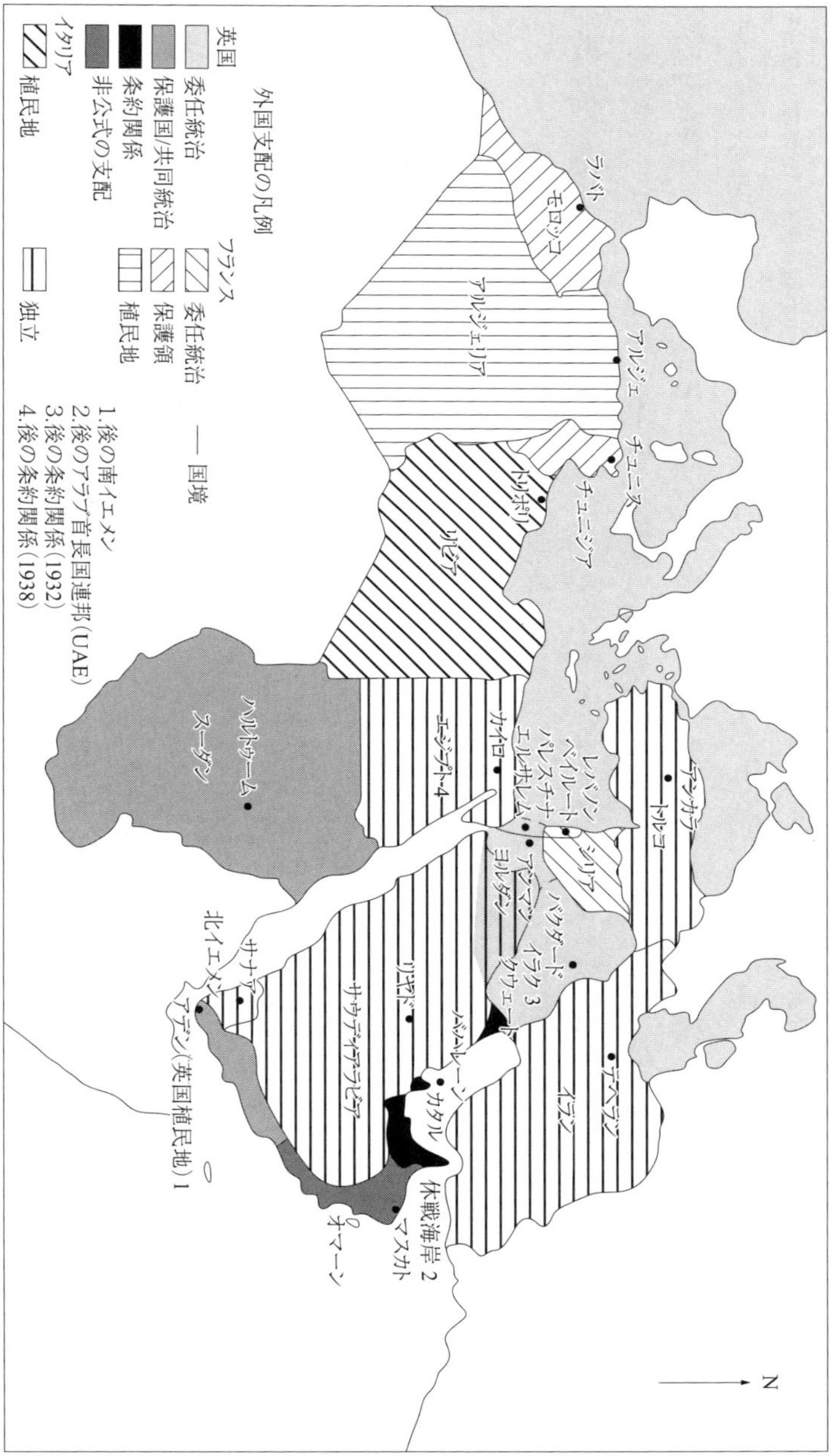

i　一八七六／八〇〜一九五三年。サウディアラビア、正確には第三次サウード朝の建国者。一九〇二年にラシード家からリヤードを奪回し、サウディアラビアを建国した。初代国王（在位、一九二五〜五三年）。

ii　英国の保護国となった現在のアラブ首長国連邦の地域で、かつて海賊海岸と呼ばれ、カタル基部からオマーン湾のフジャイラに至る地域。一八二〇年に同地域の部族と英国の休戦条約が締結されたことからこう呼ばれるようになった。

か間接支配かといった差異もあり、現地に住むヨーロッパ人コミュニティの政治的重要性も異なっていた。フランス支配下のアルジェリアでは、ヨーロッパの移住者は祖国の支配者と同じ国籍を持ち、パレスチナのユダヤ人のほとんどもそうであった。

にもかかわらず、第一次世界大戦後の中東政治システムを分析するためには、まずは「植民地国家」(2)として知られる独特の支配様式が存在した、と想定することが有益である。これは、ヨーロッパ人によって作られ、支配された国のほとんどの政治アリーナを規定し、権力行使の様式を決定付けるいくつもの特徴を浮き彫りにすることに寄与する。以下では、その特徴を三項目に分けて考えてみたい。つまり、中央統治、植民地宗主国の政策、そして外部の影響を導入するパイプとしての植民地主義、である。

中央統治

中東では、かつての支配者であった植民地宗主国が、中央集権的統治や司法制度、国旗、国際的に承認された国境を付与することによって、近代国家に不可欠な要素を創り上げることが一般的であった。アルジェリアのように、以前から存在した行政機構をもとに近代国家が形成されたところもある。あるいは、トランスヨルダンのようにオスマン帝国の州を切り離したり、シリアやイラクのように帝国の州を統合したりして、国家が形成された場合もある。そのため、新たに作られた国家は人工的な特徴をいくつも持つことになった。具体的には、新たな国名や新たな首都、民族的同質性の欠如、英仏の植民地官僚が明らかに物差しで引いた真っ直ぐな国境線、などがそれである。しかし、中東諸国を人工国家と断言するのは、いささか言い過ぎかもしれない。というのも、こうした地域では、非常に多くの場合、行政をめぐる固有の論理が存在したからである。つまり、たとえ国境はなくとも、バグダードやエルサレムなどの中心地から、支配すべき範囲が規定されていたのである。同様に、国家形成に不可欠なプロセスのいくつかは、オスマン帝国末期にすでに始まっていた。たとえば、官僚機構が形成され、地域に大きな市場が現れる一方、部族や拡大家族といった「伝統的」社会集団は崩壊し始めていた。とはいえ、この点は激しい論争を引き起こす問題でもある。とりわけアラブ民族主義者にとっては、「人工性」という概念はアラブの統一を主張するのに都合が良く、鍵となる議論である。さらに、オリエンタリストi の歴史家のなかには、市民権や国籍よりも、宗教や民族コミュニティこそが政治組織を作る基礎である、と考えている者が多い。この重要な議論には、本章および第二章以降で何度も立ち返りたい。

ある国家の領域がひとたび確立すると、他の機構の発展もすぐ後に続いた。第一に、国家の領域内の住民を数え上げ、管理し、確定する試みであった。これは、何よりもまず国勢調査を行う組織を作り、国籍についての法律を定めることから始まった。新たなアラブ国家では、国籍法は通常、領域概念（ある時期に新たな国境の内側に住んでいた全ての人々を国民とする規定）と、家族概念（ある時期より以前にその国で生まれた人の子孫を全て国民とする規定）を組み合わせて作られた。一九二〇年代後半に施行されたトランスヨルダンの国籍法がその典型例である。第二に、侵略や密輸、不法移民を防ぐために、新たな国境を管理し、監視することであった。第三に、国境を超えて移動する権利についての規定や犯罪人の引き渡しにかかわる条約を、近隣諸国と締結することであった。当然ながら、こうした試みはいずれも、すぐにはほとんど効果をあげなかった。部族や遊牧民は依然として国境を越え、新たな国境管理など存在しないかのように新たな国家間を行き来した。とはいえ、時が経つにつれ、上述のような諸政策は、国家という政治的中心の役割を確立させるために重要な役割を果たし、第二次世界大戦後にはより強力な体制が誕生する道を開くこととなったのである。

i　東洋学者を意味する。

新たな国家では、官僚機構が新設され、同質性と平等が強調されるようになった。今や権力は一つの中枢へと収斂し、そこから標準的な規則や法規定が施行されるようになった。こうした法規定は、国境内の市民全てに平等に適用された。とはいえ、国家建設の様々な側面と同じように、この理想を定着させるには時間が必要であった。植民地政府とその後を引き継いだ体制は、安全保障上の問題や大きな特権を持った白人移住者の存在、宗教的少数派の保護にかかわる国際連合の公約といった、いくつもの明らかな制約に直面していた。そのため、上述のような理想を実現するにはなおのこと時間がかかったのである。その最たる例は、宗教的アイデンティティの問題にみられる。少なくとも理論上は、宗教権威ではなく市民によって法律が作られ、その法律は、支配的な宗教コミュニティの一員であるかどうかを問わず、全ての国民に平等に適用されることになっている。その点で、近代国家は疑いなく宗教とは無関係である。しかし、中東の文脈ではこうした原則はほとんど意味をなさなかった。というのも、宗教によって規定された集団が特別な自治権を付与されており、個人ではなく共同体単位で政治制度内の地位が定められていたからである。したがって、ほとんどの植民地議会では少数派議席が確保されていた。その極端な例はレバノンである。レバノンでは、レバノン人であれば誰でも属しているはずの宗教コミュニティにもとづいて議会の代表が決められ、官僚が登用されていた。

最後の特徴は、植民地統治期に作られた行政機構のなかでは、警察と治安機関がとりわけ重視された点である。これは疑いなく近代国家全てに共通する特徴である。だが、植民地国家では、警察と治安機関こそが、政治支配を継続するための鍵であると考えられたことは疑いない。これは当時の予算をみると明らかであり、治安機関に関連する歳出が全体の三分の二程度を占めている（表1.1参照）。この予算のほとんどが、警察と地方の憲兵を育成・強化するために使われた。軍隊の形成はそれほど重視されなかったが、それは部分的には予算の問題であり、また、植民地宗主国がほぼ全面的に国防の責任を担っていたという理由もあった。とはいえ、数千人程度の小さな軍隊は、全ての植民地国家で形成された。軍には重火器がほとんど配備されておらず、主に国内の治安維持のために軍が使われていたが、

表 1.1：1920 年代の植民地政府の項目別支出（%）

	インド 1921－30	キプロス 1923－38	イラク 1921－30	トランスヨルダン 1924－31	シリア 1923－40	平均
行政一般	19.7	32.0	34.6	20.8	35.4	28.5
国防・治安	33.8	17.5	34.4	45.8	28.1	31.9
経済・環境サービス	20.1	10.5	14.5	7.7	7.2	13.2
公共事業（開発）		13.9	7.0	8.6	15.1	11.2
福祉サービス	7.2	20.1	9.5	10.3	8.9	11.2
国内債務利払い・その他	19.2	n/a	n/a	6.8	5.4	10.5
国内総支出	100.0	100.0	100.0	100.0	100.0	
行政・治安	53.5	49.5	69.0	66.0	64.5	60.4
経活・環境・開発	20.1	30.4	21.5	16.3	22.3	24.4

出所：Nachum T. Gross and Jacob Metzer, 'Public finance in the Jewish cconomy in interwat Palestine', Table 18, Research in *Economic History*, 3（1978）, p. 83.

注：1923, 1924, 1934,1935, 1937, 1938 年の平均価、各項目の平均（最後の２項目は合計）。

こうした軍隊へのリクルートと軍の政治化のパターンは定着していった。これは、独立後に重要な役割を果たすことになる（第一〇章参照）。

治安維持という側面を重視したために、教育や公衆衛生、福祉などの政策にはほとんど予算を配分することができなかった。とはいえ、中学校や技術教育機関には十分な予算が付けられた。そこから、一九二〇年代と三〇年代に生じた反植民地運動に積極的に参加した第一世代の活動的な青年が多数輩出されることになったのである（表1.2参照）。

植民地政策

植民地国家の創設にある種の法則があるとすれば、植民地主義政策にもいくつかの類似点があった。その一つが、大土地所有者や、場合によっては地方の大部分を支配する部族長と、暗に明に同盟を結ぶ試みであった。彼らは、植民地政策を支持するように説得することで容易に取り込むことができる保守的社会勢力である、と認識されるようになった。シリアやイラクでみられたように、たとえ部族のメンバーの多くが第一次世界大戦後の反英・反仏暴動に加勢し

表 1.2：アラブ諸国における 1920 ～ 50 年の学生数の増加

国名	教育段階	学生数（*1921/2*）	学生数（*1948/9*）
エジプト [a]	初等	342,820	1,069,383
	中等	126,066	321,315
	高等	15,442	90,353
	大学	2,282	26,740
		学生数（*1920/1*）	学生数（*1939/40*）
イラク [b]	初等	8,001	89,482
	中等	110	13,959
	大学	99	1,218（1940/1）
		学生数（*1945/6*）	
シリア [c]	初等（国立）	99,703	
	初等（私立）	50,431	
	中等（国立）	8,276	
	中等（私立）	4,385	
	大学	1,058	

出所：[a] Donald C. Mead, *Growth and Structural Change in the Egyptian Econinry* (Homewood, IL: Richard D. Irwin, 1967), p. 299.

[b] Hanna Batatu, *The Old Social Classes and the Recolutionary Movements of Iraq* (Princeton, Nj : Princeton Univcrsity Press, 1978), p. 25 の注 .

[c] International Bank for Reconstrution and Decelopment, *The Economic Decelopment of Syria* (Baltimore : Johns Hopkins University Press, 1975), p. 457.

ていた場合ですら、彼らを取り込むことは可能であった。大土地所有者や部族長は次の二つの理由で重要であった。第一に、政府の資金や行政資源に限りがあり、全土を管理する警察権力を維持できない場合でも、彼らを地方の治安維持のために利用できる点である。第二に、立憲政治と成年男子選挙権にもとづく一般選挙が一九二〇年代に導入された国では、大土地所有者が地方の票を調整する役割を担い、多くの場合彼ら自身が新たな議会に立候補した、という点である。これは、シリアやイラクのようにオスマン帝国式の二段階選挙が再導入された国においては、より顕著になった。そこでは、男性の選挙人が小規模で操作しやすい選挙人団を選出し、次いで選挙人団のなかから地区の代表を自選する、という仕組みが導入された。大土地所有者は植民地政府との同盟に調印することによって、税の免除や小作人の居住を固定化する法的権力といった多くの特権を与えられた。同様に、資産登録や灌漑技術の改良などのより一般的な植民地政策からも、十分な恩恵を受けることができるようになったのである。

植民地政策の二つ目の特徴は、「分割統治」という戦略を進めるために、宗派や民族、部族の分断が利用されたという点である。これは、モロッコにおけるフランスの委任統治政策に典型的にみることができる。フランスはモロッコを支配するために、アラブ人とベルベル人の区別をことさら強調した。こうした政策は、いくつもの形で実施された。たとえば、モロッコの法制度やトランスヨルダンの部族法廷のように、異なる法制度が導入されたり、あるいは実際の行政区を分断するという政策が実施されたりした。後者の例は、シリアを地中海沿岸のアラウィー派の小国家やドゥルーズ派の国家に分断して統治したフランスの政策にみられる。これは、植民地体制が進めようとしている中央集権化や同質化のプロセスに、不可避的に逆行することになった。

最後に、植民地主義の経済政策にみられる独特の様式も、同様に重要であった。植民地政府が支払うわけではなかったが、極めて特殊な環境のなかで、彼らは帳簿の辻褄を合わせ、宗主国政府から借金することなくやりくりせねばならなかった。こうした制約に加えて、治安問題が重視されたために、道路や鉄道、郵便や灌漑といった公共事業にごくわずかな資金が使われたことを除いて、開発に回すことができる予算はほとんど残っていなかった。現地通貨は宗主国の通貨と結び付いており、宗主国の首都に置かれた通貨委員会制度によって管理されていたため、植民地も特別な財政制度に従わざるを得なかった。その結果、通貨の供給を決定し、地元の需要を拡大したり縮小したりすることによって金利を調整する役割を果たす中央銀行は、植民地では必要とされなかった。その間、オスマン帝国版図の大部分で新たに形成された国家は、一九世紀に締結された通商条約に縛られ続け、一九三〇年にそこから抜け出すまでは独自の関税を設定することすらできなかった。その結果、ある種の開放経済が作られ、個々の国家がほとんど、あるいはまったくコントロールできない世界規模の経済や、宗主国の首都からの影響を受け続けることになったのである。反植民地主義を掲げるナショナリストは、こうした不平等な状態に対する批判を、自らの議論に不可欠な要素として利用した。植民地宗主国が持ち込んだいくつもの経済利益によって植民地支配が正当化されると、これに対抗するために、不平等な情勢への批判がますます活用されるようになったのである。

外部の影響

植民地国家が外部から強力な勢力を招き入れるためのパイプとしての役割を果たした点は、もう一つの非常に重要な特徴である。このことは、政治をみると最も明らかになる。たとえば、英仏の政策はロンドンやパリで作られており、それは英仏内の多数の政党や利益団体の圧力に従属していた。植民地、あるいは外国の支配下にある国にとってみれば、この事実は、英仏の体制転換や敗戦といった、彼らにはまったくコントロールできない政治的事件から著しい影響を受けることを意味していた。さらに、植民地側はしばしば極めて矛盾に満ちた様々な影響や規範を押し付けられることになる、ということも意味していた。たとえば、植民地では、日常的に独裁的で恣意的な政策を強行する政府を黙認する一方で、宗主国では多元的共存や民主主義が実施されているという両義的な教訓を、植民地側は得ることになる。こうした環境のもとでは、現地の政治家が多元的共存や司法の独立といった美徳と同様に、いかにして選挙結果を改竄《かいざん》するかを学んだとしても、批判はできない。言うまでもなく、全国に広がった反体制運動の指導者にとっても、あらゆる内閣の閣僚にとっても、両方の教訓が非常に有益となったのである。

植民地と国際経済のあいだを仲裁する植民地宗主国の役割も、同様に重要である。英仏は概して、自国民に契約締結権や特権を付与し、英仏の商人が利益を得るように配慮し、自国の経済を保護するために植民地を維持することを通して、中東諸国との関係を独占的に管理しようとした。ただし、国際的な制約によってこうした試みが困難に陥ることもあった。たとえば、シリア、イラク、パレスチナなどの「A委任統治」として知られる国は、規則上は独立国であり、法的には第三国を犠牲にして列強の利害を促進するために作られたいかなるスキームにも組み込まれてはならなかった。とはいえ、こうした法規定よりも、中東の石油資源を管理する利益や、イングランド銀行やフランス国立銀行のなかに安全に保管されている植民地の貯蔵貨幣にアクセスすることから得られる利益の方が、ずいぶんと重視されていた。

新たな政治の枠組みとしての植民地国家

植民地国家の国境とその行政構造は、ほとんどの政治アリーナを規定し、独自のダイナミズムを生み出していった(3)。どちらももう少し説明が必要だろう。新たな政治アリーナのなかでは、新たに政治的中心となった首都、そしてそこに作られた国家機構に対する影響力を獲得し、あわよくば最高権力を掌握しようとする動きが支配的であった。このアリーナは、日常的な植民地運営の実態から生まれた新たな支配やその可能性を模索する場でもあった。新たな支配を獲得するために、既存の結社や社会的紐帯の多くが再編され、既存の政府や新政府に対して直接圧力をかけることができる組織へと作り変えられた。さらに、組織やその活動の再編と同様に、政治の語彙にも変化がみられた。これまで伝統的な言語表現に起源を持っていた単語が、今や新たな状況に適合するためにその意味を拡張し、変化していった。その良い例は、これまで宗教コミュニティ全体を意味していたアラビア語の「ウンマ（umma）」という単語の定義が、広義にはアラブ民族、そしてエジプトやシリアといった個別の国をも意味するようになったことである。その間、目まぐるしい経済と社会の変化によってもたらされた機会がうまく利用され、言葉の使い方が変化していった。こうした経済社会の変化は、人々を古いコミュニティや忠誠から切り離した。そして人々は、主として都市を基盤にする新たな様式の政治活動に、個人としても関与することができるようになったのである。

ただし、実際にはこの点も議論の分かれるところである。多くの中東政治研究では、いわゆる「伝統的」なカテゴリーに分類される部族や宗派、氏族は強固に残っており、時代を超えて同じ性質を維持していると考えられてきた。つまり、共同体への忠誠や信仰の違いをめぐるこれまでの対立が、国家をめぐる政治や国境とはほとんど無関係に延々と繰り返されている、と論じられてきたのである。あるいは、たとえ国家に対する忠誠が新たに創りだされたとしても、こうした忠誠は、中東地域全体を視野に入れたパン・イスラーム主義やパン・アラブ主義を掲げる組織が積極的に作られることによって、新たな国境を越えてしまうだろうと考えられた。だからこそ、アラブ世界の政治は、国家よりも小さい問題に関心を寄せる集団と、国家よりも大きな問題に関心を寄せる集団の競合であり続けるという見方が生まれ、未だに影響力を持ち続けているのである。こうした観点に従えば、たとえ部族という言葉が、アラウィー派のような宗派集団からイラク・バアス党の指導者を多数輩出したティクリートという地方都市出身者の集団まで、極めて多様な集団を指して使われるようになったとしても、部族は常に部族同士で競合していることになる。他方、スローガンやアイデンティティは、原則として不変であるはずの宗教的、あるいは「伝統的」な語彙を用いて表明され続けることになるのである。

こうした議論に対して、本書はもう少しバランスのとれた論を展開したい。つまり、政治組織の形態や政治的レトリックのスタイルは、それらが置かれた環境に強く規定されていたということ、そしてポスト・コロニアル期には、領域国家こそがそうした環境を作り出したということである。もちろん、以上のような影響が社会全体に行き渡るには時間がかかった。同様に、遠く離れた中央政府にはなんの忠誠心も持たず、政府や近隣住民と戦い続ける集団も存在した。しかし、多くの地域では、権力を手に入れ、資源にアクセスすることを望む者や、自らの力や影響力を高めることだけを希求する者は、近代国家という新たな現実に適した手法で組織化を進めねばならなかった。一方で、こうしたことを望まない者は、すぐに周縁化され、淘汰された。たとえば、イフワーンとして知られるアラビア半島の武装した侵略者や、あるいは一九二〇年代初頭のシリアでトランスヨルダンを拠点に反仏暴動を展開したアラブ民族主義者らが後者にあたる。

さらに、この新たなアリーナは次の三つの重要な特徴を持っている。第一に、初期の反植民地暴動が鎮圧されると、新たな政治舞台に躍進した主要勢力は都市に基盤を置くようになり、ほとんどの場合、首都で活動するようになった。その結果、首都では、教育を受けた都市住民の数が増大し、彼らの多くが国家の政治に取り込まれることになった。そして、政治指導者となった少数のエリートが首都を支配した。たとえばエジプトでは、一九三七年におおよそ五万三〇〇〇人の専門家のなかから政治活動家が引き抜かれていたが、彼らの大多数が学校教員であった。(4) 他方、専門家集団とは別に、都市で組織された労働者や学生からメンバーを集めて政治運動を活性化していく動きもあった。彼らは、現代政治の不可欠な特徴である組織的なストライキやデモ、ボイコットに動員されることになったのである。(5)

第二に、王制と共和制という政治制度の違いである。英国は王制を好んだ。というのも、憲法の制約を受ける国王は英国の立場を強く支持する、と考えられたからである。なぜならば、国王は王位継承によって英国との連続的な関係を維持することができたからである。それに加え、国王を使って民選ナショナリスト政権をいつでも解散させることもできた。ナショナリスト政権は、条約という形で取り結ばれている英国の権利を定めた協定を、しばしば破ったり修正したりする危険性があったからである。こうした事例はエジプトでみられた。ファード国王（一九二二～三六年）は、選挙でワフド党が大多数を占める政府を何度も解散させた。反対に、彼の息子のファールーク国王（一九三六～五二年）は、一九四二年に同じワフド党を再び政権に就かせるよう、英国の圧力を受けた。というのも、第二次世界大戦のあいだ、中立国であったエジプトを黙らせるためにナショナリストを利用するという戦略を、英国が採るようになったためである。

しかし、英国の利害がどうであれ、このようなシステムによって、君主は必然的に拒否権を持った重要な政治アク

---

i　アラビア語で兄弟や同胞の意味。ここではサウディアラビアで形成された、各部族を超えた同胞意識を形成する運動を指す。

ターになっていった。国王は最終的に、現地の政治家に対して大きな影響を持つことになり、国内資源をめぐる競合を大きく左右するようになった。そして、独立が近づくにつれ、国王自身が現地のナショナリスト運動の指導者になることができるか否かが、王制の分かれ道になった。こうした転身は困難をともなったが、モロッコのムハンマド五世（一九五七〜六一年）やハサン二世（一九六一〜九九年）、ヨルダンのフサイン国王（一九五三〜九九年）は、ナショナリスト運動の指導者となることができた。他方、チュニジアやリビア、エジプト、イラクでは、国王が植民地支配構造にあまりにも密接に組み込まれていたため、彼らの統治は長くは続かなった。一方で、フランスは、レバノンやシリアといった自国の支配地域では、共和制を積極的に支援した。というのも、利点が曖昧な王制よりも、委任統治権力に従順な大統領が統治する共和制の方が管理しやすいと考えたからである。

植民地支配期の政治にみられる第三の特徴は、パレスチナや北アフリカ全域に、白人の移住者コミュニティが存在したことである。そのコミュニティが果たした役割は、フランスの古典的な植民地や保護国における彼らの役割と同様に、伝統的なものであった。具体的には、宗主国との強い繋がりを持った白人移住者が、独自の政治諮問機関を結成し、最も肥沃な土地の支配権を獲得するための特別な市場システムや排他的な貿易機構の管理といった特権的地位を手に入れることができた。こうした特権は、アルジェリア人などの現地人には、長い間許可されなかった。このような状況下で、白人移住者は、本国の首都や現地のナショナリストの圧力に対して、自らの特権を保護し拡大することに最大の努力を注ぐことになった。それは不可避的に、白人移住者と植民地支配下の人々とのあいだに政治的・経済的な摩擦をもたらした。他方、イタリアのリビア支配は、トリポリタニアで二〇年未満、キレナイカで一〇年程度と、フランスの支配と比較してずっと短く、また一九三〇年代にかけて植民地政府はサヌースィー教団や部族を取り込む政策を打ち出してもいた。にもかかわらず、リビアでも同じような状況がみられた。

反対にエジプトでは、ヨーロッパ人の大半がギリシア人とイタリア人であった。彼らは一九三〇年代までは不平等条約によって、それ以降は外国人を裁く特別混合法廷によって保護されてはいた。だが、土地を獲得する権利や、自らの高賃金を保証する分断労働市場を制度化する権力といった特権については、エジプトを占領していた英国から提供されたことも支援されたこともなかった。だからこそ、ギリシア人やイタリア人とエジプト人ナショナリストとの関係は相対的に調和的であり、彼らは植民地期の政治において限定的な役割しか持たなかったのだろう。他方、パレスチナでは事情が異なっていた。シオニスト入植者は当初、英国の支援を受けていた。しかし、シオニストによる祖国建設のプロジェクトは、現地のパレスチナ人の利害と真っ向から対立することが次第に明らかになっていった。それ以降、英国委任統治当局は、この二つのコミュニティのあいだのバランスを取ろうと試み、結果として、双方から敵意を向けられることになった。こうした状況では、ユダヤ人とアラブ人を包含するような政治制度を導入する機会はほとんどなく、それぞれが独自の組織を作るのを傍観する他なかった。こうして、大規模な紛争へと突き進んでいったのである。

政治アリーナの形成に加えて、植民地国家は、新たな政治勢力を作り出すことによって、新たな政治を生み出していった。つまり、帝国主義的支配は必然的にナショナリスト勢力を生み出し、帝国主義はその勢力によって駆逐される、というおなじみの法則が実際に起こったのである。すなわち、植民地宗主国は、中東のほぼ全域で現地の政治運動に多くの難題を押し付けたが、同時に運動体が十分発展する機会をも与えることとなった。そうした政治運動が十分強力になったため、植民地宗主国は、それを破壊するより権限を委譲する方が簡単だと認識するようになった。だが、事態はより複雑になった。というのも、今度は植民地国家が、国内の集団や分派のあいだの競合を促進し、別の形の紛争が発生してしまったからである。植民地国家が、肥大化する官僚機構の管理を通して現地の政治家や将校にポストを配分し、競合の種となる新たな資源を提供したことによって、このような紛争が促進されたのである。

i　一九世紀から二〇世紀にかけてリビアを中心に活動したスーフィー教団。一九五一年には教団長がリビアの国王に就任した。

独立とその後

エジプトが一九二二年に正式な独立を認められた背景には、第一次世界大戦があった。同様に、第二次世界大戦は、多くの中東諸国において植民地支配の終焉への道を開いた。自由への期待が高まっていた。フランスとイタリアが植民地からの撤退を余儀なくされ、米国とソ連が世界の超大国として台頭したことによって、古き帝国主義国家の威信が深く傷つけられた。パレスチナでは、大戦中にユダヤ人の経済活動が拡大したこと、そしてナチスによる絶滅収容所の存在が暴露されたことによって、ユダヤ人国家を求める動きを止めることができなくなっていた。こうして、シリアとレバノンが一九四三年に、トランスヨルダンが一九四六年に、それぞれ正式に独立を果たした。次に、一九四八年に英国が撤退した後、委任統治下にあったパレスチナを軍事的に分割することによって、イスラエルが建国された。そして、国連がパレスチナのアラブ人に割り当てることになっていたほとんどの地域は、トランスヨルダンに接収された。一九五一年には、もともとイタリアの植民地であったトリポリ、キレナイカ、フェザーンを統合することによって、リビアが作られた。

その少し後、英国は、第二次世界大戦中に事実上の占領下に置いていたエジプトとイラクで、フランスは北アフリカで、自国の地位をめぐって再交渉を試みた。だが、エジプトで自由将校団が一九五二年にクーデタを起こしたことによって、英軍の最終的な撤退を決めた一九五四年合意が締結された。そしてこれは、一九五六年のスーダン独立の引き金ともなった。また、一九五四年に勃発したアルジェリアの反乱を抑え込もうとしたフランスは、アルジェリアを見限り、一九五六年にはチュニジアとモロッコにも自由を保障した。したがって、第二次世界大戦から約一〇年のうちに、一九六二年まで支配が続いたアルジェリアと、一九七〇年代前半に独立を達成することになるアラビア半島南西部に位置する英国の保護国を除く、中東の全ての国家が独立を果たしたことになる。

権力委譲のパターンは国ごとに極めて異なっていた。何年もかけて準備された選挙を実施し、独立後に最初の政権を担う政治集団を決めることができた国もあった。シリアやレバノンのように、フランス軍が居座り、一九四六年になってはじめて撤退に応じた国もある。さらに、英国が権力を委譲するための努力をほとんどしなかったパレスチナでは、権力委譲のプロセスがより混乱した。具体的には、パレスチナのアラブ人のあいだで混乱が続き、ユダヤ人が大戦間期に構築してきた準国家的制度にもとづく建国宣言を許すことになったのである。

どのような条件下で権力の掌握が生じたとしても、新たに独立した中東諸国の支配者は、以前の植民地支配者とほとんど同様の問題群に直面した。たとえば、帝国主義勢力を撤退させるためにナショナリストの同盟を形成することと、新たに市民となった全ての人々の忠誠を獲得することは、全く別の話であった。他にも、貧困や非識字率の高さ、宗教的・社会的分断、そして開発資金の調達といった大きな問題もあった。独立以前のナショナリスト政党は、概して植民地支配者の経済政策を極めて強く批判してきた。植民地支配者による産業支援の失敗を批判し、教育予算を拡充すべきだと主張し、中央銀行などの重要な組織の形成を認めるよう要請してきたのである。そのため、ナショナリスト政党が権力を握ると、こうした批判は即時に実施されるべき政治綱領となった。ところが、こうした政策は、植民地主義の存在によって維持されていた国家の一体性が失われ、国家構造が相対的に弛緩し流動化した状態で、実施しなければならなかった。しかも、それを実施する官僚機構は分断され、高度に政治化されていた。加えて、植民地期に形成された軍を拡大し、再装備するための予算を捻出する必要もあった。国軍は今や、国内の治安だけではなく、一九四八年のパレスチナ戦争のような対外的な作戦にも必要とされるようになったのである。

こうした困難な状況下で、多くの国は、軍事クーデタが不可避となるほど不安定な状態に陥った。シリア、イラク、そしてエジプトでは、独立後最初の政府は、本質的には地方の大土地所有者の支持を受けた都市の名望家と専門家の同盟によって構成されていた。彼らのほとんどは裕福で、もともとナショナリストであるとみなされていたにもかかわらず、しばしば英仏と極めて近い関係を持ち続けていた。スーダンでは、主要政治家は三つの主たる宗教集団の指導者で占められた。そのいずれもが、相対的に貧しい国家を運営していくための政治的課題に応えることは困難だと考えていた。彼らが裕福な社会階級に属していたために、収入の再配分や社会正義といった問題に取り組むことは困難なのではないか、という批判も広く見受けられた。こうした批判に対してスーダンの政治指導者は、選挙制度を巧みに操作することによって身を守り、急進的な反対勢力が政府を形成するために十分な議席を獲得できないようにした。こうした障壁を作られたことによって、反体制勢力が軍に支援を求めるようになったことは自然のなり行きであった。不満をためこんだ将校は、反体制派の訴えを喜んで叶えてやった。もっとも軍はこのことを決して認めることはなかったが。このようなクーデタは、初めに一九三六年にイラクで発生し、一九四九年にシリアで繰り返され、一九五二年にエジプトで、そして一九五八年には再びイラクで、さらに同じ年にスーダンでも生じた。

とはいえ、独立初期の数年間を生き抜いた体制は、それほど共通した問題を抱えていたようにはみえない。ほとんど不可避ともいえる軍事的陰謀に対して、王室が十分な資源を動員し、それを撃退できた国もあった。たとえば、一九五〇年代のヨルダンや一九六〇年代と七〇年代初頭のモロッコがその例である。一方で、チュニジアでは、ネオ・ドゥストゥール党とその指導者ハビーブ・ブールギーバ（以下、ブルギバ）[i]が、独立直後の数年間を利用して一党独裁体制を敷くことに成功した。彼らは、社会内部の組織や勢力を取り込んで支配し、初期の反体制派の芽を摘むための十分なスキルを持っていた。レバノンは、独立初期の体制が独立以降も存続した第三の事例である。そこでは、次々と襲いかかる危機のなかで、多元主義的で宗派主義的なシステムがなんとか維持された。だが、一九七〇年代に内外の危機が蓄積した結果、最終的には崩壊することになった。

多くの中東政治分析では、地域に固有の宗教的・歴史的要因が複合的に絡み合った結果、独立後のアラブ諸国が不安定に陥った、という点がうまく説明されている。その一例がイスラームの役割である。あらゆる体制は、世俗的であるという理由で、あるいはあらゆる宗教コミュニティの形成を支持しているという理由で、イスラーム的な正当性を欠いていると論じられることもある。もう一つはアラブ主義である。これもまた、イスラームと同様の役割を果たすと考えられている。このように、宗教的忠誠心やトランスナショナルな忠誠心が存在することを常に考慮に入れておかねばならない。とはいえ、独立後の最初の一〇年で中東の国家が経験した困難は、他の非ヨーロッパ世界でみられた問題と大きく異なるものではなかったという点は重要である。他の地域でも、多元主義や議会主義が曖昧な形で導入された結果、軍事支配や一党支配がそれに取って代わる傾向がみられた。それに加えて、中東では、他の多くの地域と同様に官僚機構と治安機関の権力が全体として拡大した結果、政治的不安定がおおいに克服された、という点も強調しておく必要がある。これは第二章の主題である。

中央集権国家の形成──トルコとイラン

トルコとイランで中央集権的な国家体制が形成される過程には、いくつもの重要な共通点がみられる。両国ともに、王朝的な帝国が崩壊した後に、中央集権国家が形成された。トルコとイランにあった帝国は、二〇世紀初頭に立憲主義と改革主義者の挑戦を受け、外国軍に占領された。そして最終的には、一九二〇年代初頭にナショナリスト勢力と連合して権力を掌握した軍の将校によって破壊された。その後、両国は、ほぼ全面的に西ヨーロッパの経験にもとづいて軍や中央集権的な官僚機構、世俗的な法制度を形成し、それによって新たな国家を形成した。両国は国家主義者による開発プロジェクトの場となり、ほとんど議論を重ねることなく、社会に対して改革が一方的に押し付けられた。とはいえ、両国の政治史や政治参加の形には、大きく異なる部分もある。以下では、こうした相違点について、四

i　一九〇三～二〇〇〇年。チュニジアの政治家で独立運動の指導者。一九三四年にネオ・ドゥストゥールを結成し、五六年に独立を達成、翌年に大統領に就任し、八七年にベン・アリー首相に解任されるまで権力を掌握した。

つの最も重要な要因に着目して論じてみたい。すなわち、外国の影響と支配、官僚機構の役割、地方のブルジョワによる介入、そして支配政党の有無である。

トルコ共和国の主たる制度は、二つの段階を経て形成された(6)。第一段階は、ムスタファー・ケマル[i]が外国の侵略に対する抵抗運動をアンカラで組織していた期間にあたる。当時、英国の息がかかった旧オスマン政府の残党が、依然としてイスタンブルを支配下に置いていた。ケマルは、彼らに対する忠誠を取り除き、ケマル自身に対して忠誠を向けるよう、主な政治家や将校を説得する必要があった。この目的を果たすために、ムスタファー・ケマルは、大国民議会と呼ばれる議会を形成した。そして、そのメンバーのなかから国家評議会を結成し、日常的に政府を運営した。この議会が幅広い政治的・社会的勢力を代表していたという事実は、トルコの大部分でその権威が受け入れられたことを意味していた。この大国民会議は、イスタンブルからアンカラへ政府を移し、一九二二年にはオスマン帝国スルタンの政治的権力を廃止した。これによって、大国民会議は新たな秩序を形成するに適した媒体となった。しかし、ムスタファー・ケマルによれば、スルタンまたはカリフ[ii]こそがイスラーム立憲国家の理想的な宗教指導者だと考える者が依然として大多数を占めている点は、議会の欠陥であった。それゆえ、議会を独占するために、彼はまず人民党という新政党を形成し、次に一九二三年の選挙では、人民党が確実に大勝できるように彼自身が介入した。こうして、一九二四年にはカリフ位を廃止したのである。さらにケマルは、この新党（すぐに共和人民党［RPP］と改名された）を活用して主な政敵を孤立させ、近代的で世俗的な国民国家の基礎を作ることを目的とする一連の急進的な改革を推し進めることができた。軍の将校は、その職務を辞した場合に限って政治参加が可能になると規定された。これは、この時期の重要な進歩の一つである。言い換えるなら、軍務に残ることを選択した者を意思決定のプロセスから排除しようとしたのである。

第二段階は、実質的には一党支配と呼び得る体制が、RPPを中心に確立した時期にあたる。一党支配は、秩序維持法が議決されたことによってさらに押し進められた。これは、一九二五年に発生したクルド人の反乱と宗教暴動に対処するために作られた法律であり、実際にはRPP以外の全ての政治活動を阻止するために利用された。そして、一九三〇年代初頭には、RPPをエリート党員とイデオロギーを有する全国的な組織へと変化させるために、より積極的な政策が進められるようになった。エリート党員のおかげで、RPPは二段階選挙制度を支配することができるようになり、議会では確実に多数派を維持することが可能となった。他方、そのイデオロギーは、一九三一年五月に導入されたケマル主義の六原則にもとづいて形成された。つまり、共和主義、ナショナリズム、ポピュリズム、国家主義、世俗主義、そして永久的革命主義あるいは革新主義とでも訳し得るものである。(7) こうした動きは、国家の基本的な性質を規定しただけでなく、「普遍的な」ガイドラインをめぐる政治的コンセンサスを作る試みでもあった。この普遍的ガイドラインを批判することはもはや不可能となり、あらゆる政治アクターがそれに忠誠を誓わなければならなくなった。それ以降、政党と政府は実質的にはほとんど区別がつかなくなった。政党幹部が国家の主要な地位を占めることを禁止する規則が一九三九年に作られた後でさえ、国家と政党の区別は曖昧なままであった。一九三八年一一月にムスタファー・ケマル・アタチュルクが死去した後、彼の後継者として指名されたイスメト・イノニュが即座に大統領に選出され、その後にRPPの議長にも選出されたことによって、RPPの力はさらに誇示された。

新体制を構成する最後の要素は、オスマン帝国時代から継承し、トルコ人文民官僚のエリートによって積極的に押し進められた国家主義[iii]の伝統であった。この点からすれば、RPPが支配する国家は、自治権を持ち、首尾一貫した単一の企業体のようなものであった。RPPと競合する大土地所有者などの社会勢力が相対的に脆弱であったため、RPPの支配はより強固なものとなった。こうした状況では、一九四六年の民主党形成にみられるようなRPPの権

i　一八八一～一九三八年。トルコ革命の指導者で、トルコ共和国の初代大統領（在位、一九二三～三八年）。スルタン・カリフ制の廃止にもとづく世俗主義の共和政を樹立し、西洋型の議会制国家の形成を目指した。アタチュルク（父なるトルコ人）とも呼ばれる。

ii　預言者ムハンマドの後継者、あるいは代理人。オスマン帝国時代には、統治者の宗教的な正統性を強化するためにこの称号が用いられた。

力独占に対する挑戦は、いずれもエリート間の対立が原因であったという説明が最も適切である。(8)

にもかかわらず、野党勢力が人々の支持を拡大し、一九五〇年の総選挙で圧倒的な勝利を収めることができた背景には、いくつかの重要な要因があった。その一つ目は、RPP政権の統治、とりわけ第二次世界大戦中の強権的な経済管理政策や地方のイスラーム実践への弾圧に対して、人々の不満が蓄積していた点であった。二つ目は、第二次世界大戦後にトルコが米国の経済的・軍事的支援に依存するようになると、米国から政治改革の圧力が大きくなったことである。三つ目は、トルコ人資本家層の発展を促進するためにRPPが実施した政策のインパクトである。それは純粋に、トルコの経済的な自立を目指して始められた政策であったが、一九三〇年代の国家主義的な開発計画から大きな刺激を受けるようになり、産業基盤を構築するために公私にわたる合弁事業を促進していった。RPP内の資本家階級は、政府は全ての主要な経済活動を管理する必要があると強調するケマル主義のなかでも、「国家主義」の原則を公然と否定し始めた。一九四五年以降、彼らは企業の経営をより自由に行うことを望む多くの企業家の代弁者となり、彼らの多くが民主党へと鞍替えしていったのである。

一九五〇年には、選挙で勝利した民主党にRPPが進んで政権を譲渡したことによって、トルコ政治は複数政党制の新時代に入った。しかし、非ヨーロッパ世界のどこにでもみられたように、一党支配体制が長く続くと、その後の政権担当者は政権を運営するのが著しく困難になる。この構造は、トルコでもすでにできあがっていた。というのも、RPPは、軍と官僚機構の内部にいる支持者とのあいだに、極めて密接な繋がりを作り上げていたためである。この点については、第五章で立ち返りたい。

イランでは、外国の占領に抵抗し、ペルシアに新たな秩序を作り出すことに貢献したのは、レザー・ハーン大佐[iv]であった。彼は、一九二〇年代前半の政治危機を利用して、個人支配を確立する地位に上り詰めた。だからこそ、カージャール朝の支配者を排除して制憲議会を作り上げ、一九二五年一二月には帝国の王座を授かることができたのである。だが、それ以降の彼の支配方法は、アタチュルクのそれとは大きく異なるものであった。というのも、イランでは伝統的に官僚機構が脆弱であり、中央政府は地方を支配下に置く大土地所有者や部族長の支援に大きく依存していたからである。さらに、レザー・シャーは、一党支配体制ではなく個人支配体制を通して、手足を縛られた議会を威嚇し、管理することを選択した。この目的を達成するために、彼は支配者としての権力とパトロネージを最大限利用した。その結果、アタチュルクほど一貫した行政機構を作り上げることはできなかったが、類似した改革を進め、独裁体制の種をまくことになった。レザー・シャーもまた、世俗教育や世俗法体系の及ぶ範囲を拡大することによって、宗教界の権力に対して攻撃を加えた。ただし、モッラーやアーヤトゥッラーが寄付による巨大財源や影響力のある宗教教育を所有することに対しては、黙認していた。その結果、宗教界の重要な資源は、ほとんど手つかずの状態で残された。

イランとトルコの政治史の相違点のなかでも、イランが一九四一年に英国とソ連によって再占領されたという事実は重要である。この時、レザー・シャーは退位させられ、息子のモハンマド・レザーに王位が移譲された。その直後に、不首尾に終わった政治的多元主義が導入された。その後、英国とソ連から派遣された占領者の代理人と若いシャーが圧倒的優位を占めるようになると、ペルシア人政治家は権力をめぐって競い合うことになった。シャーは、父の権力の多くを剥ぎ取られていたにもかかわらず、軍からは多大な忠誠を得ていた。こうした政治闘争は、部族や地方の分離主義、工業化と教育の大幅な拡大といった要素と連動していたために、より複雑になった。その結果、多

iii　国家を全てに優先する至高の存在と考え、経済的および社会的な目標達成のための圧倒的な国家権力を支持し、個人の権利・自由をこれに従属させる思想。経済的観点からみれば、国家主義とは、国営企業やその他の形態による政治機構によって直接的に、または経済計画によって間接的に、国が経済に介入する重大で合法的な役割を持っていると考える思想を意味する。スタティズム、またはエタティズムと表記されることも多い。

iv　一八七八〜一九四四年。イランのパフラヴィー朝の初代国王（在位、一九二五〜四一年）。元コサック軍の軍人で、一九二一年のクーデタで頭角を現し、カージャール朝を打倒して新王朝を形成した。

様な社会勢力が出現した。いずれの勢力も、議会に代表を送り込むことを望んでいたが、トルコの資本家層のように中央政府を独占することはできなかった。

こうしたなかで、政治家は、政党ではなく緩やかに調整された派閥に集まった。その結果、一九四一年から一九五三年までのあいだ、平均して八カ月という短期間で首相が代わるというとてつもなく不安定な状況が生まれた。[9]その間、ほとんど政治的スキルを持たない政治指導者が達成できたのは、せいぜい偶然一致した利害にもとづいて一時的な同盟を形成することくらいであった。いずれの勢力も、権力のバランスを変える力を獲得するほど長く、国家機構を支配することはできなかった。その典型的な例が、モハンマド・モサッデク首相[i]である。彼は、一九五一年にアングロ・イラニアン石油会社を国有化し、それによって盛り上がったナショナリズムを利用したが、自らの国民戦線が支配する立憲体制を作ることはできなかった。反対に、王政派や宗教勢力、外国からの批判が複合的に重なって、モサッデクの基盤は浸食されていった。そして、彼が国外にいるあいだにシャーが帰国して復権を宣言し、帝国主義的な独裁政権を成立させたのである。アブラハミアンはこの独裁政権の基礎を「軍事的王朝」と呼んでいる。[10]

i　一八八二〜一九六七年。一九五一年にイランの首相に就任し、英国資本のアングロ・イラニアン石油会社（ＡＩＯＣ）の国有化政策を強行した。一九五三年、ＣＩＡと共謀したイラン軍将校によるクーデタによって失脚。

第二章　アラブ世界における国家の力の拡大――一党支配体制

はじめに

独立後の中東諸国では、いずれも国家機構の能力とそれが及ぶ範囲が大きく広がった。というのも、官僚機構や警察・軍隊が肥大化し、そして多くの場合、国営企業の数が増大したためである。他の第三世界でも、同じ時期に同じような形で国家機構が拡大したが、その要因についてもほとんど同じであった。具体的には、植民地宗主国が撤退した後に治安を維持する必要が生じた点、新たな国家領域の全てを管理する必要が生じた点、経済発展と社会福祉にかかわる大規模な政策を実行するために国家を使う必要があった点、である。こうしたプロセスは、いったん動き始めると、外国からの援助や官僚主義体制の構築によってさらに促進されていった。そして、ナショナリストの政治家が、急激な近代化の生み出す問題に対して政治的にではなく技術的に対処しようとしたため、国家機構の肥大化がさらに進行したのである。

とはいえ、行政機構の拡大には中東特有の要因もあった。それは、一九五〇年代にいくつものアラブ諸国で実施された土地改革政策や、独立初期に民間部門が発展しなかったことであった。また、一九五六年のスエズ危機下のエジプトや、フランス植民地支配終焉後の北アフリカから、何千人もの外国人官公吏やビジネスマン、農場主が流出したことも、その要因の一つであった。さらに、アラブの統一を求める思想や運動も、中東に固有の特徴である。というのも、エジプト政府は、シリアと統合してアラブ連合共和国を形成した一九五八〜六一年のあいだに、シリア国内で国家機構を拡大したからである。さらに、一九六三〜六四年にはイラクでも同様に国家機構の拡大が進んだが、それは、カイロとバグダードを統合するための必要条件としてエジプト政府が要求したからであった。石油の富も、国家機構の肥大化に一役買った。石油の富を手にした指導者は、アルジェリアやイラクなどの人口の多い国では、開発計画に投資することが可能となった。他方、リビアやサウディアラビア、湾岸の首長国のように人口が稀少な砂漠の小国では、近代的な行政システムを構築し、福祉政策のために新たな富の一部を市民へ配分せざるを得なくなった。

本章では、比較的大きな人口を持ち、アラブ社会主義を掲げて国家主導の開発計画を推進した一党支配体制下のアラブ諸国を五つ取り上げ、行政機構が拡大したプロセスを明らかにする。取り上げる五つの国は、アルジェリア、エジプト、イラク、シリア、チュニジアである。これらの国は共通する多くの特徴を持っているが、とりわけ国家権力の拡大とそれがもたらした独特の政治が重要である。また、部分的には同じようなプロセスが、一九七〇年代初頭にアラブ社会主義連合が形成されたスーダンや、一九九〇年の統合前後の二つのイエメンでもみられた。次の第三章では、本章と同様の主題を扱うが、国王や王家の支配下に置かれた人口稀少国のヨルダンと砂漠の産油国、そしてこれらの国家から少し逸脱したリビアのケースを分析することになる。

本章が扱う時期は以下の通りである。エジプトとシリア、チュニジアの事例は、「社会主義」的支配が行われた一九六九／七〇年までの時期に焦点を当てて分析する。というのも、それ以降の時期には、この三カ国は「改革」や「矯正」といった様々なスローガンで表現された変化を経験したためである。それゆえ、一九七〇年以降は、政治経済体制に新たな特徴が生まれるようになった。一方、アルジェリアとイラクでは、こうした国家機構の拡大がみられたのはより後のことであった。さらに、石油収入が拡大したために、国家機構の拡大という現象は長く続いた。したがって、アルジェリアとイラクは、一九七〇年代の事例を中心に扱うことになる。

拡大する国家機構の規模、増大する規制力と支配力

中東で大規模な官僚機構を初めて整備したのはエジプトであった。エジプトでは、ガマール・アブドゥンナースィル（以下、ナセル）[ii]大佐と彼を支持する将校が一九五二年に起こした軍事クーデタ以降、官僚機構の拡大が始まった。新たな支配者は警察を強化し、治安維持を重視するようになった。そして、英国・エジプト条約に従って英軍が一九五四年にスエズ運河から撤退すると、エジプト軍を拡張し、近代的な武器の配備を始めた。こうしたプロセスは、一九五六年の英国・フランス・イスラエルによるスエズ侵攻、一九六〇年代初頭のイエメン介入、そして一九六七年の破滅的な中東戦争の結果、さらに促進されていった。また、ナセル率いる新体制は、ファールーク王政末期に急進的な文民政治家が練り上げた見解にもとづいて、経済発展を実現する制度を施行し始めた。具体的には、一九五二年の土地改革、アスワン・ハイ・ダム建設の決定、一九五四年のヘルワン鉄鋼（Helwan Iron）とスティール・コンプレッ

---

i　一九五八年にシリアとエジプトが合併して成立した連合国。ナセル大統領がエジプト式の統治をシリアに導入しようとしたことに反発が起こり、軍事クーデタで一九六一年に崩壊。これは、シリアとエジプトの関係悪化を引き起こし、ナセルの威信を損ねる原因となった。

ii　一九一八～七〇年。自由将校団の指導者で、第二代エジプト大統領（一九五六～七〇年）。一九五二年にクーデタで王制を打倒し、同年九月に土地改革、翌年一月に国民動員組織の解放連合を結成して、王政期の政治経済構造を改革。一九五四年にはムスリム同胞団を弾圧し、五六年には解放機構に代わる国民連合を結成して大統領に就任。

表 2.1：1960 年代のアラブ諸国における GDP に占める中央政府と国営企業の歳出の割合

	1960 (%)	1970 (%)
アルジェリア	25.0（1963）	42.8（1969）
エジプト	29.7	55.7
イラク	28.4	44.2
シリア	23.5	37.9
チュニジア	20.7	40.7

出所：C. H. Moore, 'The consolidation and dissipation of power in unincorporated societies, Egypt and Tunisia', mimco.

クス（Steel Complex）の起業であった。スエズ危機に際して外国人の所有物を国有化したことも、国家主導の発展を刺激し、ついには一九六〇～六五年の五カ年計画が生み出された。そして、一九六〇／六一年には、エジプトの民間銀行や工場、大企業が国有化されることとなった。

こうした政策が国家機構の規模とその役割の拡大に与えた影響については、鍵となるいくつかの指標をみればよくわかる。エジプトの官僚機構や国営企業の雇用者数をみると、一九五一／五二年には約三五万人だったのが、一九六五／六六年には一〇〇万人を超えている。これは、総人口数や国民総生産、あるいは一般雇用者数の増加率をはるかにしのいでいる。一方で、同じ時期に、政府の省庁数は一五から二九と二倍近くに増加した[1]。したがって、一九六〇年の国勢調査までに、エジプト政府は非農業労働人口の約三分の一程度を雇用していたことになる[2]。軍については、陸海空の兵士を合わせた数が一九五五／五六年には約八万人であったが、一九六六年には約一八万人にまで増え、それに加えて準軍事組織である約九万人の警察官を擁するようになった[3]。最後に、エジプトのGNP（国民総生産）に占める政府歳出の割合をみると、一九五四／五五年に一八・三％であったが、一九七〇年には国防費の拡大にともなって五五・七％に増加している[4]。

シリアでは、主として一九六〇年代に国家機構が拡大した。それは第一に、短命に終わったアラブ連合共和国時代に、エジプトの政治経済制度が輸入されたからである。第二に、バアス党が国家主義的政策を押し進めたからである。その結果、国家公務員の数は一九六〇年に約三万四〇〇〇人であったが、一九七五年には約一七万人に増えた。それに加えて、公共部門に従業員が約八万一〇〇〇人雇用された[5]。同じく一九七五年には、国軍に約一八万人の兵士が雇用されていた。こうした点を勘案すると、都市労働者の四分の一が政府の雇用下にあったことになる[6]。

同じようなプロセスは、一九五八年革命後のイラクでもみられた。同様にチュニジアでは、一九五六年から六〇年までのあいだに政府に雇用された公務員が約一万二〇〇〇人から八万人に激増し、一九六二年に独立した後のアルジェリアでも同じことが生じた[7]。表2.1の数字は、一九六〇年代のＧＤＰ（国内総生産）に占める政府歳出の割合が飛躍的に拡大したことを示している。これらの国のあいだで異なっているのは軍事費だけである。たとえば、チュニジアのハビーブ・ブルギバ[ii]政権は、軍事クーデタを回避するために、軍の規模を決して拡大しなかった。一方、モロッコとの深刻な国境紛争を抱えていたアルジェリアには、チュニジアと同じ選択肢はなかった。同様に、一九六〇年代のイラクに成立した軍事政権にも、チュニジアのように小規模な軍を持つという選択肢はなかった。というのも、一九五八年にクルド人亡命指導者のムスタファー・バールザーニーが帰国した後、北部の好戦的な政敵であるクルド人と対峙しなければならなかったためである。その結果、アルジェリアでは一九六二年に約四万人であった兵力が、一九六五年には六万五〇〇〇人に増え、イラクでは一九五五年に約四万人であった兵力が、一九六〇年代には約八万人に倍増した[8]。

国家機構の肥大化を考えるうえで重要な指標は、教育と福祉予算の拡大である。教育と福祉は、包括的な国民計画を実現するために多数の医者や教師、公衆衛生従事者を雇用する必要があるという意味において、極めて労働集約的

i　シリアで結成されたアラブ民族主義政党で、アラブの統一、植民地主義からの解放、社会主義を党是とし、シリアとイラクで長期政権を維持した。正式名称は、アラブ社会主義バアス党。

ii　一九〇三〜二〇〇〇年。チュニジアの政治家で独立運動の指導者。一九三四年にネオ・ドゥストゥール党を結成し、五六年に独立を達成、翌年に大統領に就任し、八七年にベン・アリー首相に解任されるまで権力を掌握した。

である。教育については、就学者数の飛躍的な増加によって、まず拡大する政府官庁に人員を補給し、次に職を得ることができない卒業者に多くのポストを提供していった。エジプトでは、全教育課程を合わせた学生数が、一九五三／五四年の一九〇万人から、一九六五／六六年には四五〇万人、一九七二／七三年には五九〇万人に増えた。そのうち、大学生の数は、一九五三／五四年に五万四〇〇〇人であったが、一九七二／七三年には一九万五〇〇〇人に増えている。(9) 世界銀行年報『世界開発報告』によれば、シリアとイラクでも同じプロセスがみられた。シリアでは、中学校の就学率が、一九六〇年から一九七五年にかけて一六％から四八％に拡大し、イラクでは同じ時期に一九％から三五％に増えている。北アフリカでは当初ゆっくりと拡大した就学率が、後に急激に増えた。アルジェリアの例だけをみると、中学校の就学数は、一九六六／六七年の一六万四〇〇〇人から一〇年後には七四万二〇〇〇人に激増したのである。(10)

行政による管理が広がるプロセスは、農業政策や産業政策においても見て取ることができる。農業については、この五カ国の政府は全て、地方の広大な土地を公用地として接収した。この政策は、小規模な土地所有者や小作人に再配分するために大規模な私有地を収用するという計画の一環として実施されることが多かった。エジプトでは、一九五二年と六一年に全農耕地の七分の一が、シリアでは一九五八年と一九六一年以降に約五分の一が、イラクでは一九五八年以降に約半分が、それぞれこの方法で収用された。(11) ところが、後に明らかになったように、こうして収用された土地の大半が小作人の手に直接渡ったのはエジプトのみであった。シリアやイラクでは、一部の収用地こそ小作人に配分されたものの、残りの土地は全て国家の管理下に置かれた。こうした政策によって、中央政府は地方に対する影響力を拡大する機会を手に入れることになった。つまり、中央政府は、旧土地所有者層の役割を縮小し、その代わりに警察や官庁、政党を通して直接管理する制度を導入したのである。

チュニジアとアルジェリアはやや異なる経路を辿った。両国では、フランス人入植者が撤退した後に残された土地を国家が接収した結果、国有地が拡大した。その一方、アルジェリアでは、不在地主が耕地全体の約一六％に当たる一三〇万ヘクタールを管理していたが、一九七〇年代には国家がそれを収用した。[12]アルジェリア政府はそれ以降、他国と同じように、地方の土地を収用し、多様な監視組織を形成することによって、地方行政に大きな影響を及ぼすことができるようになった。

国有化と大規模な産業化計画によって、国家はその機構をさらに拡大し、管理を強化していった。他の地域と同様に、中東でも産業基盤の創出は経済の近代化のための不可欠な要素であると考えられた。また、比較的単純な耐久消費財から始まって、最終的には鉄や鋼鉄、そして機械の生産に至る輸入代替プロセスは、産業化に繋がる安易な方法だと考えられたのである。その結果、アルバート・ハーシュマンがラテン・アメリカの文脈で指摘した産業化の「過剰増殖局面」が生じた。つまり、多くの製品に対する国内需要が、国内生産の増加によって極めて迅速に満たされていった結果、アラブの政治家や計画立案者があまりにも容易に満足してしまったのである。[13]こうした戦略が孕む固有の問題に注目が集まるようになったのは、エジプトやチュニジアでは一九六〇年代後半、イラクやアルジェリアでは一九七〇年代後半になってからであった（第七章参照）。というのも、外国の機械や原材料を購入するための稀少な外貨準備の流出、農業と輸出の軽視、巨大な産業プラント管理といった問題が露呈したからである。一方で、多数の工場が新たに建設され、それらの産業が抱える労働力が拡大すると、新たな雇用と富の機会が生まれ、国家が経済発展の中心的な駆動力となった。

最後に重要なのは、国家による経済への介入を強化するあらゆるプロセスが、経済を急速に発展させ、増大する国家収入をより平等に配分する必要性によって正当化された、という点である。これは、各国の体制を正当化する重要な資源になり、政権の権威を支えた。また、こうした正当化の結果、当局の科学者や政策立案者が専門知識を誇示することによって政権の正当性に疑問を投げかける、という危険性も減った。経済発展の必要性や平等な再配分といった概念は、聞こえの良い専門用語やアラブ社会主義の理想主義的な言説を用いて主張された。本章で扱う五カ国の指導者は、社会主義が中東の文脈では社会的分断や階級闘争といった危険な概念とは無関係であることを常々明確にしつつ、専門用語とアラブ社会主義の語彙を駆使して国民に呼びかけてきた。こうした指導者のスピーチでは、どのような地方集団や部族集団であっても、国民の一部ではないと主張されることはほとんどなかった。たとえそのように明言される場合でも、封建主義者や寄生的資本主義者について時折言及されたように、彼らは外国人であるか、または反動的な帝国主義勢力とあまりにも近い同盟関係を結んでいるために市民と名乗る権利を失った者であるという印象を持たれるのが常であった。こうして、社会主義型の計画経済は、国家主義や国家開発の統合的計画に大きく依存していた体制にとって、公的イデオロギーを作り出すうえで不可欠な要素となったのである。

以上のように、幅広い問題を扱う極めて肥大化した国家機構を管理することによって、それぞれの体制の頂点に立つ少数の人々は巨大な権力を獲得するようになった。その結果、これらの国は典型的な権威主義体制となったのである[14]。すなわち、中央集権化が大幅に進み、多元主義はほとんどみられなくなり、政府があらゆる合法的政治活動を独占しようと試みる体制である。この論理の一端は、次のようなエジプトの事例から見て取ることができる。つまり、ナセル大統領とその支持者は、一九六七年戦争の直前に参謀長であったアブドゥルハキーム・アーミル陸軍元帥の周囲に「もう一つの権力の中心」が生まれたと公然と非難した。彼らの発言からわかるように、権力の中心が複数出現することがなぜエジプトを誤った方向に導くことになるのかについては、改めて説明する必要はまったくなく、アーミル元帥のとった行動の非道さを非難するだけで十分だったのである。

しかし、権威主義体制は、官僚主義的な手段だけを用いて社会を支配し、変容させるほど強力な組織を持っているわけではない。この点で、全体主義体制とは異なる。だからこそ、権威主義体制下では、人々を動員し、ばらばらの集団を統合し、反体制派を封じ込めるために、多様な方法を活用しなければならない。その手段は、恐怖や暴力(ムチ)から経済的誘因(アメ)まで、多岐にわたる。近代的な分業体制を維持するために設計された組織や職能組合は加盟者を厳格に定めているために、こうした組織の加盟者や民族集団が活用されることもあった。この点に鑑み、以下では五つのアラブ諸国で用いられた主要な戦略を記述するにとどめたい。

まずは社会内で組織化された集団について考えてみよう。第一に、権威主義体制にとって、こうした組織集団が自らを管理・再結成・再編できないように破壊することが理想的な戦略となる。これは、エジプトとチュニジアで実際に用いられた政策である。両国には、相対的に同質的な社会構造がみられ、ナセルやブルギバが権力を掌握するまでに官僚機構の構造がかなりしっかりと確立していた。独立した活動を展開する政党はすぐに弾圧され、解散を強いられた。また、既存の団体や組織は、活動を禁止されるか、新たな規則や規定に従って再編させられた。その結果、政権を握る単独の政権党かあるいは国民連合のどちらかが、政治活動を独占することになった。国民連合は、チュニジアのネオ・ドゥストゥール党[i]、エジプトの解放連合とそれに続く国民連合、そしてアラブ社会主義者連合[ii]などである。同時に、厳格に管理された労働組合組織が、チュニジア労働者総連合（UGTT：Union Générale des Travailleurs Tunisiens）やエジプト労働者連合（Confederation of Egyptian Workers）のもとに形成された。それに加えて、いくつもの学生組織や女性組織、小作人組織も作られた。一方で、医者や弁護士、ジャーナリストによる既存の職能組合は、新たに国家の管理下に組み込まれ、新たな指導者が任命された。エジプトでは、こうした組織のメンバーは皆、大卒者によって占められるようになった。

こうした組織がいったん形成されると、国家の監視下でいくつかの組織を連携させることができるようになった。さらに、それらの組織が要求を提示し、国政レベルに政治代表を送り込む方法まで規定されることになった。たとえば、労働組合の場合、産業活動をめぐる論争や賃金と労働環境をめぐる交渉は、ストライキを通して行われるのではなく、調停という厳格な制度の管理下に置かれた。より一般的な言い方をすれば、人口の大半をこうした極めて細分化された団体や組織に分けておくことによって、政権は、近代化や国民統合のプロセスにおいてそれらのメンバーが

i　ブルギバを中心とする近代主義者が一九三四年に結成し、チュニジアの長期政権を担った政党。
ii　一九六二年に創設された国民動員組織で、農民、労働者、知識人、軍人、資本家の勢力から成る連合。

果たすべき役割を規定することができるようになったのである。たとえば女性は、通常は働きに出る必要性が強調されるが、時と場合によっては妻や母としての役割の方が重視されることもあった。

大都市の外では、当初、中央政府が任命した村の警察官や教師が、国家による管理を代行していた。しかし、全ての体制は、土地改革や共同組合の形成といった手段を利用して地方に新たな制度を構築していった。具体的には、農村評議会や党の支部、そしてイラクとシリアでは小作人連合の支部などが作られた。それに加えて、農業省や農業改革の担当部署の役人は、通常、政府を直接代表していた。彼らは、栽培する穀物の種類やその方法、流通経路に至るまでを監督する権限を持っていた。こうした状況下では、地方と中央政府のどちらが主導権を握ることができるのかという問題は、村落レベルの活動が単に許可されているだけなのか、あるいは積極的に推奨されているのかによって、大きく異なっていた。ごく一般的に言えば、シリアのバアス党政権は地方で活発に党幹部のリクルートを行ったが、それはおそらく、バアス党が地方に強い基盤を持っていたためである。こうした政策はエジプトでは一九六〇年代に少しだけ採用されたに過ぎず、イラクではまったくみられなかった。というのも、イラクのバアス党政権は、農業セクターを適切に管理しなければならないという確たる理念にもとづいて、中央政府が同セクターを強権的に支配したからである。[15] アルジェリアの場合も状況は異なっていた。一九七一年の土地改革の受益者を支援するために作られた小生産サービス協同組合は、理論的には極めて多くの自治を与えられることになっていた。だが、実際には、彼らの小作人は、国家の決めた計画に従って土地を耕作することが要求された。そして、国家が農業への資産投入と農産物の流通を独占する状況が続き、協同組合はそれに従わざるを得なかった。こうした点で、彼らの活動は著しく制限されていたというわけである。[16]

第二に、教育制度と司法制度、そして宗教界に対して、国家の支配と管理を拡大・強化するという戦略である。こうした戦略は主として、学校や大学、裁判所やモスクなど、反体制勢力を輩出する危険性のある政治空間を統合的に管理し、彼らの思想を政権の意図にそうように仕向けることを目的としていた。教育制度については、全国的なカリキュラムを確立し、学生の政治活動を全面的に禁止したり、政権党や政府の管理する青年組織の枠内にはめ込んだりすることによって、こうした戦略は極めて容易に効果を上げるようになった。また司法制度については、現職の判事を強制的に従わせたり、人事権を行使したりすることによって、裁判所を政府の管理下に置いた。さらに、軍や国内の治安機関、国営企業の経営者、村落評議会などに対して、仲裁や強制にかかわる多くの超法規的権限を委譲することによって、司法や裁判所が権限を行使する範囲をあからさまに制限したのである。さらに、より社会主義的で革命的な法規定が存在し、それらが適用される時には常に現行法よりも優先されるような国では、司法の権限はいっそう収縮されていった。

宗教もまた、少なくとも官僚制の定着過程では、国家による管理の障壁にはならなかった。イスラームを完全に捨て去ることができると考えた政権は一つもなかった。というのも、イスラームを捨てることは、国家と大多数の国民のあいだの最も重要なイデオロギー的・文化的繋がりを切断することになるからである。にもかかわらず、全ての政権は、暗に明に、政治が宗教に優先することを主張した。そして、一九世紀の中東にみられた二つの重要な遺産に強く依拠するようになった。それは第一に、オスマン帝国と同様の方法で宗教界を国家の管理下に置こうとした点である。具体的には、ウラマー[i]に公的な給与を支払うこと、宗教資産を管理する省庁を作ること、さらにこれまで宗教が独占していた教育と法制度に代わって世俗教育や世俗法制度を構築することである。第二に、国家の政策を公的に正当化するために、スンナ派イスラーム世界で支配的になっていた近代主義的要素を利用しようとしたことである。アルジェリアで伝統教育と宗教問題を担当する省が作られたのは、第一の政策の典型例である。そして、ナセル大統領が多くの重要な政治決定を正当化するためにファトワー（宗教裁定）を利用したのは、第二の政策の好例である。こうした支配構造は、エジプトのムスリム同胞団のような独立した宗教政党や組織を非合法化する規則によって、より

i　イスラーム諸学を修めた知識人。アラビア語で知識を求める人の複数形であり、聖職者という意味はない。

強化されていった。以上のような政策は、しばらくのあいだは順調に機能しているようにみえたが、一九七〇年代に政治状況が変化すると、次第に衝突が増えていった（第九章参照）。

教育制度や宗教界、そして出版やラジオ、テレビなどを支配下に置いたことによって、体制は優位に立つことができた。具体的には、体制は、ナショナリズムや社会主義、そしてポピュリズムなどの概念に立脚した国家主義的で普遍的な言説を提示できるようになった。すなわち、イデオロギー的なヘゲモニーを確立する能力を身に付けたのである。さらに体制は、こうした力を使って新たに生まれた政治的語彙を排除し、あるいは封じ込めることで、あらゆる議論において使われる用語を設定し、議論の方向を定めることができるようになった。一般的に言えば、許される発言と許されない発言のあいだに明確な境界線を設定することができたのである。これがいかに強力な武器であったかは、国会の議事録や党大会の記録を読めばすぐにわかる。

こうした国家支配の要となったのは、多数の諜報機関や秘密裁判所、拷問部屋や監獄に支えられた軍と警察の存在であった[17]。だが、今となっては検証不可能であるが、いくつかの政権は当初、人気が高かったことは事実である。というのも、ナセル大統領やブルギバ大統領、アルジェリアの民族解放戦線（FLN）[i]は、植民地宗主国に対して実際に勝利を収めたからである。また、彼らが外国企業団を強制的に退去させたことによって、地元の企業家に大きな利益がもたらされた。さらに、土地改革や教育制度の拡大は、何百万人もの生活を明らかに改善する契機となった。にもかかわらず、いずれの政権も、限られた少数の協力者を除いて、権力を分有することはなかった。組織化した反体制運動はことごとく破壊され、全ての支配者は恣意性と恐怖で満ち溢れた環境を醸成していった。そして、ハンガリーの小説家ジョージ・コンレイドが描いたように、こうした政治体制は政治犯を必要とするようになった[18]。エジプトやチュニジア、アルジェリアでは、コンレイドの言うように、「ごく限定された恐怖によって強い秩序が形成された」。だが、一九六八年にイラクの政権を掌握したバアス党は、その支配を維持する基本的な手段として暴力や恐怖を広範囲に活用した[19]。

このように巨大で強力な持続性のある権威主義体制が成立すると、一般市民はあらゆる局面で国家に直面せざるを得なくなる。たとえばエジプトでは、パスポートやＩＤカード、ビザなどを取得するためには、ムガンマアと呼ばれるカイロ中心部の巨大な建物に出向く必要がある。また、村落では、農作物の種や肥料、融資の提供を受けるためには、古い土地所有者に代わって任命された地方組織と対面しなければならなくなった。一方で、政府の政策は、新たな機会を提供し、新たな資源を提供し、新たな組織へと人々を動員し、新たな労使関係、所有者・借用者関係、親子関係、男女関係を作り出すことによって、国民生活を再編していった。そのなかで、国家と直接対峙することを選ぶ者はほとんどいなかった。国家を無視する者、あるいは国家などいつか消えてなくなるものだと想像する者はいた。しかし、大多数の人々にとっては、可能な限り国家を使い、操り、利用する他に選択肢はなかった。というのも、彼らにとっては、仕事や貸付金、資格を獲得する手段として、国家に接近することが重要であったからである。

権威主義体制下の政治

権威主義体制下の政治を分析するにあたっては、特有の問題がある。というのも、政権は、その支配が一貫し、権力を中央集権的に管理しているようにみせかける一つの手段として、支配体制そのものをベールで覆い隠すためである。こうした場合、政治決定は閉ざされた扉の向こう側で行われる。さらに、政権が統一戦線を形成することによって、分断は隠蔽される。こうして、あらゆることが、巨大で不透明な官僚機構の内部に閉ざされているようにみえるのである。その一方で、独立した政治活動を行う余地はほとんどなくなる。大学や工場、モスクが国家の管理を長期

i　一九五四年の独立戦争勃発直後に結成された民族闘争組織。独立後は一九八九年まで唯一の合法政党であった。

にわたって潜り抜け、独自の指導部を作り上げたり、国家と競合し得る政治綱領を練り上げたりすることは、極めて稀であった。こうして、組織化された反体制活動はいずれも、地下活動を余儀なくされることになる。世論調査は行われず、多様な管理選挙や国民投票も、世論についての断片的な証拠を提供しているに過ぎない。

一般に、こうした権威主義体制下の政治を分析する方法は、二つある。第一に、おそらく最も影響力があるのは、政治エリート内の対立する派閥の動きに着目することである。[20] 第二の方法は、国家資源へのアクセスをめぐる競合が、社会階層ではなく、宗教や宗派集団にそって構造化されていく過程に着目することである。[21] どちらのアプローチも、中東の権威主義体制は次の四つの関連した特徴を共有することを明らかにしている。それは第一に、いかなる体制も、その支配構造の内部に組織化された集団の存在を認めないということである。第二に、体制は人々を個人としてではなく、地域・宗派・宗教集団のメンバーとして扱う傾向が強いということである。第三に、たとえば労働組合の自由な発展を阻害することによって、階級意識が強化されることを体系的に制御しているということである。第四に、経済政策を政治支配に従属させているということである。

とはいえ、こうしたアプローチに対しては、分析が限定的である点、そして議論の前提が危ういという点で、容易に反論可能である。よく知られているように、狭い範囲の政治エリートのみに着目する研究に対しては、主として次のような批判がなされてきた。すなわち、こうした研究は、政治エリートがなんの制約もなく政治決定を行う自由があると想定している点、政治を権力闘争に矮小化している点、そして政治にかかわる経済利益を無視している点で問題だ、というわけである。さらに、派閥は政治集団の唯一の様式ではなく、常に変化するものである。最も重要なことは、政治エリートは、巨大な政治制度や社会階層、そして利益構造のなかに埋め込まれた存在であり、それゆえ、自己完結型の政治活動を継続できるわけではない、という点である。[22] 第二の方法、つまり宗教・宗派集団の役割に着目するアプローチも、同じような問題を抱えている。こうした集団はたしかに存在するが、それは部族や宗教的帰属、あるいは宗派といった極めて多様な形をとっているため、そう単純には分類できない。一方で、中東政治においては、こうした集団の果たす役割も極めて多様であり、その役割が明確な国もあればそうでない国もある。さらに、政党や軍隊といった制度や、商工会議所などの公共経済組織や職能組合に加盟すること以外にも、国家権力や資源にアクセスするための手段がたくさんあった[23]。

最後に、これらの理論が主張するような中東政治の特徴は、単純化され過ぎており、そこからこぼれ落ちるものがあまりにも多い点も重要である。階級はたしかに一つの政治単位として存在した。それは、階級的な共通意識が形成された場合には積極的な役割を果たした。だが、全ての政治エリートが、国有財産ではなく私有財産に立脚する政策を選択した場合には、階級はあまり重要にはならなかった。さらに、経済よりも政治が優先されるという見方についても、精緻化する必要がある。短期的な意思決定だけをみれば、中東以外の地域と同じように、たしかに政治が経済に優先されることがあった。だが、産業化を急速に進めたり、観光産業の発展を通して貴重な外貨を獲得したりする政策は、それ自体が独自の論理やダイナミズムを持っている。そしてそれは、政治による管理とは無関係に、しばしば経済活動全般に影響を与えるのである。

こうした先行研究の問題点を解きほぐすためには、二つの一般的な問いに立ち返ってみる必要がある。つまり、政治とは何か、そして政治プロセスはどこで決定され、進行しているか、という問いである。これによって、より大きな視点で主題をとらえることが可能になり、様々なアクターや政治アリーナの差異を特定し、何が最も重要なのかを判別することができるようになる。前者、つまり政治とは何かという問題を考えることは、個人や非公的組織、社会階層の分析にかかわる。後者については、官僚機構、制度、地方行政、地方組織などの政治活動が展開している様々な場について議論することである。こうした観点で問題を分析すると、冒頭の問いに対して単一の答えを導き出すことはできないし、多くのプロセスや政治アリーナ、そして様々な状況を考慮に入れなければならないことがわかるだろう。まずは、国家機構そのものからみてみよう。

一党支配体制を敷く権威主義体制下では、最も重要な政治アクターは、様々な権力を手中に収める大統領であることは疑いない。大統領は概して、単に国家元首であるだけでなく軍の最高司令官であり、政権党の党首でもあったし、現在もそうである。大統領はたいてい、独自の基準で決めた公益に従って核となる政策のほとんどを決定してきた。大統領は助言を聞き入れる必要もない。その代わりに、体制内で彼の権威に挑むことができるほどの力を持つ者が出てこないよう、常に注意を払ってきた。多様な国家組織やそのなかの集団の上に立ち、それらの組織間を仲介する能力を発揮できれば、大統領の権力はさらに大きくなった。本章で取り上げている五カ国に権威主義体制が定着して以降、同僚によって追放されたのは、アルジェリアのベン・ベッラとシャーズィリー・ベンジャディードという二人の大統領だけであった。そして、大志を抱いた青年によって平和裏に引導を渡されたのは、イラクのアフマド・ハサン・バクルとチュニジアのハビーブ・ブルギバという二人の大統領だけであった。これまでのところ、こうした権威主義体制下で大統領の支配が終焉を迎える唯一確実な方法は、大統領の死のみである。

とはいえ、大統領は望み通りのことができたわけではなく、逆に大きな制約を抱えていた。自身の考えを国家全体に押し付けることができるほど強い政治・社会的基盤を持つ大統領は存在しなかった。この点に鑑みると、内政のある側面では、大統領はむしろほとんど自由を持っていなかったことがわかる。大統領は、シリアではアラウィー派[i]の有力者や、チュニジアではブルギバ大統領の側近であったサーヘル地域の土地所有者など、重要な支持基盤に譲歩しなければならなかったからである。特定の政策を実現するために、ある個人や集団に大きな権力を委譲しなければならないこともあった。大統領は、個人的な権力基盤を持たないテクノクラートのみで構成された内閣や、省庁などの諸機関が相互にチェック機能を果たすような制度的均衡のシステムを好むかもしれない。だが、深刻な危機に直面した時、こうした制度は脆弱であり、事なかれ主義に陥るということを、大統領は認識するようになった。

大統領はまず、体制の主たる構成要素である軍、政党、治安機関、官僚機構、経済企業からなる国家機構を支配下に置いた。こうした機構はいずれも、資源を獲得したり、政策に影響力を行使したり、できる限り自治を維持しようとする独自の組織的利害を有していた。たとえば、党が軍内部に影響力を拡大しようと試みると、それに対して軍から強い反発を受けるなど、組織同士が競合していた。さらなる事例については、後の章でみていくことにしよう。それに加えて、各省庁も特定の経済社会的な利害を代表する傾向があり、たとえば労働省は労働組織との繋がりを、農業省は様々な自作農組織との繋がりを、それぞれ保護したり強化したりした。

次に、国家そのものが、政治活動の主たるアリーナを提供するようになった。そこには、国家の問題や国家資源の配分にかかわる全ての主要なアクターが含まれていた。具体的には、巨大な組織を管理したり、国家機構の内外で重要な利害を代表したりする男性（とごくわずかの女性）であった。たとえば、エジプトの自由将校団や、アルジェリアのブーメディエン大統領の側近であるオジュダ[ii]と呼ばれる軍事集団のように、体制の形成にかかわった集団から重要なアクターが出現することがほとんどであった。国防相や内務相といった鍵となるポストを掌握したのも彼らである。しかし、時が経つにつれ、彼らの数は少なくなり、党や軍、諜報機関の重要ポストで経験を積み、のし上がってきた者たちに取って代わられるようになった。国内経済の運営を任された政治家は、概して力がなく、それほど重要でない省庁の管理を任されるだけであり、しかもかなりの頻度で交代させられた。もう一つ、権力を手に入れるための資源となったのは、巨大な外部アクターと連携し、そこから支援の可能性を引き出すことであった。これはおそらく、一九九〇年以前のソ連や現在の米国といった超大国の手先のようにふるまうか、あるいは政権に巨額の資金を流し込むための十分な影響力を持ったサウディアラビアの有力な皇太子の手先となることを意味した[iii]。

体制内で最も安定した地位を確立した政治家は、必然的に、巨大な利益誘導ネットワークのパトロンとなった。こ

i　シーア派の一派で、シリア北西部のラタキア地方の山岳地帯に拠点を置く。シリア・バアス党幹部の多くやアサド大統領一家もアラウィー派の出身。

ii　アルジェリア独立戦争（一九五四〜六二年）から一九七〇年代にかけて、アルジェリアで活動した軍将校を中心とする軍事組織。もともと、モロッコのオジュダと呼ばれる街に拠点を置き、ブーメディエンを中心に結成された軍事組織で、民族解放戦線（ＦＬＮ）の軍事部門として、アルジェリア独立戦争の主力となった。

うした利益誘導ネットワークは、自らの野望を実現しようとする人々や、個人的利益を守ったり拡大したりしようとする人々によって構成されていた。だが、利益誘導ネットワークは、ある種の政治的・イデオロギー的立場によって結び付けられている場合もあった。重要な地位にいる政治家は、パトロンとして、クライエントが閣僚か大企業の経営者といった高いポストを確実に獲得できるように手を回す。その見返りとして、政策や政治計画に対する支持を取り付けるのである。このように、パトロネージは双方向的なプロセスであり、パトロンとクライエントは互いを必要とし、その関係は長期間継続しなければならない、という点は確認しておいたほうがいいだろう。とはいえ、こうした視点にもとづいてアラブ世界のパトロネージ・ネットワークの形成を分析した研究はほとんどない。数少ない研究のなかでも、アルジェリアの事例をもとに、パトロネージ・ネットワーク形成のプロセスを詳細に分析したブルノ・エティエンヌは、次のように指摘している。つまり、パトロンは当初、国政レベルの地位を維持するために重要な利益団体からの支持が必要不可欠であったが、次第にそうした利益団体への依存度を減らそうという動きがみられるようになっていったのである(24)。さらに、主たる利害が偶然に一致した時には、それまで別々であったネットワークが一時的に合体し、新たな派閥を形成することがある、という指摘も重要である(25)。

同質社会と分断社会における階級および他の社会集団の政治的役割

権威主義体制下で、社会階級やその他の社会集団がどのような役割を果たしているかという問題を分析する際にも、特有の問題が付きまとう。それは、それぞれの社会階級を定義付け、位置付けることが、一般的に困難であるという点にかかわる。教育の機会と国家による雇用の機会が急速に拡大したことで、必然的に社会的流動性が高まった状況では、なおさらである。それに加え、権威主義体制そのものが、階級の利益を作り出したり否定したりすることに、しばしば積極的な役割を果たしてきた。エジプトやイラク、シリアの大土地所有者のように、特定の社会階層が破壊されたり、経済的・社会的力を著しく制限されたりすることもあった。他方、政党や協会、連合など、階級政治を促進しかねない組織が禁止されたり、国家が管理する機構の一部に再編されたりする場合もあった。チュニジアの労働運動の指導者アフマド・ベン・サーレハは、一九六九年に政府の役人から解雇された時に、「私の身に起こったことは、私が党と労働組合という二つの組織に二重に所属していたことによって説明できるだろう」と論じている。[26]つまり、二股の忠誠心を持っていたために、体制と衝突した時、サーレハは労働者階級の利益を代表することができなかったのである。以上のような要因によって、階級意識を発展させるための主な駆動力となる階級闘争が、ごく限定的な形に抑え込まれた。

とはいえ、階級の利益を表現することが完全になくなったわけではない。民間部門においては、それが産業であれ、通商であれ、農業であれ、所有権や労働者の雇用といった本質的な要素が、労資のあいだの潜在的な争点であった。そして、労働者も資本家も、可能であれば組織化を進めて直接対峙するか、あるいは自らの味方として国家を介入させることを目指すようになった。

国家主導の公共部門においては、労働者階級の活動をはっきりと特定することは、時として困難であった。しかし、エジプトでは、他国でもみられたように、労働者集団がしばしば当局の管理から独立してストライキや座り込みをしたり、公的な労働組合から独立した地元の指導部を作り上げたりすることができた。労働者の代表は、政府や党が主催する数多くの公的な経済会議に出席することによって、労働者の安定した職や最低賃金などの利益を守り、労働者

iii　しばしばパトロン・クライエント関係とも呼ばれる。社会経済的に地位の高い個人（パトロン）が低い地位にある個人（クライエント）に対して、その影響力と資源を用いて、保護もしくは利益を与える。他方、クライエントの側はパトロンに対して、個人的な奉仕や選挙での投票を含む、一般的な支持と援助で報いる。このような道具的・互酬的な二者間関係のことを利益誘導ネットワーク、パトロネージ、あるいはパトロン・クライエント関係と呼ぶ。

の権利を縮小しようとする管理体制に対抗して、国営企業に参加する権利を維持することができた。また、労働者の代表が、体制内部に労働者を擁護するエリートを見出すこともあった。というのも、そうした政府高官は、経済システムにおける労働者代表の戦略的位置付けを認識し、政府の開発計画において労働者の代表が極めて重要な役割を与えられてきたことを理解していたからである。最後に、ナショナルなレベルで公然と反体制勢力に転ずる事例も、ごくわずかながら存在した。これについては、第一一章で論じることにしよう。

中産階級の政治的役割を論じることも、同様に複雑な課題である。この点を明らかにするためには、私的財産が保有され続けているという事実と、上級公務員や高級官僚などのブルジョワ的な生活スタイルを望む体制内アクターの政治行動が、実際には繋がっている点に注目する必要がある。[27] こうした繋がりは、地方の土地をめぐる駆け引きに最も明確に表れる。というのも、極めて重要な土地の所有権については、しばしば政府の土地改革に反して私有地として維持され、体制内要人を結び付ける紐帯として機能し続けたからである。そして、こうした紐帯は農業部門の政策に大きな影響を与え、その結果、体制内要人が地方エリートを熱心に保護するようになったのである。

より一般的に言えば、ロバーツやレサが論じているように、国家の役人と私的財産は根本的に結びついている。[28] というのも、多くの公務員が、失業に備えて私的財産や親族の資産を増やそうとし、日常的に国家の資源にアクセスしているからである。だからこそ、国家の役人は民間部門と繋がりを作ろうとしたのである。ロバーツによれば、公私の境界があまりにも流動的であるため、官僚や国営企業の管理者、そして民間企業の経営者のあいだで利益を生み出すあらゆる調整が可能となり、それによって、こうした繋がりがより容易に構築されることになったのである。[29] さらに、このような取引を規定するルールが強制的に施行されることは、ほとんどなかった。取引にかかわった者が負うリスクは、せいぜい悪意を持った政敵の餌食になるか、あるいは政府が時々実施する曖昧な「汚職」撲滅キャンペーンの犠牲になる程度である。共通の利益やより良い生活スタイルを求めて形成された以上のような繋がりこそが、公共政策を歪め、私的な蓄財を可能とする要因になったのである。そうした歪みは、具体的には、所得税を低く抑え、外国企業に対して国内の企業を優遇し、稀少な外国為替へのアクセスを可能にする、といった点に表れた。

大きな注目を集めた国家政策のもう一つの側面は、階級が定着することを回避するための政策にみられる。各国の体制は、次の二つの方法によって階級の定着を回避してきた。第一に、政治権力へアクセスするための手段を制度化することである。第二に、人々が「階級ではなく、個人や家族、コミュニティや村落、地域にもとづいて」利益を得るための資源配分の仕組みを制度化することである。[30] 五つのアラブ諸国のなかでは、シリアとイラクでこうした政策が明確にみられ、エジプトやチュニジアと比較すると、アルジェリアでは幾分強く進められた。一つ明らかに異なるのは、階級の定着を回避する政策が積極的に採用された国は、社会的同質性が著しく低く、体制が特定の地域からの支持に大きく依存している、という点である。それは、一九六六年以降のシリア政府がアラウィー派という特定の宗派からの支持に依存していたことに表れている。このことは、国家の主たる政治組織の社会構成をみればすぐわかる。たとえば、一九六八年にバアス党が政権を奪取した直後のイラクでは、革命指導評議会と地域指導部のメンバーは全て、バグダードとティクリート[i]のあいだにある小さな地域出身のスンナ派であった。[31] バアス党政権は後に、シーア派やクルド人、あるいは別の地方の出身者を取り込んで指導部を拡大しようとしたが、政権高官の多くがまったく同じ小さな村落の出身者であり続けたという事実は、体制がその地域の出身者に大きな特権を与えていたことを意味する。これはまた、一九八〇年代に多くの国家主導型公共事業の契約を取り付けたのが、同じくティクリート出身者だったという事実からも見て取ることができる。[32] 同じ理由で、新体制によって一貫して不利な立場に置かれたと考えられる地域や宗派の集団からは、多数の反体制活動家が生み出されることになった。たとえば、一九八二年にシリアでムスリム同胞団の暴動を支援したハマー県のスンナ派住民や、一九八〇年にアルジェリアのカビール地域で勃発したベル

i　イラク中部の都市。王政期に軍人を多数輩出した。バクルとフサイン大統領が同地域出身であり、バアス党政権下で同地域出身が政権・軍・党内に多数登用された。
ii　北西アフリカに居住するベルベル語を母語とする人々の総称。

ベル人指導者によるストライキやデモなどがこの事例にあたる。(33) アルジェリア、シリア、イラクと比較して、エジプトやチュニジアでは、権威主義体制が成立する以前から社会階級が発展していたことも、おそらく重要だろう。ジョエル・ベイニンが指摘しているように、エジプトでは、一九五二年革命前後の労働運動には根本的な連続性がみられた。とはいえ、こうした連続性は、労働者の歴史を単に公的な労働組合の制度史として描いてきた研究によって覆い隠されてきた。(34) 同じことはチュニジアの労働者階級にも言える。チュニジアの労働者階級は、ブルギバが国家の管理下に置こうと尽力したにもかかわらず、独立以降も自らの力と組織を維持し続けた。一方、シリアやイラクでは、産業や商業があまり発展しておらず、国有化するべき大企業もほとんどなく、よく組織化された労働者の数もずっと少なかった。イラクの場合、一九五〇年代には共産党が多くの支持者を街頭デモに動員する力を持っていたために、しばらくのあいだ、社会階級が脆弱であることに起因する政治的問題が露呈することはなかった。しかし、共産党が政敵に倒された一九五九年以降は、イラク社会に確たる階級的基礎が欠如していることが明らかになった。共産党が一九七〇年代の数年間、バアス党の支配する国民進歩戦線に加わることを求められたのは、共産党がバアス党のライバルと考えられたからではなく、依然として特定の地方コミュニティを動員する力を持っていたからであった。アルジェリアについては、地方の工業化がフランスによって意図的に妨害されてきたため、階級意識というよりは地域主義が、社会連帯の主たる要素として残った。

国家の具現化に対抗して

多くの研究者は、中東や第三世界に巨大な官僚機構が存在することは、その国家が極めて強固である証だと考えてきた。同様に、こうした巨大な官僚機構があるにもかかわらず、国家が発表した経済発展や社会変革のための計画がほとんど成功しないのはいったいなぜなのか、という問題に取り組んできた。(35) しかし、こうした問いは適切ではなく、したがって誤った答えを導くことになる。

強い国家がほとんど力を持たないという明らかなパラドックスを説明しようとする議論は、二つの誤った前提に立っている。第一に、国家が単一の利害を有する首尾一貫した政体だという前提である。第二に、この国家という政体が、「社会」と呼ばれる二つ目の政体に必然的に介入し、変化させようと試みているという前提である。しかし、第一部の導入部ですでに論じたように、一見明らかな国家の一貫性は、実態ではなく見せかけである。ほとんどの体制が、首尾一貫した国家でありたいと望んでいるに過ぎない。こうした政権は、近代化への確かな道を歩む指導者を自称することによって、自らの正当性を主張してきた。そのことによって、国家が単一の目的に向かっていることを強調し、既存の社会構造や社会関係に介入することを正当化してきたのである。

しかし、政策が実際にどのように作られ、実施されているのかについて分析すると、あらゆる分野で矛盾した目的が掲げられ、利害が対立していることが明らかになる。矛盾した目的や対立する利害は、社会の様々な利害関係と交わり、次第に区別がつきにくくなる。そして、政府の活動を明確に区別すること自体、あまり意味がないということがわかってくるのである。そのよい例は、エジプトの土地改革プログラムにみられる。エジプトの土地改革は、一般的に地方の社会変容を促す手段となったと考えられてきた。だが、実際にはより多様で複雑な影響があったことが明らかになっている。(36) というのも、最初の土地改革法は、一九五二年に自由将校団が権力を掌握してからわずか六週間後に議会を通過した。したがって、それは充分に熟議された社会法だとは考えられない。さらに、この改革が実際に農業生産性を向上させたかどうかについての検証がほとんど行われなかったという事実は、土地改革のネガティブな側面であった。また、一九五〇年代を通して、行政の主たる関心はエジプトの人口過剰と土地不足をどのように解決するかという問題に向けられていた、という点は指摘しておく必要がある。こうした問題に対して、政府は、再配分ではなく、広大な土地を新たに農業地へと転用することによって解決しようとしたのである。アスワン・ハイ・ダムの建設によって水を提供された、カイロとアレクサンドリアのあいだのいわゆる「解放」地方がその好例である。

こうした見方に立てば、一九六一年に施行されたエジプトのより徹底的な農業改革法についても、それは巧みな社会・経済操作の一部ではなく、土地所有者の権力に対する限定的な攻撃に過ぎなかった、と考えるべきである。というのも、一九六一年の農業改革は、エジプトとシリアによるアラブ連合共和国が崩壊したのはシリアの封建主義者と資本主義者の責任である、という主張に応じる形で、大急ぎで作り上げられた政策に過ぎなかったからである。したがって、一九六六年にカムシーシュ村で発生した小作人活動家の殺害事件の捜査によってエジプトには「封建制度」が根強く残っていることが浮き彫りになっていたが、ナセル政権がこの問題に取り組んだ時に、いったい問題の原因はどこにあったのか、そしてどのような対策を取るべきだったのかについて、合意に至ることは極めて困難であった。[37]こうしたケースでは、国家と定義されるものと私的な利益とのあいだの境界線は極めて曖昧であった。なおかつ、汚職などの悪事を告発することは、合法性や公共政策に対する著しく多様な解釈によって可能となっただけではなく、政治的なご都合主義でもあった。

以上の点をふまえると、社会変容を体系的に管理することができる首尾一貫した政体として国家をとらえる前提は、瞬く間に崩れてしまう。その代わりに、国家を、ホッブスの言うように、エジプト版リヴァイアサンの多種多様な断片と考えることが有効である。すなわち、本書で議論している国家は、国家と社会、合法と非合法、科学的な計画経済と私的な自己利益、といった陳腐な二項対立を融解させるプロセスを通してのみ、理解することができるのである。重要なのは、単一と考えられた政体（国家）の強さや、その国家が他の政体（社会）を形作る能力を計ることではない。そうではなく、国家が、権威主義体制によって作られた全能というベールを剥がされ、常に背後に横たわっている対立的で矛盾した多くの利害に晒された時、そこに浮かび上がってくる問題や現象の意味をどのように解釈するか、という点こそが重要なのである。

第三章

アラブ世界における国家の力の拡大
――家族支配とリビアの新たな選択

はじめに

中央行政機構の飛躍的な拡大は、前章で述べたような一党支配体制の国家に限定された現象ではなく、他の様々な政治体制下でもみられた。典型的なのは、王制や家族支配が敷かれたモロッコやヨルダン、そしてアラビア半島のほとんどの国である。なかでも、第二次世界大戦前後に石油が発見された湾岸の小さな首長国においては、国家機構が著しく拡大した。これらの諸国では、新たに発見された富を用いて、増え続ける国民を管理するための巨大な官僚機構と包括的な福祉施設が作られた。たとえばクウェートでは、一九九六年には二万二七〇三人であった政府職員の数が、一九七六年には一一万三二七四人、一九八〇年には約一四万五〇〇〇人に増えた。一九八〇年の政府職員は、総労働力人口の四分の一近くを占めている。(1) サウディアラビアでも同じくらい急速に公務員の数が増えた。具体的には、一九五〇年代には数百人に過ぎなかった公務員が、一九六二／六三年には約三万七〇〇〇人、一九七〇／七一年には八万五〇〇〇人、一九七九／八〇年には二四万五〇〇〇人に拡大した[2]。他の地域と同様に、教育の機会が拡大したことによって、公務員の数が急増することになったのである。一九八〇年までにサウディアラビアでは、小学校と中学校に通う生徒は約一二八万人に拡大し、新たに作られた大学には四万二〇〇〇人が通っていた[3]。

だが、石油収入だけが官僚機構の拡大をもたらした要因ではない。ヨルダン・ハーシム王国では、支配家系は、はじめに英国から、次に裕福なアラブ諸国から、巨額の支援金を受け取っており、これを使って軍と中央行政機構を発展させたのである。一九八二年までに政府の正規職員は約五万九〇〇〇人に増え、総労働力人口の一五％弱を占めるまでになった。その他、軍は約七万〜一〇万人の兵士を抱えるようになった[4]。

このように、官僚機構が拡大したことによって、支配家系はより大きな力を獲得することになったが、同時に大きな圧力を受けることにもなった。ヨルダンのフサイン国王とモロッコのハサン二世国王はいずれも、度重なる軍事クーデタをかろうじて回避してきた。他方、アラビア半島の多くの政権は、新たな富と高官ポストをめぐる競合によって悪化した支配家系内の対立の処理にかなり困窮していた。にもかかわらず、一九六四年のサウディアラビアや一九六六年のアブダビ、そして一九七〇年のオマーンのように、支配者個人が退位させられた時でさえ、支配家系そのものは生き残り、形を変えた宮廷政治を確立していったのである。こうした宮廷政治には、支配者個人に権力が極度に集中し、政党や労働組合といった小規模組織はなかなか承認されず（モロッコは例外）、社会的動員は限定的であり、民間企業は基本的に保護された。

本章の主たるテーマは、多様な形の家族支配について議論することである。それに加えて、王制から新たな形の政治と行政機構を作り上げる試行錯誤がなされたリビアについてもみていきたい。本章が扱うのは、一九九〇／九一年の湾岸・危機戦争までの時期である。というのも、湾岸戦争によって、ほとんどのアラブ支配家系の政策が変化したからである。湾岸戦争期の政策転換については、第六章で議論することにしよう。

家族支配のポリティクス――概観

植民地支配が終わるころ、一九のアラブ国家および小国家には、王、アミール、シャイフ、スルタン、ベイ、あるいはイマームと呼ばれる国家元首がいた。彼らは、自ら支配を確立したか、世襲によって支配権を譲り受けた者たちであった。そのうち五カ国（エジプト、チュニジア、イラク、リビア、北イエメン）では、一九五〇年代と六〇年代に国家元首が権力の座を奪われた。今日まで家族支配が続いているのは一四カ国である。モロッコ、ヨルダン、サウディアラビア、クウェート、バハレーン、カタル、オマーン、そしてアラブ首長国連邦の七つの首長国がそれにあたる。(5) 王制は一見、時代遅れである。だが、よく観察してみると、特定の家系が権力を維持できた背景には多くの要因があることがわかる。なかでも最も重要なのは、支配家系に権力を集中させ、家系内の対立を抑え込む能力、そして、意思決定のプロセスを少数の忠実なエリート以外にも開放するべきだという要求に抵抗する能力である。そうした点を分析すると、中東の家族支配はある種の機能的な利点を有していることがわかる。この点は、これまでサミュエル・ハンチントンの提起した「国王のディレンマ」という概念に過度に依拠してきた研究者にとっては、あまり明らかではなかった。ハンチントンによれば、「国王のディレンマ」とは、「伝統的な政体の君主は、社会や文化、経済改革を進めるために権力を集中させることが必要であった。だが、権力の集中が進むにつれて、君主は、基盤を拡大したり、近代化によって生み出された新たな集団を同質化したりすることが困難になるか、あるいは不可能になり得る」(6)という問題である。[i] しかし現実には、国王のディレンマはこれまで考えられてきたほど深刻ではないということが明らかになった。というのも、一方で、支配家系の権威を脅かす多数の問題を引き起こす危険性があるという理由で、権力分

i　サミュエル・ハンチントン（内山秀夫訳）『変革期社会の政治秩序〈上〉』サイマル出版会、一九七二年、一八三頁の翻訳を参照した。

有はほとんど行われなかったからである。他方、ハンチントン自身が指摘しているように、君主自身がこのディレンマから脱することもできた。具体的には、君主自身が近代化の主導者という役割を果たすことによって混乱を回避し、政治参加への要求を最小限にとどめる方向へと、近代化プロセスの舵を切ればよいのである。(7)

では、家族支配の利点はどこにあったのだろうか。そして、その利点はどのようにして実現されたのだろうか。この問題を考えるうえでまず確認しておかねばならないのは、王権神授説というヨーロッパの概念に由来する正統性は、中東の文脈ではまったく意味をなさないという点である。実際、指導者が国王を自称しているのは、ヨルダン、モロッコ、そしてサウディアラビアの三カ国のみである。国王という名称が使われるようになったのは、国内的な理由というよりはむしろ、英国やフランスといったかつての列強から尊敬を集めるためであった。(8) 実際、この三カ国の君主は、たとえばシャイフやアミール、イマームといった王以外の称号を習慣的に用いてきたが、それは現地の慣習に鑑みるとこうした呼称がより受け入れられやすかったためである。さらに、少なくともサウディアラビアでは、王という言葉を用いることは、一抹のきまりの悪さを拭い去れない。というのも、スンナ派ムスリムの一部と多くのシーア派にとって、王は神に限定されてきた言葉だからである。この点について、ファイサル国王は一九六四年に、支配家系のメンバーに対して、「兄弟よ、私を兄弟であり僕とみなしておくれ。『陛下』は神のみに許された呼称であり、『王座』は天と地の王座に他ならない」と語ったとされる。(9) アーヤトゥッラー・ホメイニーは、一九八〇年代のサウディアラビア王家との論争のなかで、同じ点をより強い口調で主張している。

中東では、統治権は王権という制度そのものではなく、国王個人と支配家系の美徳を組み合わせることによって獲得されるものであった。具体的には、高貴な血統、尊敬すべき行為、指導の質、そして、ヨルダンやモロッコの国王の場合は預言者ムハンマドの末裔であること、などである。実際、家族支配の強みの一つは、正当性が多くの要因をもとに形成されているために、しかるべき時にしかるべき要因を持ち出して正当性を主張できる、という事実であった。さらに、正当性の根拠となるあらゆる要因は様々な形で組み替えられ、支配家系の過去の偉業や現在の統治能力と密接に関連付けられることで、支配者の起源をめぐる壮大な神話を創り上げるために利用された。[10] また、支配者の正当性をある特定の資源と無理に結びつける必要性がなかったという点も、家族支配の利点である。というのも、特定の資源だけに依存すると、それが時として弱点となることや、逆に大きな制約になることもあるからだ。その良い例は、アブドゥルアズィーズ国王をはじめとするサウディアラビアの指導者の懸念にみられるだろう。彼らは、宗教界こそが家族支配を正当化する支柱となっているにもかかわらず、支配家系が宗教界と同一視されないように配慮してきたのである。[ii]

さらに、支配家系全体と支配者個人の相互連携の結果、もう一つの柔軟性が生み出されていった。すなわち、一方が伝統的な美徳を体現し、他方が国家の統治を成功させるために必要な現代的素質を持つことによって、全体として二つの資質を兼ね備えることが可能となったのである。家族支配が続いている国ではいずれも、つい最近まで遊牧部族の主要家系が卓越した政治的役割を果たしていたという点は、おそらく偶然ではない。とはいえ、このことは、現代の君主が巨大な官僚機構を操り、複雑な外交を行うために必要な能力を磨きあげる必要がなかった、ということを意味しない。伝統的美徳と現代的素質の適切なバランスが見つかれば、家族の地位も相応に強化されたのである。

しかし、家族支配がなんの問題もなく維持されてきたと想定することは間違いである。第一に、明らかに最も困難な課題は、支配家系を一つにまとめておく必要がある、という点である。これは、継承の問題と、権力や地位、富へのアクセスをめぐる潜在的な対立の火種を、どのように解消するかという点にかかわっている。家族支配の創始者が多くの妻とのあいだに多数の息子を持つような大きな支配家系においては、誰が王室の一員であり、誰がそうではな

i　一九〇二〜八九年。一九七九年のイラン・イスラーム革命の中心的な指導者。「法学者の統治」論を提唱し、それにもとづく政治制度を実際に構築した。アーヤトゥッラーはシーア派ウラマーの敬称。本書の第九章も参照。

ii　アブドゥルアズィーズ・イブン・サウード（一八八〇〜一九五三年）は、一九〇二年にラシード家からリヤードを奪回し、サウディアラビアを建国、初代国王に就任した。サウディアラビアの支配一族であるサウード家は、ワッハーブ主義の保護者として宗教的正統性

いのかという問題、そして、そのなかで誰が政府高官の候補者となるのかという問題もあった。「王子」と呼ばれるべきだと主張する男子が四〇〇〇人にも上るサウディアラビアでは、一九三二年にアブドゥルアズィーズ国王自身がこの問題に最初に取り組んだ。国王は、彼自身とその兄弟の子孫、そして共通の歴史や婚姻によって国王と繋がっている家族のみが「王室」のメンバーと考えられ、俸給を受け取ることができるという法令を出した。後にファイサル国王は、一九五八年に二度にわたって王室メンバーのリストを切り詰め、たくさんの名前を削除した。(11) いくつかの湾岸諸国は、一九八〇年代までに成文憲法を起草し、王室のメンバーと王位継承の候補者をめぐる規定を設けた。

王位継承には、長男子相続か、統治者の親族のうち「有能な」年長男子による相続かという選択肢がある。いずれも一長一短である。長男子相続は適用が容易で、単一の家系に権力と意思決定権を集中させることができる。しかし、この制度は、未熟であったり、支配者としての能力を持たなかったりする君主を生む可能性がある。それに加え、この制度を適用することによって、一つの家系以外からの王位継承の可能性が失われ、その結果、とりわけ巨大な支配家系内では、しばしば緊張が高まることになる。他方、親族内の有能な年長者へ王位を継承する制度が適用された場合は、十分な年齢に達し、相当な行政経験を有する君主が生まれることになる。さらにこの制度のもとでは、支配家系内の紐帯が強化される。というのも、支配家系内の多くの家族から支配者を輩出することが可能となるか、あるいは少なくともその期待が持てるからである。その一方で、この制度の否定的な側面は、体制が概して短命になる点である。さらに、一九七〇年代になってもアブドゥルアズィーズ国王の息子が三一人も生存していたサウディアラビアのように、王位が次の世代に継承されるまでに、現国王の兄弟や異母兄弟といった極めて多数の皇太子が控えているという欠点もある。(12) 最後に、王位を継承する候補者の能力をどのように評価するのかという問題がある。王位継承者の能力評価は極めて主観的な問題であるだけではなく、経済発展の度合いや国家が直面する問題によって、時代とともに変化するはずである。

実際、王位継承にかかわる規則は支配家系によって異なり、王位継承のたびに規則を変える場合もある。一九八〇年代までに長男子相続を制度化したのは、モロッコ、バハレーン、カタル、アブダビ、そしてドバイであった。[13]その他の国では、親族内の有能な年長男子による相続が様々な形で適用されているが、既存の支配者が死去した直後に生じる危険性がある家系内の対立を回避するために、ほとんどの場合、皇太子候補者の補足規定が設けられている。サウディアラビアでは王位継承のメカニズムが整っており、皇太子の次に継承権を持つ人物を明示するために、その人物を閣僚会議の副議長に任命することになっている。とはいえ、こうした制度は全て可変的であり、家族内の交渉に依存している。ヨルダンでは、フサイン国王の時代には最低でも国王の弟二人と国王の息子のうちの一人という合計三人の皇太子がいたが、実際には、この三人はいずれも王位を継承しなかった。アラブ首長国連邦のシャールジャ首長国では、一九八七年に支配者とその弟のあいだで抗争が発生した。この争いは王位継承の順番を変え、後者を先に継承者に任命することで手打ちとなった。

支配家系内部の対立を最小限にとどめることができれば、支配者は、顧問として利用したり政府高官に登用したりすることができる忠実なメンバーを多数抱えることができた。サウディアラビアや湾岸諸国のように巨大な支配家系を持つ国では、通常、支配者に指名された継承者か支配者自身が首相となり、近しい親族が主要な閣僚ポストを独占する状態が続いてきた。ヨルダンやモロッコのように支配家系が小さな国でも、国王の叔父や従兄弟を軍の最高司令官などの重要なポストに起用したり、経済計画や開発にかかわる政策決定権を持つ重要なポストに任命したりした。こうした親族の登用は、共和制のもとでは、通常ネポティズムと批判される慣行である。だが、家族支配体制下ではこうした汚名をかけられることはない。これは一つの利点である。反対に、支配者に近い親族を権力の座から排除したり、交代させたりすることは困難であるため、支配家系の有力者が同じ地位に長期間とどまる傾向が強くなる。

アラブ諸国の王制や家族支配がかつて直面した第二の問題は、統治を安定させるために必要な資源をどのように獲得するか、という点であった。彼らは有力な社会集団に過度に依存することを避けつつも、国民に気前のよい贈り物を分け与え、支配者への支持を維持しなければならない。こうした点は、特に石油が発見される以前の貧しいアラブ諸国で問題になった。同様に、ヨルダンやモロッコのように、君主が植民地宗主国から財政上の厳しい制約を受け続け、王室費が極めて少額で、土地などの高価な資産を蓄積する機会が限定されていた国でも、深刻であった。だが、独立や石油収入の獲得、あるいはその両方によって、ほとんど全ての支配者がこの問題を解消した。産油国では歳入が増えたため、その一部を支配家系メンバーに様々な方法で配分し、残りをインフラストラクチャーや社会サービスの整備を通して国民のために使うことができるようになった。一方で、経済活動が活発になると、支配者の親族が財界に進出することを許可するという選択肢が出てきた。また、クウェートのように、力を持った商人と交渉し、自由に金儲けをする権利を与える代わりに、政治参加要求を制限するという選択肢も生まれた。非産油国の支配家系は、独立によって、植民地宗主国からの補助金に依存する状態から自由になり、その代わりに、たとえばアラブ諸国をはじめとする諸外国からの財政支援を求めることができるようになった。あるいは、モロッコのハサン二世のように、独自の資金を使ってビジネスを始めることもできた(14)。いずれの場合も、支配家系と私企業のあいだに暗黙の協力関係があったおかげで、支配者はビジネスを展開するうえで顧客を著しく増やすことができたのである。

家族支配が直面した第三の問題は、軍との関係であった。独立直後、ブルギバ大統領によって引導を渡されたオスマン帝国のチュニジア長官を例外として、一九五〇年と六〇年代に王位を喪失した四人のアラブ人君主は、いずれも軍事クーデタで退位させられている。そして、ヨルダンやモロッコ、サウディアラビアの国王も、軍内で画策された陰謀にうまく対処できなかったり、あるいは運が悪かったりすれば、同じように打倒されていた可能性は大いにあった。こうした問題に直面した時、支配家系の指導者は二つの選択肢を取ることができた。一つ目は、軍をごく小規模にとどめ、その大部分を外国人傭兵で構成し、さらに忠実な親族の管理下に置くという方法である。これは、アラビア半島のいくつかの国で数十年間採用された方法である。二つ目は、国王自らが日常的に軍服を着用し、軍のパレードや軍事演習に定期的に参加することによって、軍の最高司令官として積極的な役割を果たすという方法である。これは、王室を守るために大きな軍が必要であったヨルダンやモロッコで採用された方法であり、とりわけヨルダンで顕著にみられた。フサイン国王は、一九五六年に英国人司令官のグラッブ将軍[i]を解任して以降、軍隊の忠誠心を見事に獲得し、その一〇年後には、「あたかも全ての兵士を知っているかのように」兵士ひとりひとりに対してファーストネームで呼びかけたと言われている。[(15)] 王制は一般的に、共和制と比較して軍の忠誠を維持しやすい。というのも、兵士にとっては、国旗や国家などの抽象的なものよりは、国王個人に忠誠を誓う方が道理にかなっているからである。

第四に、宗教に依拠して支配の正当性を主張している支配家系にとっては特に、宗教による制約を受けることなく、宗教からの利益をいかに獲得するか、という点が問題となった。この問題に対しては、共和制を敷くアラブ諸国とほとんど同じ政策が採られることになった。具体的には、政府は、宗教関係の人事と資金を管理し、金曜礼拝の説法を厳しく監視した。他にも、「伝統の管理」政策も行われた。たとえば、ムタワ（muṭawa）[ii]と呼ばれるサウディアラビアの宗教警察がイスラーム的に正しいと考えられる行為を強制するという事例にみられるように、過去の慣習に立ち返るような実践を取り入れた。

そして、支配家系や宮廷が存在することによって、他の政治体制とはいくつもの点で異なる権力闘争が生まれた。一つは、支配家系内の人間関係の問題である。つまり、支配家系内エリートのあいだで、個性や野望、国家の政策、国家機構の管理といった問題が複雑に絡み合い、混同されるようになったのである。問題をより複雑にしているのは、多くの場合、年上の王子や首長が最も重要な省庁のトップに君臨し、その地位を利用して独自の利益を拡大するための領域や権力基盤を構築していったという事実である。こうした状況では、進んで困難な決定を下すよりも、支配家系内の調和を維持することの方が重要になるはずであった。それでも、多くの論者が指摘したほど最悪な状態にあっ

i　一九三九年にトランスヨルダン軍であるアラブ軍の司令官となり、近代軍へと訓練した英国陸軍中将。
ii　イスラームの悪行を禁止し、善行を推奨する勧善懲悪を、人々に教育・指導する組織。イスラーム的価値観を指導する組織であるが、西洋では宗教警察と呼ばれることが多い。

たわけではない。支配家系は内部の深刻な対立を秘密のベールで覆い隠すことができたし、彼らの政策がどのようなものか、いかにして政策決定に至ったのかについて、ほとんど説明を求められることはなかったからである。さらに、対立する見解が存在することは、必ずしも権力闘争があることを意味しない。実際に、見解の対立が存在することは、それが穏当な範囲にとどまる限りは、脆弱さの証しではなく強靭さの源だと考えるべきであろう。もちろん、支配家系の全メンバーが政策の主要課題に対して同じ姿勢を示すような場合は、たいてい大惨事への対策を講じている最中であり、その政策課題が適切に周知されていないことは確実であった。

家族支配体制下の権力闘争に特有のもう一つの特徴は、独特の雰囲気とダイナミズムを持った宮廷が存在する点である。その特徴のいくつかは時代を超えて共通しており、マキャベリーやシェイクスピアの作品で例証されたのと同じくらい明確に、現代政治学の書物のなかでも説明されている。つまり、宮廷には君主に助言を与える古風な廷臣が仕えており、支配者の望みを察知し、それを実現するにはどうすればいいかを提案するのである。リア王は「誰が勝って、誰が負けたのか。誰が権力を得て、誰が追い落とされたのか。…宮廷の噂話を余は求めている」と語ったが、彼はその手の噂話の重要性を十分に理解していた。ウォーターベリーは、現代モロッコの研究でこの点について見事に記述している。彼によれば、王への接近は政治工作のなかで最も肝心な要素である。エリートは宮廷を観察し、その動きを予想しようと躍起になっている。彼らが王室のお気に入りかどうかは、謁見の長さや国王の表情をみればわかるという[16]。とはいえ、宮廷の生活は雲の上の政治ドラマではなく、制度に規定された行動様式が存在する。具体的には、支配者は自らに助言を与え、自らの命令を実行する政治的臣従を必要としており、宮廷では小規模で忠誠心の高いエリート・サークルのなかからこうした臣従を供給する制度が機能しているのである。

一般市民にとって、宮廷や公開議会は、いわゆる正当性の演劇が行われる舞台でもある。そこでは、あらゆる行事が高度に政治的な意図を持った儀式となった。支配者はそれらを通じて、自身の権力や高貴な家系、寛大性、宗教的敬虔さなどを国民に再確認させせようとした。つまり、バジョットが一九世紀の英国王室について書いたように、「見えないことは忘れられること」なのである。[17] ウォーターベリーは、モロッコのハサン二世国王が囚人釈放の際に行ったスピーチを引用し、王室の行動にみられるこの側面について次のような好例を提供している。

この寛容さは、深遠な叡智と偉大な高貴さ、そして堅固な宗教共同体といった特徴を持つ我が家族の天賦の特質を証明している。これこそが、我々と我が臣民を永久に結び付けるものである。さらに、我々が叡智と寛容さをもってこの態度を適用してきたとすれば、それは、我が国民の救世主であり、わが市民の解放者である我々の亡父、ムハンマド五世（彼と彼の記憶に神のご加護あれ）から我々に引き継がれた人道的な使命に応えようとしてきたからである。[18]

家族支配体制下の権力闘争にみられる最後の特徴は、支配家系と社会の保守派との同盟関係が自然に形成されるという点である。これは、近代化と急激な経済発展にともなって出現した新しい運動やイデオロギーの脅威に晒されるなかで、支配家系も保守派も、家族支配の制度が自らに有利に働くと考えているためである。どちらも部族や田舎の美徳といった要素を称賛する傾向があり、政党や労働組合に猜疑心を抱きがちである。その結果、第一に、宮廷は、古く高貴な家系のメンバーを不釣り合いなほど多く抱えるようになった。第二に、王室は、経済問題に対して、国有化や土地改革などの集合的解決策を取りづらくなり、個人所有や私企業に好意的な政策を取る傾向が強くなった。次の二つの節では、家族支配のこうした特徴を論じていくことにしよう。

王族支配のポリティクス――ヨルダンとモロッコ

独立後のヨルダンとモロッコの政治史には多くの共通点がある。両国では、国王が短期間で立憲君主制を確立し、ナショナリスト政党との対立に決着をつけ、権力を掌握した。両国ともに深刻な軍の動乱を経験した。国王が首尾よく国民運動の指導者となり、国の近代化の立役者と位置付けられるようになった点も、両国に共通している。その一方で、こうしたプロセスが進行した背景は大きく異なっていた。ヨルダン近代史においては、自国内に多くのパレスチナ人人口を抱えているため、パレスチナへの関与が圧倒的に重要となり、イスラエルとの近さも顕著な特徴であった。一方、モロッコでは、ハサン二世が、ナショナリストの関心を元スペイン領西サハラの併合へと振り向け、なおかつ、この政策への忠誠を政治参加の試金石とした。モロッコは資源の乏しいヨルダンと比較して、経済的多様性に富んだ国家である。だからこそ、国王が利用することはできるが完全には管理できない政治組織や労働組合といった、多様な組織が存在し続けたのであろう。

ヨルダンのフサイン国王が権力を掌握する契機となったのは、一九五七年四月の出来事であった。この時国王は、ハーシム家による支配という原則に反対する政党が閣僚を独占していたスライマーン・ナーブルースィー内閣を解任に追い込んだ。その直後、軍事クーデタ未遂が発生したが、フサイン国王はそれを封じ込め、反対に軍に対する支配を確立した。そして、英国からの援助に代わって米国やアラブ諸国からの経済援助が開始されると、それ以降、政党活動は非合法化され、ヨルダンの下院はほとんど開会されなくなった（一九七四年と一九八四年に一回ずつ開会されただけである）。こうして国王は、外交や安全保障にかかわる主要な政治決定を掌握する一方で、その他の政策については忠実で小規模な政治家集団に委ねる体制を確立することが可能となった。後者を任された忠実な政治家は、ハーシム王室のディーワーン（宮廷内閣）と、日常的な行政を執り行う通常内閣の任務を、交互に担当した。[19]

ヨルダン国王は、憲法に明記されているように、国家元首であり国軍の最高司令官である。同時に、首相を任命し、首相と相談して閣僚を指命できる。歴史的に、首相と内閣は短期間のうちに交代を繰り返しており、一九四七年から一九七四年のあいだは平均七カ月、一九七五年から一九八〇年代までのあいだは平均二年しか政権を維持できなかった。[20] 任命に当たっては、各閣僚は、従うべき主な指針が記された国王からの公開書簡を受け取った。閣僚の役割は、本質的には行政執行であった。核となる政策は、小さな顧問集団と協議して決定された。顧問集団は、主に宮廷内閣の閣僚とその長官、軍の最高司令官、そして内閣ではなく国王に忠誠を誓う首相によって構成されていた。加えて、特別な政治課題に短期間取り組むためだけに、特別首相がしばしば選出された。たとえば、シリアとの良好な関係を構築することに長けた人物や、パレスチナ人に対して強硬策を取る人物が、特別首相に任命されることがあった。

当初、宮廷内閣と通常内閣という二つの内閣に配置された政治エリートは、数百人規模の小さな一族の出身者であった。[21] 独立前、こうした政治エリートの多くは、英国によって当時のトランスヨルダンに連行された人々、およびパレスチナから移住した人々によって構成されていた。その後、ヨルダン川西岸が併合されると、アブドゥッラー国王の最大のライバルにあたるエルサレムのムフティー[ii]との関係を持たないパレスチナの主要一族を取り込むようになり、政治エリートの枠が広がった。さらに、部族長や商人、国内の二大少数派であるチュルケス人とキリスト教徒の主要一族の指導者を取り込んでいった結果、エリートの裾野がより広がった。こうして、通常内閣への登用は代表制の役割を果たすようになっていった。言い換えるなら、様々な地域の一族や社会集団と国王とのあいだに接点を作ることによって、それぞれの集団の利益を代表する政党を認めるべきだという要求が噴出することを回避してきたのである。これは国王に対する支持を作り上げ、維持する方法でもあった。以上のようにして登用された政治エリートは、

i 一九〇八〜七六年。財務大臣や在英ヨルダン大使などを歴任し、一九五六〜五七年に首相を務めた政治家、アラブ民族主義者。
ii ファトワー（イスラーム法学裁定）を出すことができる法学者を指す。

宮廷と良好な関係を持つことが極めて重要であるため、公職からの解任には抵抗せずに甘受した。というのも、公的な政治舞台から降りることによって、将来より良いポストに登用される可能性があることを知っていたからである。

こうした少数のエリート集団の外部にいるヨルダン人は、国政レベルの政策に影響を与えることはほとんど、あるいはまったくなかった。というのも、一九八九年以前は、国政選挙はほとんど実施されず、あらゆる政治組織が禁止されていたからである。こうした状況下では、自らの意見を表明したければ、少数のエリートと個人的な繋がりを作るか、あるいは非合法活動に身を投じるしかなかった。にもかかわらず、ストライキやデモはほとんど発生しなかった。国王が対峙しなければならなかった地方のヨルダン人による深刻な反体制運動は、一九七〇年九月に始まり、数カ月のうちに武力衝突に発展したパレスチナ人抵抗運動との対立のみであった。

一九七〇年代には、限定的な地方分権制度の導入が試みられた。地方選挙は一九七六年から定期的に実施され、権力は県知事や市長、村民評議会の議長に譲渡されるようになった。しかし、こうした選挙は厳しく監視され、候補者のほとんどは中央政府と密接な繋がりを持った公務員か退役軍人であった。この点に鑑みると、限定的な地方分権は、中央と地方に横たわる問題をめぐって競合的な政治を展開するためのわずかばかりの余地を生み出したに過ぎなかった。だが、地方選挙が許可されたことによって、いくつかの地方では、中央政府と地方の有力者との同盟関係に楔が打ち込まれた。というのも、教育を受けたテクノクラートが数人当選し、禁止された政党のメンバーと、王制に活動を承認された唯一の大衆組織であるムスリム同胞団に近い候補者が当選を果たしたからである。とはいえ、彼らの活動は大きな制約を受けていた。このことは、一九八六年五月にヤルムーク大学で発生した学生デモへの関与が疑われたイルビド県議会議員の再選が、当局による激しい妨害にあったことからも明らかである。

モロッコ国王の支配に対する反体制運動は、より首尾一貫しており、封じ込めることが困難であった。だが、ムハンマド五世国王とその息子ハサン二世は、配下の人間に権力を十分に集中させ、国王が他の政治勢力のあいだで仲裁者としてふるまうことを可能にするような統治システムを作り上げることができた。ザートマンによれば、次の三つの段階を経て、この統治システムは確立していった。[22] 第一期は、一九五六年の独立から一九六五年までのあいだである。この間、二人の国王は極めて中央集権的な立憲君主制を作ろうとした。だが、ハサン二世はこの試みを断念せざるを得なくなった。というのも、イスティクラール党[i]や、よりラディカルな分派である人民諸勢力国民連合（UNFP）といった主要政党との連携が維持できなくなり、大衆による反体制運動がカサブランカを中心に暴動やデモへと発展したからである。第二期には、国王が議会を解散させ、テクノクラートを中心に構成された内閣を通して支配を試みた。こうした状況は一九七二年まで続いた。国王は、一九七一年に軍事クーデタ未遂が発生したことによって、あまりにも限定されたパトロン・クライエント関係と、軍高官の一部のみに依拠した支配は危険だということを認識し、支配体制を修正することになったのである。

最後に、事実上一九七四年から始まった第三期には、ハサン二世は高度に管理された新たな民主主義体制を作り上げることに成功した。そこでは、いくつもの政党が普通選挙に参加し、国王との良好な関係にもとづいて政治に参加することを求められた。管理された民主主義体制が発展するにつれ、国王はいくつもの要素を組み合わせて対応するようになった。まず、忠実な政治家は、国民独立連合（RNI）[ii]や立憲連合（CU）[iii]といった親王制派の政治集団を形成することを奨励された。他方、他の政党は、元スペイン領西サハラの併合を目指す国王の愛国主義的なキャンペーンを積極的に支持する限り、一九七七年と八四年の選挙に参加することを許可された。最後に、選挙自体も政権による操作をかなり受けた。具体的には、選挙活動中に議論して良いことと、してはならないことが厳格に決められた。そして、政治家や名望家、様々な労働組合や経済利益団体の指導者といった小規模エリートが、国王の周囲を固めた。

i　モロッコの独立運動を率いた政党で、伝統的ブルジョワジー層と左派労働者層の双方を支持基盤に持つ。
ii　一九七七年にハサン二世国王の義兄弟であるウスマーン首相によって結成された政党。
iii　一九八三年にハサン二世国王の支援を受けて結成された、リベラルな経済政策を支持する保守政党。

エントリによれば、その数は千人に満たなかったという[23]。ヨルダン国王の場合と同様に、ハサン二世もこうした小規模エリートの大半と個人的な関係にあり、彼らの個性や対立関係を熟知していた[24]。そして、フサイン国王と同じように、ハサン二世も彼らをうまく掌握した。こうした少数のエリートこそが国王に助言を行い、王の政策を執行し、モロッコ社会を監視する目となり耳となった。国王は、巨大な公的部門の監督者と主要な民間部門の管理者という二つの役割を担っていたが、こうした体制を維持する鍵となったのは、国王が腹心の廷臣や政治家にビジネスの機会を与える能力をどの程度持っているか、という点であった[25]。

このように、比較的少数のエリートが王の宮廷に集まったため、研究者はこれまで、そのエリート・サークル内の主要人物や多様なパトロネージ・ネットワークに限定してモロッコ政治を分析しがちであった。しかし、一党支配下の権威主義体制と同様に、こうした分析手法では、軍などの主たる国家機構の介入を看過してしまうことになる。同様に、内政と外交の双方にかかわる主な政策課題をめぐって本質的な紛争が発生した際に、それを解決するために必要なメカニズムが備わっているという点を、見逃してしまうことになる。さらに、こうした分析手法をモロッコに適用すると、様々な社会集団の支持者を獲得し、独自の利益を代表するようになった政党や労働組合の役割を見落とすことにもつながるのである[26]。

家族支配の実践――サウディアラビアと湾岸諸国

サウディアラビアで発展した家族支配は、多くの点でヨルダンやモロッコと同じ特徴を持っている。だが、サウディアラビアでは王族が非常に大きく、したがって王家が文武双方の全ての重要ポストを独占できるという事実が、両国とは異なる重要な点である。その一方で、内閣（この場合は閣僚評議会）と宮廷のあいだには、ヨルダンやモロッコと同様に明確な区別があった。具体的には、国王とその側近（年長の皇太子）は、外交や国防・治安に加えて、正義や教育といった宗教的に敏感な問題にかかわる政策にとりわけ大きな関心を寄せていた。他方、経済発展などの問題については、米国で教育を受けた第三世代の皇太子か、独自の権力基盤を持たない王室外のテクノクラートに委ねられた。この点でも、サウディアラビアはヨルダンやモロッコとよく似ている。

こうした体制の下では、アブドゥルアズィーズ国王の息子や、ジルウィー家やシャイフ家[i]といった関係家族のメンバー、そしていくつかの部族や高位ウラマーで構成されるごく少数の主要政治アクターのみが、上記のような政治に関与することができた。これらの集団に加わるためには、血筋や年齢、権威、そして政治活動に関与したいという意志が不可欠であった。さらに、こうしたエリートの重要性は、政治的にどの程度必要とされるかによって大きく左右された。一方で、部族民の定住化が進み、中央政府の直接的な管理下に入るようになったために、部族長の重要性は時とともに小さくなっていった。とはいえ、ヨルダンやモロッコとは異なり、サウディアラビアの支配家族は非常に巨大であるため、新たに教育を受けた若手エリートを政治決定から断固として排除することも可能であった。ただし、一九七〇～八〇年代に石油相を務めたザキー・ヤマーニー[ii]のような例外もあった。また、サウディアラビアでは、代表制を作るための真剣な試みがまったくなされなかった。さらに、支配エリートに取り入るためには、支配家系に対する忠誠心のみが重視され、サウディアラビア文化の価値や、サウード家[iii]が成し遂げた偉業に対する誇りを共有する

---

i　サウディアラビアの主要一族。アブドゥルアズィーズ国王は、ジルウィー家の部族長の娘を妻の一人として迎え、息子の一人が第四代国王ハーリドとなった。シャイフ家は、一八世紀にアラビア半島で急進的イスラーム改革思想（ワッハーブ主義）を提唱したムハンマド・イブン・アブドゥルワッハーブの末裔の一族。サウディアラビアの宗教的権威を担っている。

ii　一九三〇年～。王室とは無関係のウラマー家系の出身で、エジプトや米英国に留学し、法学を修めた弁護士。サウジアラムコを創設するなど、サウディアラビアの石油産業の発展に貢献した。

iii　サウディアラビアの支配一族。ワッハーブ主義の保護者として宗教的正統性を主張している。

ことが求められた。

王制支配の主たる特徴がどのように発展していったかを理解するために、サウディアラビアの政治と行政にかかわる政治史を概観してみよう。[27] まず、アブドゥルアズィーズ・イブン・サウードが一九五三年に死去した時には、一九三〇年代とほとんど同じような統治が行われていた。つまり、数百人規模の公務員と顧問を抱える最小限の官僚機構が国家を動かしていた。しかも、こうした国家機構は、東部の飛び領土にあるアラムコ（ARAMCO）という石油会社の潤沢な資源によって、折に触れて支援されていたのである。とはいえ、アブドゥルアズィーズ国王は生前、将来に向けた二つの重要な準備を行っていた。第一に、王位継承の舵取りを試みた。すなわち、長男サウードに王位を継承することを確約するが、サウードにはない外交と行政の手腕を持っていた二男ファイサルと協力して政治を行うことを約束させたのである。第二に、石油ロイヤルティが増加するにつれて必然的に増大した官僚機構の仕事を指導するために、閣僚評議会を創設したのである。二人の息子が異なる能力を持っていたため、サウード国王は宮廷内の管理を強化するために尽力し、一方のファイサルは国家の主たる制度として閣僚評議会を形成し、年長の皇太子に行政的な経験を積ませるとともに、閣僚評議会を利用して多様な省庁の活動を監視した。

サウードとファイサルの対立は、一九五八年から六四年にかけて顕在化した。というのも、サウードが一連の外交政策と経済危機への対応を誤ったために、家族支配の根底が揺らいだからである。具体的には、サウード国王が石油収入を浪費したために財政破綻寸前に陥り、エジプトのナセル大統領の権力拡大によってもたらされた脅威に対抗策を打ち出せなかった。さらに、一九六二年にエジプトが、隣国北イエメンのイマーム支配を打倒した将校を支援するために軍を派遣すると、サウディアラビア王室はより危機的な状況に陥った。しかし、こうした深刻な危機にもかかわらず、サウードからファイサルへの権力移譲には時間を要した。というのも、支配家系のメンバーの多くが、権力移譲という重大な決断を下すことに躊躇したためである。こうしたなかで、ファイサルが閣僚会議に任命した三人の皇太子が鍵となる役割を果たした。つまり、一九六二年に副首相に任命されたハーリド、一九五三年に教育相になったファハド、そして一九六三年に国家警備隊の司令官になったアブドゥッラーの三人である。サウード国王が退位し、ファイサルが国王兼首相として統治体制を固めつつあった一九六四年には、ハーリドが副首相兼皇太子に任命され、ファハドは次の皇太子、つまり一九六七年に新設された第二副首相という地位に任命されたのである。以上のプロセスを進めるにあたり、支配家系内の複雑な交渉が必要となった。とりわけ、アブドゥルアズィーズの三男にあたるムハンマド皇太子は上記の三人よりも年長であり、彼の王位継承を実の弟のハーリドに譲ることを合意させるまでに時間がかかったのである。

ひとたび権力を確たるものにし、支配家系の支援を勝ち取ると、ファイサル国王は支配を強化するための新たな手段を講じ始めた。その最たるものが、年長の皇太子によって構成される高等委員会を創設することであった。この委員会は、重要な政策決定に際して国王に助言を与えることに専念し、他方、一九六〇年代の後半から本格的に始まった計画経済開発などの日常的な行政は、閣僚会議が管轄することになった。また、ファイサル国王は、一九七〇年にサウディアラビアのグランド・ムフティーが死去したことを契機に法務省を新設し、イスラーム法学にかかわる重要領域を内閣の支配下に置いた。最後に国王は、西洋で教育を受けた第三世代の皇太子を政府要職に就かせるという用意周到な政策を実施し、一九五〇年代には自身の息子サウード・ファイサルを率先して米国の学校と大学に通わせた。これは、支配家系が将来、国内のテクノクラートの助言と専門知識に過度に依存することを回避するという意味でも、重要な政策であった。しかし、第三世代の皇太子を留学させる政策を進めたことによって、セイモアが「権力の封建的基盤」と呼んだものが年長の皇太子のあいだでよりいっそう強化されることにも繋がった。つまり、何十年もとい

i　イマームとは一般に、礼拝の導師などの宗教指導者を指す。シーア派の多数派である一二イマーム派では、預言者ムハンマドの一族であるアリー（第四代正統カリフ）の子孫のうち一二人の無謬の指導者を指してイマームと呼ぶ。一二イマーム派とは異なり、アリーの曽孫にあたるザイド・イブン・アリーを正統な第五代イマームとして支持する分派はザイド派と呼ばれ、北イエメン一帯に一九一八〜六二年まで王朝を築いた。

うわけではないが、何年ものあいだ同じ省庁や組織を支配し続ける年長の皇太子が出てきたのである。[28] これによって、国王自身の権力が制限され、合意形成がより困難になり、ひいては組織の利害と支配家系内の対立が共振する危険性が高まった。これが露呈したのは、一九六九年に空軍将校のあいだで画策された杜撰《ずさん》なクーデタ未遂が発覚した際である。この時、支配家系の意思決定プロセスは数カ月にわたって機能不全に陥り、国王自身も、改革をよりいっそう進めるべきだという助言と、宗教界が道徳や価値をさらに徹底して管理することを容認するべきだという真っ向から対立する助言のあいだで身動きが取れなくなっていた。結果的に、彼はその両方を同時にやろうとした。

一九七五年にファイサル国王が甥の一人に暗殺されると、まずはハーリド国王（在位：一九七五～八二年）のもとで、次にファハド国王（在位：一九八二年～）のもとで、より集合的な家族支配が行われるようになった。ところが、こうした集合的支配を進めても、コンセンサスを形成することはしばしば困難をともなった。とりわけ、ある宗教的急進派が、王政に対する民衆の反乱を鼓舞するという誤った望みを抱いて、一九七九年にマッカ（メッカ）の大モスクを占領するという大事件を起こした際には、支配家系内ではなかなかコンセンサスを形成することができなかった。にもかかわらず、支配家系とその同盟者が主要な権力中枢の全てを確実に掌握していたため、強力なイラン・イスラーム革命勢力による批判を受けた時ですら、家族支配にとって深刻な脅威とはならなかった。

セイモアが指摘したように、継続的に富を蓄積し、国家機構を拡大していったために、支配家系内の対立や、支配家系とサウディアラビア社会とのあいだの緊張関係は、容易に緩和されるようになった。[29] 一方で、体制維持に必要な王室外のサウディアラビア人専門技術者は、支配家系による様々なパトロネージ・ネットワークのなかに個人として取り込まれた。というのも、専門技術者は、権力を持った側近に加える必要がなく、最も初歩的な代表制によって選出されたという形式を採る必要もなかったからである。一九七九年の大モスク占領事件に代表される危機的な状況に陥った際には、国王と年長の皇太子は、国民による諮問評議会の形成を検討することを約束し、人々の支持を得ようと試みてもよさそうなものである。だが、支配家系メンバーのほとんどがこうした権力分有に反対であったため、このような提案は静かに幕を下ろされた。支配家系が国家機構や制度をしっかりと掌握し、政党や労働組合が禁止され、反体制運動は極めて小規模な地下組織に限定されていたために、王家が国政をほぼ完全に独占し続けることができたのである。

にもかかわらず、中央・地方の支配がうまく機能していた時でさえ、サウディアラビアの支配家系が政治的真空のなかで活動できたわけではなく、宗教界や裕福な商人・企業家といった強力な利益集団と慎重に交渉することは極めて重要であった。とりわけ、一九八五年以降、油価の下落にともなって景気後退が生じ、これが財政破綻や債務不履行といったさらなる困難な問題を引き起こしたが、これらの難題を解決するためには、王家以外のアクターとの調整がより重要となった。その際、イスラーム法学で禁止されている利子の取り扱いなどの極めて論争的な問題をめぐる交渉があまりにも複雑であったため、法律や規定はウラマーや財界からの新たな圧力によって何度も変更された。

クウェートやバハレーン、カタル、オマーン、そして一九七一年に七つの首長国から形成されたアラブ首長国連邦（UAE）の支配家系も、石油時代を通して権力を掌握し続けることができた。これらの国でも、国家機構の定着や王位継承問題の解決、政府高官へのアクセスといった点で、よく似たプロセスを辿った。ここでも、いったん支配家系に権力が集中すると、支配家系のメンバーは閣僚評議会の最重要ポストを独占することが可能となった。具体的には、一九八〇年代半ばには、クウェート、バハレーン、カタル、そしてUAEの首相府は支配者かあるいは皇太子が掌握し、外務省や（存在するところでは）内務省、そして国防省は親族の年長者が管理するようになったのである。唯一の例外は、民間人が大臣となったUAEの外務省であった。オマーンでは、支配家系が小規模であったために若干異なる行政制度が必要になったものの、支配家系が国家のポストを独占したという点では同じであった。(30)

こうした国々の支配家系が国家のポストを独占できた要因は、次の二点に求められる。第一に、一九七一年末以前は英国から、そして英国が湾岸諸国から撤退した後にはサウディアラビアと米国から、保護を受けていたことである。それに加えて、一九八一年に湾岸協力会議（GCC）が形成されると、相互支援体制が構築され、国家ポストの独占がさらに進んだ。第二に、石油利益を手に入れたことである。それによって、支配家系は、国民への課税や商人からの借款に依存することなく、財政を運用することが可能となった。その結果、支配家系は、まずは一族で支援金を分配し、次に小規模な国民に対して潤沢な支援をばら撒くことができるようになった。具体的には、現金を支給したり、国家が公共開発のために国民に私有地を高価格で買い取ったりした。また、無償の教育や医療サービスといった多種多様な福祉政策、そして、電力・水道・住宅への高額な補助金の交付といった制度化された政策も実施された。

官僚機構や経済規模が拡大すると、国家が国民に仕事やローンを提供し、利益率の高い事業への参入に門戸を広げることによって、国民の支持を獲得できるようになった。こうした政策の鍵となったのは、極めて厳格な国籍法によって国民と規定された人々のみが持つことのできる独占的な利権を作り上げたことである。ほとんどの湾岸諸国では、そうした特権を持った国民だけが個人所有権や起業権を認められており、その結果、石油の富を利用した金儲けや、仕事を求めて湾岸に流入した何百万人もの外国人労働者を使った事業を有利に展開することができた。(31)

巨大な独立財源を持ち、外部の攻撃から保護されていることによって、湾岸の支配家系は、商人やウラマー、少数派のシーア派、そして定住した部族民といったあらゆる社会集団との繋がりを、意のままに構築することができた。クウェートのように、商人の政治不介入と引き換えに、王家はビジネスに介入しないという暗黙の合意を締結した国もある。(32)また、特定の集団にのみ特権を付与するだけでは不十分であるため、たとえば軍人や警察官を常に部族民から登用するといった政策が採られる場合もあった。通常、こうした調整はほとんど軋轢を生むことなく進んだ。しかし、石油ロイヤルティの減少などによって経済的困難が生じた時には、ある種の緊張関係が生まれることが常であった。そうした場合、支配家系は、資金や職を配分する代わりに、財政縮小や財政負担の割り当てという厳しい決定をしなければならなかった。とりわけ、一九八二年にスーク・マナーフとして知られる非公的株式市場が崩壊した後のクウェートは、非常に厳しい状況に陥った。というのも、クウェート王家の重鎮を含む投資家が、何十億ドルもの債務を抱えることになったからである。クウェート政府は、この問題に対して一致した政策を作り上げるまでに数年を費やした。それ以降も、特定の個人や企業が極めて多額の公的賠償金を受け取っていることに対して、当然のことながら非難が続いた。これが最終的に解決されたのは、湾岸戦争が終結した一九九〇年代初期のことであった[33]。

湾岸諸国の支配者・政府・国民は、概してインフォーマルで個人的な関係によって結ばれており、公的制度の影響は極めて限定されていた。公的な議会を形成することを試みたのは、クウェートとバハレーンの二カ国のみで、それぞれ一九六二年と七三年の独立直後のことであった。だが、その二カ国でさえ、政党は禁止され、有権者は完全な市民権を持った少数の男性に限定され、選挙も政府の大きな介入を受けてきた。さらに、国会では、閣僚であれ民選議員であれ、支配家系の重鎮が含まれていることから生じる問題に悩まされた。バハレーンでは、支配家系と反体制派のあいだの緊張が高まったことによって、国会は、二回の短い会期を経て、一九七五年に解散された。クウェートでは、支配家系であるサバーフ家が独占する政府と議会が協力関係を構築したため、議会はもう少し長く続いた。だが、両者が対立すると、議会は何度も解散された。具体的には、クウェート議会は、一九七六年に初めて解散され、一九八一年には再開された。次に、法務相が私的利益のために権限を乱用したという理由で更迭された一九八六年に、再び解散された。法務相とともに厳しい批判を受けた二人の大臣のうちの一人は石油相であったが、彼は偶然にも支配者の異母兄弟だった。

i　一九七九年のイラン・イスラーム革命とその後の動乱に対応するために、保守的な湾岸の六カ国（サウディアラビア、クウェート、バハレーン、カタル、アラブ首長国連邦、オマーン）が結成した地域機構。

リビア――王制から新たな政治体制、ジャマーヒーリーヤへ

リビアは一九五一年、トリポリ、キレナイカ、フェザーンというまったく異なる三つの地域から成る連邦制国家として独立を果たし、イドリース・サヌースィー国王[i]率いる立憲君主制国家が成立した。リビアの政治史は、いくつかの点でヨルダンやモロッコと通底している。一九五二年に主要なナショナリスト政党であったトリポリタニア国民会議との対立に決着をつけたイドリース国王は、それ以降、全ての権力を掌握し、議会をしっかりと管理下に置きつつ、忠実な政治家を通して国を支配した。支配構造にも類似点があった。具体的には、宮廷内閣と通常内閣の双方を持ち、前者は有力部族と都市の主要家系出身者が占めた。そして、後者のうち、財政や国防、内務などの大臣職は全て国王の管理下に置かれた(34)。さらに、四つの行政機構を持った連邦制が、一九六三年に中央集権的な政府に取って代わられるまでのあいだ、忠実な支持者に対して多くのポストを提供した。一方、一九五〇年代後半に石油が発見されると、王政はかなり豊かな財源を獲得することになったのである。

だが、明確な相違点もあった。そのいくつかは極めて重要で、ムアンマル・カッザーフィー大尉（以下、カダフィー）[ii]率いる一九六九年の軍事クーデタによって王制が打倒された要因の説明にもなる。それは第一に、支配家系の規模と結束力である。リビアでは、イドリース国王の支配に反対する親族の一人が、一九五四年に国王の側近を殺害した。その結果、国王は、王位継承権を自らの子孫と兄弟に限定し、残りの王族の地位を剥奪して公職から追放した。これは、支配家系内で能力を持つ忠実な人々を一斉に排除することを意味した。さらに悪いことに、イドリース国王には息子がいなかったため、兄弟の家系のなかから新たに皇太子となったあまり優秀とはいえない甥へと王位が継承されることになった。第二に、イドリース国王は、ヨルダンのフサイン国王やモロッコのハサン国王のように、自らの正当性を強化する政策や、公共の場でのパフォーマンスを繰り返すことによって王の権威を臣民に再確認させ

る政策に注力してこなかった点である。反対に、彼は人里離れた宮廷に閉じこもり、遠くから政治制度を操ることを好んだ。

第三に、イドリース国王は、自ら常備軍を統括することに失敗し、親族や側近に対して縁故主義や汚職にかかわる適切な規制を課すことができなかった点である。第四に、国王が、リビア内に軍事基地を有していた英米から距離をおくための外交手腕を、まるで持っていなかった点である。そのため、一九六七年の第三次中東戦争の際には、イドリース国王は石油ロイヤルティを用いて敗戦国であるエジプトとヨルダンを支援し、自身がアラブ民族主義者の信奉者であることを立証しようと試みた。だが、この時にはすでに、国王への支持は修復不可能なほど崩れ去っていた。ある意味では、イドリース国王は、国王と王制全体の正当性を失墜させてしまったと言えるだろう。したがって、様々な集団が王制打倒のクーデタを目論んでおり、誰が初めに手を出すかはタイミングと運の問題に過ぎなかったのである。

一九六九年九月に実権を掌握したリビア自由将校団の指導者は、すぐにエジプト型の革命評議会をカダフィー議長のもとに設置した。カダフィー大尉はすぐに大佐に昇進し、軍の最高司令官になった。最初の四年間で、彼らは、ナセル大佐とその側近がエジプトで作り上げた制度にそって、リビア政府を再編した。具体的には、権力を集中的に管理するとともに、地方エリートとアラブ社会主義連合と呼ばれる大衆運動の影響力を制限し、大衆の支持を獲得するための新たな行政機構を作り上げたのである。だが一九七三年四月には、リビア独自の新たな組織形態を構築し始めた。それは、あらゆる村落や学校、大衆組織、そして外国企業から選出される人民委員会である。こうした委員会は

---

i　一八八九～一九八三年。一九～二〇世紀にリビアで活動したスーフィー教団であるサヌースィー教団の第三代教団長。イタリアに対する抵抗運動を率い、一九五一年にリビアの初代国王に就任した（在位：一九五一～六九年）。

ii　一九四二～二〇一一年。ナセルを模倣して自由将校団を結成し、一九六九年に軍事クーデタで王制を打倒、陸軍大佐に昇進し、革命評議会議長としてリビアの最高指導者となった（在位：一九六九～二〇一一年）。

当初、地方と地方政府においてのみ重要な役割を果たすことが許可され、ある種の行政・立法機能を果たすことが想定されていた。しかし、一九七五年九月の発議では、カダフィーを書記長とする人民総議会（GPC）の設置によって、人民委員会の活動は国政レベルでも認められるようになった。GPCは、各地域の人民委員会の代表によって構成され、リビア人全てが加盟することになった新たな労働組合と、アラブ社会主義連合に支えられるようになったのである。[35]

以上のような人民委員会とGPCにもとづく支配構造を基礎とし、最終的にリビア固有の政治体制が形成されていくことになった。契機となったのは、カダフィーが『緑の書』の第一巻『民主主義問題の解決』（一九七六年）を刊行し、一九七七年三月に国名を「ジャマーヒーリーヤ」、すなわち「人民の国」に変更することを宣言した出来事であった。ジャマーヒーリーヤ体制が実際に何を意味するのかについては、判然としない。というのも、第一に、この体制は極めて実験的なものであったからである。一九七九年には一連の革命委員会が結成されたが、この革命委員会は当初、学校や大学に置かれ、次に官僚機構にも拡張された。そして、既存の省庁の多くが、人民局と呼ばれる組織に統合された。革命委員会や人民局は、既存の人民委員会と並存し、カダフィーの直属となった。だが、カダフィーは、一九七九年にGPCの書記長を辞任し、新たなポストである「革命の指導者」に就任したのである。第二に、一九七〇年代後半には経済的な特権に対する総攻撃が始まり、いくつもの私企業が国有化されたからである。とはいえ、こうした変化にもかかわらず、権力はカダフィーと国政の中枢を支配していた少数の側近の手中に、しっかりと維持されていた。

その結果、一九八〇年代初頭までに、リビアは他の中東諸国とはかなり異なる国家構造を持つようになった。たしかに、中央には巨大な官僚機構があり、それを支える軍隊は一九八一年には五万五〇〇〇～六万五〇〇〇人に増えた。さらに、それなりの規模の警察機構や民兵、そして治安維持に携わる集団を抱えていた。[36] こうした組織は、最終的にはカダフィー大佐とその側近に対して責任を負うことになっていたが、極めて斬新な方法で管理されることになった。

具体的には、GPCの常任事務局と様々な革命委員会、そして人民局と改名された軍や省庁内の古い行政的ヒエラルキーを組み合わせることによって、統制したのである。これはリビア政治に重要な帰結をもたらした。他の主要アラブ諸国が国民を行政の監視下に置くためのメカニズムを構築しようと躍起になっているなかで、監視体制を強化する一方で、委員会を通して国民の政治参加を促進するような体制は、リビアを除いて存在しなかった。その結果、様々な形の政治が行われるようになったが、外部の観察者はそのほとんどをまだ分析できていない(37)。

以上のようなプロセスがどのように生じたのかについても、歴史的に説明されなければならない。石油輸出から生まれた巨額の資金が存在したことは、明らかになんらかの影響を与えたであろう。それが、経済や社会、行政の仕組みを設計するための包括的で連続的なプロセスを支える資金となっていた点は、少なくとも明らかである。また、リビアの総人口が二〇〇～三〇〇万人と小規模であった点、そして、中央集権的な官僚機構を極めて短期間で構築したという事実も、重要である。とはいえ、軍事クーデタを起こした陸軍中級将校の個性や思惑も無視できない。気鋭のリビア研究者の一人であるジョン・デイヴィスによれば、『緑の書』は、王制下の日常的な政治のなかで、欺かれ、欲求不満をため込んだ男によって書かれたという(38)。広大な砂漠に張られたテントで生まれ、一九六四年に軍に入隊するまで官僚機構というものにはほとんど触れたことがなかったカダフィー大佐は、エジプトのナセル大統領やシリアのアサド大統領のように規則正しい行政手続きを一切取らなかった。彼は、ナセルやアサドのような忍耐力を持っておらず、細やかな配慮にも欠けていた。その結果、様々な実験が自由に、そしておそらく衝動的に行われることになった。これこそが、リビア政治と組織にみられる本質的な特徴なのである。

i　人民の政府を意味するアラビア語の造語で、大衆（ジュムフール）の複数形ジャマーヒールに由来する。共和制（ジュムフーリーヤ）とは異なる直接民主主義を重視している。『緑の書』では「第三の普遍理論」が提唱され、第一巻では、議会制民主主義と政党制を否定した直接民主主義の普遍性が主張された。

第四章

アラブ民族主義
——アラブの統一とアラブ諸国間関係

はじめに

アラビア語を話し、自らをアラブ人だと認識する人々が、新たに形成された独立国家のなかで大多数を占めていたという事実は、二〇世紀の中東政治を考えるうえで極めて重要な特徴である。それゆえ、アラブ人意識がどのような役割を果たしたのか、そして、アラブ諸国間関係がラテンアメリカや東アジアの国家間関係とどのように異なるのかといった問題については、長いあいだ研究の対象となってきた。にもかかわらず、こうした問題は必ずしも明らかにされたとは言えない。というのも、この主題にかかわる書物のほとんどが、学術的観点から書かれたものではなく、極めて論争的で政治的なものであったからである。だからこそ、アラブ主義が、共通の歴史や文化、時には宗教を共有しているという意識の問題から、アラブ民族主義やアラブの統一を政治綱領の中核に位置付ける政党や運動の形成まで、非常に多様な形態を取って表れたことには、ほとんど注意が払われることはなかったのだろう。同様に、アラブ人にみられる様々な国民的紐帯についても、ほとんど区別されてこなかった。たとえば、エジプト人やモロッコ人は、自国への強い帰属意識を持っており、占領や外国支配、亡命を通して極めてばらばらの経験を有するパレスチナ人のあいだでは、逆にパレスチナ人意識が発展していったのである。

こうした状況は、一九八〇年代には次第に変化していった。というのも、当時、ナショナリズムをめぐって様々な理論や説明が提起され、そうした激しい論争の影響を受けた中東研究者がアラブ民族主義についての研究成果を発信するようになったからである。さらに、ナショナリズム自体は「単一の普遍的な現象」ではないため、ナショナリズムの理論化は不可能であり、また適切でもないと論じたサーミー・ズバイダの影響も大きかった。(1) アラブ民族主義をめぐる初期の研究のほとんどが、なによりもイデオロギーとしてのアラブ民族主義の分析に集中していた。すなわち、アラブ民族主義は、歴史や文化、社会、政治、そして将来のアラブ統一のあるべき秩序について論究した思想としてとらえられたのである。こうした研究は、何人かのアラブ人知識人や政治家、論客の議論を取り上げ、彼らを最も重要なナショナリストの思想家として恣意的に規定していく、というやり方を取るのが常であった。これらの思想家を当時の政治社会思想の潮流に位置付けようとした最良の研究でさえ、同じような傾向がみられた。(2) ナショナリストの書物に注目する研究者は、概して「観念主義的」観点から歴史をとらえる傾向があり、思想こそが歴史を動かす原動力であると認識しがちである。一方で、ナショナリズムを政治運動としてとらえる研究者は、「物質主義的」アプローチを取り、それぞれの社会や世界規模の社会経済的発展の結果、変化が生じたと論じる傾向が強い。(3)

本章では、より批判的なアプローチに立って、とりわけアラブ民族主義運動が多様な形を取って立ち現れている点、それがアラブ諸国やパレスチナ政治に与えた影響、そして中東諸国間関係に及ぼした影響について、分析していきたい。(4)

アラブ主義からアラブ民族主義へ

一九世紀の終わり、中東に住む多くの人々は、言語や文化、歴史的共通性を根拠にアラブ人と呼ばれるべきだと主張していた。彼らはアラビア語を話しており、読み書きができる者はみな、共通のアラビア語を使うことができるという点が重要であった。というのも、アラビア語は方言化に抗い、その結果、モロッコからペルシア湾に至る地域で理解可能な共通語となっていたからである。また、彼らは、アラブ帝国やオスマン帝国の記憶にもとづく共通の文化や歴史的経験の継承者であった。さらに、彼らのほとんどがムスリムであるため、宗教的な共通性や、聖地で一堂に会する巡礼といった宗教行事も共有していたのである。

にもかかわらず、アラブ人であるという意識は、当時いくつもあったアイデンティティのうちの一つに過ぎず、通常は特定の家族や部族、あるいは地域や都市に対する帰属意識の方が強かった。それゆえ、オスマン帝国領のシリア地域において、初期のナショナリストがアラブ主義を称賛し、アラブ人であるという帰属意識をなによりも重視するべきであると説いたとき、アラブ主義は、すでに政治的重要性を獲得しつつあったその他のナショナルなアイデンティティや宗教的、地域的なアイデンティティと競合することになった。しばしば指摘されているように、オスマン帝国下では、アラブ人とトルコ人の民族運動の形成が最も遅く、ギリシア人やアルメニア人の民族運動が始まってから何十年も後のことであった。だが、後発の運動の担い手は、それ以前に発展した語彙を利用できるという利点があった。アラブ民族主義者は、愛国主義や民族的な権利といった概念に加え、市民権や政治的代表制などの関連する概念をもとに発展した民族主義運動の語彙を、存分に使うことができたのである。こうした概念は、独自の国民国家を確立することができるほど強く統一された民族なら、すべからく共有しているはずだと考えられていたものである。[5]

ベネディクト・アンダーソンやアーネスト・ゲルナー、トム・ネアンらは、民族運動が形成され、力を得ることができる特定の歴史的条件をあぶり出そうとしてきた。[6] つまり、多くの人々をネーションへと結びつけるプロセスこそがナショナリズムの条件であり、アンダーソンはこれを「想像の共同体」と呼んだ。具体的には、地域経済の発展や印刷物、新聞の広がりが「想像の共同体」を作り上げるというわけである。こうしたことが生じると、宗教などの原初的な忠誠心にもとづくアイデンティティを持っていた人々が、今度は文化にもとづくアイデンティティを持つようになる。そして文化は、大なり小なり世俗的な言葉で表現されるようになる。その過程で言語に注目が集まり、辞書が編纂される。さらに、事実であれ想像の産物であれ、民間伝承や大衆の歴史が編纂されていくのである。こうしたプロセスは、文化的な同一性を強調することに特別な利益を見出す詩人や芸術家、辞書編集者によって始められることが多い。言語や歴史の編纂が始まるとすぐに、特定の文化を共有していると考えるようになった人々は、ある特定の領土を持った特定の国に共生するべきだ、という政治的信念を強く抱くようになる。

このように論を展開する研究者は、全てのナショナリズムが、ほとんど同じ語彙を用いて非常によく似た政治理論を生成する、と考えている。ナショナリストは、民族の定義をめぐる共通の問題に着目するというわけだ。つまり、民族の本質とは何か、民族は歴史を通してどのように続いてきたのか、民族の境界はどこにあるのか、といった問題である。こうした問題をめぐるナショナリストの記述は、哲学的に満足のいく一貫した主張ではなく、人々を鼓舞するためのものであると考えられる。彼らの目的は運動を始めることであって、書物を図書館に収めることではないからだ。ナショナリストが成功を収めるためには、彼らがトルコ人やペルシア人、アラブ人などと定義してきた人々全てを説得し、ナショナルなアイデンティティが最も重要であることを認識させ、それを政治の中核に位置付けなければならない。こうした試みは、レトリックや詩を結び付け、ネーションの栄光ある過去の記憶と、同様に栄光ある未来への夢を訴えかけるという戦略が採られた場合、最もうまく進んだ。

ナショナリストの議論のあいだで異なるのは、どのような社会集団や階級がはじめに民族運動を立ち上げ、国民を動員していくのか、という点のみである。つまり、教育を受けたエリートが最初に民族運動を始めるべきだと主張するナショナリストもいれば、中産階級にこの役割を委ねる者もある。とはいえ、こうした集団は、厳密に定義されていないことが多い。また、幅広い合意を得ているように、第三世界では、帝国主義的な支配を打倒する機運が高まった結果、そして、国民国家体制のなかで自らの安全を確保するためには国家を持つ以外の選択肢はないという認識が広まった結果、民族運動が最も明確な形で出現する。こうした民族運動が成功するかどうかは、同じ民族に属する人々を動員し、統一を維持できるか否か、という点にのみ依存しているわけではない。他にも、戦争や列強同士の競合、同じ領土をめぐって対立する集団の強さといった多様な歴史的・地理的・政治的偶然にも左右されるのである。

　地中海東部のアラブ人は、おおざっぱに言ってよく似た歴史経緯を辿った。彼らは最初、言語や文化の重要性を強調した。次に、第一次世界大戦前夜には、オスマン帝国からアラブ地域を分離すべきだと主張する政治集団が初めて出現した。当時のオスマン帝国は、トルコ語を話す役人によって運営されることが多くなっていたが、ヨーロッパ人とシオニストの侵略に対抗するには嘆かわしいほど心もとない状態であった。アラブの分離独立を掲げる政治集団には多数の元オスマン帝国軍人が含まれており、彼らは、第一次世界大戦中にトルコに対して立ち上がったハーシム家率いるアラブ反乱軍[i]に参加した。そして彼らは、ファイサル[ii]が一九一九／二〇年にダマスカスに樹立した短命のアラブ王国にも加わった。

　アラブ民族主義の提唱者は、単一の目的を持った一つの運動としてアラブ民族主義を描き出そうと努力してきた。にもかかわらず、ダマスカスやバグダード、そして肥沃な三日月地帯の諸都市にみられるローカルでより強い忠誠心を、どのようにアラブ主義と連結していくべきかという問題については、はじめから合意があったわけではなかった[7]。この問題は、次のような事実によってより複雑になった。つまり、東アラブ世界が植民地宗主国によって個々の国に分断された点、そして、分断された東アラブ諸国でも、独自の法律や国家の象徴、慣習が根を張るようになり、それがアラブ主義に代わる忠誠の対象になった点である。これは、東アラブで最も早い一九三二年に公式の独立を果たし、国連に議席を獲得したイラクで顕著にみられる。イラクでは、アラブ諸国間協力の構築やアラブ統一に尽力していた国王と政治家が、同時にイラク愛国主義をも創り出そうと躍起になっていた。そのための政策は多岐にわたった。たとえば、国王と政治家は、イラク国歌を作るためにわざわざ詩人や音楽家を競わせて作詞・作曲させたり、全国に徴兵制を敷くことを支持する議論を広めたりすることによって、イラク・ナショナリズムを創り出そうとした。さらに、一九三五／三六年の部族反乱によって分断が生じると、国家を統一するために一致団結してイラクの国民感情に訴えたのである。

しかし、たとえアラブ諸国に新たな国境線が引かれたのが植民地支配期であったとしても、その時期にはアラブ諸国の分断を相殺するような発展もみられた。それは第一に、経済の近代化にともなって新聞や放送局、映画、外国旅行の重要性が拡大し、これが、新たな政治的境界線を超えるアラブ主義意識を強化していった、という点である。それと同時に、様々なアラブ諸国会議が開催されるようになり、銀行などの組織は個々のアラブ諸国に支店を設けるようになった。こうした流れのなかで、イラクやクウェート、バハレーンでは、教師や医者といった専門職にパレスチナ・アラブ人を雇用する政策が採られるようになった。第二に、反植民地主義闘争に支援が集まるようになった点である。たとえば、ファイサル国王は、一九三〇年代にバグダードに亡命しようとした二人のシリア人反仏活動家に職を与えた。さらに、最も重要な点は、英国とユダヤ人入植者に対するパレスチナ人の闘争に、アラブ諸国から支援が集まるようになり、ついには各国の政治家や広報官が一九三六〜三九年の反英暴動に積極的に関与するようになったことである。イェホシュア・ポラスが適切に論じているように、それ以降、パレスチナでの出来事は、「パン・アラ

i　第一次世界大戦中の一九一六〜一八年に、イスラーム教の聖地マッカ（メッカ）の太守であった預言者の末裔の家系ハーシム家のフサインを中心に、オスマン帝国からの独立とアラブ人による統一国家の樹立を目指して、英国の支援の下で起こした戦い。

ii　一八八三〜一九三三年。ハーシム家に生まれ、アラブ反乱の指導者の一人となる。一九一八年にはダマスカスでアラブ王国を樹立するが、フランス軍により崩壊、一九二一年にはイラクの初代国王に任命された（イラク国王としての在位は一九二一〜三三年）。

ブ・イデオロギーの拡大に寄与する唯一の最も重要な要素」となったのである。(8)

こうした状況下では、アラブ主義を活性化させることや、外国に押し付けられた極めて人工的な国境線を超えてアラビア語話者の統一を強調することは、それほど困難なことではなかった。サイード・ビン・サイードは、一九二八年にシリアで開催された第一回憲法制定議会に出席した議員の一人が、シリアと呼ばれる国家（ワタン）のような曖昧な概念に忠誠を誓うことはできないと感じていたことに言及している。(9) 多くのアラブ人と同様に、その議員にとって、アラブ人は英国やフランスが与えた国家よりも大きな国に属していたのだ。

新たなアラブ国家──協力と競合の狭間で

個々の国家を建設する必要性と、アラブ諸国の統一を主張するアラブ主義のあいだに生じた矛盾は、独立以降の各国の政策に映し出されるようになった。それはまず東アラブで顕在化し、次いで北アフリカ、最後に湾岸諸国でみられた。これらの地域では、全ての人々が、自国と近隣諸国を結び付ける紐帯が国境を超えて存在することを認識しており、そこから利益を得ようとしていた。しかし彼らは、こうした国境を超えた繋がりがもたらす危険性や、内政干渉の可能性についても、同じように理解していた。人間や思想の自由な流れを管理することは、事実上不可能であった。国境を超えてアラブ人同士を結び付ける部族や家族といった関係、文化や通商などの様々な繋がりがしっかりと根を張っていたからである。こうした状況下で新たに生まれた体制は、高度に政治化されたアラブ主義を利用して国内の支持を勝ち取り、支配の正当性を高める政策を模索するようになった。その一方で、アラブ主義は、植民地宗主国やパレスチナのユダヤ人に対抗するためにアラブ諸国間の協力を強化すべきだと主張する多くの集団から、体制を保護するためにも利用された。また、とりわけイラクとトランスヨルダンを統治したハーシム家にとっては、アラブ主義という感情が人口に膾炙《かいしゃ》することによって、シリアやパレスチナといった近隣諸国との連合を通してハーシム家の権力を拡張するという野心を抱くことができた。

こうしたポリティクスは、イラクで一九三二年に生じた出来事をめぐるエピソードに最もよく表れている。この年、ファイサル国王は、バグダードでアラブ会議を開催する許可を英国から得るために、英国植民地当局に対して、アラブ諸国からの支援こそがイラクの脆弱性を改善し、イラク社会の統合を脅かす危険を取り除くと主張した。この主張に反対した英国高等弁務官のフランシス・ハンフリーズは、アラブ会議をイラクで開催することは近隣諸国の敵意を刺激し、ファイサル国王が恐れるイラク社会の分断という危機を煽る危険性があると反論した。ハンフリーズは、アラブの大義に貢献するためには、まずはイラクの経済や文化の発展に力を注ぐことが必要であると考えていたのである(10)。

この出来事から六〇年以上経った今では、どちらの主張にも一理あることがわかる。アラブ主義を誇示することは、場合によっては積極的な結果も消極的な結果も生み出し得た。イラクの場合、アラブ主義は体制への支持を拡大するために利用されてきたが、それは同時に反体制派を活性化させることにも繋がった、というわけだ。たとえば、イラク国内のシーア派は、アラブ主義をスンナ派の覇権を強化する手段ととらえていた。さらに、サウディアラビアの指導者は、かねてよりイラク政府がアラブ世界の主導権を獲得する手段としてアラブ主義を利用していると批判していた。

こうしたなかで、一九三〇年代から四〇年代にかけて、ほとんどのアラブ諸国が選択した政策は、国家単位の協力を促進することであった。具体的には、友好条約や仲裁条約、あるいは犯罪人引き渡し協定などが、一九三一年以降に次々と締結された。また、シリア、イラク、サウディアラビア、エジプト、そしてレバノンを創設メンバーとして、一九四五年に設置された「アラブ連盟」もその一例である。当時、エジプトに代表されるようにアラブ諸国間の強固な連合を主張する勢力と、サウディアラビアやレバノンのように緩やかな調整を求める勢力のあいだには、極めて深刻な対立があった。とはいえ、基本的には独立した主権国家の存在を認めたうえで、さらなる協力を許容する枠組みが必要である、という点では合意がなされていた[11]。実際、バガト・ホウラーニーが指摘しているように、アラブ連盟憲章の二〇カ条のなかに、領域国家を意味する「国家」という言葉が四八回も出てくるのである[12]。

にもかかわらず、アラブ諸国間の統一を推し進める圧力も同時に存在した。一九四八／四九年にパレスチナでアラブ軍が敗北したこと、駐留英仏軍に対する闘争が発生したこと、そして米ロが中東への影響力を拡大するために競合し始めたことなどは、アラブの統一を促進する要素となった。さらに、ナセル大統領がエジプトの独立を宣言し、スエズ運河の国有化を進め、一九五六年一〇月と一一月の英・仏・イスラエルによる侵攻を耐え抜き、その機会を「アラブの」勝利として活用したことも、アラブの統一に向けた動きを加速させた。こうした雰囲気のなかでは、多数の大衆を動員し、アラブ諸国のほぼ全域に反植民地スローガンを広めることは、とりたてて難しいことではなかった。アラブの統一に対する大衆の熱狂的な支持は、一九五八年にエジプトとシリアが連合し、アラブ連合共和国が形成された時、ピークに達した。一九六三年に再びアラブ諸国の統合が協議された時も、熱狂的な盛り上がりがみられた。この時は、エジプト、シリア、イラク、そして北イエメンを統合し、巨大国家を形成することが目的とされた。そして、この巨大国家を象徴する四つの星が彩られた国旗を持った大衆が、カイロの大通りを埋め尽くした。

しかし、以上のような国家統合の試みは、アラブ諸国のあいだで国力が不均衡であったために、最終的には失敗に終わった。例を一つ挙げると、ナセル大統領とエジプトが、アラブの統一を進める試みにおいて常に中心的な役割を果たしていたという問題である。当時、エジプトの経済力と軍事力はアラブ世界のなかで抜きん出ていたため、仮にアラブの統一が実現したとしても、それは不可避的にエジプト優位で進められることを意味していた。だが、これこそが他のアラブ諸国の指導者が懸念していた点であった。特に、エジプト政府が各国の指導者に配慮することなく各国の人々を動員しようとしたために、各国の指導者は懸念を強めていった。ナセル政権の公式機関紙である『アフラーム』に掲載された一九六一年一二月二九日付けのコラムは、この点を端的に示している。曰く、「国家としてのエジプトが諸政府との交渉過程で国境を認識したとすれば、革命としてのエジプトは、国境で立ち止まったり躊躇したりすることなく、革命的な使命を先導するために国境を超えてそれを人々に伝えなければならない」[13]。こうした懸念は、シリアとエジプトが実際に連合した際の経験にも裏付けられ、さらに強まっていった。アラブ連合共和国では、後にシリア大統領となるハーフィズ・アサドを含む多くのシリア政府の要人が排除された。彼らは、二度とこうした屈辱的な立場で祖国を運営するわけにはいかない、と決意したのであった。

パレスチナ問題もまた、アラブ人の統一や分断を左右する力学を有していた。イスラエル国家が建設され、七五万人ものパレスチナ難民が流出してから一〇年間、パレスチナ問題に最も深く関与したエジプトとヨルダンは、アラブ諸国を統一してイスラエルに対抗する準備を行うというよりは、パレスチナ人からの支持を奪い合う状態にあった[14]。パレスチナ人が自らの領土を解放するために主導的な役割を果たすことも、ほとんど求められなかった[15]。しかし、こうした状況は一九六〇年代初頭に変化し始めた。というのも、パレスチナ難民のあいだである種の「政体」を創設する計画が持ち上がると、それに対して多くの賛同が寄せられるようになったからである。そして、一九六四年一月の第一回アラブ・サミットで、パレスチナ人はついにアラブ諸国の指導者にその計画を認めさせた。その結果、同年五月にエルサレムで開催されたパレスチナ民族評議会の創設大会で、アフマド・シュカイリー[ii]を初代議長としてパレスチナ解放機構（ＰＬＯ）を創設することが決議されたのである。ほとんどの論者は、ＰＬＯの創設が認められた要因を、

i　一九五八年にシリアとエジプトが合併して成立した連合国。ナセル大統領がエジプト式の統治をシリアに導入しようとしたことに反発が起こり、軍事クーデタで一九六一年に崩壊。これは、シリアとエジプトの関係悪化を引き起こし、ナセルの威信を損ねる原因となった。

ii　一九〇八〜八〇年。パレスチナ北部の名望家の出身で、アラブ連盟に勤務後はシリアやサウディアラビアの国連大使を歴任し、一九六三年にアラブ連盟のパレスチナ代表に就任。ＰＬＯ初代議長。

一九五八年から六三年までのあいだ、イラクのカースィム准将[i]率いる新たな革命政権とエジプトが対立関係にあったという事実に求めている。これとは異なり、ヨルダンに対抗するためにＰＬＯが創設されたと考える研究者もいる。というのも、自国内に多数のパレスチナ人を抱えるヨルダンでは、ヨルダン国王に代わるパレスチナ人指導者を生み出す恐れのある組織が脅威となることは間違いないと考えられたためである。

　他方、一連の出来事と時期を同じくして、ヤーセル・アラファート[ii]と少数の同志が、ファタハと呼ばれる新たな組織を形成していた。ファタハはイスラエルに対するゲリラ活動を準備し、アラブ諸国が長期にわたって無視してきたパレスチナ人の運命をパレスチナ人自身の手中に取り戻すために結成された組織である。結果的に、ファタハのこうした飽くなき闘争心こそが、一九六七年の中東戦争に繋がるイスラエルとの破滅的な紛争を誘発した。他方、ファタハが激烈な闘争心を持っていたことによって、ＰＬＯ内で大きな影響力を獲得することが可能となり、その結果、一九六九年二月にはアラファートがＰＬＯの議長に選出されたのである。

　パレスチナ人とアラブ諸国のあいだに緊張関係が存在したことは、アラブの統一が不可能であったもう一つの要因である。そうした緊張関係は、一九五〇年代までは、アラブ民族主義の主唱者がアラブ諸国の政府であった、という事実に由来する。というのも、これらの政府は概して、体制が脆弱化したり、危機に瀕したりした時にのみ、アラブの統一という理念に言及してきたからである。つまり、アラブ諸国の政府は、危機に際して、マーリク・ムフティーが「防衛的統一主義」と呼んだ政策志向を強めてアラブの統一を主張したが、他方、そうした危機から脱して自信を取り戻すと、すぐにアラブの統一問題を無視するようになるのである。[16] アラブ諸国の指導者は、実際に統合を進めることによって自身の権力や主権が制限されることを受け入れられなかった。また、アラブ民族主義者を支援し過ぎると、イスラエルとの危険な戦争に巻き込まれるかもしれない、という点も強く懸念していた。こうした二つの理由から、アラブ諸国は、一九五〇年代初頭にベイルートで形成されたアラブ民族主義者運動（ＭＡＮ）のようなパン・アラブ主義を掲げる小規模集団を、とりわけ警戒した。ＭＡＮが強調したアラブの統一とイスラエルに対する直接的な対決姿勢は、厄介なほどに一貫していたからである。当初は躊躇していたMANも、一九六五／六六年までには、ナセル大統領がアラブの盟主となることを支援した。だが、ナセル主義の政策に対して次第に批判的な姿勢を取り始め、既存のアラブ諸国政府こそがアラブの統一の主たる障壁であるとの議論を展開するようになった。つまり、既存の体制は、その政策を抜本的に修正するか、さもなければ下からの革命によって打倒されるべきだ、というわけである。(17)こうして、MANは最終的に、エルサレムの解放は、ダマスカスやカイロ、アンマンの解放を通して実現されるべきだと主張するに至ったのである。

一九六七年の中東戦争でアラブ諸国が大敗を喫すると、その責任を追及する機運が一気に高まっていった。そうしたなかで、しばらくのあいだ、アラブ世界が前進するための代替案を提示できたのは、PLOとゲリラ戦士、そしてその急進的な支持者だけであった。だが、既存の国家はすぐに国防力を強化し、主導権を取り戻していった。というのも、既存の国家は石油の富にアクセスできたからである。具体的には、サウディアラビアやリビア、そして湾岸諸国が、一九六七年にハルトゥームで開催されたアラブ・サミットにおいて、アラブ諸国に石油の富を配分することに合意したのである。その後、一九七〇／七一年にヨルダン政府がパレスチナ抵抗運動との対立に勝利を収め、一九七三年の対イスラエル戦争では再編成されたアラブ軍勢がはるかに良い成果を収めた。それ以降は、統一への原動力はますます減退し、個々のアラブ諸国はアラブ政治のなかで各国のアイデンティティを自由に発展させていくことになったのである。

---

i　一九一四～六三年。一九五八年の共和革命を主導し、イラク共和国の初代首相となった軍人（在位、一九五八～六三年）。共産党と強い関係を構築し、イラク一国主義の政策を採った。

ii　パレスチナの政治家（一九二九～二〇〇四年）。学生運動を軸にファタハを結成し、対イスラエル武装闘争を指揮。一九六九年にPLO議長、九四年にはパレスチナ自治政府初代大統領に就任。一九九三年のイスラエルとの和平協定でノーベル平和賞受賞。

一九七〇年代と八〇年代のアラブ主義

一九七九年に発表された有名な論文で、ファード・アジャミーは「パン・アラブ主義の終焉」を宣言した。[18]「終焉」という言葉で彼が意味したのは、アラブ諸国がパン・アラブ主義の主張に対抗する大きな力を付けたために、パン・アラブ主義を主張すること自体が困難になった、ということのようだ。これはある意味では間違いなく正しい主張である。にもかかわらず、前節で論じてきたように、アラブ統一の原動力は、表面的な現象とは裏腹にかなりアンビバレントである。同様に重要なのは、国家間協力のための様々な枠組みがアラブ主義の基礎によって支持されてきた、という点である。アラブ主義の基礎とは、アラビア語話者間の近親感であり、それは中東ではなによりも中核的な要素であり続けている。こうした観点からみると、アジャミーが描写しようとしたのは、アラブ主義の終焉ではなく、アラブ主義の解釈や政治的位置付けの大きな変化であることがわかる。

一九六七年戦争の大敗に加え、一九六〇年代と七〇年代の前半にはアラブ世界でいくつもの重要な変化が生じた。それは第一に、軍事的敗北と経済的疲弊、そしてナセル大統領の死去によって、エジプトの国力と権威が減退したことである。第二に、サウディアラビアの経済的な影響が拡大したことである。そして第三に、一九七〇年代前半にアサド政権が確立すると、シリアの政治的重要性が新たに高まったことである。こうした変化に、新たに独立を果たしたアラブ諸国の数が増えたことを加味すると、国力がアラブ世界のなかでよりいっそう拡散したことがわかる。その結果、ナセル率いるエジプトがそうであったように、一人の指導者や一国の政府がアラブ世界全体に影響力を行使したり、支配したりすることは、極めて困難になったのである。

アラブ世界で生じた変化を考えるもう一つの重要な要素は、既存のアラブ国家とその体制の「耐久性」が強化されたという点である。[19]その証拠に、一九五〇年代と六〇年代には多数のクーデタが発生したが、一九七〇年代と八〇年代にはクーデタによって打倒された政権や支配家系は一つもない。唯一の例外は、一九八五年にスーダンで生じた大衆と軍による反体制運動の結果、ヌマイリー大統領が退位させられた事件であった。また、一九八一年にエジプトで発生したサーダート大統領暗殺と、一九八七年にチュニジアで生じたブルギバ大統領の退陣のように、国家元首が変わった事例はあるが、いずれも国家運営には根本的な変化をもたらさなかった。すでに論じられているように、国家や体制がこうした耐久性を持つようになった主な要因は、国家権力が拡大したことに求められる。唯一の例外はレバノンで、政府は領域内で対立する諸勢力を抑え込むだけの能力を持っていなかった。そのため、アラブ諸国間の対立やアラブ・イスラエル紛争は、危険が少なく脆弱なレバノンに持ち込まれ、レバノンがその被害を受けるようになった。こうしてレバノンは、さらに困難な状況に陥っていったのである[20]。

以上のような新たな環境が整うと、アラブ諸国の政府は、政治支配や国家主権を譲渡することなく、アラブ主義本来の可能性を利用することができるようになった。つまり、アラブの統一に対する強い共感を示しつつも、他のアラブ諸国との政治統合やイスラエルとの実戦に繋がるような政策を回避する、という明確な戦略が採用されるようになったのである。こうした戦略を最も精力的に採用したのは、一九六六年にシリアに成立したバアス党政権[i]と、一九六八年にイラクに成立したバアス党政権であった[21]。両国の政権は、バアス主義の三原則の一つである「統一」が、とりもなおさずアラブ主義を強く標榜したものであるため、アラブ主義への献身を示すためにわざわざ危険を冒して自滅的な戦争行為に訴える必要はなかった。この点は、両政権にとって有利に働いた。その上で、さらなる予防措置として、両政権は過剰なレトリックを駆使して極端な親パレスチナ・反イスラエル姿勢を取るようになった。そのため、他のアラブ諸国の指導者は、シリアやイラクと統合したり、彼らの政策や方針に従ったりすることは極めて危険

---

i　シリアで結成されたアラブ民族主義政党で、アラブの統一、植民地主義からの解放、社会主義を党是とし、シリアとイラクで長期政権を維持した。

であると感じるようになったのである。

二つ目の変化は、いずれの政権も、自国の領域ナショナリズムをよりいっそう強調するようになったことである。領域ナショナリズムの強調は、リビアを除く北アフリカ諸国では比較的容易であった。というのも、北アフリカでは、それぞれの国家が存在することは、アラブ主義やアラブ諸国間協力の主張と矛盾・対立するものだとは考えられていなかったからである。[22] エジプトでは、イスラエルとの一〇月戦争（一九七三年）後の厭戦ムードや、エジプト人がアラブの大義のために十分な血を流してきたという国内感情を利用することによって、サーダート大統領はエジプト・ナショナリズムを強化することができた。したがって、大統領がアラブ連合共和国を廃止して国名をエジプトに戻すことを決定した時、ほとんど反発はなかった。

だが、領域ナショナリズムを強調することは、東アラブではより困難な問題であった。というのも、東アラブでは、多くの人々が依然として既存の国家を人工的な政体だと考えており、各政権が、正当性を高めるためにアラブ主義を政治的に利用してきた伝統もあったからである。しかし、イラクとヨルダンでは、一国単位の領域ナショナリズムを主張できるように、語彙が微妙に操作され始めた。一方で、支配家系への忠誠心が国境で区切られた領域国家への帰属意識となった国もあった。[23] 南イエメンは例外で、アラブ主義もイエメン・ナショナリズムも、政治的、イデオロギー的に適切ではないと考えられた。その代わりに、一九八〇年代末にイエメンが統一されるまでのあいだ、マルクス・レーニン主義が人々の忠誠を集めることになった。[24]

特定のアラブ人を特定の領土と結びつけるために、現地化されたシンボルや運動が重視される事例もみられた。アンマンをはじめとする首都に無名戦士の墓が建設されるようになったのは、その典型である。また、国民の祝日に関心が高まるようにもなったが、そのほとんどはパン・アラブ主義の象徴とはなんの関係もなかった。[25] こうした傾向が最も顕著にみられるようになったのは、イランとの戦争の只中にあった一九八〇年代のイラクである。イラク政府は、近隣アラブ諸国との違いを強調するために、とりわけイラク独自の歴史や地理を利用した。イラクの風景が、アラブの砂漠にあって、豊かな水をたたえたナツメヤシのオアシスとして活写されたのは、この良い例である。[26]

こうした動きによって、すでに異なるパスポートを持ち、国ごとに異なる教育制度や法体系、そして移住や市民権にかかわる個別の規則の下に置かれていたアラブ人同士の分断が、さらに進んでいくことになった。しかし、アラブ統一の主張が明らかに後退したにもかかわらず、アラブ主義は様々な形を取って表出し続けた。たとえば、一九七九年にイスラエルと単独和平協定を締結したエジプトをアラブ連盟から追放するために、アラブ諸国が協力したこと、そして、一九八〇年から八八年までのイラン・イラク戦争でエジプトやヨルダンがイラクを支援したことの背景には、明らかにアラブ主義が看取できる。ただ、一九七九年にはエジプトが単独和平協定を締結したために、そしてイラン・イラク戦争中にはシリアがイラン側に参戦したことによって、アラブの統一は結果的には瓦解した。とはいえ、いずれの場合も、アラブ主義の紐帯はほとんどのアラブ諸国の協力を推進するほど強力なものでもあった。

アラブ主義にもとづく紐帯は、一九七〇年代のオイルブームによって強化された。オイルブームは、アラブ地域全体が急速な経済発展を遂げるために、富める国から貧しい国へと計画的に富を再配分するという、まったく新しいアラブ諸国間協力の枠組みを生み出したのである。より重要なのは、イスラエルに対峙するいわゆる「前線」国家を支援するために石油収入を活用すること、そして、一九七八年のキャンプ・デービット合意に反対する勢力を支援することが決定された点であった。その結果、シリアは年間一八億ドルを一〇年間、ヨルダンは一二億ドル、そしてPLOおよび占領下の西岸とガザのパレスチナ人はそれぞれ一億五〇〇〇万ドルを受け取ることが約束された。[27] しかし、石油収入が減少し、イラン・イラク戦争では多くの資金が必要になり、そして援助国と被援助国の関係が変化した結果、こうした資金の全てが実際に提供されたわけではなかったことは、指摘しておく必要がある。

アラブ諸国間関係の特殊性

アラブ諸国は、国際法上、そして自己認識上、主権を持った政体である。これは、アラブ連盟の名称と憲章のいずれにおいても公認されている。アラブ連盟憲章第八条が強く主張しているように、「アラブ連盟に加盟するそれぞれの国家は、連盟に加盟する他国の体制を尊重し、その主権を当該国の基本的な権利であると考えねばならない。そして、他の体制を転換することを意図したいかなる行動も、これをとらないということを誓約しなければならない」のである。[28] とはいえ、アラブ連盟は、実際にはアラブ諸国家の協定ではなく同胞意識にもとづいて関係を構築し、連盟組織を運用してきた。端的な例は、アラブ連盟が、アラブ諸国の内政干渉をめぐる紛争を解決するいかなるメカニズムも持ち合せていない点である。この問題は、一九五八年に発生した二つの事件に際して露呈した。第一に、エジプトとシリアが統合してできたアラブ連合共和国がレバノンを批判するプロパガンダを始め、さらには武装した一団が国境を越えて介入してきたことに対して、レバノン政府がアラブ連盟に公式に異議を申し立てた事件であった。アラブ連盟は、レバノンの異議申し立てを詳細に調査し、処罰を命じる代わりに、両国に対して挑発的な行動をただちに停止することを呼びかける決議を発令するにとどまった。スーダンの連盟使節が説明しているように、アラブ連盟は両国に対する判決を下す裁判所ではなく、兄弟間の和解を促進するための組織であるという理念にもとづいて、こうした対応が採られたのである。第二に、それから数カ月後、今度はチュニジアが、反体制派の政治亡命者集団をかくまったとしてエジプトを批判する申し立てをアラブ連盟に行った事件である。この申し立ても、アラブ連盟に対する「敵対的」行為であるとして、そしてエジプトの名誉を傷つけたとして、調査されることなく棄却された。[29]

国家間紛争を解決する公的メカニズムが欠如している要因は、アラブ諸国間の類似性があまりにも高いために、そのようなメカニズムは必要なく、かつ不適切だと想定されている点に求めることができる。このことは、一九八九年一二月、リビア革命の指導者ムアンマル・カダフィーがムバーラク大統領に対して強く主張した次のような言葉に表れている。カダフィーは、「私はエジプトとリビアのあいだに外交団を派遣することに反対する。というのも、究極的な目的はアラブ民族の統一であり、そこにおいては、外交使節を交換する必要はないからだ」[30]と述べたのである。以上のような出来事を観察すると、アラブ諸国間関係が実際にどのように展開されてきたのか、あるいは展開しているのかについて、重要な手がかりが得られる。アラブ諸国間関係は概して、大統領か国家元首が、他国の国家元首との電話会談や直接会談によって個人的に構築していくものであり、その過程で本国の外務省や相手国に駐留する外交団に意見を求めることはほとんどなかった。もう一つの特徴は、政府高官が他のアラブ諸国高官と個人的な関係を維持するという重要な役割を担っている点である。たとえば、ナセル政権期のアンワール・サーダートは、ほとんどのアラブ諸国と良好な関係を維持した政府高官であったと考えられているし、シリア大統領の実弟リファアト・アサドは、サウディアラビアのアブドゥッラー皇太子と近しい関係にあった。

同様に重要なのは、国境や国家主権が軽視される傾向にあったという点である。特に、近隣アラブ諸国に対して影響力を行使したり、圧力をかけたり、また圧力を回避したりする政策を実施する際には、国境や主権が軽視された。具体的には、直接的な軍事介入、暗殺、誘拐、爆破、妨害行為、新聞やラジオを用いたキャンペーン、敵対政権の反体制派支援といった形で、長年にわたって主権が侵害されてきたのである。最も顕著な介入をランダムに挙げてみると、次のような事件があった。一九五八年にサウディアラビアのサウード国王がエジプトのナセル大統領の暗殺を試みた事件、一九五八年から六〇年にかけて、エジプトがヨルダンのフサイン国王の政権を不安定化させ、首相の暗殺を試みた事件、一九七〇年にシリアが短期間ヨルダン北部に侵攻した事件、一九七九年以降、ヨルダンとイラクがシリア政府に敵対するムスリム同胞団を支援したこと、アルジェリアが西サハラでモロッコ軍と戦うポリサリオ解放戦線の基地建設を支援したこと、一九八〇年にリビアがチュニジアに軍事侵攻を行った事件、などである。こうした介入は、全て軍の高級将校や諜報機関のメンバーによって画策されたため、原因は闇のなかに隠され、真の目的は知る由もない。にもかかわらず、これらの事件は、国境を超えた活動が常に行われていることを証明しており、非ヨーロッパ世界のどこにも類のないものである。

以上のような政策を、いくつかの基本原則やパターンにそって場合分けする試みは、あまりうまくいっていない[31]。だが、アラブ諸国間関係の実践や目的、そして結果について、思い切って次のように一般化してみることも可能だろう。つまり、第一に、国境は浸透性が高く、隣国は介入の意志を持っている、という仮説である。だからこそ、各政権はずっと用心深くなり、先手を打って隣国の介入に対応しようとする。より一般的には、わずらわしい隣国を弱体化させ、問題を引き起こす能力を減退させることを試みるのである。したがって、第二に、紛争を引き起こす要因が実際には見当たらない場合でも、潜在的な紛争は常に存在している、という仮説も導くことができる。第三に、各国政府が国境を超えた事件や政策に深く関与しているという事実は、他地域と比べて、アラブ世界では内政と外交のあいだに明確な区別が存在しないということを意味している。アラブ諸国の政府は、国境を超えて支持者や正当性を模索し続けるとともに、対立する政府がまったく同じことをしていないか、常に注意を払っているのである。

アラブ諸国間関係のなかのイスラエルとパレスチナの役割

アラブ主義に加えて、イスラエル／パレスチナ紛争も、アラブ諸国間関係に特別な影響を与えてきた。イスラエルは建国から三〇年間、ほとんど常に、武力による威嚇や武力の行使を通してアラブ諸国との関係を処理してきたため、アラブ諸国間関係に特別な影響を及ぼしてきたのである。武力や威嚇を用いる政策は、長期にわたって首相を務めたダヴィド・ベン＝グリオンと彼を取り巻く国防エリートが、一九五〇年代初頭に作り上げたものであった。イスラエルはそれ以降、アラブ諸国からの攻撃に先手を打ち、アラブ諸国がパレスチナ人やゲリラ部隊を支援することを妨害し、ナセル大統領のような敵対的なアラブ指導者を排除することを目指すようになった[32]。イスラエルに隣接するアラブ諸国は、和平協定と国交正常化のどちらにも乗り気ではなかった。したがって、残された選択肢は、戦争の準備をするか、ある種の非公的暫定協定を締結するかのどちらかであった。エジプトやシリアは前者を、ヨルダンやレバノンは後者を選択した。

イスラエル／パレスチナ紛争が解決できなかった要因は、中東で繰り広げられた軍備拡張競争、一連の中東戦争、イスラエルによる一九六七年の西岸とガザ、およびエジプト領シナイ半島の占領、そして膨大な数の小規模衝突に求められる。さらに、一九六〇年代後半以降、パレスチナ・ゲリラ組織の規模が膨れ上がると、パレスチナ側の活動も紛争解決を困難にする一因となった。パレスチナ・ゲリラの活動が活発化したために、イスラエルがレバノンとヨルダン領内のパレスチナ・ゲリラ基地への攻撃を開始し、その結果、両国はこの紛争に直接巻き込まれることになったのである。しかし、それ以降、イスラエルはレバノンとヨルダンに対してまったく異なる政策を取るようになった。フサイン国王がパレスチナ・ゲリラをヨルダン領内から追放することを決めると、イスラエルは、ただちに自国の東側に位置する保守勢力であるハーシム王政の支援を再開したのである。反対に、レバノン領内のパレスチナ人に対しては、軍事攻勢をさらに強化した。最終的に、イスラエルは一九八二年にレバノンを侵攻し、軍事勝利を収めた。さらに、しばらくのあいだ、新たに大統領に選出されたバシール・ジュマイエルとレバノン軍団が支配する友好国をレバノン領内に作り出すための工作を重ねた。こうしたイスラエルの軍事侵攻は、政治的には決して成功しなかったが、キリスト教徒やシーア派、ドゥルーズ派[ii]の民兵のあいだのパワー・バランスを変化させる一連の出来事の引き金になった。その結果、ただでさえ脆弱なレバノンの社会システムは、さらに分断されることになったのである。

i　一九七三年にスペイン領西サハラの解放を目指して結成された組織。スペインが一九七五年に撤退すると、モロッコとモーリタニアが西サハラを分割併合、ポリサリオ解放戦線との戦いが継続したが、モロッコは一九九一年に停戦協定を締結した。

イスラエルがレバノンで武力を行使することができた一つの理由は、エジプトが一九七九年にイスラエルと和平協定を締結していたという事実に求めることができる。サーダート大統領によれば、単独和平協定の締結は、強力な隣国との関係を正常化させるために熟議を重ねたうえで決定されたことであった。これは、パレスチナ人への支援とイスラエルへの敵対心は表裏一体であることを示唆し、相互非干渉を意味する政治的方程式でもあった。しかし、エジプト以外のほとんどのアラブ諸国にとっては、単独和平協定はアラブの大義に対する甚だしい裏切りにみえた。とはいえ、多くのアラブ諸国もまた、極めて慎重にではあるが、エジプトと同じ路線を進み始めた。他方、エジプトとは異なる戦略を採ったシリアは、イスラエルに対抗できるように軍事力を強化する一方で、パレスチナ抵抗運動をシリアの安全保障に貢献する形で管理しようとしたのである。だが、シリアのこうした政策もまた、アラブ諸国から相当な反感をかった。とりわけ、一九七六年にシリア軍がレバノンでPLOと交戦した時、そして一九八三年以降にシリアがパレスチナ抵抗運動を分断し、ヤーセル・アラファートに代わる指導者を支援しようとした時、シリアに対する批判が拡大したのである。

パレスチナ人がアラブ政治とアラブ諸国間関係に与えた影響は、イスラエルの影響よりもずっと複雑である。一九四八年からの二〇年間、パレスチナ人は国を持たず、いくつかの政権の支配下に置かれてきた。しかし、一九六〇年代後半以降、パレスチナ人が独立した活動を展開すべきだと主張するようになると、彼らを支援していたアラブ諸国は大きな問題を抱え込むようになった。それは第一に、国内でパレスチナ人の活動を許可すると、当然のごとくイスラエルからの激しい反撃を呼び込む危険性があった。第二に、パレスチナ人が、受け入れ国の政府と国民の両方に対して支持を訴えかける意志を持っており、またその能力もあったという点である。ファタハの政治信条にみられる主要原則の一つは、アラブ諸国の内政に干渉しない代わりに、ファタハ運動の自由を保証させることであった。にもかかわらず、実際にはこれはしばしば無視された。一九七〇年のヨルダンや数年後のレバノンでの活動にみられるように、当該国の反体制派と連帯して政権を不安定化させることを目指す場合もあった。さらに、アラブの統一とイスラエルとの継続的な闘争を何よりも優先させるべきだという革命の論理に従うよう、圧力をかけることさえあった。言い換えるなら、パレスチナ人は、自らのナショナリズムがアラブ主義と完全に両立し得ると考えており、自らの目的のためにはヨルダンやエジプト、レバノンの国益を軽視することを厭わなかったのである。この点を考慮すると、アラブ諸国の指導者がパレスチナ人に対して取った行動も、仕方のないことであったのかもしれない。

パレスチナ・ナショナリズムに加えて、パレスチナ人は自らの政治目的を実現するための戦略を精緻化していった。すなわち、当初は武装闘争を何よりも優先していたが、ほとんどの民族解放運動がそうであるように、パレスチナ人も次第に外交や交渉による問題解決を模索するようになったのである。こうした大きな変化が最初に現れたのが、一九七四年に開催された第一二回パレスチナ民族評議会で、「暫定的」あるいは「段階的」プログラムが合意された時であった。そのプログラムでは、イスラエル支配から解放されたパレスチナ人の全領土（それは一般的に西岸とガザを指していると考えられている）に「独立した自治政府」が設置されることが決定された。それから一二年後、このプロセスは最終段階に入った。つまり、一九八八年一一月にアルジェリアで開催された第一九回パレスチナ民族評議会において、全ての関係者が平等に代表を送る国際的な和平会議を通して、アラブ・イスラエル紛争の「政治的解決」に至ることをPLOが決定した、という政治声明が発表されたのである。[33]

こうした成果を得ることができたのは、アラブ全体の利益やアラブ外交の成果ではなく、西岸・ガザ内外の多様なパレスチナ人コミュニティの貢献によるところが大きい。実際、多くのアラブ諸国の政権は、パレスチナ人の運動を全力で分断し、その指導者を周縁化し、PLOになんの相談もなくイスラエルとの政治的合意を締結してきた。たと

ii　一一世紀に生まれたシーア派の一宗派。イスラーム教の啓典とは異なる独自の聖典を持ち、輪廻転生などの神秘的な信仰を有するため、他のムスリムから異端視され、迫害されてきたが、近現代のシリア、レバノンでは政治的に大きな役割を果たすアクターを生み出すようになった。

えば、エジプトは一九七九年にイスラエルと単独和平協定を締結したが、この協定によってパレスチナ人の権利が尊重されるという保証はまったくなかった。にもかかわらず、PLO指導部は、こうした脅威を様々な手段によって克服してきた。具体的には、PLOは新たな政治活動を始める際には、いつでも組織の一体性を再強化することができた。また、PLOは、アラブ諸国間の不和を巧みに利用して新たな同盟者を見出し、将来的に敵対的政策を取りかねない政権の影響下に長くとどまることを回避してきた。そうすることによって、一九八七年一二月に発生したイスラエルによる西岸・ガザ支配に対する暴動、すなわちインティファーダを最大限利用することができた。そして、このインティファーダをパレスチナ国家の独立に向けた新たな原動力としたのである。

アラブ経済統合のポリティクス

独立当初、アラブ諸国間の政治協力は、経済統合と同時に進められるべきだと考えられていた。こうした想定が当たり前のように受け入れられた要因は、第二次世界大戦中に、英米の中東供給センターがカイロに設置され、その後ヨーロッパ共同市場の形成が進んだことによって、大半のアラブ諸国が一つのまとまりを持った地域と認識されるようになった点に求められる。さらに、アラブの経済統合を支持する者は、地域統合の動きが、植民地宗主国によって個々の国民経済へと分断された結果、大きく減退したアラブ諸国間の経済交流を促進することにも繋がると考えたのである。

しかし、それは大きな困難をともなった。というのも、新たに独立したアラブ諸国のほとんどが、よく似た農業・産業構造を持っていたために、交易を拡大させる機会が著しく制限されたからである。唯一の例外は石油であったが、すでに石油はアラブ諸国間の交易を促進する最も重要な産業になっていた。さらに、アラブ諸国の大半が関税の引き下げには二の足を踏んでいたことも無視し得ない要因である。というのも、黎明期の国内産業を保護したり、歳入を増大させたりするために、多くの国家が関税に大きく依存していたからである。同様に、政治的問題もあった。特に、経済的に脆弱な国は、経済規模の大きな国に飲みこまれるのではないかという恐怖を抱いていた。さらに、新たな協定を取り決め、管理するアラブ国際機関をどのように設立すればよいのかという大問題もあった。

アラブの経済統合を促進する試みは、主として次の四つの局面を経て進行していった[34]。第一局面は、一九五〇年代初頭から始まった自由貿易の促進である。具体的には、アラブ連盟とその傘下の組織を使って、商品やサービス、資本や労働力を交換する際のハードルを引き下げる試みが開始されたのである。その主たる成果は、一九五三年に開催された第一回アラブ経済閣僚懇談会において、アラブ連盟加盟国が「貿易促進と運輸規制にかかわる協定」を締結したことであった。この協定を最も熱心に提唱したのはレバノンであった。というのも、レバノンは、一九五〇年にシリアとの関税同盟を解体して以降、シリアへの依存度を減らすためにアラブ市場へのアクセスを確保することにとりわけ利益を見出していたからである。この協定が締結されたことによって、農産物や石油にかかる関税が相互に撤廃されるなどの一定の成果は出たものの、工業製品にかかる関税はほとんど撤廃されなかった。ほぼ全ての調印国が、自国の工業製品を保護しようとしたからである。

第二局面では、一九五七年以降、統一された対外的な関税を持つアラブ共同市場を作り出すための試みが、絶え間なく繰り返された。主導権を握ったのはエジプトであった。エジプトは当時、英仏によるエジプト侵攻が失敗したことによって生まれた機会を利用し、アラブ共同市場の形成を目指していた。エジプトは、サウディアラビアから財政支援を受けることによって、一九五六年戦争の勝利をアラブの連帯がもたらした政治的・経済的勝利と位置付けるこ

i　英国と米国が、第二次世界大戦の戦略の一環として、一九四一年四月にカイロに形成した機関。中東諸国の経済強化を主たる目的とした組織で、中東諸国内の交易や通商活動を監督する活動を行った。

とができるようになったのからである。アラブ共同市場の形成をめぐる基本的な合意は、一九五八年一月のアラブ連盟経済評議会で形成された。しかし、エジプト、イラク、ヨルダン、クウェート、シリアがこの協定に調印したのは、一九六四年八月になってからのことであった。また、各国がアラブ共同市場の形成に向けて市場を統合したのは、一九六五年一月一日のことであった。さらに、あらゆる関税の撤廃と貿易にかかる数的制限の段階的撤廃に向けて動き出したのは、一九七四年一月以降のことである。結局、この協定は、クウェートを除く上記四カ国が批准しただけで、関税削除の対象となる品目やその割り当て定数について合意を形成することは極めて困難だ、という点が露呈しただけであった。同様に、非アラブ諸国に対して共通の関税を設定する試みも、ほとんど進展がみられなかった。後知恵的に言えば、関係諸国が共同市場への参画に合意したのは、主として政治的理由によるものだった。だが、共同市場を形成したとしても、実質的な経済利益がまったくなかったため、そうした計画は国内市場の保護を目指す既存の工業計画に対する脅威だと考えられるようになったのである。とはいえ、斟酌を加えれば、非ヨーロッパ諸国の地域統合の多くが、一九六〇年に始まったラテンアメリカ自由貿易機構のように、ほとんど同じような問題に直面していたことにも言及しておかねばならない(35)。

第三局面は、一九七〇年代初頭の石油ブーム期に始まり、新たな富をアラブ非産油国に投資するために多数の基金や銀行が形成された。第三局面になってようやく、近代産業を構築するために労働力や専門技術を必要とする産油国と、自国の経済を発展させるために必要な資本を求める非産油国が、相互に補完し合うことができるようになったのである。これによって、銀行から船舶会社、そして冶金工場からスーダンの農業生産率を向上させるための壮大な計画に至るまで、多数の合弁事業の結成を通してアラブの資本を統合するという展望が開かれることになった。その基本的な制度モデルをはじめに提示したのは、クウェートであった。クウェートは、「アラブ経済発展のためのクウェート基金」を、一九六一年のバハレーン独立と同時に設立していた。その基金の目的は、経済的であるのと同様に政治的なものであった。すなわち、クウェートは、貧しい近隣アラブ諸国との共同事業に自国の富を投資する準備がある点を示すことによって、クウェートという都市国家の脆弱な正当性を補強しようとしたのである。こうした試みは、一九七〇年以降他のアラブ諸国でも踏襲されるようになり、祖国の国益と同様に、アラブ全体の利益にも貢献しようとする公務員を抱えた何百ものアラブ企業が作られた。

第四局面では、アラブ諸国内の地域統合が進んだ。なかでも、湾岸協力会議（GCC）[i]が最も成功を収めた。こうした域内の地域統合の構想が初めて持ち上がったのは、チュニジアに諮問機関を置く北アフリカ（マグリブ）連合が一九六六年に結成された時であった。だが、アラブ共同市場と同様に、北アフリカ連合加盟国のあいだの貿易障壁を取り除く試みも、各国独自の経済計画と国民計画局が確立していたこと、ヨーロッパ経済共同体と個別に貿易協定を締結することが優先されたこと、といった要因によって阻害された。一方で、一九八一年に創設されたGCCは極めて異なるモデルであり、明らかにより多くの利点があった。GCCは経済的に低開発状態にある国々の連合であり、いずれの国も安価なエネルギーの存在に立脚した多様な近代産業の構築を目指していた。GCCの統合計画は、加盟国が国内市場を共有する方法についてなんらかの合意に達しさえすれば、成功する可能性が高かったのである。[36]その後、一九八九年には、さらに二つの下位の地域連合が形成された。アルジェリア、リビア、モーリタニア、モロッコ、チュニジアを含むアラブ・マグリブ連合（MU）と、エジプト、イラク、ヨルダン、北イエメンで構成されるアラブ協力会議（ACC）である。ただし、いずれの場合も、地域統合は経済ではなく、明らかに政治的な目的を持って結成された。そのため、一九九〇年八月にイラクがクウェートに侵攻した結果、ACCは瓦解した。MUも、一九九〇年代にリビアとアルジェリアが通常の国際関係から大きく切り離されたことで、崩壊寸前の状態に陥った。

i　一九七九年のイラン・イスラーム革命とその後の動乱に直面し、保守的な湾岸の六カ国（サウディアラビア、クウェート、バハレーン、カタル、アラブ首長国連邦、オマーン）が結成した地域機構。

アラブの「秩序」はあるのか

アラブ諸国は、言語や地域、文化といった要素で強く結びついているために、現代世界において、控えめに言っても固有の相互作用がみられるという点は十分に議論できたのではないだろうか。だとすれば、最後に問われなければならないのは、こうした相互作用のパターンが、「秩序」という言葉で呼ぶに値する何かを築き上げるほど、十分に規則的で、予測可能で、相互に理解可能なものであったのか、あるいは現在もそうであるのかという問題に他ならない。ここでは言葉の使い方はそれほど重要ではない。それよりも、主たるアクターの思考様式を規定する構造、そして彼らの政策や日々の国家間関係、体制間関係に影響を及ぼす構造を明らかにすることが重要なのである。

この問いに答えるためには、中東地域の重要な特徴をいくつか考慮に入れる必要があるだろう。それは第一に、アラブ独立国の数が増え、多様性が広がったことである。具体的には、最初にアラブ連盟憲章を批准したのは五カ国のみであったが、現在は二一カ国に増え、そこにパレスチナが加わっている。このことは、指導権や影響力を行使するための戦略がよりいっそう複雑にならざるを得ない、ということを意味している。さらに、北アフリカや湾岸に域内の地域統合を発展させる試みが出現し、それによって、かつて地中海東岸にあったアラブ主義の中心が流動化したのである。

第二の特徴は、イスラエルやイラン、トルコ、そしてエチオピアをはじめとする北アフリカの非アラブ諸国との関係が、ますます重要になってきたという点である。というのも、こうした国々は、かつては敵国であるか、少なくとも扱いにくい隣国に過ぎなかったが、アラブ諸国間で対立や紛争が発生した結果、一部のアラブ政権の同盟国になったからである。たとえば、一九五〇年代にナセル大統領は、イラクが英国や非アラブ近隣諸国と連合し、一九五五年に結成されたバグダード条約機構に加盟したという理由だけで、イラクを周縁化することができた。だが、非アラブ世界に対するアラブの連帯は、エジプトがイスラエルと単独和平協定を締結したこと、そしてシリアが革命イランと戦略的同盟を結んだことによって、一九七〇年代後半から八〇年代前半にかけて、明らかに破綻していった。

第三と第四の特徴は、超大国とヨーロッパ共同体が中東において果たした役割にかかわる。超大国については、米国が一九五〇年代に対中東政策を転換したことが重要な契機となった。米国はしばらくのあいだ、ナセルをはじめとする世俗的なナショナリスト指導者と同盟関係を構築しようとしていた。だが、その後はこうした政策を放棄し、サウディアラビアやヨルダン、モロッコなどの保守的で「穏健な」君主制を支援することを通して中東に足場を築こうとした。というのも、これらの君主制国家は、いずれも米国の主たる同盟国であるイスラエルになんの脅威も与えなかったからだ。この機会を利用して、ソ連は、エジプトやシリア、イラクといった急進的な政権に軍事的・資金的な支援を提供することによって、ただちに大きな影響力を獲得していった。とはいえ、急進的なアラブ諸国が一九六七年の対イスラエル戦争で大敗を喫すると、ゴルバチョフ政権の前半にソ連が巻き返しを図るまでの二〇年間、米国は中東にほとんど完全な覇権を確立することができた。一方で、ヨーロッパの政治的影響はそれほど重要ではなかったが、経済的には大きな役割を果たした。というのも、ヨーロッパは、ヨーロッパ共同市場へのアクセスを獲得することを望んでいた湾岸諸国との協約を進めるために、湾岸諸国のいくつかの市場を統合させたからである。

このようにみてくると、アラブの秩序が存在するとしても、それは明らかに形成過程のものであり、中東と国際社会のパワー・バランスの変化に大きな影響を受けてきたことがわかる。そこでは、三つの局面が浮き彫りになる。第一に、ナセル政権下のエジプトが力を拡大していく過程である。ナセル政権下のエジプトは、しばしば大きな挑戦を

i　一九五五年に、イラクのバグダードを本部に結成された反ソ連の相互安全保障協定。加盟国は、トルコ、パキスタン、イラク、イラン、英国。中東条約機構（Middle East Treaty Organization）とも呼ばれた。一九五八年七月のイラク共和革命後は、西洋植民地主義の象徴とみられ、五九年三月にイラクが離脱すると、中央条約機構（Central Treaty Organization）に改名。

受けたものの、アラブ政治のなかで主な決定を下すための拠点となるほど強力な影響を持っていたのである。これは、一九五〇年代にはエジプトがアラブ連盟を支配していたこと、一九六〇年代初頭にはナセル大統領がアラブ・サミットで覇権を握っていたことによって、可能となったのである。

第二の局面は、イスラエルの軍事的覇権である。それは、一九六七年戦争におけるイスラエルの劇的な勝利によって始まり、一九七〇年代前半の米国との戦略的同盟の形成によってさらに強化された。イスラエルの軍事力は、アラブ国家の分断を恒常化し、勢力均衡を破壊するために利用されたのである。第三の局面は、一九八〇年代半ば以降に、アラブの統合が強化された時期にあたる。具体的には、イラン・イラク戦争におけるイラク支援、そしてパレスチナのインティファーダ支援を通して、アラブの統合が強化されていったのである。その証拠に、一九八二年以降開かれていなかったアラブ・サミットが、一九八七年一一月にアンマンで開催された。さらに、一九七九年に断絶されたエジプトとアラブ諸国の国交も回復した。ところが、この局面はイラクがクウェートを占領したことによって突然終焉を迎え、アラブの分断が新たな形で促進されるようになったのである。

第五章

第二次世界大戦以降のイスラエル、トルコ、イランの国家と政治

はじめに

本章では、主として一九四五年以降を対象とし、主要な非アラブ三カ国（イスラエル、イラン、トルコ）の政治過程を検証する。これら三カ国の歴史には次のような共通項がある。つまり、米国との同盟関係と米国からの援助が決定的な重要性を持っている点（一九七九年のイスラーム革命以降のイランは除く）、そして、とりわけイスラエルとトルコは、急速な社会・経済的変化のなかで複数政党制の民主主義を維持し続けるという困難な課題を抱えている点である。ただ、こうした共通項を除くと、この三カ国の歴史に共通する点はほとんどない。それゆえ、これらの国の類似性を探すことにさほど意味はないだろう。したがって本章では、一九九〇年に至るまでの国家建設と権力の分配に着目して、各国のシステムが有する顕著な特徴について簡潔な説明を行うことにしたい。また本章では、いずれの国でもこの過程が極めて流動的なものであり、常に競合的なものであったという点を強調するつもりである。

イスラエル

一九四八年五月、イスラエルは公式に建国を宣言した。当時、英国委任統治領パレスチナでは、アラブ人とユダヤ人のあいだで厳しい内戦が生じており、イスラエル建国はこの内戦に終止符を打つための措置であった。同時にこれは、英国の早急な軍事的撤退にも繋がった。この時までにユダヤ人は、一九四七年一一月に採択された国連パレスチナ分割決議にもとづき、南部のネゲブ砂漠を除いて委任統治領の大部分を支配下に置いていた。しかし、イスラエル建国以降も、ユダヤ人は小規模なアラブ武装集団による軍事攻勢に手を焼き、ヨルダン・ハーシム王国との対決を余儀なくされていた。ヨルダンとの対決は、後にヨルダン川西岸地区と呼ばれる土地のヨルダン領への編入、ならびにエルサレムの分割という事態をもたらした。そして、一九四九年の停戦合意によって戦闘が終結するまでの期間に、新生国家イスラエルは、元々その土地に住んでいた八五万人のパレスチナ人のうち一六万人を追放した。(1)

イスラエル建国にあたって暫定委員会が発表した独立宣言(i)によると、同国は「ユダヤ人がユダヤ人のために建国したユダヤ国家」として発足した。もっとも、ニラ・ユバル＝ディヴィスが記しているように、この宣言は法的権限を一切有していなかったものの、極めて重要な象徴的価値を持っていた。というのも、この宣言通りの政体を作り上げるために尽力した活動こそがまさにシオニスト運動(ii)だったのであり、それはまた運動内部にあった様々な潮流や集団のあいだの可能な限り幅広い合意を体現していたからである。(2)

にもかかわらず、シオニスト運動内部の諸集団は、恒久的な成文憲法の核心部分を構成するはずの宗教的原則と世俗的原則とのあいだのバランスをめぐる見解の相違を克服することができず、最終的に成文憲法が制定されることはなかった。その代わり、様々な制度や法律、慣習が混じり合う形の不文律が生み出された。その一部はパレスチナ委任統治期に創設されたユダヤ組織に由来するものであり、またあるものは独立直後の数カ月にわたって続いた政治混乱のなかで生まれたものである。さらに、マパイ[iii]がイスラエル政治を支配し続けたという現実から生じた不文律もあった。マパイは、長らくイスラエルの初代首相ダヴィド・ベン＝グリオン[iv]の強力なリーダーシップのもとにあった。こうした不文律を基礎として、新生イスラエルの統治システムは誕生したのである。この時期のイスラエルの政治過程は、近代国家が作り上げられていく過程についての、やや複雑であるが魅力的な知見を提供してくれる。ティモシー・ミッチェルは、この過程を「調整と改称」のプロセスとして適切に描き出している(3)。

本質的に言えば、この過程は、指導的立場にある政治家によって行われた様々な選択の結果であった。こうした政治家は、何が主要な国家装置を構成するのか（そして、何がそうでないのか）を正式に決定することができる立場にあった。時として彼らが下した決断は、ある程度単純なものであった。たとえば、シオニストの主要な目標と合致した制度を導入する場合や、植民地政府が遺した組織の大部分を単純に引き継ぐ場合、あるいは、ユダヤ人による入植や土地購入を制限するために委任統治政府が設定した規制を撤廃する場合、その決定は簡単になされた。同様のことは、一九四九年二月の移行法によって設置が決定された大統領や内閣、そしてクネセト（Knesset、議会）といった主要な公職・機関についても言える。これらの決定には、さほど議論の余地はなかった。しかし、いくつかの重要な組織については、それが民間のものであれ、あるいは国家機関であれ、その処遇をめぐって中央官僚機構と政治家のあいだで依然として綱引きが続いていた。そして、いずれの場合も、より多くのユダヤ人入植者を集めなければならないというシオニストが抱く願望に加えて、様々な政治的利害をめぐる対立、世界中のユダヤ人社会との関係、そしてイスラ

i　暫定国家委員会とも称され、独立直後から、最初のクネセト選挙が行われた一九四九年一月までの期間、一時的に立法府の役割を担った組織。
ii　ユダヤ人がパレスチナにユダヤ人国家を建設しようとする運動。
iii　一九三〇年結党。正式名称はエレツ・イスラエル労働者党。現在のイスラエル労働党（中道右派）の前身。
iv　一八八六～一九七三年。第一次内閣は一九四八～五四年、第二次内閣は一九五五～六三年、いずれも首相・国防相を兼任。

エルにとどまった非ユダヤ人に対して向けられた敵対感情、などを考慮して決断が下されたのである。

たしかに、国家としてのイスラエルは、ベン＝グリオンが新たに作り出したマムラフトゥイット（mamlachtuir、「国家主義」）と呼ばれる概念にもとづいて建設されていった。これは、建国前から存在した組織や政党に基礎を置く機関は、彼が「シオニズムの至高の表現」とみなしたユダヤ国家の支配にあまねく従属しなければならないとする考え方である。しかし、このプロセスは、ベン＝グリオン率いる政党の権力基盤を強化することを目的として実施されたものとも解釈できる。ヨラム・ペリが指摘するように、マパイの指導者はマパイの立場に加え、政府、国家、そして国民の名において発言することが可能であったために、競合勢力に対して圧倒的に優位な立場で国民の支持を得ることができたのである。(4)

ここで具体的な議論に移るが、本章ではこのプロセスおいて最も重要であると考えられるいくつかの事例についてのみ扱うことにする。具体的には、市民権や国家性、そしてイスラエルの主要な政治組織が強力に集権化された支配を確立できる新制度など、核となる問題に絞って論及したい。

多くの政治史研究者にとって、新たなイスラエル国軍を創出する試みは、国家的・国民的組織を創り上げようとするベン＝グリオンの決意を如実に示す代表例であった。建国以前からあったハガナーやパルマッハといった軍事組織や、イルグンのような小規模な民兵組織は、ある特定の政党に帰属していた過去と決別する形で、イスラエル国防軍（IDF）に統合された。IDFは統合された単一の軍事組織であり、そのメンバーは国防相を通じて政府に忠誠を尽くし、その他のいかなる社会的・政治的忠誠意識も持たないものとされた。(5)このプロセスは、職業軍人化や脱政治化といった概念を導入することによって、より顕著になっていった。これらの概念は、軍の組織的イメージの一部として、軍によっても積極的に宣伝された。(6)しかし、ペリが明らかにしたように、ベン＝グリオンは、こうしたプロセスを利用して、軍に対する彼自身の個人支配から世間の目を逸らすことにも成功した。ベン＝グリオンは首相として、また国防相として、将校に対して彼と彼の党に対する忠誠心を植え付けた。そして、彼の政治的ライバルと密接な関係にある軍内部の分子を排除し、クネセトと内閣による軍への効果的な監視を、国家安全保障という大義名分の下に妨害した。こうしてベン＝グリオンは、軍に対する個人支配を覆い隠すことが可能となったのである。(7)

建国以前から存在したもう一つの重要な組織、すなわちヒスタドルート（イスラエル労働総同盟）[i]の新たな位置付けについては、もう少し開かれた政治的議論が行われた。様々な議論を経て、ヒスタドルートは引き続き国家機構の管轄外に置かれることとなった。ただし、その際にも、たとえば「ヒスタドルートが有していた学校教育に対する大きな権限は教育省へ移譲する」という具合に、一部の権限は新設された中央省庁へと移譲させられた。このようにヒスタドルートの権限が少なからず剥奪されていった理由は、同組織がかつてはマパイの政治的ライバルであったマパム[ii]の政治的基盤として機能していたことと、ある程度関連していた。他方、マパイを支える機関としてヒスタドルートを機能させるために、いくつかの権限は残された。ヒスタドルートに期待されたのは、たとえば次のような機能であった。つまり、経済政策の舵取りを行うこと、そして、病人や年金生活者のための基金から拠出される潤沢な社会福祉助成金を通して多くの国民（新移民を含む）を支援することである。(8) また、ヒスタドルートは労働者の利害に加え、建設会社のソル・ボーン、製造業者のコール、イスラエル第二の銀行[iii]といった主要な雇用者層、ならびに重要な企業の経営者の利害をも代表していた。こうした点に鑑みると、依然として貧弱な国家経済の立て直しに努めていた政府にとって、ヒスタドルートは極めて有用な存在であった。ヒスタドルートは、同組織が雇用していた労働市場への新規参入者、あるいは同組織が支援していた新移民から、マパイの支持者を動員するという役割を果たすことができたか

i　一九二〇年に設立された労働組合の連合体組織。銀行、運輸、建設、保険、金融などの分野で数多くの事業を経営するとともに、独自の教育組織を有し、さらには医療・福祉制度を作りあげるなど、広範な活動を展開した。
ii　一九四八年一月結党。正式名称はイスラエル統一労働党であり、現在のメレツ（パレスチナとの平和共存を主張する左派系野党）の前身。
iii　ハポアリム銀行のことを指すと考えられる。

らである。加えてヒスタドルートは、一九五〇年代になってイスラエル国内で再び仕事を探さざるを得なくなったアラブ人労働者を巧みに分断し、コントロールすることもできた。こうしたことから、この組織は政府にとって不可欠な存在となっていったのである。(9)

その他に、同じく建国以前から存在した重要なシオニスト組織には、ユダヤ機関（世界中のユダヤ人との関係を調整する役割を担っていた機関）、ならびにそのパレスチナにおける土地購入部門であるユダヤ民族基金があった。これらの組織には、イスラエル国家というよりはむしろ世界中のユダヤ人全体の名において、移民・入植者受け入れをよりいっそう促進するという役割が与えられた。こうした措置が取られたのは、ユダヤ機関が米国からの補助金を受け取ることができたからである。当時の米国の法律では、外国の政府機関ではなく慈善団体へ補助金を送る場合に限り、免税措置がとられることになっていた。(10) より重要なのは、アラブ人に対してある種の差別的な政策を採用することをユダヤ機関が許可していたという点である。たとえば、ユダヤ民族基金が所有する土地は、非ユダヤ人に売却することも貸し出すこともできなかった。これにより、ミシェル・シャレブが論じたように、ユダヤ人を優遇する差別的政策を、それが法に抵触しているにもかかわらず、大きな批判を受けることなく遂行できたのである。(11) とはいえ、実際のところユダヤ機関とユダヤ民族基金は、イスラエルの主要政党にしっかりと管理されていた。主要政党による管理権は、建国以前の一九四六年の国民議会選挙の際に獲得した得票率に応じて決められていた。こうした考え方は、イスラエルの言葉で「鍵」として知られている。この「鍵」というやり方は、海外からの補助金の配分を決定する際にもその指針として重要な役割を果たした。というのも、補助金の分配比率もまた、一九四六年選挙時の得票率とちょうど同じになるよう設定されていたからである。(12) こうしたことから、イスラエル人政治学者はしばしば、ユダヤ機関とユダヤ民族基金は共に「半国家的」組織であったと論じている。これはたしかに真実ではある。だが、さらに言えば、いかなる国家であっても、国家に属するものとそうでないものの境界線は常に流動的であり、かつ政治的な操作の対象なのである。

イスラエルの基本的な政治システムは、一九四八年の建国から数年のあいだに構築されたが、そこにはいくつか重要な特徴があった。そして、それらは未だにイスラエル政治の重要な特徴であり、とりわけ一九六七年の第三次中東戦争までの期間には顕著にみられた。第一に、マパイの指導者が一貫して権力を握り続けてきたことである。もっとも、建国以前からクネセトは比例代表制で選出されており、マパイが選挙で過半数以上の議席を獲得することは一度もなかったが、それでも第二党の二倍近い議席を獲得し続けていた。[13] マパイは、そのイデオロギー的立場からも恩恵を得ていた。つまり、マパイは左右のイデオロギー的対立軸の中心に位置していたため、同党抜きで連立を組むことは不可能だったのである。こうしたことから、マパイは常に首相、外相、財務・財政関連相、そして、数カ月の例外を除いて国防相を政府に送り込むことが可能となったのである。さらに、そうした重要な省庁に加えてヒスタドルートやユダヤ機関を掌握することによって、マパイの統治能力はさらに強化された。マパイは、ヒスタドルートの持つ新聞社や出版社、銀行から、ユダヤ機関が北米やその他の地域で調達した資金に至るまで、あらゆる資源を利用することができた。[14] 最後に、シャレブが指摘しているように、イスラエルの国家的使命、その軍事戦略、そして重要な経済目標など、イスラエル国家の根幹にかかわるあらゆる問題において、マパイは支配的な役割を演じることができた。そして、マパイ主導で打ち出された政策は、イスラエル国内のユダヤ人市民の大多数に次第に受け入れられるようになっていったのである。[15]

第二に、マパイは往々にして、クネセトで安定多数を構成するのに必要な政党数以上の連立を組織し、かつ、そこに参加した政党に対して閣僚ポストをはじめとする多様な資源を分配することを厭わなかった。マパイのこのような戦略について、イツハク・ガルナールは「便宜供与の政治」と表現している。[16] だが、マパイのこうした戦略は、実際にはそれ以上の狙いがあった。一つには、マパイと連立を組んでいた他の政党は、それぞれ独自の銀行や金融機関、独自の経済・社会組織、そして海外のユダヤ人社会とのあいだに独自のネットワークを有しており、そこから資金を得ていたが、そうした資金源に加えて政府が資金を配分することによって、彼らの政府に対する依存度を高めようとした。さらに、この政策を通して、それらの政党をマパイ・労働党のイメージ通りに作り替えようとしたのである。[17]もう一つには、イスラエル国家を形成する様々な公的・半公的機関のあいだに密接な繋がりを創り出すことが企図されていた。

第三に、マパイという単一政党によって支配された強力な執政府の存在である。とりわけこの点は、建国以降二〇年間にわたってイスラエルの特徴であり続けた。マパイは、強大で、かつ意図的に曖昧にされた権力を有する首相職を始めとして、主要閣僚のほとんどを輩出してきた。新たに作られる法律のほとんどはマパイと内閣が主導したものであり、クネセトや司法からの異議申し立てはほぼ皆無であった。少なくとも文面上は、英国の先例を踏襲する形で、クネセトは圧倒的で排他的な権力を握っていた。恒久的な成文憲法の代わりに導入されたクネセト基本法（一九五八年）によると、クネセトを解散できるのはクネセトのみであり、その他の機関はクネセトで定められた法に拒否権を行使することはできない。しかし与党は、英国と同様に、議会のメンバーに対して強力な圧力を加えることによって、そうした特権を有名無実なものにすることができたのである。

第四に、政府ならびに政府をコントロールしている諸機関が、極めて介入主義的な経済政策を追求していたことである。そうした政策は、国防組織を築き上げるため、そして建国以降四年間で大量に流入し、二倍の数に膨れあがったユダヤ人移民に対処するために、やむを得ず実施されたものであった。しかし、介入主義的政策は、イスラエル経済に投資する個人投資家がこの時期には不足していたこと、そして外部からもたらされる巨額の資金が政府の管理下に置かれていたことにより、いっそう促進された。ジョエル・ベイニンによると、イスラエルは一九四八年から一九六五年のあいだに総額で六〇億ドル以上を受け取っていたが、その三分の二は、世界中のユダヤ人や米国、そして戦後賠償として西ドイツから送られたものであったという。[18]その結果、イスラエル政府は、一九五〇年代には投資額の三分の二を、一九六〇年代には五分の二をコントロールすることができた。これによって、ヒスタドルートと手を組んだ政府は、全労働人口の四〇％を雇用する公共部門に対して圧倒的な影響力を及ぼすことが可能となり、そのうえ、選抜貸付、権利譲渡、随意契約などを通じて民間部門に対しても大きな影響力を及ぼした。[19] さらに、ヒスタドルートを通じて労使関係をコントロールするマパイの能力によって、政府は、よりいっそう容易に経済の舵取りを担うことができるようになった。その結果、それにともなって生じる政治的利権を牛耳ることが可能となったのである。[20]

第五に、周辺アラブ諸国に対しては攻撃的な安全保障政策を採るという前提の上で、日々の政治が展開していったという点である。そうした文脈で、エリック・コーエンが「打ち負かされた敵の一味」と呼んだイスラエル国内のアラブ人に対する扱いが正当化されることになった。[21] アラブ人は、一九六五年に出された戒厳令下に置かれ、手元に残された土地の多くを失い、投票権が付与されていたにもかかわらず自らの政党を作ることはできなかった。したがって、アラブ人は、形式的にはイスラエル民主主義の一部を構成するはずであったが、実際には広範な統制下に置かれ、ユダヤ人政治家や官僚の意思に従属させられていたのである。[22] とはいえ、全ての国民の平等を謳う国家の理念と、平等性を明確に否定する現実とのあいだの矛盾は、少なくとも一九六七年までは表面化することはなかった。この年までは、アラブ人人口はイスラエル全体の一〇%未満に過ぎなかったからである。だが、一九六七年の第三次中東戦争によってイスラエルが西岸とガザのパレスチナ・アラブ人の多くを支配下に置くようになったことで、状況は一変した。

多くのイスラエル人研究者にとって、一九六七年の予期せぬＩＤＦの大勝利、そして東エルサレムや西岸といった古代ユダヤ史と深くかかわる土地の占拠は、イスラエル政治史の分水嶺となる出来事であった。実際、ガルナールが論じているように、一九六七年の勝利によって、シオニストの目的にかかわる極めて論争的な二つの問題がただちに露呈することになった。すなわち、国境線をめぐる問題と、支配下の多数の非ユダヤ人の扱いにかかわる問題である。これらの問題は、労働党政権をすぐに麻痺させ、労働シオニズムの価値を貶める一方、宗教ナショナリストにとって極めて強力な追い風となった。というのも、宗教ナショナリストはこうした問題に対して、明確なイデオロギー的解答を用意することができたからである。[23] にもかかわらず、ガルナールも指摘するように、戦争それ自体は、一九六七年以前からすでに表面化しつつあった社会的潮流を単に「明確化」する役割を担ったに過ぎなかった。[24] なかでも次の三つの潮流がとりわけ重要であった。

第一に、一九六〇年代初頭からすでに表面化していた経済的・社会的変化が政治に影響を与え始めたことである。一つの要因は、一九四八年以降、歴史的にマパイの支持基盤の大部分を形成していたヨーロッパ系ユダヤ人であるアシュケナジーの労働者階級が管理職や聖職者へと押し上げられたこと、そして、労働者階級ははじめにアジア・北アフリカ系（東方系）ユダヤ人に、その後はパレスチナ・アラブ人に取って代わられたという事実に求められる。東方系ユダヤ人人口は、一九五一年当時は全人口の三分の一ほどであったが、一九七〇年代には半数以上を占めるようになっていた。そのため、彼らの政治への関与はますます拡大していった。さらに、彼らの人口が増加し、彼らの移民二世が職や住居、社会保障を確保する際にマパイやヒスタドルートへ依存しなくなると、彼らとヨーロッパ系ユダヤ人とを隔てる教育上・文化上の広範なギャップに対する怒りが膨らんでいった。一例を挙げるなら、一九四八年から一九七三年までのあいだ、閣僚に任命された東方系ユダヤ人はたった三人であった。[25] 東方系ユダヤ人が労働党から離反するという現象は、一九六七年以前からすでに顕著であった。これは、一九七〇年代にメナヘム・ベギンのリクードが魅力的なオルタナティブとして台頭してくることで、一気に加速していった。さらに、アラブ人もまた、イスラエル労働市場への参入によって得た自らの影響力を独自に行使し始めており、彼らにとってもマパイは頼りになる存在ではなくなっていった。

第二の潮流もまた、一九六七年以前にすでに表面化していたものである。具体的には、国家宗教党の若年層メンバーが、マパイの恒常的な連立パートナーの一つであるにもかかわらず、イスラエル社会で周辺的な影響力しか行使できない自らの無力さに幻滅し始めたことである。これはとりわけ、一九六七年戦争以降に大きな影響を及ぼすことになった。というのも、国家宗教党が、たとえば西岸地区におけるユダヤ人入植地の建設といった広範な国家的問題に関与せざるを得なくなり、敬虔な人々と政府とのあいだの仲介者という建国初期の役割を放棄せざるを得なくなったからである。(26)

第三に、マパイをはじめ、数十年にわたって与党の座にあったいくつかの政党が、行き詰まりや機能不全をみせ始めたことである。それは、党内の分裂、少数者への権力の集中、情熱や知的活力の喪失などの現象に顕著にみられた。さらに悪いことに、それらの政党は、自らの様々な票田を管理したり、必要な資源を調達したりすることがますます困難になっていった。こうした停滞感の兆候は、長期政権を維持していたベン＝グリオンの首相辞任（一九六三年）、ベン＝グリオンのマパイからの離党とライバル政党ラフィの結成（一九六五年）、そして一九六六〜六七年の景気後退期における反政府ストライキの急増にもみることができた。これらは、一九六七年の戦争を境にますます困難な課題となっていった。戦争を機に、外国からの多額の個人投資が流入し、その投資先は急成長を続ける軍産複合体のような部門にまで拡大していったが、こうした部門に対してマパイは大きな影響力を行使することができなかったのである。(27)

にもかかわらず、このような大規模な社会変動が投票行動という明確な形をとって表面化するには、一九六七年からしばらく経ってから実施された総選挙まで待たねばならなかった。(28) 一九六九年選挙の段階では、労働党とマパイの連結政党（マアラハ）は、それでも全体の四六・二二％の票（一二〇議席中五六議席）を獲得することができた。しかし、一九七三年選挙の際には、得票率は三九・七％（一二〇議席中五一議席）にまで落ち込んでいる。なお、仮に選挙が一九七三年の一〇月戦争の直後に行われなければ、[ii] この数字はさらに低くなったと主張する研究者もいる。だが、エジプトとシリアの奇襲に対して政府がなんの備えもしていなかったという事実は、終戦から数カ月後にはすでに広く

i　一九七三年にメナヘム・ベギンらが、ヘルートなど複数の右派政党を糾合することで結成した政党。旧約聖書の教えにもとづく領土拡大、占領地への入植を主張する大イスラエル主義を掲げ、中東和平問題や周辺諸国との関係をめぐっては一貫して強硬姿勢を維持している。

ii　選挙は一二月三一日に実施された。

知られるようになっていたために、選挙が戦争直後であったという点はさほど関係は無いだろう。さらに、一九七七年選挙では、変化のための民主的運動（DMC）という新しい政党が結成され、この党が一一・六％の得票率を得ることとなった。これはマアラハの二六％という得票を切り崩すのに十分な得票率であり、リクード（得票率は三三・四％）はDMCを国家宗教党と共に連立政権に加えることを余儀なくされた。

長く続いたマパイによる事実上の一党支配を経て、一九七七年選挙でのリクードの勝利がもたらした衝撃は、ダン・ホロヴィッツも指摘している通り、単なる「政権交代」以上のものであった[29]。古くから続いていた安定的な投票パターンが終わりを迎えたことは明らかであったが、それに代わっていかなる投票行動が生まれたのかという点については、必ずしも明らかではなかった。そこで、イスラエルの選挙データを改めて眺めてみると、一九七七年以降、どうやら「二大連立」システムとでも表現できるようなものが生じたことがわかる。一九八四年選挙では、全一二〇議席のうちリクードと労働党がそれぞれ四一議席と四四議席を獲得したが、リクードの得票率はこの選挙を境に伸び悩みをみせ始め、一九八八年選挙ではリクードと労働党はそれぞれ四〇議席と三九議席を獲得するにとどまった。そのため、両党はあらかじめ決められたルールに従って閣僚ポストを分け合うような、新しい形態の「挙国一致」内閣を作り上げたのである。というのも、国家が危機的状況に陥っているとの認識が広く共有されていたにもかかわらず、いずれの政党も過半数の議席を獲得した上でそうした危機に断固として対処できなかったからである。さらに、次第に幅を利かせ始めていた弱小政党の耳障りな主張によって、伝統的な連立内閣の形成が困難になったという要因もあった。その結果、イスラエルの伝統的な二大政党システムのなかで、連立政権樹立のための新たな方法が模索されることとなった。その特徴は、明確な政策を打ち出すことが極めて困難である点、お互いに不信感を持っている点、連立内部の少なくとも一つの政党は常に政府を瓦解させ、自党に都合の良いタイミングで選挙を行い、連立相手を打ち負かす機会を窺っているという点、であった。ただ、こうした特徴にもかかわらず、挙国一致内閣が一九九〇年春まで維持された大きな要因として、次のことは重要であった。すなわち、少なくとも一九九〇年春までは内閣支持率が高かったこと、景気の回復、パレスチナにおけるインティファーダ、宗教的・政治的危機の収束、そして少なくとも政党指導者層については、政府内で最低限満足し得るポストと利権を手にしていたことである。

他方、労働党が覇権を握っていた時期には一貫して行使されていた国家権力が、急速に弱体化していった。これには様々な理由があった。(30) たとえば、イスラエル社会で政党全般の権威が低下していったことが挙げられる。社会全体の広範な政治的利害を代表するという政党の役割は、新しく結成された強力な組織、そして西岸におけるユダヤ人入植者の最大の擁護者であったグーシュ・エムニームのような圧力団体の挑戦を受けるようになった。同時に、ヒスタドルートのような半国家的組織の権力も削り取られた。こうした組織の抱える企業は、一九七〇年代後半から一九八〇年代にかけての長期的な経済停滞期に、数多くの困難に直面することとなった。その結果、一九九〇年の段階で、イスラエル政治の舵を握ってきたグループの権力は大幅に低下し、分裂を余儀なくされていったのである。

イラン

イランは第二次世界大戦中、英国、米国、そしてソ連による軍事占領下にあった。一九四一年、これらの国の圧力により、レザー・シャーはその息子モハンマド・レザーに帝位を譲ることを余儀なくされた。これによって、シャー(皇帝)の権力と権威は大幅に失墜した。さらに、マジュレス(Majles、国会に相当)には自らの権力がいっそう削減されることや、立憲君主制へと変化することを案じる政治集団が存在し、シャーはその集団からの猛烈な圧力にも晒されるようになった。この時期、体制の根幹を担うとみられていた二つの組織をめぐって激しい綱引きも行われた。それは軍と内務省であり、とりわけ後者は警察組織を管轄し、地方行政府の長と選挙を監督する地方評議会を選ぶ権限を有していた。ただし、地方では、大地主と部族長が政治権力を分け合っており、シャーに忠誠を誓っていたのはその一部分に過ぎなかった。他方、都市部では、シャーの権力が弱体化し、大戦によって生み出された経済・社会的緊張が高まるにつれ、マルクス主義を掲げるトゥーデ党[i]のような急進的な組織が新規党員をリクルートし、政策を宣伝することができるようになっていった。とりわけトゥーデ党は、全国規模で労働組合と密接な関係を構築し、主要都市における抗議活動に数多くの人間を動員する能力を獲得していった。(31)

しかし、ひとたび大戦が終結し、外国勢力が撤退していくと、シャーは迅速にその支配を再構築していった。彼は軍の規模を拡大し、トゥーデ党を弾圧し、マジュレス内の有力な地主集団の支持を取り付けた。さらに一九四九年には、シャーに対する暗殺未遂計画を利用して戒厳令を出すとともに、自らに従順な憲法制定議会を招集し、その権力の拡大を認める法案を即座に可決させた。

とはいえ、王朝の権力をよりいっそう拡充しようとするこうした動きは、一九五〇年から三年に渡って継続した危機によって頓挫した。契機となったのは、アングロ・イラニアン石油会社とのあいだで一九三三年に結ばれた合意の更新に反対する市民のデモであった。こうしたなかで、シャーが取り得た選択肢は、王室の宿敵であったモハンマド・モサッデク博士[ii]を首班とする新政権を任命すること以外になかった。モサッデクは石油産業を国有化するのみならず、彼が一九四四年に結成した反王朝勢力である国民戦線を利用して、一九四一年以降にシャーが取り戻しつつあった権力を根こそぎ奪い取ろうとした。しかし、モサッデクへの支持はすぐに衰えていった。その結果、米国CIAと共謀したイラン軍将校によるクーデタで、モサッデク政権はいともたやすく倒されることとなった。

権力を再び手中に入れたモハンマド・レザー・シャーは、反体制運動の全ての拠点を粉砕し、強力で中央集権化された軍事独裁体制を建設すべく、素早く動き出した。その基盤となったのが、肥大化した官僚機構、軍、そして一九五七年に創設されたSAVAK[iii]と呼ばれる国内治安・諜報機関であった。これらは全て、増加する石油収入と米国からの多額の援助によって成り立っていた。(32)石油収入は、一九四八年の時点では歳入の一一%を占めるに過ぎなかったが、一九六〇年の時点でその比率は四一%にまで拡大していた。イランをレンティア国家[iv]とみなすいくつもの研究が論じているように、こうした国外からの巨額な収入によって、シャーはたしかに自国の官僚機構を肥大化させ、公共事業に資金を回し、大地主などの重要な社会集団に対する依存度を下げることができた。だが、たとえそうであっても、このような巨額な資金流入に依存することは、同時にネガティブな結果も生み出した。たとえば、急激なインフレや好景気からの急激な景気の落ち込みが起こりやすくなることなどであった[33]。

外国からの資金に依存することのデメリットの好例は、一九六〇年から六三年のあいだに発生した政治不安の時期に見出すことができる。一九五〇年代末に歳入全体の落ち込みや広範な品不足、物価高が重なったことによって、まず始めにストライキなどの形で国民的不満が爆発することになった。その後、押し付けられた緊縮財政が導入された。というのも、喉から手が出るほど欲しい米国や国際通貨基金（ＩＭＦ）からの融資を得るためには、大規模な経済緊縮政策を実施する必要があったからである。さらに、より包括的な改革を求めるワシントンからの圧力が加わった。これは、ジョン・Ｆ・ケネディ米新政権が打ち出した広範なキャンペーンの一環であった。具体的には、権威主義的な同盟諸国に対しては、社会改革を要求する市民の抗議運動が発生する前に先手を打って改革を実施することを求め

i　一九四一年に結成されたイランの左派・マルクス主義政党。モハンマド・モサッデクが首相在任時に押し進めたアングロ・イラニアン石油会社国有化政策において重要な役割を担った。その後、一九五三年のクーデタによってモサッデクが失脚させられたことで、事実上の「解党」を余儀なくされた。

ii　一八八〇〜一九六七年。一九五一年に首相に就任すると、英国資本のアングロ・イラニアン石油会社が保有するイラン国内資産の国有化を断行し、イラン国民の熱狂的な支持を獲得した。これに対して、アングロ・イラニアン石油会社などの国際石油資本はイラン原油をボイコットするなどして、イラン経済への締め付けを強めていった。最終的には一九五三年、ＣＩＡと共謀したイラン軍将校によるクーデタによって失脚。この一件はイラン国民の対米感情に大きな影を落とした。

iii　ＣＩＡの支援によって作られた、秘密警察と諜報機関の機能をあわせ持つ機関。反国王勢力の弾圧に重要な役割を果たした。一九七九年二月のイラン革命直前に解体された。

iv　レント収入、すなわち天然資源収入などの国家に直接的に流入する非稼得性所得に依存する国のこと。

る、という政策である。それに対するシャーの返答は、彼が「白色革命」[i]と呼んだ一九六三年の改革であり、その最も重要な政策は徹底的な農地改革であった。これは、米国の干渉とシャーの独裁的手法への反発でまとまっていた都市部の様々な社会集団から、大きな反対を招くこととなった。それらの集団には、再び息を吹き返しつつあったトゥーデ党や国民戦線、そしてアーヤトゥッラー・ホメイニー[ii]率いる急進的なウラマー集団が含まれていた。こうした動きは、一九六三年六月、テヘランやその他の大都市で三日間にわたって行われた大規模な抗議運動によって頂点に達した。だが、この抗議運動は結果的に軍によって追い散らされ、その際に多くの死者を出すこととなった。こうして、シャーは再び反体制運動の残党を素早く鎮圧しようとした。ホメイニーはトルコに逃れ、さらにそこからイラクにあるシーア派の聖地ナジャフに移り住んだ。一方、シャーは、延長された米国による支援、増加する石油収入、そして地方有力者を壊滅させた農地改革計画によって、よりいっそう盤石な体制基盤を築いていった。以前と同様に、シャーの権力は、軍、官僚機構、そして治安機関を強化することによって維持されていた。事実、一九六三年から七七年にかけて、公務員の数は実に二倍に増加している[34]。こうして国家権力が強化されていくなかで、政権側は、反体制運動の火種となるような全ての要因を断固として抑え込むことに成功し、都市部・地方を問わず、その支配の行き届く範囲を新たに拡大していった。これは、SAVAKの果たす役割が拡大していったことからもわかる。SAVAKは、たとえば、官制の労働組合を設立してそれを監督したり、村落や地方の様々な指導者を組織し、地方を統治するシステムのなかに彼らを組み込んだりした。他方、国家が経済全体を管理する体制を作り上げることによって、政府は、補助金や貸付、政府との随意契約などを通して民間部門を幅広く監視・管理することができるようになったのである。

しかし、あらゆる政治参加を禁止し、操作と支配を押し進めたことで、国民的支持を獲得しようとするシャーの計画は失敗に終わった。特に、シャーは農地改革に失敗した。これは、他の似たような権威主義体制下ではある程度の成功を収めていたことであった。シャーの農地改革は、小さな農地を二〇〇万の小作人に分配することを目的としたものであったが、それはプラス面よりマイナス面の方が圧倒的に大きかった。というのも、この政策によって、より大規模で効率的であると想定された集合農家に対して、小作人に分配するための小さな農業区画を明け渡すよう強制することになったからである。ファーティメ・モガダムが明らかにしたように、たしかにこれによって利益を得た農家も少数ながら存在した。だがその反面、数々の禍根を残してしまった。その結果、政権は、改革の直接的な受益者たる農業従事者層から政治的支持を獲得するあらゆる可能性を失ってしまったのである。(35)

シャーの統治システムは、外部からの衝撃に対しても極めて敏感であった。これが明らかになったのは、一九七五年から七六年にかけて、腐敗と汚職が蔓延するなかで、一九七〇年代前半に石油価格が四倍にも跳ね上がったことで生じた空前の好景気に、徐々に暗雲が立ち込めつつあった時であった。こうした経済状況に対してシャーがとった行動は、新たな支配装置としてのラスタヒーズ（国民復興）党を結成することであった。これは大衆的政治組織であり、イランの官僚に加えて、影響力や権力を持つ人々はすべからく、当初は自発的に、その後は強制的に加入させられた。(36)重要な点は、たとえこの政策の真の狙いが体制と社会を架橋することであったとしても、こうした監視と動員の組織を用いたことによって、幅広い集団が激しい恐怖と怒りを持つようになったことである。そうした集団の一部は、これまで政府の管理下に置かれることのなかった組織であり、たとえばウラマーやバーザール商人などがその典型であった。前者は自由に自己管理できる宗教的資産や教育システムを有していたが、今ではそれが攻撃の対象となった。後者は、急激な物価上昇と不当な利得行為を防止するために政府が進めていたインフレ抑制政策の一環として、罰金や逮捕の対象となった。これは、シャーに対するジミー・カーター米政権からの圧力が徐々に強まり始める時期とも

i　一九六三年一月にモハンマド・レザー国王によって発動された、上からの包括的な近代化政策の総称。
ii　一九〇二～一九八九年。一九七九年のイラン・イスラーム革命の中心的な指導者。「法学者の統治」論を提唱し、それにもとづく政治制度を実際に構築した。白色革命に際してはコムで反体制運動を組織し、一九六四年に国外追放された。本書第九章も参照。

重なった。カーター政権は人権外交の名のもとで、ＳＡＶＡＫやその他の治安機関が行っていた過剰な取り締まりを根絶しようとしていたのである。

多くの研究者が、シャーに対する巨大な抗議運動の波が発生した一九七七年を革命運動の始まりの年だと考えている。この時、シャーの体制は米国の支持を失いつつあると認識されており、体制批判を叫ぶ声とともに、経済に対する不満の兆候が表面化していた。[37] 研究者は、革命の始まりを意味する巨大な大衆抗議運動が、単にシャー体制の根幹を浸食しただけではなく、新しい政治秩序を構築することを目指した継続的な試みであったことにも同意している。ただし、そうした大衆抗議運動では反シャーを掲げて様々な人々が連携したが、そのなかで誰が重要な役割を果たしたのかという点については、研究者のあいだで見解の相違がある。石油産業や銀行、そして政府組織を麻痺させた一九七八年のゼネストの重要性を強調する論者もいる。[38] 他方、抗議運動の宗教的側面を重視する者もいる。彼らは、日々の戦術から革命全体のリーダーシップやイデオロギーに至るまで、その全てをウラマーが提供したと考えている。[39]

だが、現実はもう少し複雑であった。第一に、シャーの体制を浸食していく過程には、異なる利害関係を持った様々な社会勢力が常に関与していた。第二に、ウラマーも必ずしも一枚岩の集団ではなかった。そして第三に、ホメイニー自身が果たした役割をめぐる論点も重要である。たしかに、反シャー運動における彼のリーダーシップは、一九七八年を通じて決定的に重要であった。そのインパクトは、純粋に宗教的重要性という側面に限定されるものではなかった。というのも、シャーが玉座を手放すまではいかなる交渉も行わないという ホメイニーの一貫した主張は、反体制勢力の指導者の一部が分裂し、体制と協定を結ぶことを防いだからである。さらに、ホメイニーは、反帝国主義や民主主義、社会正義といった核となる主張を掲げ、ポピュリスト的なレトリックを巧みに用いることで、シャーに敵対する全ての勢力のあいだにコンセンサスを作り出し、反体制勢力を糾合することもできたのである。サーミー・ズバイダが論じているように、ホメイニーの思考様式の中核的な特徴は、不正義で不信仰な独裁者に対して蜂起するよう「人民」（これは伝統的なイスラーム的概念では決してない）に対して呼びかけたことである。その上でズバイダは、こうした主張が大衆的ナショナリズムの中核的な要素であったという重要な指摘をしている。このナショナリズムは、イスラームを「一般の人々を排除し、従属させてきた自国内の『外国的な』（そして親西洋的な）社会的側面に抵抗するために人々が共有する明確な象徴」とみなしているのである[40]。

　ホメイニーのリーダーシップにみられる最後の特徴は、一九七〇年代に実在したイランの国家機構を奪取し、それを利用することを目指したことであった。彼は、預言者ムハンマドの指導のもとで七世紀のマディーナに存在したような政治秩序へとイランを回帰させようとしたわけではない。このことは、ホメイニーとその支持者が極めて迅速に軍や放送局、そして政府省庁を占領し、革命に対する支持が不確定と思われた将校や官僚を追放したことに現れている。ホメイニーの次なる仕事は、新しい憲法を早急に起草することで、革命によって生じた新たな混乱をできるだけ早く収束させることであった。そして、その憲法では、新しいイスラーム的統治機構の主要な機関を設置し、政府高官の人事をめぐる方針を定める必要があった。仮に憲法策定が全て原案にそったものになったとすれば、新憲法は、一九〇六年のイランとフランス第五共和制の法体系の混合物になるはずであった。ただし、この最初の草案は、憲法制定議会として機能していた専門家議会で、幾人かのリベラル派議員の反対に直面した。この時に初めて、新憲法が、宗教による政治への関与を正当化し、イスラーム法学者による政治の直接的な監督を規定するものへと書き換えられたのである[41]。これがホメイニーの「法学者の統治（velāyat-e faqīh）」[i]と呼ばれる政治理論である。

　イスラーム共和国の憲法が極めて曖昧なものになった原因は、憲法制定過程におけるこうした紆余曲折によって説明できる。新憲法は、行政、司法、そしてマジュレス（立法）の三権分立を強調するなど、ある部分では一九世紀ヨーロッパの自由主義的憲法の特徴を有している。共和国の第二代大統領を務めたアリー・ハーメネイー[i]が後に説明して

i　シーア派の政治的・宗教的指導者であるイマームが「お隠れ（ガイバ）」状態のときは、シャリーアに精通したウラマーがイマームの代理人として統治を行うべきである、とする政治理論。なお、こうした憲法制定過程については、第九章を参照。

いるように、シャーのような独裁者が登場することを避けるために、なんらかの抑制と均衡のシステムが必要であることは認識されていた。(42) しかし、新憲法には、宗教機関やウラマーへの言及、そして世俗的で普遍的な事柄に対して制限を加えるような理念も含まれていた。その一例は憲法第二六条に看取することができる。そこでは「政党、結社、そして政治的・職業的団体…などの結成は、主権、国家的統一、イスラーム的原則、そしてイスラーム共和国の基礎を害しない限りにおいて、自由である」と明確に述べられている。重要な点は、この新憲法が、一二人から成る監督者評議会といった新たな監督機関の設置を規定していることである。この評議会は、全ての法律に対して、それが憲法第九六条「イスラーム的評決」に適合しているか否かの最終的な決定を行う権限を有している。

権力が分立していること、そして革命裁判所のような監督者評議会と同様の機能を持つ機関が多数存在していたことから、ホメイニー自身がファキーフ（Faqih）、[ii] そして革命の指導者として上からの裁定を下すことによって、初めて諸機関のあいだでの調整が可能となった。しかし、実際のところホメイニーは、派閥間で綱引きが発生した際に、どちら側に付くのかという判断がなかなかできなかった。また、彼は、ある状況では明確な判断を求められるなど、最終的な意思決定者として利用される傾向もあった。ホメイニー以外に政府の一体性を保つことができた唯一の機関は、イスラーム共和党（ＩＲＰ）であった。この政党は一九七九年に設立され、一九八〇年のマジュレス選挙では過半数の議席を獲得した。一九八一年にバニー・サドルが大統領職を追われて以降、ＩＲＰは大統領ポストをはじめほとんどの閣僚ポストを独占するほどに成長を遂げ、かつ、議会でも十分な議席を確保することに成功した。これにより、ＩＲＰの指導者は、政治に対して積極的に関与するウラマーから、どんな政策についても合意を得ることができるようになった。とはいえ、それが常に簡単であったわけではない。たとえば、欧米の大国とどのような関係を構築するか、あるいは共同体や社会正義のために私有財産をどの程度犠牲にするべきかといった問題をめぐっては、意見が大きく分かれることとなった。とはいえ、そこでは基本的に保守的な見解が支配的であり、一九八〇年以降、地方の未耕地の再分配をめぐる控え目な規定を提起しただけの法案が、監督者評議会によって非イスラーム的であるとし

て差し止められたりした。(43)

一九八〇年代半ばまでは、イラン・イラク戦争に直面していた政府諸機関は、ある程度一貫した行動をとっていた。しかし、一九八六年にイラクによる一連の軍事的反撃を受けた上に、石油収入が急落すると、指導者間の分裂が表面化し始めた。こうした分裂は、一九八八年夏の停戦合意の決定と、その後のいわゆる後継者問題によって、いっそう深まっていった。一九八九年にアーヤトゥッラー・ホメイニーが死去する直前まで、二つの議論が何年もかけてなされていた。一つは、ホメイニーの死期が近づくなかで、死後にファキーフの役割をどのように規定するかというものだった。この議論は、一九八八年一月にホメイニー自身がファキーフの権力を再定義し、それを拡大しようとしたことで、よりいっそう複雑なものになった。ファキーフの権力を拡大することによって、ホメイニーは監督者評議会の高位ウラマーが持つ宗教権威から逃れ、ホメイニーが承認した法案が宗教権威によって差し止められるといった事態を打破することを意図していたようだ（第九章参照）。もう一つは、司法、行政、そしてマジュレスのあいだで法的な三権分立が定められていることによって、政策決定者が抱えることになった問題である。アリー・ハーメネイー大統領の一九八八年四月の説教によると、そうした権力の分散はたしかにイスラーム革命の最初期には正当化されたかもしれない。だが、その後、支配の有害な「分散と拡散」を生み続けたのであり、これは早急に対処されなければならない問題であるという。(44)

ホメイニーが死去し、宗教権威としての位階が比較的低い法学者アリー・ハーメネイーがファキーフとしての地位

i　一九三九年〜。大統領任期は一九八一年一〇月〜八九年八月、最高指導者任期は一九八九年八月〜。最高指導者はウラマーの最高位であるマルジャア・タクリードでなければならないとの規定があるにもかかわらず、ハーメネイーの位階はそこまで届いておらず、それゆえに彼の権威は最初から様々な挑戦に晒されることになった。

ii　イスラーム法学者の意味。ここでは、高位のイスラーム法学者のなかで、イラン・イスラーム共和国の最高指導者となる者を指している。

を引き継いだことによって、アーヤトゥッラー・ホメイニーが試みたファキーフの権威の再定義が無意味になった。にもかかわらず、権力の分散という問題は、一九八八年八月の大統領選挙と同日に行われた国民投票によって、直接問われることとなった。その結果、新たに大統領となったアリー・ハーシェミー＝ラフサンジャーニー[i]が首相を兼務することが可能となり、彼はこうした手法を用いることで、単一の集権化された権威と政策決定システムを打ち立てようとした。とはいえ、そこにはまだ多くの問題が残されていた。ラフサンジャーニー大統領は、革命防衛隊を正規軍に編入しようと幾度も試みたが、その努力が実を結ぶことはなかった。そして、イランが未だにモッラーによって統治・運営される神権体制であるために、政敵はラフサンジャーニーの政策を宗教的な象徴やレトリックを駆使して批判するのであった。こうしたレトリックは、未だに政府内部の重要な支持層を惹きつけているのだ。

トルコ

トルコでも、他国と同様に、一党支配体制から競合的な複数政党制への移行は容易ではなかった。新党である民主党指導者は、一九五〇年総選挙の圧倒的な勝利にもかかわらず、多くの上級官僚や将校が野党の共和人民党に対する歴史的忠誠心を未だに捨ててはいないのではないかという疑念を持ち続けていた。ライバル政党の権力と影響力を削ぐために、民主党が立て続けに強硬な政策を打ち出した理由の多くは、こうした疑念によって説明がつく。民主党が採った政策のなかでも、共和人民党が破壊活動に関与しているのではないかという嫌疑を調査するために特別な委員会が設置されたことは特に重要である。この政策は結果的に、一九六〇年の民主党に対する軍のクーデタを引き起こす主因の一つとなった[45]。

複数政党制への移行期にみられた困難を示す二つ目の例は、複数の政党が競合を始めたことによって、政党や中央官僚、そして社会の幅広い利益集団のあいだの関係に影響が及ぶようになったことである。チャーラル・ケイダーが指摘しているように、一九五〇年以前の政治は、官僚機構内部の一握りのエリートと、ごくわずかな企業家やビジネスマンの既得権益を守るために運営されていた。彼らは皆、小さなエリート・サークルに属する顔見知りであった[46]。しかし、いったん普通選挙が行われると、トルコの政治家は広く全国の有権者層にアピールせざるを得なくなり、資源配分と利益分配をより幅広い規模で最大化する方法を見出す必要に迫られた。こうした傾向がみられるようになった要因については、これまで、民主党が自由市場経済に対して上辺だけの支持を示していた点を過度に強調する説明がしばしばなされてきた。しかし実際には、彼らが自由主義的な経済政策を追求した期間は比較的短く、一九五四年には早くも、官僚機構による重要な経済活動の支配を強化するような国家主義的政策へと逆戻りしている。加えて民主党は、彼らの支持者や潜在的な受益層に対して、二つの新しい利益誘導の経路を創り出した。一つは、保護的な関税と生産割当システムであり、これは特定の利益集団や個人を選択的に優遇するために用いられた。もう一つは、地方に繋がる道路、電気、そして新たな輸送手段を開発することで、農村地域の開発計画に成功したことである。

一九六〇年の将校団による最初のクーデタは、明らかに、権威主義化しつつあった民主党を政権から追い落とすためになされたものである。しかし、軍の首謀者のなかには、それ以上の一貫した長期的な目的はなかった。他方、影響力を持つ知識人層や官僚層は、こうした状況を巧みに利用し、自らの改革プログラムを導入した。たとえば、現行の民主主義的仕組みをより長期的に維持するために、一九二三年憲法を改正することや、労働組合を組織することへの法的認可、そして労使間交渉の制度を新たに導入することなどである。それに加え、無計画に行われていた経済に

i　一九三四年〜。大統領任期は一九八九年八月〜九七年八月。穏健派の現実主義者であり、大統領時代には女性の権利拡大を推進、革命初期には禁止されていた音楽や映画の自由も拡大した。外政では、西側との関係改善のために米国との関係正常化が不可欠と考え、対米融和路線を採用した。

対する政治の介入を改めるという機能が、新設された国家計画機構のもとに集約された。この機構には、政府による低金利貸付の権限や僅少な外貨を分配する権力が与えられた。そうした政策によって、行政機構が次第に権力を獲得し、より強い要求を提示する利益集団が増殖する結果となった。利益団体は、工業化、都市化、そして労働移民などに象徴される急激な経済・社会的変化ももたらした。その結果、徐々に急進化していった労働者階層を含む新たな社会階層が出現し、利益集団と政府のあいだに新たな関係ができあがり、国家レベルでは政治や選挙にかかわる新しい勢力配置が生まれた。

そうしたプロセスのなかで最も利益を得たのは、解党した民主党の後を引き継いだ公正党[i]であった。公正党は、軍の妨害にもかかわらず、一九六一年から七一年までに行われた全ての選挙で、ライバル政党であった共和人民党に勝利している。結党当初こそ、公正党は共和人民党との短期的な連立政権に参加せざるを得なかったが、一九六五年の総選挙で圧勝したことを機に、新たにスレイマン・デミレルの指導のもとで、同党は単独での政権運営を行えるようになった。デミレルは、本質的には政治的取引の産物であった経済発展計画に対する影響力をテコに、党組織を強化していった[47]。しかし、デミレルは組織の強靭さが同時に脆弱さにもなることも理解していた。というのも、組織が強化されたことによって、デミレル率いる指導部を裏切り、右派の民族主義者行動党やイスラーム主義を掲げる国民秩序党などの新党を結成する者が出現したからである。その背景には次のような要因があった。すなわち、もはや単一の政治組織では代表し得ないような、しばしば矛盾した経済利権が社会全体に生まれていたということである。たとえば、急激な工業化から大きな恩恵を得た大企業と、そうした恩恵を得ることができなかった小規模な熟練工や職人のあいだでは、大きな利害の衝突が生じていった[48]。その他にも、徐々に過激化していった多くの労働者や左派の学生組織は、敵対する右派勢力に対して激しい敵意を抱くようになっていった[49]。

大多数の将校は明らかに、急進化していく労働者に対する脅威の認識を共有していた。一九七一年、ストライキや政治的暴力によって行政府が徐々に混沌の度合いを増す状態に終止符を打つべく、軍が二度目の政治介入を成功させたことで、将校は有頂天になっていた。しかし、クーデタを主導した将校のあいだで改革プログラムをめぐって分裂が再発した。具体的には、一九六一年に承認されていた市民的権利条項を削除するという小さな憲法改正をめぐって、意見が対立したのである。その後の展開のなかでより重要であったのは、軍事クーデタ後に権力を握ったビュレント・エジェヴィト[ii]への支持をめぐる、共和人民党内部の分裂であった。彼は手に入れた権力を用いて、労働者階級とマイノリティ集団に新しい支持基盤を見出すべく、急速な左派旋回を主導した。これによって、一九七三年の段階で一度は落ち着きを取り戻していたトルコの議会政治は、再び極度に分極化してしまった。民族主義者行動党と競り合う公正党、トルコの右派勢力を支持する国民救済党（国民秩序党を前身とする）、そして急進的左派集団の票を得ようとする共和人民党。これら政党間の政治闘争は、徐々にイデオロギー対立へと変化していき、それはすぐにトルコ全土で街頭衝突を引き起こす事態に発展した。さらに悪いことに、共和人民党も公正党も、一九七三年以降に行われた全ての選挙で、明確な多数派となることができなかった。こうしたことから、彼らに残された選択肢は、小規模政党のみを代表する政権を樹立するか、あるいは、いくつかの小政党を寄せ集めた連立政権を樹立するかしかなかったが、いずれも不満の残るものであった。

i　国家による主要な民間企業の保護・育成を重視しつつも、民間セクター主導の発展を目指したほか、大規模農業開発を中心とした農村部の発展やイスラームへの寛容を基調としてきた。一九六四年以降、九三年の大統領就任により党籍を離れるまで、一九八〇年クーデタによる政治活動禁止の期間を除いて、党首として一連の党を牽引したのがスレイマン・デミレルであった。デミレルは一九六五～九三年にかけて首相を、一九九三～二〇〇〇年にかけて大統領を歴任。若き日には大規模ダム開発で名を挙げたことから「ダム王」と呼ばれ、政治指導者としては経済自由化路線を基調として、工業化を促進した。

ii　一九二五～二〇〇六年。首相任期は一九七四年一月～七四年一一月、七八年一月～七九年一一月、九九年一月～〇二年一一月。トルコ民族の伝統・文化の純化を目指しつつ、「トルコ国民国家」の発展を唱える文化運動の中心的人物であり、一九八五年の結党以降、民主左派党を長らく率いた。

一九七〇年代のトルコでは、あらゆる組織の政治化が進んでいるようにみえ、その結果、一九八〇年には再度軍事介入が生じた。したがって、安定した政権運営ができなかったことや、行政機構内部での政治化が進んだこと、そして政治的暴力が多発したことに大きな注目が集まってきた。それゆえに、多数の異なる説明がなされてきたことは特に驚くには値しない。なかでも多くの研究の批判の的となっているのが政治家の無節操さであり、トルコの政党システムと法体系の不備が事態をいっそう悪化させたと論じられることが多い。その他に、はじめに急激な社会変動によって、次いで一九七三年以降続いた長期的な経済危機によってもたらされた圧迫感や緊張といった要因を重視する議論もある。というのも、当時、北キプロス侵攻によって米国からの援助が途切れ、それに加えて石油価格が高騰し、かつ、ヨーロッパで働くトルコ人労働者からの送金が減少したことによって外貨が著しく不足していたからである。加えて、暴力的な手段や議会外での闘争によって権力を獲得しようとする右派や左派の様々な急進派が存在したことも、しばしば指摘される要因である。

もちろん、これらの要因はそれぞれ個別の影響を及ぼした。にもかかわらず、三度目の軍事介入が起きた一九八〇年の段階では、経済は徐々に上昇傾向にあったことは指摘しておくべきだろう。ＩＭＦとのあいだで一九八〇年一月に経済安定化計画の導入が合意され、さらに、イラン革命の波及を防止するために同盟国としての強いトルコが必要になったカーター米政権が、トルコに対する軍事援助再開を決定したことによって、景気が回復することとなったのである。[50] 加えて、フェローズ・アフマドが指摘しているように、一九七八年一二月に一三州で出された戒厳令によって、政治的暴力が大きく減少したことも重要であろう。[51] しかし、一九八〇年九月に軍が権力を掌握した段階で、事態を強権的に制圧することもできたはずなのに、なぜそれが起きなかったのかという点については、未だに疑問が残るところである。アフマドが指摘するように、これは次の事実とも関係していたのかもしれない。つまり、将校にとっては、クーデタを正当化するために、事態が悪化することはむしろ悪いことではなかったということである。[52] だが、一九八〇年までには、警察があまりにも政治化し、警察組織内部に民族主義者行動党の支持者が多く入り込んだため、もはや効果的な行動をとることができない事態に陥っていた。警察が政治化し、民族主義者行動党に浸透されるという事態は、民族主義者行動党や他の過激派の支配下に置かれた州政府や地方当局でも同様にみられた。

一九八〇年の軍による政治介入が、国民から広範な支持を受けていたことは間違いない。しかし、このことは、大部分のトルコ人が長期にわたる軍政を受け入れる準備ができていたことを意味しなかった。実際、アフマドが論じているように、トゥルグット・オザル[i]率いる新党・祖国党が一九八三年選挙で予想外の躍進を遂げた要因は、この政党が将校と密接なかかわりを持たず、多数の技術者によって構成されていたため、文民統治への回帰を目指していると考えられたことに求められるだろう[53]。祖国党が一九八〇年代を通じてトルコ政治を支配できた背景には、とりわけ次の三つの要因があった。第一に、保護主義的で内向きなトルコ経済を、国際市場での競争力を有する工業製品の輸出に基礎を置く経済構造へと転換させることに、部分的に成功したことである。オザル政権にとって幸運だったのは、輸出重視の経済政策を打ち出したちょうどその時、イラン・イラク戦争の影響でトルコ製品に対する需要が大きく増加したことである。さらに、前軍事政権が打ち出した政策が功を奏し、西ヨーロッパ市場に食い込んでいくトルコの能力には強い追い風が吹いていた。というのも、前軍事政権が労働者の利益を保護する制度をことごとく廃止してきたために、結果として、オザル政権は工場労働者の賃金を低い水準で維持することができたのである。一九七〇年代に労働者組合が示した極めて過激なイデオロギーは、こうした軍事政権の圧力に直面することで、いとも容易く沈静

i　一九二七～九三年。首相任期は一九八三年一二月～八九年一〇月、大統領任期は一九八九年一一月～九三年四月。一九八〇年の軍事クーデタの後、祖国党を率いて首相に就任。経済政策の専門家として、トルコ経済の自由化を推進したほか、ナクシュバンディー教団の門徒としても知られており、国是である政教分離原則を緩和し、トルコのイスラーム復興にも影響を与えた。彼が一九八三年に結成した祖国党は、一九七〇年代の四つの政治勢力（中道右派、親イスラーム、トルコ民族主義、中道左派）を糾合したものであり、イスラーム銀行の設立といったイスラーム的政策や、ムスリムとしてのトルコ国民意識の醸成を目指す文化・教育政策を推進した。二〇〇九年に民主党への統合により消滅。

化している。この原因は未だに明らかにはなっていないが、トルコの産業労働者階級が比較的最近組織されたものであるという事実、そして政治的行動主義の伝統が未だに短かったという事実と、関係しているだろう[54]。

一九八〇年代を通して祖国党が成功を収めた第二の要因は、オザル自身と祖国党、そして政治システム全体を軍から引き離すことができた彼の能力である（第一〇章も参照）。これは緩やかなプロセスであり、次のような政策によって進められた。すなわち、将校によって解体された古い政党の後を引き継ぐ新党を再結成し、一九八二年憲法で一〇年間の公職追放を定められていた政治家のほとんどを一九八七年の国民投票後に復帰させる、という政策である。軍と政治を分離させるというオザルの政策は、オザル政権と軍のあいだに事実上の役割分担を設けることによっても進んだ。具体的には、政府は経済政策に責任を持ち、軍は国内治安の責任を全て引き受けることになった。その結果、議会で過半数を占める祖国党を利用して、オザル自身が一九八九年に大統領に就任するころには、彼の行動に対する制約は徐々に除外されていった。こうしてオザルは、祖国党と議会を支配し続けるために十分な権威を獲得したのである。その上、一九九〇年の夏に発生した湾岸危機によって新たなチャンスが到来し、彼の権力はますます膨れ上がっていった。

第三の要因は、野党勢力が分裂し、弱体化していったことである。多くの国でも同様の現象がみられたが、一九七〇年代の経済危機に対して最もうまく対応した政党が、その後の政治アジェンダを設定することができ、かつ、それ以外の政党をあくまで二番煎じの地位に陥れることができた。加えて、祖国党を結党する際に集まった様々な政治家は、各自の宗教や出身地、あるいはナショナリスト集団などに支持基盤を有しており、それらを結党初期の段階で祖国党に統合することができた。それゆえに、祖国党は、競合する他の政党と比べて、より広範にアピールすることができたのである。最後に、新たな装いを身に付けた古い政党内で政治活動を再開した古参政治家が、一九七〇年代の暴力と、それに続く軍事介入の責任を一手に負わされることとなったことも大きい。

こうした要因によって、祖国党は大衆的な人気を誇る政党ではなかったにもかかわらず、一九八七年選挙で勝利を収めることができたのである。そして、一九八三年に偶然制定された選挙法と、一九八七年選挙の直前に導入された巧妙な選挙法改正により、得票率が三割強に過ぎなかった祖国党が、議席の三分の二以上を占めることになった。これにより、オザルは見事に大統領の座を射止めることができたのである。とはいえ、一九八九年の統一地方議会選挙では、祖国党の得票率は二一・七％にまで落ち込んだ。この数字は二つの主要なライバル政党の得票率を大きく下回っていたため、野党からは議会解散要求が出された。だが、議会の過半数を握っているという事実によって、祖国党はこうした圧力に耐え抜くことができたのである。

一九八〇年代を通して祖国党が政治過程を支配したことは、官僚機構の性格や役割を大きく変えることにも繋がった。これまで主要政党は、たとえば自派の息のかかった人間を財務省や運輸省のトップに据えることによって、過去何十年にもわたって官僚機構を政治化しようとしてきた。にもかかわらず、上級官僚は、鍵となる省庁の自律性をなんとか保持してきた。(55) しかし、祖国党政権下では、たとえば輸出助成金の拠出や有利な条件での資金提供といった、特定のビジネスや企業に対して便宜を図るような経済政策の決定は、官僚ではなく、閣僚自身（あるいはしばしば首相）によってなされるようになった。これは一般に、経済自由化のなかで、官僚的形式主義を割愛し、公的な手続きのスピードアップを図る必要があるという点で正当化されてきた。だが、こうした手法は、祖国党支持者に対して便宜を図り、他方で他党の支持者を罰するために用いられてきたことは明らかである。同様の傾向は、地方政府やその他の地方行政機関に対する中央省庁からの資源配分にも確認することができる。その比率は明らかに、当該機関の政治色によって決定されていたのである。

第六章　一九九〇年代における中東政治の再編

はじめに

一九九〇年から九一年にかけて、冷戦の終結と湾岸戦争、そしてソ連の崩壊という三つの出来事が偶然にも同時に発生したことによって、中東諸国の統治構造や中東諸国間関係、ならびに中東諸国と域外世界との関係のあり方が大きく変化した。こうした変化は、「再編」と呼ぶにふさわしいものである。契機となったのは、イラクが独善的なアラブ民族主義にもとづいて、クウェートというアラブの主権国家へ侵攻した湾岸危機だ。この行為がアラブ諸国と社会内部に生み出した深い亀裂は、個々の国益を超越する形での統合は可能であると主張する、かつては強力であったアラブ民族主義の残滓に決定的な打撃を与えた。それは、巨大な不信感という悪しき禍根を遺すことにもなった。たとえば、ヨルダン、イエメン、そしてスーダンといった国々の指導者はイラクの立場を公然と非難しなかったために、一時的にではあったが孤立を味わった。さらに、湾岸協力会議（ＧＣＣ）の加盟諸国は、ＧＣＣ内部の集団安全保障体制よりもむしろ、米国や英国、フランスとのあいだで個別に二国間防衛協定を締結する方向に舵を切った。その結果、米国が直接的にイスラエル／パレスチナ和平プロセスに関与する道が開かれることになり、その過程で一九九一年のマドリード会議、一九九三年のオスロ合意、そして一九九四年のガザ・西岸地区の一部におけるパレスチナ自治政府（PNA、後にPAと略記されるようになる）の樹立、といった成果が達成された。

　地域全体に目を移せば、イスラエルにとってパレスチナ人との和平は、周辺アラブ諸国から広く承認されることに加え、商業的・文化的側面で多角的な結び付きが作り出される可能性も含んでいた。しかし、結局のところ、こうした可能性を現実のものとするにはさらなる譲歩が要求された。これはイスラエル社会内部に深い亀裂を生み出し、険悪な雰囲気を作り出した。このことが、一九九五年一一月、イツハク・ラビン首相[i]の暗殺へと繋がったのである。その後、一九九六年五月の総選挙に続いてイスラエル国内で発生したパレスチナ人の宗教過激派による一連の爆破事件の結果、和平プロセスはさらなる困難を迎えることになる。この時、ベンヤミン・ネタニヤフ率いるリクード政権は、オスロ合意で明確に規定されているにもかかわらず、西岸地区からの撤退にはほとんど応じなかった。それどころかリクード政権は、ガザ地区を西岸から徐々に孤立させていくことで、湾岸戦争頃から始まったイスラエル人とパレスチナ人のあいだを物理的に分離する政策をよりいっそう推し進めるようになった。[1] 連続テロの背景にはこうした流れがあったのである。

　サッダーム・フサインの報復からクルド人を保護するために「飛行禁止区域」が設けられると、イラク国内の他地域から分離したクルディスターン自治区の将来をめぐって、トルコの安全保障上の利害が拡大した。その結果、トルコはアラブ世界により密接にかかわるようになっていった。他方、湾岸戦争で中立を貫いたにもかかわらずなんの見

i　一九二二～九五年。首相任期は一九七四～七七年、一九九二～九五年。二度目の首相任期中にアラブ側との和平を進め、一九九三年にオスロ合意に調印、一九九四年にはヨルダンとの平和条約に調印する。その功績により、ヤーセル・アラファート、シモン・ペレスと共にノーベル平和賞を受賞した。一九九五年一一月四日、テルアビブで催された平和集会に出席し、和平反対派により銃撃され死亡した。

返りも受けることができなかったイランは、ペルシア湾の対岸に位置する小さなアラブ諸国とのあいだで新しい関係を形成するための政策を打ち出し、さらにそれは成功しつつあった。

内政に着目すれば、中東諸国は湾岸戦争後の一〇年間で、政治的・経済的自由化を求める国内外からの強い圧力に晒されるようになった。そうした力学は、湾岸戦争への参加と直接的に結び付いていた部分もあった。たとえばエジプトでは、イラク軍と対峙する多国籍軍へ参加する見返りとして債務免除の約束を与えられたことで、経済改革が刺激されることになった。その他にも、莫大な額を軍事費につぎ込んでいるにもかかわらず、国防のためには米国やその他の同盟国に依存せざるを得ない湾岸諸国は、こうした状況に対する国民の批判に応える必要性を痛感するようになっていた。

このような変化は、急激なグローバリゼーションというより広い文脈のなかで顕在化してきた現象とみなすことが有益だろう。グローバリゼーションのなかで、中東諸国は、より開放的で、より利便性の高い通信インフラを整備し、市場経済をより競合的にするよう求める強力な国際的圧力に応える必要に迫られていた。そうした圧力は、たしかに一九七〇年代から存在していた。だが、それらは冷戦終結を契機に特に強くなった。というのも、世界銀行や国際通貨基金（ＩＭＦ）、世界貿易機関（ＷＴＯ）といった国際機関の支援を受けるようになり、さらに米国やヨーロッパ連合（ＥＵ）がより積極的にこうした政策を推し進めたからである。とりわけ、援助や外交的支援を政治・経済改革と密接に結び付ける「コンディショナリティ[i]」という概念は、よりいっそうの開放性を強要するための重要な道具となった。

多くの先行研究は、こうした変化にともなって生じた内政の変容過程を「移行」として扱っているが、これには同意できない。つまり、既存の研究では、権威主義体制と計画経済は不可避的に民主主義と市場経済へと移行するのだという論調が多かった。たしかに、多くの中東諸国の指導者が、国内外で自らの正当性を補強するために、民主的手続きによって信任を得ていることをことさら喧伝してきた点は事実である。さらに、西洋の専門家の多くも、そうした指導者に好意的な解釈を進んで与えてきた。たとえば、イスラームの脅威に対抗するために、不幸ではあるが必要な措置として安全保障を強調する必要性があるという議論や、あるいは経済改革を政治的変革に優先することは、根本的な改革のなかで一時的に順番が入れ違っただけだ、などといった議論がそうである。

にもかかわらず、一九九〇年代には実質的な発展がほとんど達成されなかったことから、「妨害された移行」という用語は、中東諸国の権威主義体制の「頑健性」を強調する議論に取って代わられはじめた。また、これまでの民主化移行といった単線的な議論に代わり、権威主義体制下の指導者が、権力と支配をいささかも譲り渡すことなく、統治と政治管理システムの大部分を再構築する「適応力」を持つと論じる議論や、その「調整」の過程に着目する議論もみられるようになった。これは良い兆しである。「調整」によって生じた帰結については、ロシア人研究者のリリア・シェフツォヴァがうまくまとめている。すなわち、「市場と民主主義が表面的に模倣される一方で、根幹部分ではパトロン・クライエント関係[ii]や寡占的統治、そして説明責任を有さない政府が維持されている(2)」というわけである。

以下では、まず広く共和制アラブ諸国を対象として、こうした変化が生じた過程を検討する。その後、ヨルダンとモロッコという二つの君主制国家、そして家族支配が続いている湾岸諸国に焦点を当てる。次いで、こうした変化を経てもなお、様々な要因によって逆に支配権力が強化されたイラクやリビア、スーダン、そしてレバノンといった国家についても、同じ方法で分析したい。そのうえで、イランとイスラエル、トルコという非アラブ諸国で断続的に行

i　IMFが通貨危機に陥った国に対して行う融資の貸出条件の意味。基本的には、国際収支改善のための政策実施や経済構造の改善策の実施などが盛り込まれる。IMFはコンディショナリティが適切に実行されているか否かを逐次チェックし、必要に応じた見直しが随時行われる。

ii　社会経済的に地位の高い個人（パトロン）が低い地位にある個人（クライエント）に対して、その影響力と資源を用いて、保護もしくは利益を与える。他方、クライエント側はパトロンに対して、個人的な奉仕や選挙での投票を含む、一般的な支持と援助で報いる。このような道具的・互酬的な二者間関係のことをパトロン・クライエント関係という。

われた政治経済的自由化の過程について、より詳細な検討を行う。本章では一般化を目指して以上の分析を行うこととし、個々のテーマのより詳細な分析については第七章と第八章で取り組むことにしたい。

主要な共和制アラブ諸国

分析を始めるにあたり、まずは大統領の地位に着目することが重要である。なぜなら、全ての国家で大統領とその側近こそが、グローバリゼーションによってもたらされた挑戦に対して一番に反応したアクターだからである。さらに、大統領は、グローバリゼーションの挑戦と、自らの地位、そして国内の重要な支持基盤の利害とのあいだで折り合いを付ける必要性にも迫られた。後日談になるが、自らの支配権力を僅かでも譲り渡すことを真剣に考えていた大統領は一人もいなかった。むしろ、そうした変化はすべからく、より安定した基盤の上に権力を再構築するチャンスであるととらえていた大統領もいたほどである。そして、新しい支持層を開拓したり、支配システムを「合理化」したり、あるいは支配組織全体を自らの息子や近親者に譲り渡すよう画策することで、体制の連続性を担保するといった方策が採られた(3)。

こうした変化の基本的な特徴の一つは、部分的な経済改革によって生じた金儲けの機会を一部の選ばれた者だけに提供した結果、体制はビジネス・エリートの大部分と結託することが可能となった点である。そうした金儲けの機会とは、たとえば、財政支援をはじめとする様々な支援と引き換えに、国有企業を買い取るといったものであった。その結果、身内贔屓のビジネス取引を通じて大統領とその一族がよりいっそう裕福になった。それに加え、市場経済化を目指す政策の一環として、民間企業を支援しているかのようにみせかけることができるというメリットもあった。アンワール・サーダート政権期からフスニー・ムバーラク政権初期にかけてのエジプトでは、こうした経済的特権を享受できたのは数人のビジネスマンに限られていた。しかし、一九九〇年代を通じて、その数は数十人規模へと拡大していった。[4] 市場規模がより小さいチュニジアでは、こうした経済的特権を受けられる者の数は片手で数えられるほどにとどまっていた。[5] 他方、たとえばシリアでは、国軍将校や高級官僚、そして民間企業のあいだの結束が極めて強固であり、そこに新興ビジネスマンが割って入る余地はほとんどなかった。それでも、たとえば資本家が独立候補として人民議会に出馬しやすい環境を整えるなど、ビジネスに公共性を持たせるいくつかの試みも行われた。

以上のような体制の支持基盤を拡大していく過程は、まさにエジプトの社会学者サアドゥッディーン・イブラーヒームが自らを犠牲にして描き出した「共和主義的相続」である。[6] シリアで始まった同様のシステムを指して、「世襲共和政」と呼ぶ研究者もいる。[7] シリアのハーフィズ・アサド大統領は最初、長男バースィルに政権を引き継ごうと考えていた。だが、彼が一九九四年に自動車事故で死亡したことにより、後継者は二男バッシャールに決まった。[i] 特権を享受してきた大統領の側近にとって、大統領権力に対していつでもアクセスできることは極めて重要であった。そのため、統治者の息子といった彼らがよく知る人物を後継者に選ぶことは、スムーズな権力移行を期待することができるという意味で、明らかに都合の良い選択肢であった。他方、こうした人々にとって、次期大統領が未だ若く、テクノロジーや女性の権利、あるいは教育改革といった現代的概念に関心を有し、おそらくは新しい改革者として行動するようになるであろうことは、多少は許容しなければならない点でもあった。実際、二〇〇〇年七月のバッシャール・アサドへの権力移行は、「ダマスカスの春」[ii] と称される事態を一時的に引き起こすことになった。これは、

i　眼科医を志し、ロンドンで学究生活を送っていたバッシャールは、バースィルの事故死を機に後継者への道を歩み始めた。しかし、当時はまだ三〇代半ばであり、政治・軍事経験も皆無であったバッシャールに対しては、指導者としての力量を疑問視する声も多く聞かれた。それゆえ、二〇〇〇年六月のハーフィズの死去までの僅かな期間で、バッシャールは政治家・軍人としてのキャリアを足早に積むとともに、新政権にとって潜在的なライバルとなり得るような一部の古参幹部を権力中枢から徐々に排除し、バッシャールの地位を相対的に上げていくという措置がとられた。結果として、大きな問題が生じることなく、スムーズな権力移行が実現された。

一九六八年、チェコ・スロバキアのアレクサンダー・ドゥプチェク第一書記（大統領に相当）が短期間推進した「プラハの春」にちなんだ名称であり、大規模な政治改革への約束をほのめかすものであった。しかし、たいていの場合、体制側が実行に移す意図をまったく持たない事柄に対する大衆の希望を下手に膨らませないよう、政治的開放を求める熱狂は早々に制御されなければならない。この点についても、シリアは好例を提供してくれる。シリアでは二〇〇一年、民主化運動の指導者が何人か逮捕され、全国のあらゆる都市で芽を出しかけていた討議のための市民フォーラムは急速に衰退していった(8)。

こうした形の政治改革を実現するには、多くの段階を着実に踏む必要がある。とりわけ重要となるのは、当該国家が実際に民主化への道を歩んでいるというシグナルを発するために、選挙というプロセスを利用することである。こうして、人々を投票へと参加させるために、多大な労力を払って普通選挙が実施されることになる。それに加えて、大なり小なり信頼に足る野党を作る必要もある。野党の存在は、政治・経済的支持を動員するために、政権与党をより効率的な組織へと改良することも促す。とはいえ、事態が手に負えない段階にまで進んでしまうことを避けるために、常に大きな注意が払われてきた。具体的には、政権与党への批判は一定の範囲内に厳格に抑えられてきた。また、こうした批判者が議員として議会に入り込むことは注意深く阻止された。さらに、エジプトのように、仮に議員になったとしても、そうした体制の批判者は議会から追放された。このような方策がとりわけ重要となるのは、体制側に真の支配権力を譲渡する気がなく、なおかつ、新たな形態の汚職や権力乱用を行おうとしているという証拠が積み上げられ、体制批判が激しさを増している時である。

こうした状況で行われるアラブ世界の選挙では、多種多様な不正操作が行われてきた。具体的には、選挙結果を大なり小なり予想可能なものにしておくこと、政権与党が選挙で圧倒的な勝利を収めるように管理すること、あるいは選挙で勝利したイスラーム主義者に対して軍部がクーデタを強行した一九九二年のアルジェリアのように[iii]、政権与党が事前にどのような結果が好ましいかを決定しておくこと、などである(9)。一九九五年のアルジェリア大統領選挙では、何百万もの新しい、そして恐らく架空の有権者が登録されていた。また、一九九七年の議会選挙においても、不正調査を行ったある委員会は、地方行政府が可能な限り全ての人間や政治資源を用いて、政府にとって好ましい政党が有利になるように結果を改竄《かいざん》していた、と結論付けている。(10) こうした改竄は、選挙全体に対するシニシズムを蔓延させるだけであった。たとえばエジプトでは、一九八四年と八七年に行われた二つの選挙にエジプト国民は大きな関心を寄せていたが、その同じ国民が一九九〇年代に入って選挙への関心を一気に失っていった。にもかかわらず、少なくともエジプトとチュニジアでは、欧米諸国の政府を十分に納得させるだけの資源を選挙過程につぎ込み、民主主義への道を着実に歩んでいるのだと納得させることに成功している。

こうした過程を描いた最も優れた研究として、エジプトを事例としたエベラール・キーンレによる『誇大妄想――エジプトにおける民主主義と経済改革』（二〇〇一年）が挙げられる。この研究は、一九八〇年代のエジプトにおける限定的な開放政策が結果的には民主化とは逆の方向に作用したことについて、数多くの議論を統合することで説得力のある説明を提供している。具体的には、一九九〇年暮れの人民議会選挙に向けた慌ただしい準備が進むなかで、一九八七年選挙をめぐる法的不備が指摘された。その結果、新しい選挙制度を導入せざるを得ないという事態が生じ、エジプトで初めて無所属議員が誕生する可能性が出てきた。ここで最も重要な点は、政権側が、こうした無所属議員は政党所属議員に比べて管理が困難であると認識していたことである。そのため、政権側は選挙に選択的介入を行う

ii　バッシャールは大統領就任当初から、限定的な民主化も含めて、行政組織の改革、腐敗官僚の一掃、報道の自由、市場経済システムの導入、インターネットをはじめとする情報通信システムの整備、政治改革、そして欧米との関係改善などの政策を打ち出し、改革者の旗印として自身の正当性を高めようとした。シリア国内の改革派は、こうした一連の政策を指して「ダマスカスの春」と称した。

iii　一九九一年の国政選挙の結果、イスラーム主義を掲げるイスラーム救国戦線（ＦＩＳ）が圧勝したが、イスラーム国家誕生を恐れた軍がクーデタを敢行、選挙は無効にされ、ＦＩＳのメンバーが多数逮捕された。これに反発をしたＦＩＳなどイスラーム主義勢力がテロ活動を活発化させ、アルジェリア内戦が勃発した。これについては、第一〇章も参照。

ことで、国民民主党（NDP）[i]の統制下から漏れた議席分を補う必要が出てきた。結果として、NDP所属議員とNDPに近い議員の割合は八一%にまで増加した（一九八七年選挙では七八%）。こうした傾向は、その後さらに促進された。というのも、ムバーラク政権が、非常事態法の撤廃要求や、投票所の管理権限を内務省から法務省に譲渡するべきだという要求を撥ねつけたために、野党の大部分が選挙をボイコットしたからである。一九九五年にはさらに大規模な選挙介入が行われ、NDP所属議員やNDPに近い議員の割合は九四%にまで増加した(11)。

キーンレの議論が重要であるのは、主として次の三点を強調しているからである。第一に、限定された民主化過程は、イスラーム主義者による暴力が急増した一九九二～九四年より以前の段階で、政権によって入念に準備されていたという点である。第二に、一九九〇年代後半以降、そうしたイスラーム主義者による暴力の発生は、キーンレが「自由の浸食」と呼んだ状態をもたらしたという点である。とりわけ、一九九五年の人民議会選挙では、政権側がムスリム同胞団の単独での参加を許さなかったのは、同胞団が過激派を直接的に支援していたからではなく、実際には彼らが現政権の政策に対する声高な批判者であったということが直接的な理由であった(12)。とはいえ、結局、同胞団と過激派のつながりが立証されることはなかった。そして第三に、ムバーラク政権の政策においては、政治的側面と経済的側面が密接に関連し合っていた、という点である。とりわけ彼の議論のポイントは、政府が熱心に推進していたクローニー・キャピタリズム[ii]と、それに必然的に付随する腐敗の追及のために、同胞団が野党勢力を大規模に糾合できたという点である(13)。

限定的な民主化はチュニジアでもみられた。もっともチュニジアの場合は、それが注目を集め始めたのは近年になってからのことであった。ザイヌルアービディーン・ベン・アリー[iii]が大統領に就任した一九八七年以降、短い期間ではあったが開放的な政策が実施された。しかしこれが実施されたのは、政権与党である立憲民主連合（RCD）が議会を支配し、名目的野党だけが生き残れるシステムが整備された後であった。その後、イスラーム主義の脅威を喧伝し、アルジェリアの二の舞を避けるという名目で、政権に対する反対勢力を十把一絡げに弾圧することが正当化されるようになった。他方、他国と同様に、政権に寄生して甘い汁を吸う資本家たちから支持を取り付けるための仕組み作りは順調であった。エヴァ・ベリンは、資本家と労働者がともに国家から十分な援助を享受するような状況では、そうした人々が自らの既得権益を脅かすような民主主義を熱心に推進することはないであろうと論じている。チュニジアはまさにそうした状況にあった。(14)

さらに、アルジェリアとシリアでも、同様の点が指摘できる。それまでの希望的観測とは裏腹に、主要な政権はおしなべて、すでに手中に収めていた権力を手放そうとはしなかった。彼らはよりいっそうの政治参加を促したり、意味のある経済開放政策を行う代わりに、単に自分たちの権力を強化したり、新たな支持層を獲得するための政策を押し進めたりした。そしてこれらは、いずれも将来的な自由化の可能性を著しく制限するものであった。事実、アルジェリアとシリアでは、政権のこれまでの政策に対する国民の批判を抑え込むために、いっそう広範な支配制度すら必要とされた。二〇〇一年九月一一日の出来事によって国際社会がさらなる説明責任や開放性、政治参加を求めるようになった現在、以上のような変化は既存の分析に対して重要な問題点を提起している。この点については、本書第一二章で再び立ち戻るつもりである。

ⅰ　一九七八年にアラブ社会主義者連合（ＡＳＵ）を前身としてサーダート大統領によって創設された政党。アラブ社会主義を掲げ、エジプト社会のあらゆる立場を内包する包括政党であり、二〇一一年四月に解党されるまで与党の座にあり続けた。

ⅱ　「縁故主義的資本主義」とも訳され、近視者や仲間内で国家レベルの経済運営を行い、権益を独占して富を増やしていく経済体制を意味する。

ⅲ　一九三六年～。一九八七年の大統領就任以降、二三年以上にわたって大統領を務めた。ある程度の民主化・自由化を進めたが、二〇一〇年末から高い失業率や物価の高騰などを背景とした国民の不満がデモとなって噴き出し、二〇一一年一月にサウディアラビアに亡命した後政権は崩壊した。

アラブの君主制国家——モロッコ、ヨルダン、そして湾岸諸国

モロッコとヨルダンという二つのアラブ君主制国家のあいだには、いくつかの共通点がある。それらは湾岸諸国にも少なからずみられるものだ。具体的には、多数の外圧や国内外からの批判をかわすために、何らかの戦略が必要とされたという点である。政策の変化を内外に誇示するために、象徴的な選挙を用いるようになった点も共通している。そして、宗教勢力などのこれまで周縁化されてきた集団を新たな政策のなかに組み込む際に生じた諸問題も、ある程度共通していた。ヨルダンとモロッコ、そしてカタルとバハレーンは、若い統治者に政権の座が引き継がれたが[i]、彼らは即座に、自らを政治改革の旗手として内外にアピールするようになった。

こうした政策を初めて実行に移したのがヨルダンである。先代国王フサイン一世[ii]は、一九八九年の経済危機に対処するために緊縮財政政策を打ち出したが、これは極めて暴力的なデモを生み出した。その結果、フサイン国王は、一九八九年一一月に四〇年間に及ぶ統治のなかで初めての自由選挙を実施することになった。選挙の結果、ヨルダン・ムスリム同胞団[iii]に連なる候補者が勝利を収めた。彼らは国王の主要な支持勢力であった。同胞団は次なる選挙に向けて新たにイスラーム行動戦線党（ＩＡＦ）を組織し、入閣する者こそ出なかったものの、一九九三年議会選挙でも一定数の議席を獲得した(15)。しかし、これまで良好であった王室と同胞団の関係は、イスラエル・パレスチナ和平プロセスと、その帰結としてのイスラエルとの和平条約[iv]に同胞団が強硬に反発したことによって、急速に悪化していった。その結果、一九九四～九五年にかけて国王は同胞団に対する弾圧を強めるようになり、一九九七年選挙では同胞団の不利になるような選挙制度改革が断行された。こうして、ＩＡＦは一九九七年選挙をボイコットすることを決定し、両者のあいだの緊張関係はますます高まることとなった。加えて、このような事態は、国内メディア、ＮＧＯ、そして職能組合の活動を抑制するような新たな政策の導入にも繋がった。

ここで重要なのは、議会活動がより開かれたものになったにもかかわらず、国王が自らの特権を手放すことはなかった点、少数の側近から成る内閣に依存し続けた点、そして彼自身の行動に説明責任がともなうことはほとんどなかった点、である。[16]フサイン国王がガン治療のために米国に渡った一九九八年以降、国王に代わって弟のハサン皇太子が政治を取り仕切ることになったが、こうした状況に変化はなかった。最も重要な局面は、死を目前にしたフサイン国王が一九九九年一月に帰国し、ハサン皇太子に代わって長男のアブドゥッラーに王位を継承させることを宣言した時だった。長男アブドゥッラーへの王位継承について記したハサン皇太子宛ての公開書簡をみると、当時次の二つの不安定要素が存在したことがわかるだろう。それは第一に、ハサン皇太子の跡継ぎをめぐる争いであり、第二に、ハサン皇太子による軍の指揮系統への干渉であった。[17]

i　ヨルダンのアブドゥッラーは一九九九年二月、三七歳の時に父フサイン一世の跡を継いだ。モロッコのムハンマド六世は一九九九年七月、三五歳の時に父ハサン二世の後を継いだ。カタルでは一九九五年六月、ハリーファ・ビン・ハマド・アール・サーニー首長の外遊中に、当時四二歳の息子ハマド・ビン・ハリーファ・アール・サーニーが無血クーデタで支配権を確立。二〇一三年六月にハマド・ビン・ハリーファの四男で三三歳のタミーム・ビン・ハマド・アール・サーニーが王位を譲位された。バハレーンのハマド・ビン・イーサ・アール・ハリーファは一九九九年三月、四八歳の時に、父イーサ首長の急死にともなって後継の首長として即位。二〇〇二年の憲法改正により、バハレーンは王制に移行。初代国王に即位。

ii　一九三五～九九年。一九五二年八月から一九九九年二月に死去するまでのあいだ、長きにわたってヨルダン国王の座にあった。国家の近代化に尽力するとともに、一九九四年にはイスラエルとの和平交渉を取り纏めている。

iii　一九五四年頃から本格的な活動を開始。国王を擁護し、ムスリムが過激化することを抑え、左翼勢力への対抗勢力とするために、国王はその活動を長く容認してきた。一九八〇年代には国王との関係が悪化したが、八九年選挙では八〇議席中二四議席を獲得し、単独組織としては下院最大の勢力を形成。一九九二年にはイスラーム行動戦線党（IAF）を立ち上げ、九三年選挙では八〇議席中一六議席を獲得。イスラーム主義を基礎としつつも、ヨルダンの国民統合や民主主義を目指す。

iv　ヨルダンは一九九四年一〇月二六日、イスラエルとのあいだで和平条約（ワディ・アラバ条約）に調印し、四六年続いた戦争状態に終止符を打っている。

フサイン国王の崩御から数日後、アブドゥッラーは王位継承を正式に発表した。新国王は、先代が晩年に施行した統治システムに対する国民の批判を十分に認識していたようである。というのも、王位継承直後に、一九九七年選挙法と一九九八年の抑圧的なメディア規制法を改正する可能性を示唆したからである。しかし、こうした改革の約束はすぐに棚上げされた。また、二〇〇〇年九月に勃発した第二次インティファーダ、そして二〇〇一年九月一一日以降に米国が始めた「テロとの戦い」によってヨルダンに対する脅威が高まったという理由で、二〇〇一年に予定されていた議会選挙も延期された。また、一九九〇年代には経済開放路線が主張されたものの、政府の経済的役割が縮小することはなく、グローバル経済への統合、つまりGDPに占める海外貿易の割合が高まることもなかった[18]。

モロッコでも、政治参加を促進するような動きがあった。その背景には、上記のような国際情勢の変化に加えて、三〇年にも及ぶ王族支配が反体制勢力を徐々に弱体化させていったという事実もあった。かつては強硬な活動家であった反体制勢力は、すでに老齢に差し掛かっていた。年老いて弱体化した反体制派は、今や部分的に操作された選挙に進んで参加し、国王とその同盟者が国防、外交、内務治安、そして司法を牛耳るような内閣を自発的に形成するようになった。さらに、国王と古参の側近の地位は盤石であり、対照的にアブドゥッラフマーン・ユーセフィー首相率いる政府（一九九八年一月～二〇〇二年一〇月）は脆弱であった。このようにアンバランスであったため、政権発足当時は認められていたはずの政府のいくつかの権限も、王室によって徐々に剥ぎ取られていった。加えて、立憲民主制へと進むことはないという先代国王のハサン二世が遺した政治家としての最終決定が、しばしば大きな影響力を持つこともあった。ハサン国王は一九九二年、『ル・モンド』紙とのインタビューのなかで、次のように力強く述べている。「イスラームは立憲民主制を禁じている。というのも、この体制では、国王はその権限をすべて委任し、君臨すれども統治せずという状態に置かれるからである」[19]。

ヨルダンの政治変動と並んで、一九九九年七月のハサン国王の突然の崩御は、王室の権限が大幅に縮小されるのではないかとの期待を抱かせるものであった。国民のあいだでそうした期待が高まったことを受けて、新国王ムハンマド六世は、「説明責任、人権、そして個人の自由に立脚する、権威の新しい概念」を提唱した(20)。事実、長年権力を保持し続け、国民から大きな恨みを買っていたドリース・バスリー内相を解任するなど、いくつかの改革案が実施された。しかし、ヨルダンと同様、そうした政策の効果は、王室の支配を維持させるよう仕組まれた様々な政策によって打ち消されることとなった。たとえば、いくつかの新聞は「モロッコの神聖なる三つの理念、すなわちイスラーム、国民、そして君主を侮辱した」との理由により、発禁処分を受けた(21)。他の中東諸国と同じく、政治改革の約束はただちに、国内の主たる既得権益層に立脚する権威主義体制という厳しい現実に直面することになった。そうした体制を支える既得権益層は、自らの支配的な地位を脅かす可能性のあるあらゆる改革に強く抵抗した。その結果、統治者にとって王位継承というタイミングは、揺籃期にある議会制度に対して権力を移譲する機会ではなく、むしろ自身の権力を強化する絶好の機会となった。

ここで、湾岸戦争によって支配体制が変化した国に目を転じよう。言うまでもなく、戦争によって最も大きな影響を受けた国はクウェートである。首長一族[i]のほとんどは、イラクの占領から逃れるために国外に逃避した。彼らは、国外避難を余儀なくされた何千ものクウェート人に対して、結束を図るべく会合場所を提供したりもした。しかし、ひとたびイラク軍が排除されると、侵攻に至るまでの数カ月のあいだにクウェート政府が打ち出した国防政策の明らかな失敗について、その責任を追及する巨大な圧力に晒されることは明白であった。また、首長一族は同じ時期に、適切な口座もなく何十億ドルもの株取引を行っていたとみられるクウェート投資事務所の不始末と汚職に対する批判の矢面にも立たされていた。ゆえにサバーフ一族は、嫌々ながらも一九九二年に選挙を実施することに合意した。選

i　クウェートの首長家。一七五六年、クウェートの政治支配者として住民から推挙され、政治権力を握るが、経済的には長いあいだ商人層に従属していた。一時期オスマン朝の宗主権を認めたが、一九世紀末のムバーラク期に英国と秘密協定を結び、実質的に英国保護領となる。その後、クウェート首長は、ムバーラクの息子のジャービルとサーリムの系統に限定されている。

挙の結果、体制の批判者が五〇議席中三三議席を占める議会が生まれることになった。[22]

その結果、イラクによる占領以前に枢要なポストに就いていたサバーフ一族の有力者は、暫くのあいだ（と言っても湾岸的基準ではあったが）、猛烈な批判に晒されることになった。外務大臣は最終的に辞任に追い込まれた。さらに、首長令によって一時的に議会が停止していた一九八六年から九二年のあいだに出されたすべての政府法令を、国民議会が再検討する権利を手に入れるなど、首長一族の法的権力を制限する試みが続いた。そして、一九九六年選挙で新たに議席を得た議員は、汚職と悪政をさらに強く批判するようになった。

サバーフ家はこうした批判の嵐のなかで試行錯誤を繰り返し、議会の攻撃から一族を守るために、常に新しい手段を模索していた。たとえば一九九八年三月には、シャイフ・ナーセル・サバーフ情報相に対する質問攻勢を阻止するために内閣を総辞職に追い込み、さらに議会解散をちらつかせることで、批判者の口を封じようとした。しかし、このような方法だけでは不十分であった。というのも、新しい議会には、古参議員と同様にサバーフ家に対する批判者が数多く選出される可能性が高かったためである。最終的に首長一族は妥協を余儀なくされ、一九九九年七月に新たな議会選挙を行うことを決定した。前回の選挙から一七カ月後のことであった。その結果、たとえば首長が提案していた女性参政権の問題や、基本的な経済緊縮政策の実施、そして何より国営石油企業の部分的民営化といった争点をめぐって、激しく分裂した議会が生まれることになった。他方、閣僚に対する敵対的な質問攻勢は相変わらず続き、新たな内閣も結局総辞職に追い込まれ、二〇〇一年一月には内閣改造が行われた。その目的は、法務大臣を守ることであった。こうした戦略が用いられるのは、この三年のなかで四度目のことであった。[23]

他の湾岸諸国でも、様々な集団が支配一族の伝統的な統治戦略に挑戦を試みていた。たとえば、体制に対する直接的な嘆願や体制批判の説教を録音したテープを流通させるなど、様々な手段が用いられた。さらに、より急進的な方法もみられた。具体的には、サウディアラビアでは一九九五年と九六年に米軍施設が爆破された。バハレーンでは、支配一族であるハリーファ家がそれまで禁じてきた議会制度の復活を呼びかけて、シーア派国民が暴動を起こしつつあった。サウディアラビアでは、改革要求は文化的な活動家と宗教的な勢力の双方から挙がった。つまり、より寛容で開かれた社会を要求する文化団体と、サウード家がシャリーアとイスラーム共同体全体の保護者としての義務をまったく果たせていないと信じる宗教団体からの批判である。ただし、こうした文化勢力と宗教勢力は、思想的には対極に位置していた。事実、一九九〇年一二月のリベラル派によるサウード家への嘆願は、その一ヵ月後の一九九一年一月、より保守的な宗教勢力によって批判されている。それは多くの宗教指導者の連名で公表されたものであり、リベラル派の嘆願が自らの権威に対する直接的な攻撃であると認識していたことは明らかであった。にもかかわらず、両者のあいだには重なる部分が多くあったことも事実である。というのも、両者ともに、より合議的でより開かれた政府を求めており、法の支配と人権により多くの注意を払うべきだと考えていた。

サウード家は、たとえ小さな改革であったとしても、それを発表し、施行する前には一族内で合意を取り付ける必要があった。それゆえ、こうした批判に対応するには時間がかかった。[24] 改革は主として二つの形態をとった。一つは、一九九二年三月に、六〇名の評議員から成る諮問評議会の設置を発表したことである。もう一つは、王室に対する批判者を咎め、王室と宗教界の適切な関係についての公式見解に同調しないウラマーに対して、サウード家を支持する宗教指導者を使って戒告を与え、必要であれば懲戒処分にするという政策である。新たな諮問評議会は、その人選に少々時間がかかったために、一九九四年になってようやく発足した。[25] さらにその規模は、一九九七年に九〇名に、二〇〇一年には一二〇名にまで拡大された。諮問評議会の権限は、政府に助言を与えることにとどまっていたが、他方で特定の争点については閣僚に質問をすることも許されていた。加えて、評議会内に設置された八つの常設委員会は、政策が論争の的になった場合には自らの見解を述べることもできた。

サウディアラビアのケースは、湾岸諸国が諮問評議会を設置する際の手本となった。たとえばオマーンでは、拡大された評議会が一九九一年に新たに導入され、五九のウィラーヤ（wilāya、州）の代表が評議会のメンバーに選ばれることになった。導入初年度には一二回しか総会が開かれなかったが、他方、五つの常設委員会は毎週定期会合を持った。評議会の規模は、国民の代表性を担保するために拡大され、有権者が最終選考に進む二名を選ぶという選挙も導入された。とはいえ、サウディアラビアと同様に、諮問評議会の役割は純粋な助言に過ぎず、むしろ支配一族の権力を強化することにも繋がった。というのも、スルタン（国王）は諮問評議会を形成することによってより広い支持基盤を獲得することが可能となり、また諮問評議会の仕事として地方の有力者を首都に長期間留め置き、その間彼らを地方の権力基盤から引き離すことも可能となったからである[26]。

あらゆる家族支配体制と同様に、湾岸諸国でも重要な政治変化が生じるのは大規模な政治・経済危機が発生した時か、あるいは統治者がその権力を後継者に譲渡した時である。一九九〇年代には、後者の二つの事例がとりわけ重要であった。サウディアラビアでは一九九七年以降、ファハド国王が病気で職務をまっとうできなくなると、実質的な権力の大部分は異母弟のアブドゥッラー皇太子へと移譲された。アブドゥッラーは個人的な権威でも、強い意思決定能力でも、ファハド国王を上回っていた。アブドゥッラー率いるサウディアラビア政府は、一九九八年の石油価格暴落によってもたらされた困難な状況に対して賢明な対応を行い、政府借入金の返済猶予を得て政府補助金を削減することに成功した。また、国王一族にも改革のメスが入れられ、国家の提供する公共サービスを無料で使用することができるという王子の特権は廃止された。しかし、サウディアラビアのガス田開発を外国資本に開放するといった基本的な改革計画の多くは、それが自らの立場を脅かすことに繋がると考えた王族内部の反対勢力や石油テクノクラートなどの働きかけによって、即座に棚上げされることになった。

王位継承によって大きな政治変化が生じたもう一つの事例はカタルである。同国では一九九五年、国家元首であったシャイフ・ハリーファが息子のシャイフ・ハマドの無血クーデタによって追い落とされた。これによってハマドは、多数の改革に向けて順調なスタートを切ることができた。たとえば、一九九九年一月の地方自治評議会選挙で女性参政権を容認したり、自由選挙による議会を二〇〇四年に設置したりするという約束である。家族支配体制下では、概して長男子相続が一般的になってきたという事実に鑑みると、統治権が規則通りに長男に引き継がれるという展望は、世代交代が限定的な政治改革を刺激することにも繋がる。バハレーンがその良い例である。同国では一九九九年三月に父親から統治権を引き継いだ新しいアミール[ii]が、政治犯の釈放や反体制派のシーア派国民に対して重要な提案を行うなど、猛烈な勢いで改革を進めていった。さらに、二〇〇一年二月には国民行動憲章草案が国民投票にかけられ、これによって二〇〇二年一一月の選挙に向けた法整備が進められることになった。とはいえ、これに対しては次のような批判もある。すなわち、選挙で選ばれた国民議会の権限が全て任命制の諮問評議会（Majlis al-Shūrā、上院にあたる）の権限と同程度だという点、さらに、この二院制は一九七三～七五年に短期間敷かれた一院制と比較しても、ずっと自由度が低いという点である。

周縁化された三カ国とレバノン

一九八〇年代後半以降、イラクとリビア、そしてスーダンという三つのアラブ諸国は、様々な理由でグローバルな政治経済から著しく孤立していた。というのも、貿易や投資に影響を与える多国間の制裁や米国単独での制裁といった、様々な経済制裁の対象になっていたからである。そうしたなかで、国営石油部門以外に国外投資を引き付ける必要性がなくなり、また世界銀行などの国際機関から直接的な圧力を受けることもなくなっていった。その一つの帰結は、統治者を改革へと向かわせる圧力がなくなったということである。だからこそ、国家は必然的に大きな役割を果

---

i　なお、二〇一五年三月現在でもこの約束は果たされておらず、カタルには未だに議会は存在しない。

ii　ハマド・ビン・イーサー・アール・ハリーファ。バハレーンは、二〇〇二年に王制に移行し、アミールから国王（マリク）に名称を変更。アミールはクウェートやカタル、アラブ首長国連邦で用いられる君主の称号であり、マリクはサウディアラビアやヨルダンなどで用いられる称号である。

たし続けることになり、イラクのように国家の役割がよりいっそう拡大していくことにもなった。そこで問題となったのが、体制に対する敵意が蔓延しつつある国民をいかに管理するか、そしてそれを実行するための新しい資源をいかにして手に入れるか、という点であった。

イラクが厳格な封鎖状態に置かれていたことで、国内で起こっていることを外部者が正確に理解することは極めて困難であった。とはいえ、国際機関によって集められた断片的なデータから明らかなことは、GDPに占める国営石油部門の割合が、二一世紀初期の時点で一九八九年時点と比べて二倍に膨れ上がっていたことである。一方で、非石油部門のGDPに占める割合は合計で一％未満になった。経済制裁の結果、半数近くのイラク人世帯は、雇用、融資、そして配給をイラク政府に依存することになった。他方、配給を受けないイラク人の大半は、一九九七年に開始された国連の石油食糧交換プログラムのもとで、定期的に配給される輸入食料によって家計を支えていた[27]。さらに、経済制裁をかいくぐった密輸をはじめとして、様々な制裁破りビジネスが生み出す莫大な儲けにアクセスする特権は、国家に対する依存度をさらに高めることになったのである。

こうした権力を用いて、サッダーム・フサインとその側近は、血縁関係にもとづく取り込みと排除の非公的ネットワークや再強化された部族主義、そしてバアス党国家の公的制度を管理するために用いられた信頼関係を強化することによって、自らの地位をさらに確たるものにしていった。チャールズ・トリップはこうした公的・非公的な支配制度を「影の国家」と呼んだ[28]。その結果、市民社会の原子化が進行した。というのも、バアス党員になることや、党が支援する様々なネットワークに加わることこそが、大多数のイラク人が生きていくための唯一の手段であったからである[29]。他方、一九九一年の三月蜂起以降、シーア派住民に対する過酷な弾圧が行われたことによって、国内の様々な政治指導者が救援活動を通してプレゼンスを発揮する機会を得た。彼らは炊き出しなどの慈善活動をコミュニティの人々に対して提供することができたのである。なかでも最も顕著な活動を行ったのは、ムハンマド・サーディク・サドルと彼の一族であった。サーディク自身は一九九九年にバアス党政権によって暗殺されたが、彼らは二〇〇三年の英米によるイラク侵攻の時までに、その支持者を潜在的な大衆運動へと作り変えることに成功していた。そうした大衆運動の大部分を構成したのは、バグダードのシーア派住民であった。

リビアは政権が国際的な制裁の対象になっていたもう一つの事例である。この制裁措置は、一九八八年、スコットランドのロッカビー上空で発生した米国の大型旅客機爆破事件にリビアが関与していたために始まったものである。(30) リビアでは、制裁下にあっても石油を自由に輸出することができた。とはいえ、その影響はイラクと概ね同様であった。すなわち、一方で、経済制裁はリビア経済に対して負の影響を及ぼしたが、他方、最高指導者であるカダフィー大統領の権力を強化することにも繋がった。というのも、大統領は経済制裁によって海外貿易を管理し、輸入可能なわずかな品目に対するライセンスを支持者に分配することが可能となったからである。米国が制裁をいっそう強化するのではないかという懸念があったため、リビアは必然的に主要な貿易相手であったEUの方を向くことになった。これによってEUは、リビア経済を変化させるための影響力を、小さいながらも持つことができた。他方、相変わらずの誇大妄想癖を持つカダフィーは、政府業務から日常的に「姿を消す」ことが多かった。にもかかわらず、彼は軍や治安機関、そして石油省に対する直接的な管理体制を維持していた。さらにカダフィーは、次第に地位を固めつつあった彼の二人の息子に権力を継承する意欲さえみせ始めていた。息子の一人は、すでに軍部の監察官になっていた。

スーダンはさらに紆余曲折した道のりを辿った。一九八九年のクーデタによって権力を掌握したオマル・ハサン・バシールの新生イスラーム政権は、引き続き南部との内戦の最中にあった。また、米国は、バシール政権に対して次の二つの組織との関係を絶つよう圧力をかけていた。つまり、一九九六年に追放されるまで同国での滞在を許可されていたウサマ・ビン・ラーディンと関係を持つ急進的なイスラーム主義組織、そしてバシール政権の主要なイデオローグでもあった民族イスラーム戦線（ＮＩＦ）のハサン・トゥラービーが組織した支援団体である。こうした事態に直面したバシールは、ますます軍に頼るようになった。彼は一九九六年の大統領選挙での勝利に乗じて将校を政府高官に登用し、二〇〇〇年選挙に出馬する意欲をみせていたトゥラービーとのあいだで長くて険しい闘いに突入することになった。一九九九年一二月には、バシールは議会を解散し、非常事態令を宣言した。[31] 二〇〇〇年一月には内閣改造を断行した。同年五月、彼はＮＩＦの指導者であったトゥラービーを追放し、かつては政権の支持基盤であり、トゥラービー追放以降もその支配下にあり続けたＮＩＦを巧妙に解体していった。[32]

グローバリゼーションに対して最も逆説的な対応をとった国はレバノンであった。一九九二年から九八年まで、ラフィーク・ハリーリー政権[i]が追求した中心的な政策は、内戦以前のレバノンで定着していた宗派主義制度[ii]を再び機能させ、地域の中継貿易拠点としてのレバノンの役割を回復することであった。だが、レバノンで実際に実行されたのは、フォルカー・ペルテスが「権威主義的統合」と呼んだ政策であった。[33] 具体的には、大統領やハリーリー首相、そして国会議長によって構成されるトロイカ体制へと権力が徐々に集中し、公的・非公的部門はハリーリーの腹心に支配されるようになった。[34] 彼らが影響力を行使する際に鍵となったのは、開発復興委員会（ＣＤＲ）と呼ばれる組織であり、これは現在でも変わらない。この組織は、競争入札を経ずに復興プロジェクトを選定できる排他的な権限を有しており、かつ、議会による監督対象の外にあった。さらに、この時期のハリーリー体制は次の二つの特徴を有していた。第一に、マロン派コミュニティを権力構造の重要部門から排除した点、第二に、国軍を国内の治安維持任務に用いた点である。これによって、たとえば一九九六年に生じたストライキの危機を事前に防ぐことができた。このように、過去の慣例を暴力的に打破することで維持されたハリーリー新体制の大部分は、強力な隣国シリアからの直接的な支援、あるいは米国からの間接的支援を当てにしていたのである。

にもかかわらず、このシステムは一九九〇年代半ばから増大し始めた圧力に晒され、新たな開発プロジェクトを実施するための財源を確保することが困難になっていった。また、貧困層に向けて雇用機会と行政サービスを提供する必要もあり、そうした政府の社会福祉機能は、肥大化した公共部門と、国内外からの巨額の借款によってのみ維持されていた。したがって、その財源を捻出する必要にも迫られていた。ハリーリーは一九九八年、こうした圧力のなかで、経済的苦境と宗派主義的緊張の煽りを受けて思い通りの組閣を実施することができず、結果として首相を辞任した。しかしハリーリーは、二〇〇〇年、国民議会選挙で彼の息のかかった候補者が当選したことを受けて、再び首相へと返り咲いた(35)。その結果、彼はそれまでの政策を変更し、経済政策を始動させるための投資と新たな対外借款を模索できるだけの権力を手に入れた。同時に、将来的な民営化を見据えて、電気事業をはじめとする重要な国営機関へのテコ入れを再開した。しかし、そこには多くの障壁が残っていた。新たな対外借款を得るために、ハリーリー首相は経済改革の実行を確約することを強要されたが、一方で、その履行が極めて困難であることを理解していた。改革をめぐる問題は、ハリーリー首相とエミール・ラッフード大統領とのあいだの権力闘争によってさらに深刻になった。ラッフードはさらなる民営化と社会福祉費削費に強く反対していたが、他方、ハリーリーは憲法改正に向けての国民的支持を確保するために、ラッフードの二期目の大統領任期を許容せざるを得なかった。

イラン、イスラエル、トルコ

一九九〇年代のイラン政治の特徴は、ある種の制度化された派閥主義が定着するようになったことである。その結果、イスラーム共和国の基盤を揺るがすような巨大な脅威をもたらさない限り、外国との同盟から経済の適切な管理をめぐる問題まで、様々な論争が活発に行われた。一九九二年のマジュレス（議会）選挙は、おおざっぱに言えば、保守派と改革派という主要な政治勢力間で争われた。二つの勢力はお互いに異なる官僚機構に権力基盤を置いており、

i　一九四四〜二〇〇五年。首相任期は一九九二〜九八年、二〇〇〇〜〇四年。一九七〇年代にサウディアラビアでビジネスを成功させ、一九八〇年代には世界有数の資産家になる。レバノン内戦が終結した一九九〇年、ハリーリーはレバノンへ帰国し、政治家として戦後復興に尽力した。しかし、その過程では数多くの批判者や敵を作ることにもなり、二〇〇五年二月にベイルート市内で暗殺された。

ii　高級官僚ポストから議員定数に至るまで、あらゆる公的機関のポストを予め各宗派に定数配分するという政治的取り決め。

経済的・文化的問題についてはまったく異なる見解を持っていた。一般的に保守派とは、アーヤトゥッラー・ホメイニーの指導のもとで作り上げられた体制の維持を追求する人々を意味し、他方、改革派とは、自由化、民営化、そして世界銀行や主要先進国の経済的基準にそって設計された市場の創出といった理念を概ね共有する人々を意味していた。しかし、両勢力ともに守るべき既得権益を持ち、ある種のイスラーム的社会を維持することを目指していた。そして、相手勢力を排除しようとすることは、極めてリスクが高いと考えていたのである。

一九九二年選挙の結果、一見したところ、アクバル・ハーシェミー＝ラフサンジャーニー大統領と改革派に近い候補者が圧倒的な勝利を獲得したように思われた。だが、彼らの多くは、経済問題についてはリベラルであったものの、社会問題については保守的であった。[36]他方、保守派は一般に、ホメイニーの後継者であるアリー・ハーメネイー最高指導者の後押しを受けていた。同時に、メディアやモスク、大規模な宗教財団、司法、警察、そして議会にも、強力な支持基盤を有していた。その結果、保守派は、大統領が提出する改革法案を拒否するのに十分な議員数をマジュレス内にそろえることができた。また、将来的な経済発展の行方を左右する欧米世界との関係について、それを発展させることを頑なに拒否することもできた。さらに、湾岸戦争の際にイランが中立を維持したにもかかわらず、その見返りを得ることができなかったこと、そして米国や英国をはじめとするヨーロッパ諸国から「ならず者国家」の扱いを受け続けたことにより、保守派の立場はますます強化された。

その結果、保守派と改革派の対立は拮抗し、国内で政治改革を進めることはほとんど不可能になった。だが、一九九七年の大統領選挙で驚くべき結果が出たことで、状況が劇的に変化した。モッラーである元情報相のモハンマド・ハータミーが地滑り的な大勝利を収めたのである。国民一般に広く蔓延していた不満を上手く利用し、イスラーム的社会においては、法の支配のもとにある限り、異議を唱えることも自由を謳歌することも許されると訴えたことで、ハータミーはイスラーム革命後初期の段階で周縁化されていた世俗派やムスリム左派、若者、そして多くの女性からの支持を得ることができた。ハータミーはまた、ラフサンジャーニー陣営の深刻な分裂にも大いに助けられた。

彼らはラフサンジャーニーの後継者について、全員が納得する候補者を選ぶことができずにいたのである。

ハータミー新大統領は国民的支持を受けて勝利し、反対に主要な保守派候補が惨敗したことによって、有利な立場で第一次内閣を形成し、政策の優先順位を決定することができた。ハータミーは、ラフサンジャーニー前大統領の控え目な支援も受けることができた。ラフサンジャーニーは、一九八〇年代後半に設置され、マジュレスと司法とのあいだの意見の相違を調整する役割を果たす体制利益判別評議会（Assembly for Diagnosing the Interests of the Regime）の議長に就任した。この機関は後にメンバーを倍増し、政府内での権限を拡大していった。現在は、最高指導者や大統領に加え、イランの最も重要な政治家がこの評議会メンバーに名前を連ねている。これは、派閥間の論争を仲裁し、ハータミーの政治指導に対する攻撃を封じ込めるのにうってつけの機関であった。最高指導者のハーメネイーも、新大統領の政治指導に対して自由に異議を唱えられると感じていたわけではなかったことは、特筆に値する。というのも、ハーメネイーは、そうするには自分は大衆的な権威を欠いていると自覚していたのであろう。[37]

にもかかわらず、ハータミーは政治経験を明らかに欠いており、悪化する経済状況への対処にも失敗した。さらに、マジュレスなどの主要な政府機関が彼の政敵である保守派陣営の影響下にあったことから、そのエネルギーの大半をウラマーの政敵との激しい政治対立に費やさなければならなかった。彼の力を試すことになる重大な挑戦は、一九九九年二月の統一地方選挙の際に訪れた。この時、ハータミーとラフサンジャーニーは主要都市で、自らに近い候補者を過半数以上当選させることに成功した。とりわけテヘランでは、彼らの陣営は一五議席全てを獲得することができた。[38] 同様に重要なことは、ハータミーの改革派陣営が、保守派の支配下にあった選挙監督委員会の動きを封じることができたことである。選挙監督委員会は、候補者資格を事前に審査し、改革派の指導的な支持者の立候補を却

---

i　一九四三年〜。大統領任期は一九九七〜二〇〇五年。一九九七年の大統領選挙で圧倒的な勝利を得て大統領に就任。改革派として知られ、対米関係の改善を目指して「文明の対話」を呼びかけた。

下する機関である。ハータミーは、地方選での勝利によって、自らの改革主義的アジェンダの主要見解を再確認することもできた。具体的には、彼が言う「イスラーム的民主主義」を打ち立て、説明責任を有する政府や市民団体、そして党員の行動に対して法的責任を有するような政党にもとづく政治活動を整備する必要がある、というものであった。[39]

ハータミー大統領は相変わらず国民からの高い人気を誇っており、二〇〇〇年二月に実施されたマジュレス選挙でも、およそ一割の候補者が監督者評議会の事前審査によって出馬を却下されはしたものの、彼に近い改革派候補は地滑り的勝利を勝ち取ることができた。これによって守勢に立たされた保守派勢力は、翌二〇〇一年に予定されていた大統領選挙に向けて巻き返しを図るべく、マジュレスでは改革派の法案を抑え込み、改革派指導者に対する批判を組織化し、彼らの新聞やその他の出版物の多くを発禁処分にするなどの措置に打って出た。そうした動きによって、ハータミーは、「ある側面では、大統領の権力は一般市民よりも低い」[40]と認めざるを得ないような状況に追い込まれることになった。とはいえ、こうした政治的困難にもかかわらず、ハータミーは二〇〇一年六月の大統領選挙においてほぼ八割の得票率で二期目の再選を勝ち取った。[41]

ただし、国民的支持を得ていたハータミー大統領ですら、経済自由化政策を思い通りに進めることは困難であった。というのも、一つには、保守派勢力が法的権限を最大限利用し、商業や工業、サービス業、そしてなによりも鉱物抽出に従事する諸外国の権利を妨害したからである。それに加えて、たとえば一九九六年に始まった世界銀行への加入交渉といった国際社会に復帰するための努力が、米国やヨーロッパ諸国によってことごとく拒否されたという要因もあった。結果として、国営部門と民間部門の比重に変化が生じることはほとんどなく、それどころか、多数の研究者が指摘しているように、民営化プログラムの進展は新しい国営事業を発足させるスピードに比べても遅かった。[42]

イスラエルにとっての湾岸戦争は、多国籍軍から意図的に孤立させられたり、イラクから爆撃されたりするなど、苦い思い出であった。[i]だが、一方で湾岸戦争は和平プロセスを刷新する好機でもあった。パレスチナ人の立場を代表するアラブ諸国は、イスラエル政治に対してより大きな影響力を行使できるようになっていった。この点は、和平交渉における妥協に前向きな勢力であるとみられていた労働党が、一九九二年選挙でリクードに勝利を収めたことによって、ただちに明らかになった。

同時に、一九八四年から一九九〇年まで続いた挙国一致内閣が極めて脆弱であったことから、一九九二年には二つの政治改革が実施された。一つ目は、全国一選挙区の拘束名簿式比例代表制の採用と、選挙名簿の順位を決めるための変則的な党内予備選挙の導入を決定したことである。労働党は一九九二年選挙の直前に、この党内予備選挙という制度をすでに採用していた。リクードは一九九三年三月、人気を高めつつあったベンヤミン・ネタニヤフ[ii]がイツハク・シャミール党首を追い落とすために、この制度を採用したのである。

二つ目の改革は、一九九二年の基本法改正である。これによって、クネセト（議会）は首相公選制[iii]を導入することを決定し、一九九六年に最初の直接首相選挙を行った。首相公選制を導入した狙いは、国民によって直接選ばれた人物に対して、弱小な連立パートナーとのあいだで妥協を強いられることがないよう、十分な権限と権威を持たせることであった。こうした首相の権力は、基本法の第二の改正によってさらに強化された。それは、クネセトが内閣不信任決議を出すと、政府を解散させるだけにとどまらず、無条件で新たな議会選挙を行わなければならないとの旨を定めたものである。これによって、首相は一二〇議席中八〇議席以上の不信任票によって辞職を余儀なくされることになったが、同時に、そうした圧倒的多数派の票を集めることは事実上、極めて難しくなったのである。

i　アラブ諸国の参加を妨げるという理由から、イスラエルは米国主導の多国籍軍への参加が許可されなかった。また、そうしたイスラエルを挑発するために、イラクは戦時中にイスラエルに対してスカッドミサイルを撃ち込んだ。

ii　一九四九年〜。首相任期は一九九六〜九九年、二〇〇九年〜。右派強硬派として知られており、中東和平問題や入植地問題、イランの核開発問題などに対して極めて強硬な姿勢を貫いている。また、急進的な新自由主義者でもある。

iii　二〇〇一年まで導入された、国民が直接選挙で首相を選ぶ制度。

しかし、こうした改革は、最終的に当初の意図とは正反対の結果を生んだようである。[43] 予備選挙の役割が決定的なものとなり、比例名簿の順序が党指導部ではなく候補者の予備投票によって決まるようになったことで、個々の候補者の独立性が高まった。より重要なのは、比較的政治経験の浅い第二世代の指導者が登場した点である。たとえば、ネタニヤフは上記のように一九九三年にシャミールに取って代わり、エフード・バラクは一九九七年に労働党党首の座をシモン・ペレスから奪い取った。

さらに、一九九六年、クネセト選挙と首相選挙が同時に実施された際に、この制度の重要な欠点が明らかになった。クネセト選挙では、有権者は、概ね自身が属する宗教や民族、宗派集団の損得勘定にもとづき、それらの集団を代表する政党に対して票を投じた。結果として、労働党とリクードはそれぞれを合わせても一二〇議席中六六議席（労働党三四議席、リクード三二議席）しか獲得することができず、これは両党にとって建国以来最低の議席数となった。他方、三つの宗教政党は合わせて二三議席（シャス一〇議席、マフダル九議席、ユダヤ統一党四議席）を獲得し、急激に増え始めたロシア移民を票田とする新政党イスラエル・バ・アリヤーが七議席を得た。その一方で、有権者は首相選挙をクネセト選挙と切り離して考え、それをネタニヤフとペレスの単純な一騎打ちであると認識していた。そしてネタニヤフは、全部で三〇〇万の有効投票数のうち、ペレスに対して三万票差という僅差での勝利を収めた。その結果、クネセトでは労働党がリクードよりも二議席多く獲得していたにもかかわらず、ネタニヤフが組閣の権利を手中に収めた。とはいえ、別の次元で言えば、ネタニヤフは、新しく導入された首相公選制度を利用して、自らの利益にかかわるクネセト候補者を支援することもできた。二つの決定的な数字がこの点を強調している。すなわち、ネタニヤフ個人は自らの党が得た得票率（二五・一%）の倍以上の得票率（五〇・四%）を勝ち取っていたこと、そして宗教勢力のほぼ九割の票を獲得したことである。[44]

さらに、これに続く出来事も、新しいシステムのもとで選ばれた首相の強さと弱さをそれぞれ如実に示すことになった。結局のところ、ネタニヤフは彼の前任者と同様に、クネセトで政権与党が占める僅かばかりの多数派勢力を維持するために、六つの連立パートナーの支持に依存しなければならなかった。だからこそ、弱小政党は特定の争点で妥協を引き出したり、首相にとって重要な政策を妨害したりするほど強大な権力を得ることができた。こうしたなかで、ネタニヤフ政権は、和平プロセスの将来と経済のさらなる規制緩和という当時の最重要課題に対して明確な政策を打ち出すことができず、度重なる危機によって坂道を転がり落ちて行くようにみえた。一九九八年一二月までに、ネタニヤフ政権に対する支持率は大きく下降しており、それを受けてネタニヤフは一九九九年五月、解散総選挙を呼びかけるに至った。ネタニヤフがこの決定を下したのは、クネセトによって不信任決議を突きつけられたからというよりは、政権に対する支持率が急落したためであった。

一九九九年総選挙の結果は、ネタニヤフにとっても彼の党リクードにとっても、大敗であった。ネタニヤフは、エフード・バラクに得票率で一二％（三六万三〇〇〇票）もの差を付けられて敗北を喫した。リクードはクネセトでの議席を三二から一九にまで減らすことになった。こうした結果を招いた責任がどの程度ネタニヤフにあったのかについては、現在も議論が分かれるところである。しかし、少なくとも以下の点は事実である。すなわち、彼が二枚舌で信頼できない人物だとみなされたことで、彼の政治的な支持者の多くが遠ざかっていったこと、同時に、凡庸だがよく組織された彼の敵対勢力に対して、非常に好意的な視線が向けられるようになったことである(45)。ともあれ、バラクは、一九九九年選挙で圧勝したため、彼の政策を支持するのに連立政権を形成する十分な権威を獲得した。具体的には、バラク首相は、二〇〇〇年にイスラエル軍をレバノンから完全撤退させることが必要であり、かつ、シリア人やパレスチナ人とのあいだで止まってしまっている和平交渉を再開するという政策を掲げていた。

イスラエル人とパレスチナ人、そして米国人とのあいだの交渉は、ワシントン郊外のキャンプ・デービッドで二〇〇〇年七月に始まった。ただし、いくらかの進展はあったものの、最終的には何も合意できなかった。そして、野党指導者であるアリエル・シャロン[i]が、同年九月二八日、エルサレム旧市街のアル＝アクサー・モスクの外側にあるハラム・シャリーフと呼ばれる広場を訪れたことによって、事態は劇的な変化を迎えた。その翌日、イスラエル警察とパレスチナ人の抗議者とのあいだで激しい戦闘が発生した。劣悪な現状に対するパレスチナ人の怒りはシャロンの行動が引き金となって爆発し、第二次インティファーダ、あるいはアル＝アクサー・インティファーダとして知られる運動へと繋がっていった。ただし、第一次インティファーダとは異なり、パレスチナ側の抗議運動は瞬く間に軍事的・暴力的なものへと変化していった。その結果、イスラエル側は戦車や武装ヘリコプター、そして戦闘機を用いてインティファーダを弾圧することになったのである。

この二カ月後、イスラエル国内の山積する問題をみかねたバラクは、首相職を辞することになる。その結果、首相公選制のもとでの最後の首相選挙が行われた。バラクとクリントン米大統領は、任期の最後の数週間でイスラエル・パレスチナ間のなんらかの合意を取り纏めようと尽力した。こうして、イスラエルとエジプトの国境に位置する街タバで慌ただしく交渉が進められたが、十分な時間は残っておらず、ついに二〇〇一年二月六日、バラクからアリエル・シャロンに首相が交代することになった。これ以降、イスラエル人とパレスチナ人のあいだの紛争は激化の一途を辿り、双方に甚大な政治的・経済的・人的被害が出た。さらに、パレスチナ自治政府が建設したインフラの多くが破壊され、イスラエル労働党は急速に弱体化していった。

一九九〇年代のトルコ政治は、イスラエル政治といくつかの類似点があった。両国では、議会の相対的多数派勢力を基盤とする比較的脆弱な連立政権が続いており、また、地域や派閥の利害が投票行動を強く規定していた。しかし、トルコではとりわけ次の要素が政治に深刻な影響を及ぼしていた。つまり、東部州の多くで頻発していたクルディスターン労働者党（PKK）[ii]の反乱、主要なイスラーム政党である福祉党に対する大衆的支持の拡大、そして文民政治家に対する軍部からの圧力の増大である。軍による圧力の増大は、多くの評論家が「一九九七年の静かなるクーデタ」と呼ぶほどのものであった[46]。

一九九〇年代のトルコ政治は、一九八〇年代を通じて政界を牛耳っていた祖国党が一九九一年選挙で敗北したことによって、その幕を開けた。そして、新たに誕生したのが正道党と社会民主人民党の連立政権であった。この連立政権は当初、スレイマン・デミレル首相が率いていたが、一九九三年にトゥルグット・オザル大統領が死去したことによってデミレルがその後継大統領に選出され、タンス・チッレル女史が新たな首相に選ばれた。チッレル政権は、一九九五年に正道党の連立パートナーが脱退したことを受けて、終焉を迎えた。これによって、正道党は暫定的な選挙管理内閣を形成することになり、比較的政治経験の浅いメスト・ユルマズが新首相の座に就いた。

一九九五年一二月に行われた総選挙は、政治体制全体に大きな衝撃を与える結果となった。というのも、経験豊富な政治家ネジメッティン・エルバカン率いるイスラーム主義政党の福祉党が、二一・三二%の得票率で一五八議席を獲得し、与党に躍進したからである。ただし、福祉党の勝利はさほど驚くべきことでもなかった。というのも、福祉党は支持者を着実に拡大しつつあったからである。この点は、同党の指導者の一人であったレジェップ・タイイップ・エルドアンが[iii]、一九九四年にイスタンブル市長に選出されたことからも証明されていた。福祉党躍進の背景には、草の根の支持を動員するうえで非常によく組織されていたことに加え、トルコの中道右派勢力が祖国党と正道党に分裂していたこともあった。自他ともに認める世俗主義者が運営する国家でイスラーム主義政党が躍進したという事実は、軍人を含むトルコのエリートの多くを大混乱に陥れるほどの大きな衝撃を与えた。だからこそ、衝撃を受けたエ

i　一九二八～二〇一四年。首相任期は二〇〇一～二〇〇六年。右派強硬派として知られ、二〇〇〇年九月には第二次インティファーダのきっかけをつくる。二〇〇五年にはリクードを離脱し、中道主義を掲げるカディマを結党。二〇〇六年に脳卒中で倒れ、二〇一四年一月一一日に死去。

ii　一九七三年に結成されたクルド人の独立国家建設を目指す武装組織であり、一九八四年からトルコ国内で本格的な武装闘争を開始した。イラク領内カンディール山地に主な拠点を持つ。

iii　一九五四年～。首相任期は二〇〇三～二〇一四年、二〇一四年八月以降は大統領に就任。イスラーム主義系政党である公正発展党の党首を長く務め、イスラーム色の強い法案を提出するなどしたため、一部勢力からはイスラーム主義者とみなされている。外交面では、イラン、ロシア、アルメニアなど、EU諸国以外の国々とも関係強化を図る全方位外交を展開した。

リートは、即座に反福祉党連合の結成を模索し、一九九六年三月、祖国党と正道党はユルマズを首班とする連立政権を成立させたのである。

しかし、結局、ユルマズとチッレルが互いに相容れることはなく、この新たな連立政権は三カ月ともたなかった。こうした事態を収拾するためには、エルバカンを首相とし、チッレル女史の正道党と連立を組むという福祉党政権樹立の他に選択肢がなかった。だが、こうした不安定な連立政権がどうにか批判を無視し続けて数カ月もたたないうちに、エルバカンと国家安全保障会議の軍人委員とのあいだの衝突は避けられないものとなっていた。エルバカンは、宗教心を表明することと社会的安定を維持することの均衡を変化させるに十分な信託を、トルコ国民から得ていると信じているようであった。他方、将校も同じように、エルバカンが政権を握っていることは世俗主義国家の価値と制度に対する根本的な脅威だと確信しているようであった。

さらに悪いことに、エルバカンは首相就任当初、軍部の疑惑を掻き立てるようないくつかの発言をしている。たとえば、軍部がイスラエルとの交渉を通して締結した新たな安全保障協定を非難した。さらに彼は、ムスリム間の連帯をアピールするために、クルド人反乱者の代表と交渉する可能性を模索しているようにもみえた。その結果、将校は、エルバカンが新しい重要な試みを始めようとすると、それをことごとく妨害することを決意した。それだけではなく、軍はまず宗教学校、次いでイスラーム組織全般を攻撃することに合意するよう、エルバカンに強要した。結局、エルバカンの首相就任から一年が過ぎた一九九七年六月、こうした政策を実行することに対して二の足を踏んだため、彼は辞任に追い込まれた。エルバカンにとってさらに悪いことに、彼の辞任に続いて、軍部は裁判所を動かして福祉党を解党に追い込もうと画策し、一九九八年一月以降、五年間にわたって彼を政治の舞台から排除しようとした。

エルバカンの後を引き継いだユルマズもまた、同様の圧力に晒された。前任者とは違った形ではあったが、同じく脆弱な連立政権を率いる首相となり、大国民議会でも少数派の支持を獲得しただけであった。ユズマルも、イスラーム的思想を広めようとしているという疑いをかけられた組織を弾圧する新たな政策に合意することを強要された。しかし、前任者と同じく、彼も弾圧などの厳しい政策のいくつかを拒否した。というのも、次の選挙で敬虔なムスリムの票を失うことを、ユルマズも心配したからである。さらに、軍部に控え目に反撃することもあった。たとえば、軍部に対して四度目のクーデタを発生させる危険があるとの警告を発したり、イスラーム主義運動を抑制する最良策を決定できるのは、軍部ではなく文民政府であると主張したりした。しかし、こうした主張を認めることこそなかったものの、軍部としても、自らの立場をよりいっそう力強く、明瞭に語る必要に迫られていた。そこで軍の副参謀総長は、一九九八年六月、原理主義こそが国家において「最も危険で、問題を孕んだ存在である」という声明を発表した。さらに、この数週間後、イスラーム主義的な扇動行為から現行の憲政的秩序を守ることこそが、軍に課された「法的義務」であるとも主張している。(47)

ユルマズ政権は、一九九八年一二月に不信任決議が出されたことで、最終的に解散を余儀なくされた。その後、ビュレント・エジェヴィト率いる選挙管理内閣が組閣され、一九九九年四月に総選挙が行われた。選挙の結果は、またもや驚くべきものであった。選挙直前の二月にPKKのアブドゥッラー・オジャラン党首が逮捕されたことを受けて、エジェヴィトが党首を務める民主左派党は大きな利益を享受することになり、結果として二二%の得票を得た。他方、蘇った民族主義者行動党は一八・二%の票を獲得し、一九七〇年代以降初めて議会に議席を持つことになった。その結果、民族主義者行動党と祖国党を内閣に加える形で、エジェヴィトは極めて安定的な連合政権を築くことが可能になったのである。

二〇〇四年当時、トルコ政治は改革の話題で持ちきりであった。これは第一に、悪化の一途を辿る経済危機に対処するために必要な改革であり、第二に、トルコのEU加盟に対して課された条件をクリアするための改革でもある。(48)後者には、たとえば、言論・結社・宗教の自由、軍の役割をめぐる「民主的規則」の受け入れなどが含まれていた。とはいえ、二〇〇一年二月に深刻な金融危機が発生して以降、巨大な経済危機がトルコを襲うなかで、前者の経済政策こそが最も重要な課題であった。そして、さらに悪いことに、エジェヴィトと大統領のあいだで険悪なやり取りがなされたと報道されたことでトルコ通貨の大需要が発生し、トルコ・リラの五〇％切り下げも行われた。こうした事態を収拾すべく、世界銀行職員を務めていたケマル・デルヴィシュがアンカラに呼び戻され、経済・財政担当国務大臣の職に就いた。彼の政策は、緊縮財政と構造改革をあわせたものであった。具体的には、さらなる民営化や官僚機構のスリム化が実施され、行政機構の腐敗に対抗するための新しい法案が議会を通過することになった。こうした改革を進めた結果、政府は二〇〇一年の暮れまでには、経済を落ち着かせ、インフレを抑制し、景気動向を上向けることに成功した。

一九九〇年代における中東政治の展開——結論にかえて

ほとんどの中東諸国の体制にとって、一九九〇年代は困難の連続であった。各国の統治者は、地域的・国際的な政治環境の大きな変化に対処することを迫られたのみならず、こうした変化によって生じた国内の変動にも対応しなければならなかった。一部の人々は、そのような大きな変化のなかで、自由と開放への期待を高めることになった。欧米文化や欧米の軍隊による侵略の脅威が高まったと感じる人々もいた。事態をより複雑にしたのは、いわゆる「アラブ・アフガン」と呼ばれる若者の帰還であった。彼らは一九七〇年代後半から一九八〇年代にかけて、ロシア人と戦うためにアフガニスタンへと入ったイスラーム義勇兵であった。さらに、神聖なる土地と考えられているサウディアラビアに米軍が駐留していることに対する怒り、そしてエジプトとアルジェリアにおけるイスラーム主義者の暴力も事態の複雑さに拍車をかけた。イスラーム主義の暴力は、地域諸国に大きな影響を与えた。これら全てによって掻き立てられた強い感情は、グローバリゼーションの長所と短所や、イスラームの核心的価値を防衛するために暴力を用いるべきか否かといった問題をめぐって中東各地で闘わされた激しい議論にみることができる。

アラブ諸国では、こうした複雑な現象をめぐる初期の研究は、それを伝統墨守派と改革派の単純な競合であるとみる向きが強かった。だが、実際のところ、状況はより複雑であった。各国の体制は、管理された変化と宗教的過激派を封じ込めるために必要な手段とのあいだで、大多数のムスリムを混乱させることのないよう、慎重な舵取りを試みていた。しかし、一つだけ一貫していたのは、体制を維持することへの圧倒的な執念であった。そのために、批判を和らげ、新しい支持者層を開拓する必要があった。そして、多くの国家では、統治者の後継者に指名された人物に対する円滑な権力移譲を保証しなければならなかった。

目的や動機に関する合理的説明は、物語の一部分に過ぎない。実験や試行錯誤、レトリックに富んだ政策、そして数多くの意図しなかった結果もまた、そうした移行期の本質的な要素であった。こうした歴史的複雑性の全てをとらえようと思えば、あらゆる事例で歴史系列の問題に取り組む必要があるだろう。つまり、新しい政策や慣習が導入されていった時系列的な順序が重要になるというわけだ。これは、いくつかの潜在的な過程を理解する一助となる。たとえば、一九九〇年代前半にムバーラク政権が下したいくつかの決定、具体的にはNDPが議会の圧倒的な議席を維持することや、経済部門の大部分を官僚やビジネスマンの側近と共に支配することなどは、それ以降の政策に対して厳しい制約を課すことになった。これは、見せかけの改革というよりは、改革の妨害であり、ある意味で悪循環である。つまり、新たな改革が行われたとしても、それがネガティブな結果を生み出してしまうのだ。たとえばムバーラク政権は、停滞した政権与党に由来する多くの問題を抱えている。NDPの党員は日和見主義者であふれており、その多くは契約関係や国営銀行による貸付業務を牛耳る閣僚と、水面下で持ちつ持たれつの関係を有している。

i　一九四九年～。世界銀行副総裁（一九九六～二〇〇一年）や経済・財政担当国務大臣（二〇〇一～〇二年）、国連開発計画（UNDP）総裁（二〇〇五～〇九年）を歴任した経済学者・政治家。停滞していたトルコ経済を上向かせたことにより、トルコ国内では高い評価を得ている。

時系列的な考え方は、湾岸諸国で生じた二種類の政治的波及効果を説明する際にも有効である。第一に、多数の国民の政治参加要求を満たすために諮問委員会を用いるという戦略である。第二に、カタルやバハレーンの新しい統治者をはじめとする改革勢力は、民選議会を作ることによって、こうした諮問委員会を飛び越えた決定を下す機会を与えられたことである。湾岸諸国に限らず、全ての事例において、時系列に注意を払うことによって、改革プロセスに対する制約はいつ明らかになったのか、自らの権力と支配が深刻に脅かされていると統治者が認識したのはどの時点のことか、そして、チャールズ・グラスがダマスカスから重苦しく報告したように、「栄光の春が見慣れた冬へと逆戻りした」[49]のはいつのことか、といった点を明らかにすることができる。以上をふまえれば、少なくともいくつかの国については、短期間の政治的開放から逆戻りする可能性に加え、外国貿易の役割によって測られるグローバリゼーションへの逆行という可能性も首肯できるのである。これらは、一九九〇年代の終盤にエジプトとヨルダンで起こった事態である。そこでは、政権がどれほど巧みに主張しても、ますます競合的になる国際市場で困難な輸出ビジネスを行うために、企業家の国内的利得を放棄するよう説得することはできなかった。

ただし、非アラブ三カ国の状況はやや異なっていた。トルコとイスラエル、そして、程度は低いながらもイランでは、政治・経済改革の行方を案じるしっかりと組織された利益集団が生み出された。さらに、トルコの大部分のエリートにとっては、EUへの加盟を認可されること、そしてイスラエルとイランでは、国際的な投資や援助を受けることは、改革を進めるためのいっそうのインセンティブとなった。そのうえ、アラブ諸国と比較してこれらの国々には、外部世界の様々な国や機関とのあいだで構造化された関係を発展させるための、より洗練された制度的構造が存在した。まさにこの点にこそが、抵抗勢力の意向とより直接的に関係している。仮にトルコとイスラエルが、それぞれの国家的目標を自国のエリートが望むほどには達成できなかったとすれば、それを実現するために必要なコンセンサスを形成することを妨げる深刻な問題が国内で生じていたと考えるべきである。具体的には、クルド人の蜂起やイスラエル／パレスチナ関係をめぐる極めて不完全な決議などが想定されよう。同じようなことはイランにも言える。

イランでは、為政者のほとんどが支持する政治過程改革や経済改革は、日常的に一部の頑迷《がんめい》固陋《ころう》なウラマーによって妨害されてきた。その際、彼らは往々にして超法規的な手段を行使してきたのである。

i　上院と同義。

第二部

現代中東政治を理解するためのいくつかのテーマ

第二部では、第一部で言及した様々なテーマについて、より詳細に検討していきたい。具体的には、経済発展と経済再建の政治、現代の宗教復興の衝撃（イスラームに加えてキリスト教とユダヤ教も含む）、軍の役割とその変化、複数政党制民主主義の実態と一党支配体制の進行などである。第二部でも、アラブ諸国に加え、イスラエル、イラン、トルコから適切な事例を選び、検討の対象とした。

以下では、主として第二次世界大戦以降の時代を取り上げる。とりわけ一九七〇年代に、新たに独立した諸国が進めようとした国家主義的開発計画と、それらの国が直面した課題に焦点を当てる。ほとんどの中東諸国は、中央集権と計画経済が押し進められた後に、構造調整の圧力を受けた。そこでは、国際経済環境の変化、資源の不足、そして下からの社会的圧力がそれぞれ重要な意味を持った。こうした過程が統治者に新たな政治・経済戦略を導入させる圧力となった事例もある。エジプトのインフィターフ（門戸開放）政策、アルジェリアのソ連型ペレストロイカ（改革）などが、その最たる例である。他方、こうしたプロセスは、革命や軍事クーデタを引き起こすこともあった。イランとトルコがその例である。

多くの国家で実施された構造調整政策の特徴は、為政者が、多様な反国家主義的イデオロギーの強い影響を受けた言葉を用いて、自らの政策を正当化したことである。こうしたイデオロギーは、国際社会でかねてより使用されてきたものであり、たとえば西側世界における自由主義と民営化の強調や、東側世界における経済的・政治的ペレストロイカやグラスノスチ（情報公開）、一党支配体制の終焉などであった。しかし、これは単に国家機構を再組織化・再定式化していく過程の始まりに過ぎず、行政機構は依然として肥大化したまま残された。同時に、アタチュルク主義やナセル主義、あるいはバアス主義といった、国家主義体制期の全体主義的なナショナリスト・イデオロギーが、多くの様々な政治言説の挑戦を受け始めた。その結果、宗教や地域にもとづいて多様な集団が形成され、以前は考えられなかった排他的な主張を行うようになったのである。

第七章　経済再建のポリティクス

はじめに

一九七〇年代を通して、多くの経済学者は、経済の自由化と公共部門の民営化に向かう世界的な傾向について、そして、しばしば国家の「縮小」と呼ばれる現象について、議論し始めた。国家の「縮小」とは、国家が支配する資源の割合を徐々に減少させていく試みである。そのため、中東研究者の興味がこうした現象に集中したことも驚くべきことではなかった。最初に注目を集めたのは、一九七四年にアンワール・サーダート大統領が発表した、エジプトのインフィターフ政策であった。これは、「門戸開放」や「自由化政策」と訳されることが多い。その後すぐに、同じような政策が他の中東諸国でもみられるようになった。イスラエルでは一九七七年選挙に際して、リクード・ブロックが規制緩和と経済政策における国家の役割の縮小を主張した。トルコでは一九八〇年の軍事クーデタ直前に、トゥルグット・オザルが構造調整を始めた。アルジェリアでは一九七八年、大統領がフーアリー・ブーメディエンからシャーズィリー・ベンジャディードへ代わるとすぐに、「社会主義的」計画が組織的に変革されるようになった。

同じ時期、共産主義圏の外部でも同じような経済の自由化プロセスがみられた。そのため、中東諸国のインフィターフ政策を扱った研究が、世界的に共通した用語を用いたこと、あるいは他地域で発展したモデルに大きく依拠して論を展開したことは、理の当然であった。前者の研究は、一九七〇年代の世界的不況、国際的な債務超過傾向、そして経済の安定化と構造調整のパッケージを実行に移す政策という三つの互いに関連する要素を強調した。なお、経済の安定化と構造調整のパッケージとは、非ヨーロッパ諸国で急激に拡大していた外国為替危機を解消するために、必要な借款を提供する見返りとして国際通貨基金（IMF）と世界銀行が要求した要件である。後者の研究は枚挙に暇がないが、ラテン・アメリカ研究者であるギジュルモ・オドンネルの議論から示唆を受けた研究が明らかに最も大きな影響力を持っていた。オドンネルの中心的な議論は、資源配分のバランスを明らかに欠いた輸入代替工業化政策や輸出軽視政策といった、政府が主導する内政重視型の経済政策に発展戦略の基礎を置くような国家では、経済発展がある段階で行き詰まりをみせる可能性が極めて高い、とするものであった。(1) 中東地域の研究では、チャーラル・ケイダー著『ナセルとサーダートのエジプト』（一九八七年）とジョン・ウォーターベリー著『トルコの国家と階級』（一九八三年）の二つが先駆的研究に位置付けられる。i

とはいえ、こうしたアプローチが問題を抱えていないわけではなかった。第一に、何が起こったかを時系列的に丁寧に調べ上げることや、ある国の経済に対する世界的不況のインパクトを厳密に特定することは極めて困難である。中東地域では、エジプトやチュニジアで一九六〇年代後半からすでに不況の前兆が出始めていた。だが、この時、国際経済は依然として急速な発展の最終段階にあった。また、多くのアラブ諸国は、一九七〇年代から八〇年代初頭まで続いた石油価格の高騰によって、直接的・間接的な恩恵を受け続けていた。その結果、アラブ産油国はイスラエルやトルコと比較して、債務超過によるダメージを先延ばしすることが可能になったのである。

第二の問題は、「危機」という概念と、危機の経済的・政治的な中身の関係にかかわっている。たいていの場合、「危機」という用語で言及されるものは、原因と結果が明確に観察し得るような経済的出来事に限定されるわけではない。それは、徹底的に管理された政治の問題でもある。つまり、国家の財政破綻や市場の要求に対処するために必要であるという理由からではなく、国内の社会勢力間のバランスを維持したり、あるいは古くからの連合を維持・再構築したりするために国家が行う管理や操作も、危機を作り出すのである。こうした観点から言えば、既存のシステムが破綻した際に、指導者は大きな選択の余地を見出すことになる。すなわち、新しい政策を正当化するか、あるいは変化した環境にこっそりと順応するという可能性があったのである。前者は、一九七〇年代にサーダートがエジプトで、一九九一年にはラフサンジャーニーがイランで、それぞれ実行した選択肢である。後者の例は、シリアのアサドが一九八〇年代後半から九〇年代前半にかけて「密かな」経済開放を試験的に導入したことに求められる。(2)

中東研究者が突き当たったのは、経済運営にかかわる国家主義体制を変化させようとする一九七〇年代以降の試みが、各国ごとに異なるものであったという問題である。改革が必要であったとはいえ、その後に実施された政策がどれも同じ形を取ったわけではないことは明らかである。実際の政策は、様々な要素の影響を受けて決定される。最も重要な要素は次のようなものであった。すなわち、最初に発生した危機がどれほど深刻であったか、そうした危機に乗じてさらなる借款の見返りを要求するＩＭＦや世界銀行などの国際機関がどの程度改革の圧力をかけてきたか、米国や他のアラブ同盟国にとって当該国がどの程度戦略的重要性を持っているか、そして、民間部門や外国の競合者からの深刻な挑戦によって国内資源の独占という特権が脅かされていると考える既得権益層がどの程度権力を持っているか、などである。それに加えて、当該国家の経済規模も重要な要因である。具体的には、それが限られた人々によって簡単に独占されるほど小さいのか、あるいは国内市場を真に競争的なものとするためには国際貿易や投資が必要とされるほどに大きいのか、という点である。

---

i　原著については、Caglar Keyder, *State and Class in Turkey* (London: Verso, 1987)、John Waterbury, *The Egypt of Nasser and Sadat: The Political Economy of Two Regimes* (Princeton, NJ: Princeton University Press, 1983) を参照。

本章では、エジプトを含む北アフリカ諸国の状況を分析することから議論を始めたい。それらのアラブ諸国が辿った軌跡は、アフリカやラテン・アメリカで経済の自由化を進めた国家に極めて近いものであった。次いで、これらの国とは異なる状況にあった石油への依存度が高いアラブ諸国について検討する。最後に、他の中東諸国とは異なる発展経路を辿ったイスラエル、トルコ、そしてイランという三つの非アラブ諸国について考察を加えたい。

それぞれの事例を分析するにあたっては、改革のタイミングと速度、そしてそこにみられた経済的利害と政治的利害の関係性に注目したい。それに加えて、世界銀行や新設された世界貿易機関（WTO）といった国際機関、そしてヨーロッパ連合（EU）などの地域共同体からの圧力、ならびに、一九九〇年代になって顕在化し始めたグローバル化に向かう強力な傾向といった外的要因の影響も、分析の核となる視点である。

こうした全ての要素が相互に作用した結果、様々な制度やレベルにおいてポリティクスが生まれた。そうしたポリティクスがもたらした最も重要なインパクトは、国家と経済の関係や、国家と社会の関係を変化させたことである。不幸なことに、依然として支配的な「国家の退場」というパラダイムでは、このような発展経緯を十分に理解することはできない。というのも、このパラダイムからわかるのは、法的・イデオロギー的一体性を国民の大部分に対して課す国家の能力が減退しつつあるという点のみだからである。これに対して、経済の領域で実際に生じたことは、規則を再度作り直すプロセスであった、というのが本章の主たる議論である。具体的には、規則を再構築するなかで、国家が新たな国際的圧力にうまく対処し、国内の主要な利益集団の地位を保護することができるような立場を、改めて作り上げていったのである。

エジプトを含む北アフリカ諸国の経済再建政策

急速な工業化や厳しい外貨統制、そして巨大な国営部門に立脚した国家主導型計画経済の時代は、エジプトやチュニジアでは大まかに言って一九六〇年代の一〇年間、そしてアルジェリアでは一九七〇年代の一〇年間続いた。いずれの国でも、初期には一貫性がなく、しばしば混乱した政策が打ち出された。だが、不首尾や混乱の大部分は、科学的管理手段としての計画経済を強調することによって、そして初期には、過度に保護された国内市場が生産性を高めることに成功したことによって、覆い隠された。さらに、多くの旧外資企業を寄せ集めて国有化する政策や、政府が積極的に伸ばそうとする産業分野で優先する企業の順番を決めるといった政策が進められた。しかし、こうした政策には、合理的な理由はなに一つ存在しなかった。その当時でさえ、この点に気付いていた者は少なからずいた(3)。

その後、よりいっそう深刻な問題がいくつか浮上した。たとえば、生産にかかるコストと製品の価格にほとんど注意を払わない計画経済を採用し、市場原理を破棄したことによって、深刻な経済の歪みがもたらされた。そして、国内重視型の発展を目指す現行の政策では、輸入を促進したり、拡大する一方の福祉国家を資金的に支えたりするために必要な歳入を生み出すことができないという事実が、いずれの国でも明らかになった。だからこそ、経済を部分的に開放し、海外からの投資を呼び込んだり、海外の企業と競合したりすることを目指す一連の構造調整を始めるインセンティブが生まれたのである。

チュニジアは、このような計画経済の見直しに着手した最初の国であった。同国では一九六九年、「社会主義的」経済運営のための統合的システムの構築を担当していたアフマド・ベン・サーレフ計画経済相が突如として解任され、分権的な経済運営を行うための新しい戦略が導入された。だが、この改革は、一九七四年四月にサーダート大統領が発表した「一〇月白書」によって影が薄くなってしまった。というのも、サーダートはこの白書で、チュニジアの改革よりも劇的な方向転換を打ち出したからである。それはインフィターフ、すなわち、エジプトの公共部門を効率化し、民間部門を活性化し、そして国外、とりわけ湾岸の裕福な産油国からの投資を呼び込むことを謳ったものであった。[i]アルジェリアもまた、エジプトから数年遅れの一九七八／七九年、ブーメディエン大統領の突然の死をきっかけに経済の方向転換が図られた。新しい政策は、シャーズィリー・ベンジャディード新大統領によって即座に公表され、直後に次の五カ年計画（一九八〇～八四年）が発表された。そのなかでは、肥大化し非効率的になった公共部門が主導してきたこれまでの重工業路線が痛烈に批判されており、それに代わって行政機関の分権化、軽工業の強調、そして民間部門のさらなる活性化が謳われていた。

　こうして劇的なスタートを切ったものの、北アフリカ諸国では、自由化と公共部門の脱中央集権化を目指す政策は極めて緩やかにしか進まなかった。というのも、第一に、一九七〇年代後半に起こった第二次石油ブームによって潤沢な資金が新たに流れ込んだため、負債の返還を求める国際的・国内的な圧力を十分に緩和できたからである。第二に、食糧補助金をカットしようとする初期の試みによって生活必需品が値上がりし、その結果、エジプトでは一九七七年、チュニジアでは一九八四年に、多くの国民が参加する深刻な暴動が引き起こされたためである。そのため、政府による改革プロセスは一時的に中断されるとともに、当初から改革に難色を示していた全ての抵抗勢力は、改革に対する格好の攻撃材料を得ることにもなった。加えて、自由化は、初期段階では失業率の上昇、そして富裕層と貧困層の二極化をもたらした。こうした事実は、拙即な改革プロセスが危険を孕んだものであることを明示する証拠のように思われた。同じような状況はモロッコでも生じた。モロッコでは、世界銀行とＩＭＦとの合意にもとづいて補助金が早急にカットされ、物価は上昇し、一九八四年一月には暴動が発生した。

　にもかかわらず、エジプト、チュニジア、モロッコの三カ国は、一九八六年を境に、ＩＭＦや世界銀行、そして国際的な債権国に対して、よりいっそうの資金融資を申し入れざるを得ない状況に追い込まれていった。というのも、この年、石油価格が暴落した結果、国内的・国際的な債務が一気に膨れ上がってしまったからである。そのため、この三カ国は、一時的に中断していた経済改革政策に再び着手せざるを得なくなった。チュニジアでは、投資と貿易にかかる関税撤廃に向けた新しい試みが始められた。エジプトは、一九八七年にIMFとのあいだでスタンドバイ取極[ii]を締結することになった。これによってエジプトは、IMFとのあいだで合意されたマネタリー・ターゲット政策[iii]を実施する見返りとして、一連の融資を受けることができるようになった。モロッコでは一九八九年、公共部門の民営化がとりわけ強力に推し進められた。しかし、最も劇的な変化がみられたのは、一九八〇年代後半のアルジェリアであった。同国では、数年に及んだ緊縮財政と生活水準の低下を経て、一九八八年一〇月に全国規模の民衆暴動が発生した。シャーズィリー大統領は、これに対して即座に新規の経済改革政策を打ち出した。それに加えて、国家の政治システム全体を完全に再構築しようとしたのである（詳細は第八章を参照）。

経済改革を求める圧力は、湾岸戦争後にいっそう強まっていった。多国籍軍によるイラク攻撃を軍事的・外交的に支援した見返りとして、エジプトは戦後すぐに喉から手が出るほど欲しかった債務免除を手に入れた。これを機に、エジプト政府は徹底的な構造改革に乗り出したのである。具体的には、売却候補となっていた三〇〇を超える国営企業のリストを公表した。さらに政府は、補助金の大幅削減や新しい徴税システムの導入、証券取引所の復活といった

i　サーダートは前任者のナセルと比較してカリスマ性に欠けていたと言われている。それゆえ、政治経済について限定的な自由化を容認したり、対米関係の改善に努めたりして、自身の権力基盤を強化しようと試みたのである。ナセルが弾圧していたイスラーム主義勢力についても、限定的にではあったがその活動を暗黙のうちに容認した。

ii　一九五二年に創設されたIMFの最も古い融資制度のことで、短期的に国際収支の赤字に陥っている国（主に中所得国）を対象として、通常一～二年のプログラム期間で行われ、IMFへの融資返済は二～四年以内に実施される。融資の支払いは、IMF側が提示する改革案（コンディショナリティ）を達成することを条件に行われる。

iii　マネーサプライの変動は一国の雇用、生産、物価の不安定化要因であるとの考え方に従い、中央銀行によるマネーサプライを政府が厳格に管理する政策。

政策を矢継ぎ早に打ち出した。加えて、ナセル政権が導入した賃借の管理体制を廃止して、まずは都市部、そして農村部の不動産売買を自由化する法案を施行したのである。『エコノミスト』紙は、こうした一連の政策を、いみじくも「革命を終わらせるための革命」と表現した。(4)

チュニジアとモロッコでは、ＩＭＦと世界銀行、そして部分的にはＥＵの圧力のもとで、経済改革がよりいっそうの緊急性を有するものと認識されていた。そうしたなか、両国は工業分野の自由貿易協定に署名し、一二年に及ぶ暫時的な関税障壁撤廃政策に取り組むことになった。他方、北アフリカではアルジェリアのみが、一九九二年初頭に起こった軍による政治介入と、その結果生じた宗教過激派勢力と治安機関とのあいだの血なまぐさい闘争に突入しようとしていた。こうして始まった武力衝突は、激しい破壊をもたらす一方で、過度に保護された石油・ガス部門を除いて、国外からの投資を引き付けることを困難にした。にもかかわらず、この時点に至っても、政府はＩＭＦに対して一九九四～九八年の四カ年計画を提出しており、そこでは融資の見返りとして国際資本市場に対するアクセスを容易にするような財政規律の改革が約束されていた。

一九九〇年代も後半に入ると、北アフリカ諸国では、経済改革計画が十分長い期間にわたって実行されてきたことになる。そのため、こうしたプロセス全体に政治がどのようにかかわったかという問題について、いくつかの暫定的な結論を導くことができるようになった。第一に、しばしば勘違いされることではあるが、構造調整と経済自由化は独立した出来事ではなく、目にみえるゴールのない連続的なプロセスだということである。この点はとりわけ民営化に顕著にみられた。民営化の過程では、多大なる労力を費やしたにもかかわらず、当初の想定よりも遥かに深刻な障壁や抵抗に直面した。たとえばエジプトでは、一九九七年の時点で、民間への売却を予定していた三一四の国営企業のうち、当該企業全体かあるいはその一部かを問わず、わずか八〇しか買い手が付いておらず、残りは全て清算された。(5)モロッコでは、一九九八年の時点で、一一二の国営企業・ホテルのうち買い手がついていたのはわずか五二であった。(6)

英国の経験が示しているように、国営企業を売りに出す際には複雑な技術的問題が発生する。たとえば、従業員数の削減や在庫清算、そしてしばしば巨大化した負債の処理などである。こうした問題は、北アフリカ諸国のように資本市場が脆弱で、失業者に対する社会保障の給付が限定的で、そもそも公的部門がきちんと管理されてこなかったところでは、極めて深刻な問題となる。したがって、各国の政府は、国内外の様々な投資家に国営企業の全て、あるいはその一部を売りに出す際に、すぐれて独創的な手段を見出す必要があった。さらに、強制解雇の衝撃から貧困層を救済するために、早期退職者に対する優遇措置や従業員持株制度[i]などを用いる形で、新たな方策を打ち出さなければならなかったのである。

構造調整のなかで連続的なプロセスが明確に見受けられる二つ目の重要な例は、関係する全ての国家が、関税及び貿易に関する一般協定（GATT）の下に設置されたウルグアイ・ラウンドや、GATTの後継組織であるWTOに、長期間にわたって関与していたという事実に見出すことができる。チュニジアとモロッコは、それに加えてEUにも関与していた。これらの国々は、関税撤廃に向けた段階的プロセスや、銀行業や保険業といったサービスに対する国内市場の開放、そしてビジネスの新たな規制体系の創出に尽力していた。こうした政策が完全に実行されていたとすれば、まったく新たなビジネス環境が生まれていたことは明白なのだが、あらかじめ政策の結果を予測することが極めて困難だったことは言うまでもない。

にもかかわらず、将来的な経済発展は二つの大きな要因によって制約を受けることも明白であった。第一に、政府が公的資産を売却し、新しい規制体系を導入し、私的独占に対抗する政策を打ち出したとしても、政府の手元には相当大きな「自由裁量の余地」[7]が残されていたということである。第二に、ポスト共産主義の移行経済期においてはしばしばみられることだが、改革から最初に恩恵を受けたビジネスマンが、その後のさらなる改革に対する抵抗勢力と

i　企業がその従業員に対して自社株を保有させる制度。この制度の目的は、福利厚生の一環として従業員の資産形成を図ること、従業員の経営参加意識を高めること、安定株主を形成すること、などである。

なることである。特に、改革が国内外の強力な競合者に対して国内市場をさらに開放していく場合には、彼らは態度を一転し、改革初期に得た地位を利用してさらなる改革を阻止する側に回るのである[8]。たしかに、中東地域では、体制と繋がりのあるビジネスマンは、新しい政策が導入される時、助言を求められているだけでなく、体制側がそうした助言を真剣に考慮していることに気付き始めた。エジプトはその良い例である。同国では一九九五年の人民議会選挙に際して、少なくとも四五人のビジネスマンが国民民主党（ＮＤＰ）の候補者として当選を果たしている[9]。一方で、ビジネス上の利害が政治に及ぼす影響力がますます強まるなかで、公務員と民間事業主とのあいだの戦略的同盟関係も、徐々に強まっていった。こうした同盟関係の多くは、腐敗の蔓延という批判を受けることもあった。官民癒着を禁じる法律は存在したが、それはかなり曖昧なものであり、かつ、明確に強制されるものでもなかった。加えて、公的な労働組合の脆弱さも大きな要因であった。組合側が組合員から新しい労働法をめぐる交渉を持ちかけられたとしても、組合はその構成員の支援を保証できるほどの権威を持っていなかった。力を付けた国内の事業主に自力で対抗するよう、労働者に強いるほかなかったのである[10]。

それに加えて、社会全体でみられたのと同じく、政府内でも、今後必要になる経済の再編や、あるいは経済的自由化と政治的自由化の関係といった、極めて重要な問題をめぐって活発な議論が交わされていた。体制側は、政治的自由化を急速に進め過ぎると経済自由化が即座に危機に晒されるであろうと論じ、少なくとも一九九八年のアジア通貨危機以前にはアジア・モデルを前面に推し出すことで、政治権力を逆に強化しようとする立場をとる傾向にあった。こうした議論は、とりわけ北アフリカ諸国の政治指導者に喜んで受け入れられた。というのも、彼らは、仮に宗教過激派勢力に合法的な政治組織を設立する機会を与えてしまうと、失業者や貧困層が否応なしに抱く経済的不満を簡単に取り込んでしまうと考えていたからである。また、権力者の血縁者や支持者、そして取り巻きは、エジプトとチュニジアで公然と維持される一党支配政権の恩恵を享受し続けるために、アジア・モデルを歓迎した。それに加えて、より高い技術を身につけた卒業者を輩出するために既存の教育計画の質を向上させる必要があり、雇用者が公から民へと移行するなかで、女性の雇用機会を極端に減らすことも避けなければならなかった。

石油の富の限界——シリア、イラク、ヨルダンの民間企業支援

シリアで最初に大規模な国有化法が施行され、経済の大部分に対して国家統制が敷かれたのは、一九六〇年代のことであった。しかし、一九七〇年にハーフィズ・アサドが権力を掌握したことによって、この動きには歯止めがかけられた。新大統領は、重要な部門への規制を緩和し、自由貿易を許可し、国外に逃れていたシリア人富裕層が投資という形で祖国に富を還元できるよう促すことで、自らの権力を固めようと考えた。こうした初期のインフィターフ政策によってアサド政権が勝ち得た最大の政治的収穫は、アラウィー派が中核を占める体制とダマスカスの伝統的なスンナ派商人層とのあいだに同盟関係が創出されたことであった。両者の同盟関係は、一九七三年の第三次中東戦争以降に訪れた経済ブームによって、より盤石になった。この時、多くのサービス部門をはじめとする特定の経済セクターが、欧米やアラブの資本に対して開放された。その結果、一九八〇年代前半までのおよそ一〇年間に急速な経済成長を達成することができた。この経済成長は、石油輸出による収入や、アサド大統領がサウディアラビアやリビア、クウェートから獲得した資金援助にも支えられていた。

レイモンド・ヒンネブッシュは、一九七〇年代後半から八〇年代前半にかけて、ムスリム同胞団の挑戦を強圧的に

---

i　しばしば「開発主義モデル」とも呼ばれる。国民の権利や自由よりも国家や民族の利害を最優先させ、工業化を通じた経済成長による国力の強化を実現するために、国家が物的人的資源の集中的動員と管理を行う統治手法を意味する。マルコス政権下のフィリピンやスハルト政権下のインドネシアなどの東南アジア諸国がその代表例であったため、「アジア・モデル」と呼ばれるようになった。

抑え込まなければならない状況さえ生まれなければ、経済開放に向かう動きは加速され、より進展しただろうと論じている。[11] しかし、この議論の説得力は、ヒンネブッシュ自身が別の場所で展開している議論によって幾分弱められている。ヒンネブッシュが論じているように、アサド政権初期には、公共部門の統括者や労働組合の管理職、バアス党幹部、そして国内のビジネスマンの利権構造が巨大なものになり、その結果、経済運営に対する国家主義的な管理が促されたのである。また、こうした特権的立場を脅かすような動きは断固として阻止された。[12] その結果、公的に黙認された腐敗システムが出現したのである。公共部門の管理者と民間の事業者は、連携して自らの利益のために経済を操作した。[13] こうしてアサド大統領は、自身の忠実な支持者に見返りを与え、互いに競合する経済アクター間の調停者としてふるまうことが可能となり、政治的に極めて優位に立ったのである。だが、これは同時に、不正な資金繰りをしているとの政府批判を招くことにも繋がり、それが国民の不満を焚き付け、一九七〇年代後半には不満が爆発することになった。こうしてシリアは、経済を多様化させ、巨額の軍事費を捻出するために必要な首尾一貫した戦略を作り出すことができなくなったのである。とはいえ、一九八〇年代を通じて経済は一貫して成長を続けていった。というのも、シリアは、自国をイスラエルに対峙する前線国家と位置付け、パレスチナ・ゲリラに対して最も直接的な支援を行っていたからである。だからこそ、アサド政権は、継続的に石油産油国から毎年巨額の資金援助を受けることが可能になったのである。

しかし、時が経つにつれ、国内経済は慢性的に困難な課題を抱えることになり、アラブ諸国からの援助は削減された。そのうえ、一九八九年を境にシリアにとって重要なロシアと東欧の市場がなくなったことで、体制側としても民間部門に譲歩せざるを得なくなった。これは、緊縮財政政策が一九八七年に導入され、それに続いて民間資本にさらなる投資負担を負わせ、輸出拡大を図る政策が実施されたことによって、徐々に現実のものとなっていった。この機会を利用し、海外企業との新たな提携関係を結ぶことで、自発的に投資を行う企業もあった。また、資金不足の国営企業が衰退し始めたことで、新しいビジネスチャンスを模索しなければならなくなった企業もある。[14] こうした傾向は、一九九一年に商業法第一〇条が施行された時に最も顕著になった。この法律は、外国および国内資本が国内産業に幅広く投資できるよう定められたものである。その結果、一九九〇年代前半には再び急激な経済成長が達成された。景気回復は、エジプトの場合と同様、湾岸戦争時にアサド政権が多国籍軍に味方したことの見返りとして、湾岸産油国からの資金援助が再び増加したことにも助けられた。

とはいえ、以上のような経済開放プロセスは、政治システムの開放を同時にもたらすことはなかった。実際、アサド大統領は、国民の期待が過度に高まることを回避するために、「自由化」という言葉を用いることすら断固として拒否してきた。少なくともアサド大統領は、ルーマニアのニコラエ・チャウシェスク大統領がそうであったように、国民の過度の期待は権威主義体制の支配者を権力の座から引きずり降ろしかねないと認識していた。[15] また、大統領は、イスラエルとの来るべき戦争に備えて軍備が削減されることのないよう、そして、国内外の同盟勢力との関係が傷つくことのないよう、細心の注意を払っていた。というのも、こうした同盟関係こそが、彼の権力を長期にわたり支えていたからだ。「選択的な自由化」が認められたのは経済領域だけであった。その結果、民間部門と盤石な既得権益層とのあいだのバランスは、僅かばかりの変化をみせた。これは、非国家アクターに政治活動の大幅な自由を許容することではなく、大統領自身の支持基盤を拡大することに繋がったのである。[16]

イラクの民間部門は、シリアとは大きく異なる形で再興することになった。そもそもイラクには民間部門はほとんど存在しなかったが、一九六〇年代の国有化の流れのなかで、わずかに残っていた企業すらもその大部分が姿を消した。一九七〇年代に新たに設立を許可された新興企業の大部分は、バアス党政権が作り上げたものだった。というのも、政権は莫大な石油収入に支えられて多数の公共事業を計画していたが、それを手掛ける外国の契約企業によって石油収入の大部分が奪われてしまうことに危機感を抱いていたからだ。そうした事態を防ぐために、民間企業が作られたのである。こうした政策の主な受益者は国内の建設部門であった。建設業界が政府の支配下にあるということは、ほとんどの新興企業が公的資金の注入を受けることによって活動を継続しているという事実からも明らかであった。

また、イサーム・ハッファージーが論じているように、業界全体を支配する大企業の少なくとも半数以上は、ティクリートとアンバールの一族に所有されていた。ティクリートはサッダーム・フサインの生まれ故郷であり、アンバールは彼の側近の出身地であった。ここにも、政府による偏った利益分配の一端をみることができる(17)。

一九八〇年代には、民間部門の活動が再び活発化した。というのも、食料品やその他の生活必需品がイランとの長い戦争によって不足していたためである。こうした動きは農業部門から始まった。一九八三年に制定された法律には、集団あるいは個人が私益目的で国有地を借りることができると定められたが、これは数年にわたって違法とされてきたことであった(18)。こうした傾向は、とりわけ一九八七年以降、国営企業を売却したり、私企業に大きな自由裁量を認めたりする改革プログラムが導入されたことで、農業以外の産業部門にも拡大していった。改革プログラムは、各企業の効率性を上げ、国家財政から流出してきた大きな損失を削減することを目標に導入された。その後、一九八八年には、工場やホテルを含む様々な国営企業が実際に民営化された。また、これまで全ての主要な金融取引を完全に独占していた老舗のラーフィダイン銀行と競合させる目的で、ラシード銀行という新たな政府系銀行が設立された。こうして民間部門の強化プロセスはさらに推し進められていった。

イラクでは、以上のような限定的改革でさえも、公共部門の内部からの抵抗に直面することになった。だが、自由化や民営化を目指す決意は、フサイン大統領自身の数々の演説のなかに窺うことができた。大統領は、ソ連のペレストロイカの支持者が用いた言説を髣髴とさせる言葉を駆使して、政府と経済に対するバアス党の支配を緩めることを呼びかけた。たとえば、一九八七年に彼は次のように力強く宣言している。「これまでイラクに民間部門がなかったとすれば、それを作り出すことは指導部の責務である。我々の社会主義のあり方は、戦時にある現在も、そして戦後も、民間部門の存在なしには考えられない」(19)。これは、緊急を要する戦後復興と投資を、イラン・イラク戦争によって莫大な財を築いた特権的な事業主にも負担させるための政策であったことは疑いない。しかし、こうした政策によって、シリアでみられた選択的な自由化以上のものが最終的にもたらされたか否かは、依然として疑わしいものであった。[20]

だが、以上のような議論は、一九九〇年八月のイラクによるクウェート侵攻と、それに続く経済制裁期にイラク経済にもたらされた壊滅的な打撃によって、結果的に全て無意味になった。経済を取り巻く状況は一変し、民間の経済活動は国際社会による厳格な経済制裁下で許容される範囲内の、極めて小規模なものへと逆戻りしてしまった。そして、こうした小規模な民間部門の活性化を促したのは政府であった。というのも、絶望的な状況のなかで、国内のいかなる資源であれ、それを最大化する必要があったからである。他方、一九九一年四月にイラク北部に設置されたクルド人の「安全な避難所」[i]には組織的な国家権力が行き届かなかったため、民間の経済活動のみがみられた。そして、クルディスターン民主党（ＫＤＰ）とクルディスターン愛国同盟（ＰＵＫ）という二つの主要な武装化した政党がこれらの活動に多額の税金を課しており、これが彼らの主要な資金源となっていた。

ヨルダンの経験は、シリアやイラクとは大きく異なっていた。理論的には、ヨルダンの経済体制は三カ国のなかで最も開放的だが、政府が自ら銘打った「経済開放の一〇年」を経た後にも、国家の役割は依然として巨大なものであった。さらに、一九八八年以降、政府がＩＭＦと緊密な連携を取りながら改革プログラムを推進してきたにもかかわらず、国家は大きな役割を果たし続けた。改革プログラムは、まずは膨れ上がって手に負えない債務に対処し、次いで補助金などの市場偏向要素を削除することを目的とする限定的な構造調整の実施を目指したものであった。そうした政策は、一九八九年と一九九六年に深刻な暴動を引き起こしたが、他方で政府の基本的な経済政策を変化させることはなかった。その結果、一九九〇年代後半まで、ヨルダンの民営化は極めて限定的なものにとどまった。その典

i　イラク北部のクルディスターン地域政府に設置されたイラク軍の飛行禁止区域。一九九一年の湾岸戦争で敗退し、クウェートから逃げ帰ったイラク軍兵士が南部で反体制暴動を開始、それがイラク全国に広がった。これに対して、反体制勢力が期待していた米軍の支援はなく、フサイン政権は苛烈な弾圧を開始した。こうしたイラク軍の弾圧からクルド人を保護するために設けられた。

型的な例は、多数の国営企業を国家持株会社へと変化させるという見え透いた政策であろう。改革プロセスが遅々として進まかった要因は、これまでに一般的に、権力と統制を喪失することを危惧する既得権益層と政府官僚機構の反対、という観点から説明されてきた。[21] しかし、これは小規模な国内市場しか持たない小国特有の問題として説明することもできる。というのも、ヨルダン政府は、一九九五年にイスラエルと貿易協定を締結して以降、イスラエルの企業を中心とする外国企業との熾烈な競合からヨルダン企業を保護する能力が民営化によって失われるのではないか、というもっともな懸念を抱いていたからである。

湾岸諸国の限定的な経済開放

湾岸諸国でみられた経済開放の動きは、他の地域とは異なる制約を受けることになった。石油の時代が始まって以降、家族支配は、支配家系が石油収入のほぼ全てを独占しているという点、そして石油収入の配分によって国民の支持を最大化することができるという点に依存してきた。こうした状況では、国民に税金を課す必要はほとんどなく、食料やエネルギーへの補助金や、医療や教育といったサービスの無償提供という形で、政府から国民へと一方的に資金が流れていった。多くの研究者は、こうした湾岸諸国の状況が、徴税の代わりに代表を認めるというヨーロッパや北米の歴史的経験とは正反対のものであると論じるようになった。具体的には、湾岸諸国では徴税制度が存在しないため、国民の代表を政府に送り込む必要がなくなり、そのための要求も制限されたのである。[22] これに加えて、自国籍企業が石油関連業務の大きなシェアを得ることができるよう設計されたルールを作り上げることによって、外国企業から自国民を保護することも、統治者が国民に提供するサービスの一環であった。

こうしたシステムを変化させようとする圧力は、一九八〇年代後半になって初めて顕在化した。というのも、高い水準の軍事費を維持しなければならなかったにもかかわらず、石油価格が急落したからである。その結果、政府はもはや肥大化した補助金サービスを維持するための財源を確保することも、石油部門と非石油部門の両方に必要な投資の水準を満たすこともできなくなった。こうして一九九〇年代には、補助金の水準を引き下げるための実験的な試みが行われた。同時に、ビジネスを拡大し、増加する大卒の失業者に新たな職を提供するために、民間部門の経済活動を促進するような新たな試みも行われた。さらに、よりいっそうの民営化と外国人投資家のための環境整備を進める政策も一時的に実施された。特に外国人投資家の資金と専門知識は、石油産業をいっそう発展させるために不可欠であった。カタルやサウディアラビアでは、発見された巨大な天然ガス田の開発に必要な極度の資本集約的なビジネスを展開するためにも、外国人投資家が必要だったのである。

ただし、改革のスピードは、あらゆる分野で緩慢であった。一九九〇年代後半までに、いくつかの政府補助金は削減されたり撤廃されたりしたが、公務員が関心を持っていたのは民間ビジネスマンとの情報共有であった。また、銀行システムは規制されたままであり、かつ、国内の顧客に対する貸付が優先させられていた。しかし、全てについて言えることだが、国営部門を民営化するための実質的な試みは依然として行われておらず、僅かな一歩を踏み出したのは、国営企業の多くが売りに出されたクウェートだけだった。また、湾岸協力会議（GCC）の対外共通関税を設定する動きも遅々として進まず、共通の関税を設ける日程も国家間交渉の過程で何度も変更された。というのも、保護関税政策に大きく依存する国があったためである。

以上のように、改革政策が遅々として進まない共通の理由を見出すことは容易い。というのも、一方で各国政府は、湾岸戦争後の劇的な環境の変化によって国民の不満が爆発する事態を危惧していた。他方、王族や官僚、そしてビジネス・エリートなどの国家上層部は、国民を管理しきれなくなることに強い恐怖心を持っていた。保護すべき公共部門と民間独占企業も存在した。外国籍企業が国家の存続に不可欠な経済分野へとさらなる参入を進めることに対する懸念もあった。民間企業が活性化されることによって、外国籍企業はよりいっそう積極的に市場参入を目指すことになるという問題や、透明性と説明責任について国際水準を担保する法や制度を整備しなければならないという問題について、その代償を払うことへの危惧も広く認識されていた。にもかかわらず、短期的にはなんらかの行動を起こさざるを得なかった。というのも、政府歳入が減少したことに加え、WTO加盟国あるいは加盟申請中の湾岸諸国は、WTOの義務を履行する必要があり、今後の一〇年間でその改革のスピードを上げることが求められたからである。こうした改革の動きが生じたことによって、たとえ水面下であれ、活発な政治活動が促進されることになった。政治活動の担い手となったのは、既存の地位を維持したり、あるいは好機を利用して躍進を遂げたりしようとする様々な利益団体だったのである。

トルコ、イスラエル、イラン

一九八〇年代のトルコは、極めて保護主義的な内向きの経済政策を採用する国家のなかで、最も成功した事例の一つと考えられてきた。一九七〇年代、深刻な収支上の危機が招いた圧力のもと、トルコはIMFの支援を受けて構造調整と経済自由化を推進する包括的な改革プログラムを打ち出した。ここで強調されたのは輸出の促進であった。一九八〇年から八七年のあいだに価格にして三倍の輸出を行うようになったトルコは、貿易収支を継続的に黒字にすることに成功した。同時に、外国の民間投資をよりいっそう呼び込むための試みや、農業製品の価格に対する政府の統制を取り除く政策も実施された。しかし、この後に高いインフレ率が長期間続き、主要な国営企業の多くが損失を出し続け、さらにそれらの企業が民営化を頑なに拒絶したことにより、トルコの経済パフォーマンスに対して徐々に疑惑の目が向けられるようになった。

こうした事態の背景にあった政治プロセスは、明確に三つの時期に分けることができる。第一に、政党間対立が膠着状態に陥り、政治的暴力が吹き荒れた一九七〇年代後半、第二に、軍が政治に介入した一九八〇年からの三年間、第三に、それ以降の民主主義へと回帰した時期である。こうした三つの時期のいずれにおいても、トゥルグット・オザル[i]が中心となって対応した。彼は、国家計画委員会の委員長として、そして元世界銀行職員として、一九七九年の経済再建と安定化プログラム導入の責任者となったのである。その後彼は、まずは軍事政権下の副首相として、一九八三年から八九年までは首相として、そして一九九三年に没するまでは大統領として、このプログラムを継続して指揮し続けた。また、とりわけロナルド・レーガン米政権による新たな支援といったいくつかの国際的な要因も重要であった。レーガン政権は、トルコを、イラン革命のインパクトを封じ込めるための戦略的パートナーとみていたのである。

一九七九年に世界銀行に対して示された改革パッケージの本質的特徴は、政府支出をコントロールすることで信用力を回復する点、そして輸入代替工業化政策よりも新たに輸出を重視する政策を採用する点であった。これは、規制を緩和し、トルコ産業の国際的競争力を高めることによって促進すべきだと規定されていた。こうしたプログラムが軍の政治介入なしでも実現できたかどうか、現時点で判断することは不可能である。しかし、将校は、独自の政治的理由によって労働組合の権力を破壊する決定をすでに下していた。そのため、トルコの近代産業部門は、第二次石油ブームとイラン・イラク戦争の勃発によってもたらされた中東地域の好ましい市場環境を利用しつつ、経費削減への道程を順調に歩むことになったのである。こうした好ましい状況は一九八〇年代に入っても続き、一九八三年以降は、労働者階級の政治活動を厳しく制限する一九八二年憲法と、輸出業者に対して特別な貸付と保証を供与したオザル政

i　首相任期は一九八三～八九年、大統領任期は一九八九～九三年。オザルは経済自由化政策を基調として、公共部門の民営化、貿易赤字の縮小、輸出産業の振興、外資の積極導入などの政策を矢継ぎ早に打ち出した。これによりトルコのGDPはプラス成長に転じるも、その恩恵は概ね大財閥にもたらされた。他方、インフレの進行や貧富の格差の拡大によって、成長の恩恵を受けられない層からは、オザル政権の経済政策への批判を招くこともあった。

権によって、経済改革がさらに進められていった。

軍による政治介入（一九八〇年）の直後に経済再建プログラムが導入されたことで、トルコの主要な利益集団のあいだのパワーバランスは大きく変化した。[23] 一九七九年以前には、トルコ経済は一群の国営企業と巨大な家族企業によって牛耳られており、それらの企業は、政府の保護下で大きく制約された国内市場で活動していた。このような構造下では、競合する政党は、様々な国営部門との関係を作り上げることによってクライエンテリズムを形成することができた。また、政党は、失業者に対して職を斡旋したり、ライセンスや補助金を得ることができる産業に投資する許可を民間企業に与えたりすることで、支持者に報いることができた。こうした政策の資金を捻出するために、与党勢力は外国からの援助に頼ったり、援助が打ち切られた一九七〇年代半ば以降は、意図的に財政赤字を出したりしていた。一九七〇年代のトルコ経済のもう一つの特徴は、雇用者も労働者もしばしば競合する組織のあいだに分断されていたことであった。こうした分断の結果、政府の介入を受けない限り、雇用者と労働者が継続的に交渉することはできなくなったのである。

軍による政治介入は、次の二つの重要な政策が実施されたことによって、利益表出のパターンを変化させることになった。第一に、全ての団体交渉は停止され、四つの組合連合のうち三つが解散させられたことである。軍事政権は、労働組合・労働協約法を成立させ、団体交渉に煩雑な手続きを導入した。また、ストライキを行う権利に多くの規制を課すことによって、労働組合の権限にさらなる打撃を与えた。第二に、軍部は利益団体による政党への直接献金を違法化することによって、意図的に両者の繋がりを絶とうとした。これはわずかな成功を収めるにとどまったものの、政治システムを変化させるための軍の熱心な活動の一環であった。

軍事クーデタを機に現れた利益表出の新しいパターンについては、イルカイ・スナールが、雇用者組合のあいだに新たに生まれた分裂、そして厳しい規制を受け続けた労働組合の脆弱性に着目して分析している。[24] 彼によれば、雇用者組合は、旧来からの対立軸にそって再び分裂する以前、輸出促進を目指したオザル政権の政策から恩恵を受けていた近代的産業部門と共に、労働者階級の抗議運動に対する軍の弾圧に短期的に肩入れしていた。他方、中小規模の製造業者は、そうしたあからさまな政治的身内贔屓を受け、国内市場内での自らの地位を守れないのではないかと危惧していた。組織化された労働者は、トルコ労働者組合連合（Turk-Is）[i]に支配されるようになった。Turk-Isは、国営企業で働く労働者の代表という役割を担うことによって、軍事政権時代を生き延びた大規模な労働組合の一つである。とはいえ、そのメンバーが一九八〇年代を通じて失業率の急増と実質賃金の急落という危機的事態に直面していたにもかかわらず、組合の指導者は極めて消極的な行動を取っただけであった。結果として、一九九〇年代前半に復活した社会民主主義政党・左派政党からの支援を得るまで、経済再建に対する労働者の反対意見は無力であった。

一九九一年一〇月の選挙で祖国党が敗北を喫したことにより、オザルの圧倒的な影響力は徐々に陰りをみせ始めた。同時に、トルコ社会で深まりつつあった分裂は、政治の場でいっそう露呈することになった。この時点で、政治の舞台には二つの右派政党と分裂した左派勢力、そして徐々に力を付けてきたイスラーム主義の福祉党が存在した。福祉党の支持勢力は主に小規模企業であり、これらの企業は、特別優遇の大企業によって支配される開放経済がこのまま進むことに反対していた。こうした分裂はしばしば、一九九〇年代の経済改革が直面した問題を説明するために用いられた。また、一九九六年にトルコが欧州関税同盟に加盟したことで国内企業が明らかな挑戦を受けたにもかかわらず、政府がインフレを抑制できず、明確な意図を持って民営化を推し進めることができなかったのは理由がある。というのも、政権が次々に変わったこと、そして票の獲得に向けて激しい競合が行われたことに鑑みると、最低限の改革以上のことを成し遂げられるような連立政権を維持することは極めて困難であったからである。さらに、軍が繰り返した政治介入は、事態をよりいっそう悪化させた。

i　一九五二年に設立されたトルコ最大の労働組合であり、一九八〇年のクーデタを生き延びた唯一の労働組合でもある。

トルコの経済改革プログラムは、二〇〇一年二月に大きな危機が生じるまでは、紆余曲折を経つつそれなりの進展をみせていた。だが、大きな変化が訪れたのは、二〇〇一年二月、貸付割当を決定する人々のあいだで常態化していた腐敗を撲滅するための法規制をめぐって、大統領と首相のあいだで論争が生じたとの報道がなされた時だ。これが発端となり、国家の銀行部門が一気に瓦解を始め、巨大な金融危機が生じたのである。(25) その結果、外国為替市場ではトルコ・リラの切り下げを恐れたリラ売りとドル買いが急増し、トルコ・リラの価値は暴落した。こうした事態を受けて、世界銀行の幹部を務めていたケマル・デルヴィシュが本国に呼び戻された。中央銀行改革を最優先課題に掲げることで、彼は中東地域でこうした問題に真摯に取り組んだ初めての指導者となった。中東諸国の中央銀行は往々にして、政府と深い繋がりを有するビジネスマンに対して無責任な貸付を行うことが多く、それがあらゆる国家の陥っていた経済的苦境の中心的な問題であった。デルヴィシュは、二〇年以上に及ぶ国際機関勤務のなかで、この種の経済危機を数多く処理した経験があった。彼が後に自身の政策を説明しているように、彼の改革計画は前倒し型で、スピードを重視することによって信頼に足る力強いメッセージを矢継ぎ早に打ち出した。彼の政策に対する信頼は、四半期ベースで設定した財政目標が成功を収めるにつれて、よりいっそう高まっていった。(26) これによって、トルコは以前の高度経済成長を取り戻した。とはいえ、二〇〇二年一一月選挙で改革派連立政権が敗北を喫し、そのすぐ後に、北イラクを攻撃する際の軍事拠点としてトルコを利用したいという米軍の依頼を議会が否決した結果、米国とトルコの関係が崩壊の危機に瀕した。これによって、再び政治的な危機に陥ることになったのである。

イスラエルの構造調整プロセスも、トルコとほとんど同じような理由によって、長きにわたって非常に緩やかに進展した。イスラエルでも、改革に抵抗する既得権益層の力は、次の二つの要素によっていっそう強化された。第一に、主要政党が、利用価値の高いパトロネージを放棄することに消極的であったことである。第二に、一九八〇年代後半から九〇年代前半にかけて成立した一連の脆弱な連立政権が、改革プログラムを推し進めるために必要な足場を議会に持っていなかったことである。一九七七年選挙でリクードが勝利を収めると、銀行システムを含む経済部門の部分的規制緩和がようやく開始された。しかし、こうした改革プログラムは、急速に進むインフレをコントロールすることが喫緊の課題であったため、何年にもわたって実施されないままであった。インフレは、政治家が選挙で票を獲得するために、常に社会保障予算を拡大しようとしたことに起因していた。こうしたプロセスがピークに達したのは、ハイパー・インフレが生じた一九八四年から八五年にかけての時期であった。ただしこれは、一九八四年選挙で成立した挙国一致内閣が徹底的なデフレ操作を行うことによってなんとか抑え込まれた。そして、その後に打ち出された経済安定化プログラムは、アルゼンチンやボリビア、ブラジルで採用されたものと非常に似通っており、賃金と価格の水準を固定化し、通貨を切り下げ、政府支出を大幅に削減することを狙ったものであった。これにより、改革が部分的かつ一時的に成功を収めたに過ぎなかったラテン・アメリカ諸国とは異なり、イスラエルでは失業率がほとんど上昇せず、限定的な成長率を回復することさえできた。それに加え、インフレ率も年間およそ二〇%という許容範囲へとすみやかに収めることができた[27]。

しかし、こうして成功を収めた安定化政策も、経済の基本構造を改革する継続的な政策に繋がることはなかった。そして、その後の数年間で、政府が収益をあげる見込みのない企業を支援し続けているあいだに、賃金相場と失業率は再び上昇を始めた。その結果、一九八九年には第二次安定化プログラムが導入された。この計画は主として労働党とリクードの連立政権で財務相を務めたシモン・ペレスが主導したものであった。具体的には、輸出促進を狙った通貨切り下げを再度実施し、実質賃金を強制的に削減する改革を進めようとしたのである。組合メンバーを代表してヒスタドルートが合意したこの計画は、クールやソル・ボネといった多くの不振に喘ぐ企業や、健康保険ファンド、そして系列のキブツィームやモシャヴィームといった農業企業にとって、生き残るためには支払わなければならない対価であった[28]。

一九八〇年代後半には、工業部門への補助金が削減され、収益のあがらない企業への救済も停止された。とりわけ重要であったのは、極めて高額なラヴィ・ファイターと呼ばれる戦闘機の製造中止という閣議決定を実現するために、挙国一致内閣がイスラエル最大の軍事産業に闘いを挑んだことであった。こうした政策は、湾岸戦争が終結し、パレスチナ人との交渉による解決に踏み出して以降、いっそう力強く進められた。さらに、軍事費の漸進的削減や防衛産業の実質的縮小も促進された。それに続いて、規制や補助金、そしてイスラエル企業を海外企業との競争から保護していた関税障壁も、漸進的に撤廃された。

例のごとく、イスラエルでも民営化は極めて困難な課題であった。というのも、必要数の株を買い占めるためにならなくてはならない資金を国内から募ることは困難であり、加えて最重要産業を他国企業の手に渡してはならないという国内的圧力があったからである。しかし、一九九〇年代前半に複合企業であったクールを分割・売却したことは、労働組合による抵抗の力を減じた。のみならず、一九九六年に政権に就いたベンヤミン・ネタニヤフ政権が、いくつもの大規模な売却と民営化計画を進める道を開くことになった。そうした民営化計画の対象となったのは、国有企業であるイスラエル・ケミカルや、四つの政府系銀行の大量の政府株、ベザクの少数の政府株、そして通信部門を独占していた政府株であった。こうした政策は次の二つの新たな特徴を持っていた。第一に、これらの売却の多くは、表立った行動や株式発行といった政策としてではなく、あくまで私的に行われたという点である。第二に、その所有権はイスラエル人の有力なビジネス一族に移転されたという点である。だとすれば、次に問題になるのは、こうした政策が実質的にどれほど現状を変化させたのか、という点である。たとえば、こうした政策に対する批判者は、国営企業をどのように、そして誰に売却するかという点について、首相やその側近は極めて大きな自由裁量の余地を持っていたという点を指摘している。加えて、たとえ所有者が変わったとしても、そうした企業による独占状態や一極集中状態に変化はなく、むしろ以前にも増して顕在化していったという指摘もある。[29]

イスラエルは米国とのあいだに特別な関係を有しているため、巨額の対米債務を抱えているにもかかわらず、米国による紐付き援助がイスラエルに対する圧力になることはめったになかった。しかし、一九九〇年代には多少の変化が起きた。というのも、一連の融資に対して、パレスチナ占領地における入植活動の停止という条件が付けられたのである。これにより、総額一〇〇億ドルのうち一三％が留保された[30]。さらに、これとほぼ同じ状況が、二回目の融資計画が合意された二〇〇三年八月の後にも生じた。この合意は、財政赤字を減少させるための緊急経済計画を継続的に実施することに加え、入植地の建設や拡大を禁じるという条件が付されたものであった[31]。

最後に、イラン経済についてみてみよう。イランでは、一九七九年の革命の結果、他国とは極めて異なる経済再建プロセスが実施された。革命以前のシャー体制は、イデオロギー的には公的企業を支持しており、増加する石油収入を用いて拡大する公共部門を支援してきた。一九六〇年代以降、政府は工業分野に対する投資を急拡大し始めたが、そうした事業は民間企業が自前の資金で請け負うには規模が大き過ぎた。財政や運輸、公共事業部門の一部は、公的機関が独占した。これは、一九六三年、そして一九七〇年代半ばの「白色革命」の時期に、もっぱらイデオロギー的要因によってしぶしぶ行われてきた国営企業の民営化と比べてはるかに大きな重要性を有していた。にもかかわらず、民間部門は、政府による認証や補助金、そして保護に大きく依存していたとはいえ、自らの力で急速に発達していった。

こうした展開に大きな変化が生じたのは、イスラーム革命直後のことであった。というのも、革命後に、民間の工場や鉱山、銀行、そして多くの民間ビジネスが国有化されたからである。こうした政策が採られた理由は様々であったが、たとえば、古参の産業・金融エリートのほとんどが私有財産を接収されたこと、外国人技術者が国外に脱出したこと、そして経済崩壊の危機が迫っていたことなどが挙げられる。シャウル・バハシュが論じているように、革命評議会を支配していた人々は、シャーの取り巻きを攻撃することによって自らの手で作り出した権力の真空を、自らの手で徐々に埋めていった。その結果、一九七九年夏には一連の決定が実際に執行され始めた。たとえば、銀行システムの国有化や、イラン国内の大工場のほとんど全てを国家が接収する政策が進められたのである[32]。また、こうした政策を正当化するために、革命が経済的・社会的正義を求めているという議論が展開された。一九七九年革命の際に制定された憲法第四七条には、民間資産は「正当な手段」によって手に入れた場合に限って「尊重される」と定められている。にもかかわらず、同第四四条が述べているように、民間部門は国家とその協働部門の活動を「補助すべき」存在であるとされた[33]。

一九八二年まで、こうした国有化政策は思い付きのように行われ、そして突如として終わった。そこには二つの大きな理由があると考えられる。第一に、イラクとの戦争が続くなかで、政府が多くの多様な経済アクターをある程度効率的に運営することは極めて困難だという点を、高官が理解し始めたからである。こうした認識は、一九八二年一二月にアーヤトゥッラー・ホメイニーが発表した八カ条の宣言によって大々的に広がった。このなかで彼は、個人の権利と財産は尊重される必要があると強調したのである。事実、一九八三年以降、国有化された企業のいくつかは元の所有者に返還された。とはいえ、革命を支持する多数の貧者に職をあてがう必要があったため、こうしたプロセスはしばしば中断させられた。一九八六年時点でも、大工場で働く人々の九〇％以上は、依然として国家か、あるいはボンヤード（bonyād）として知られている「奪われた者たちの基金」といった公的な革命組織が管理・運営する企業に雇われていた[34]。

国有化政策が停止された第二の理由は、個人の財産権と民間経済活動の自由を支持する強力な勢力として、監督者評議会が台頭し始めたことである。これにより、極めて重要な変化が生じた。たとえば、マジュレスなどに提出された民間の財を再配分するための法案は、ほとんど全て否決された。とはいえ、こうした経済政策をめぐる政治的・イデオロギー的闘争は、すでに実行された国有化政策に対しては影響を与えなかった。その一方、都市部や農村部における所有権や取引の自由といった神学的に機微な問題に対しては、より大きな影響を与えた。この点は重要である。というのも、個人の所有権と商業活動の権利は、シャリーアの最も重要な裁定として明記されており、これによって監督者評議会を代表する保守派勢力は自らの立ち位置を容易に設定することができたからである。

一九八四年に行われたスピーチのなかで、マジュレス議長のアリー・ハーシェミー＝ラフサンジャーニー（後の大統領）は、イラン革命政権内部には経済政策をめぐって二つの主要な勢力が存在すると明言している。一つは「ほとんど全ての産業の国有化」を支持する勢力であり、もう一つは「民間部門」を支持する勢力である。[35] 一九八二年以降、それぞれの勢力が自らの立ち位置を決定すると、いずれも一定の勝利を挙げることができたが、圧倒的な優位を得ることはできないでいた。保守派勢力が革命初期の段階で行われた国有化政策をひっくり返すことができず、また、国家が価格や信用貸付、そして貿易のコントロールを通じて、経済に大きな影響力を行使することを抑制できなければ、急進派勢力は対外債務の再開を余儀なくされる五カ年計画を作らずに済んだはずだ。それに加えて、保守派が上記の政策を採らなければ、急進派勢力は、マジュレスでの多数派という立場を使って民間財の再配分を推し進めることもできなかっただろう。他方、両勢力の中間に位置する勢力としては、たとえば「バーザールとギルドのテヘラン協会」や商工・鉱物会議所といった様々な利益集団が挙げられる。これらの利益集団は、アーヤトゥッラー・ホメイニーの注意を引き、曖昧なままになっていた経済活動における公と私の境界線をめぐる独自の見解を流布させようと、活発な活動を行っていた。

イラクとの戦争が終結し、ホメイニーが死去し、ラフサンジャーニーが大統領に選出された一九八九年には、喫緊の課題は経済の崩壊を食い止めることであるという合意ができあがっていた。経済が悪化したことで、一人当たりのGDPは革命後最初の一〇年で革命前の半分にまで落ち込んでいた。こうした新しい政策が最も顕著に表れていたのが、戦後復興のための五カ年計画であった。これは時間をかけて激しい議論が戦わされ、一九九〇年一月にようやくマジュレスを通過した経済政策であった。この計画は構造調整と経済自由化プログラムの枠組みを提供するものであり、民間事業の活性化や貿易の規制緩和、補助金の段階的縮小、そして、国防の機微に触れないような国有の製造部門やサービス業、商業部門の大量売却などを進めようとしていた。

それでも大きな障害が残っていた。第一に、この計画を実行するには巨額の外資を注入する必要があった点である。マジュレスは最終的に外国資本を限定的に借入れることを許可したものの、多くの古参政治家は依然として欧米の利益に譲歩することには慎重であった。こうした古参政治家の姿勢は、次のような事実によってさらに正当性を得るようになっていった。すなわち、多国籍軍によるイラク攻撃に中立的な姿勢を維持したにもかかわらず、なんの見返りももたらされず、それどころか米国やヨーロッパ諸国から経済的な孤立を強いられ続けている、というものである。第二に、一九八〇年代には為替レートを統合することによって価格歪曲が顕在化しており、これに終止符を打とうとする試みが一九九三年三月に実施されたが、これは即座にイラン・リヤルの大幅な価値下落という逆効果を招いたという点である[36]。その結果、巨大な力を持ついくつかの革命組織の特権的な地位は低下していった。というのも、こうした組織の活動の多くは、極端に好ましいレートによって外国通貨を獲得し、それをより安いリヤルに交換するか、あるいはそれを用いて国内市場での転売目的で外国産品を輸入することによって得た巨額の収益で、維持されていたからである。

さらに、こうした問題は様々な要因によっていっそう深刻化していった。たとえば、欧米から資金や技術支援を獲得することができず、経済が低迷し続けたことにより、経済的な現状維持を頑迷に主張する強力な保守派勢力は、体制批判の材料を獲得することになった。その結果、ハーメネイー大統領の後を継いだラフサンジャーニー、そしてその後を一九九七年に引き継いだモハンマド・ハータミーは、深刻化する一方の経済的苦境に対して有効な対処策を打ち出すことも、あるいはその指針を示すことさえもできなくなった。その好例が、ハータミーが長年温めてきた経済自由化と民営化を目指す改革プランであり、これは一九九八年八月、ハータミーが大統領になった翌年に発表された。そのなかで彼は、生活必需品への政府補助金を維持することを約束した。また、より一般的には、社会正義の必要性を経済成長よりも上位に位置付けることで、改革のために外国投資を呼び込もうとする自身の政策とイスラーム的原理とのバランスを取ろうとした。しかし、強硬姿勢をとることを避ける政策は、即座に、彼の政敵であった保守派と急進派の思想に不十分な妥協を示しただけだと解釈されることになってしまった[37]。

結論

中東諸国では多様な経済自由化が行われきたために、なんらかの有意義な一般化を行うのは困難である。とはいえ、ある種の経済再建が地域全体でみられ、そしてそれはほぼ同じような理由によって行われたという事実に鑑みると、注目すべきいくつかの共通点を挙げることができる。第一に、基礎的な経済構造に対して影響力を行使しようとする政策はすぐれて政治的な要因に左右され、したがってより広い政治の流れからは容易に切り離し得ないものである。これは、経済政策がなんらかの大幅な政治的自由化と並行して行われているか否かにかかわらず、確実に言えることである。各国の違いを生み出すのは経済の背景にある政治発展の度合いである。ゆえに、変化のプロセスに単一の方向性を見出すのは極めて困難であり、また、多くの研究者が指摘している通り、経済と政治の動きは相互に補完的である。これは全てのアラブ諸国と、イランについても言える。改革は、国家・社会・経済のあいだにまったく新しい関係性を構築することではなく、あくまで現政権の地位を補強することを狙ったものに過ぎなかったのである。

第二に、構造調整プログラムの基本的な目的は、時とともに変化していったことである。プログラム発足当初には、その正否を判断する主要な試金石となったのは民営化の度合いであった。しかし、時を経るごとに、銀行システムの改革こそが必要不可欠であることがわかってきた。民間銀行は不良債権によって圧迫され、中央銀行はコネのあるビジネスマンの利権の温床となっていたからである。さらに、それらの銀行のほとんどが、資金融資を依頼されたプロジェクトの実現可能性を適切に評価する能力を備えていなかった。したがって、政治エリートの厚い信頼を受けた一握りの富裕層にとって、資金融資を受けることは容易いことであった。二〇〇一年の巨大な金融危機以降、トルコはこうした問題に取り組む準備ができた中東諸国で唯一の国であった。他方、エジプトは失敗した銀行改革の典型的な例である。与党NDPのメンバーが作った巨額の不良債権が暴露されたことに端を発する大騒動に対処しなければならなかったとはいえ、四つあった国営銀行のうちの少なくとも一つか二つは、民営化を行うという約束を無期限に延期していた。

第三に、さらなる自由化を回避するために、改革初期に講じるべき手段が次第に明らかになってきたことである。そのなかで最も重要なのは、民営化にともなって数多くの利権を与えることだ。そして、国内市場の最重要部門を排他的に独占することに利益を見出す少数のクローニー・キャピタリストに、国内向けサービスの契約を与えることも重要であった。彼らの支配的なプレゼンスによって、潜在的にはより精力的な中規模企業が、資本や政府の支援を受けにくくなったのである。

継続的な独占や国家統制を支持する勢力は、国際社会による大きな逆風に晒された。とりわけ重要であったのは、世界銀行やＥＵ、そしてＷＴＯが、国際的基準に則った慣習を遵守することを求めて圧力をかけたことであった。こうした基準は、ビジネスマンと政府の両者に対して、高い水準の透明性や個人資産と民間企業の保護、手厚い保護下にあった国内市場を幅広く国外産品に開放することを要求していた。そしてその後、新しいタイプの政治活動や議論が促進されることになった。具体的には、教育や福祉、社会正義をめぐる国家目標を再定義すること、そして、女性やマイノリティの地位、長期間に及ぶ高い失業率、そして環境保護にかかわる個別の利害を主張することなどであった。

第八章

政党と選挙——アラブ世界における民主主義の難題

はじめに

かねてより欧州列強の支配下にあり、第二次大戦前後に独立を勝ち取ったアラブ諸国は、他のアジア・アフリカ諸国とほぼ同じような政治的軌跡を辿った。たとえば、多くの国は、数年のあいだ競合的選挙を導入した後、何十年にも及ぶ一党支配体制への移行を経験した。その後、少なくともいくつかの国では、一九八〇年代から九〇年代にかけて、より開放的な政治システムを復活させた。他方、これとは僅かに異なる経路を辿った国家もあった。具体的には、複数政党制を経験しなかったチュニジアやアルジェリア、元南イエメン、一党支配体制を経験しなかったヨルダンやレバノン、モロッコなどである。また、これらの国とは異なり、スーダンは、複数政党制から軍事政権に至るまでに三つの段階を推移した。さらに、湾岸諸国は、英国の大きな影響下にあったものの、他のアラブ諸国が受けていたような圧力に左右されることはなく、支配家系による直接的な統治を維持した。ただし、クウェートだけは例外で、民選議会を式に政党は存在しないものの、一九六一〜七六年、一九八一〜八六年、そして一九九二年〜現在まで、公持っている。三つの非アラブ諸国では、イスラエルだけが、少なくともユダヤ人国民のあいだでは民主的な政党政治を中断することなく維持している。一九四六年に導入されたトルコの競合的な選挙システムは、一九六〇年、七一年、そして八〇年に、軍の介入によって三度にわたって中断された。イランは一九四〇年代に短期間ではあったが選挙民主主義を経験し、一九八〇年代以降はより限定的でイスラーム的な民主主義を維持している。

こうした激動の中東政治史をふまえると、西洋では民主主義を機能させるための本質的要素であるとみなされている政治の開放性と競合性を、中東の大部分の人々は実践する気がないか、あるいは実践する能力がないのだと考えがちである。これは、次のような議論に敷衍《ふえん》されるようになった。つまり、中東がこうなってしまったのは、民主主義とは相いれない固有の宗教的・文化的な要因を持っているからだと主張する、いわゆるアラブ・イスラーム「例外論」である。一方で、植民地支配を経験したあらゆる国に適応されてきたより一般的な議論もある。[1] 後段で論じるように、本章は主に後者の見方に立っているが、西洋の多くの専門家が提唱してきた民主主義の理想化された概念とは意識的に距離を置いている。同時に、ヨーロッパでも、ほとんどの国が進んで民主主義を受け入れたのではなく、むしろそれを妨害してきたため、民主主義の確立は極めて困難なプロセスであった、という点にも注意を払った。民主主義を「競合的な選挙が実施され、敗北した政党は潔く権力を手放すようなシステム」と最低限に定義したとしても、一九～二〇世紀の大部分の期間を通して、こうしたシステムを備えていたヨーロッパの国はほとんどなかった。[2] 言い換えるなら、民主主義とは機能させることが極めて困難であり、戦争や革命、社会紛争、そして経済危機によって簡単に損なわれてしまうものなのである。また、民主主義を効果的に機能させようとすれば、複雑な法的、組織的、行政的仕組みがしっかりとできあがっていることが必須の条件となるのである。

本章では、エジプトの事例から議論を始めたい。エジプトは本章の議論の典型的な事例、すなわち、競合的な複数政党制から一党支配体制へと移行し、その後再び幾分管理された競合的システムへと回帰した国家だからである。次いで、やや異なるが類似した過程を辿った他のアラブ諸国を取り上げる。まずは、過去三〇年間、ほぼ全てあるいは全ての期間一党支配体制を維持してきた国々を議論の俎上に載せ、次いでヨルダン、モロッコ、クウェートなどの家族支配体制が敷かれた国に焦点を当てる。最後に、レバノンの特異な政治史について検討を加える。レバノンは独立以降三〇年間にわたって競合的選挙という仕組みを維持し、その後の一五年にも及ぶ破滅的な内戦を経て、再び競合的選挙を復活させた国である。

エジプト――民主主義理念の盛衰

一九二二年の条件付き独立から一九五二年の軍事クーデタまでの期間、エジプトでは一〇回の国民議会選挙が行われた。有権者は自由な投票が認められており、それは概ねワフド党[i]の勝利で終わった。ワフド党は、英国の保護領政策と対決するために一九一九年に結成されたナショナリスト連合である。しかし、ワフド党の支配はほとんど数カ月しか継続しなかった。というのも、彼らは組閣のたびに、国王や英国高等弁務官（後の大使）、そしていくつもの小政党の指導者といった政敵の連合によって打倒されたからである。しかも、そうした小政党の指導者のほとんどは、元ワフド党員であった。

エジプトの政治的競合性が増したことは、ワフド党に不利でその政敵に有利な形に選挙制度がしばしば変更されたことにも顕れている。その結果、ほとんど全ての選挙が異なる制度で行われることになった。たとえば、選挙を二回投票制にするか否か、元来の完全成年男子選挙に規制を設けるか否か、あるいは村レベルでの投票を組織化するため

i　エジプトの立憲君主制期（一九二三～五二年）の最大政党。一九二〇年代後半、英国からの独立を求める民族主義勢力がサアド・ザグルールを中心にワフド党を結成。一九二四年に正式な政党となって以降、唯一国民に支持された民族主義政党として、選挙のたびに勝利し組閣するが、英国あるいは国王に阻まれ、その政権は常に短命に終わった。

の操作を行うか否か、といった点が変更された。具体的には、イスマーイール・スィドキー[i]が一九三〇年に起草した新憲法と新選挙法では、学歴や資産の有無によって選挙権が厳格に規定された。これによって八割に及ぶ成人人口が効果的に選挙権を剥奪された(3)。ただし、一九三五年には、再び元の選挙法に戻された。もう一つの例が、選挙で第一党となった政党がしばしば行った、各村のウムダ（ʿumda）[ii]を交代させる試みである。ウムダとは各村の農民票を最も効果的に動員できる村長の役職を意味し、それを交代させることは自らの政敵に対して打撃を加えるための最も有効な手段となった。

このように、エジプトの選挙の歴史をみると、選挙に際して制度と実践がいかに重要であるかという点や、一時的な利益のためにそれらを操作することがいかに容易であるかがよくわかる。それに加えて、国民の大部分が地方に住み、識字率が極めて低い社会では、小作人の大多数が地主層の影響を容易に受けてしまう。これは、民主主義を効果的に機能させる際に常につきまとう固有の問題である。他方、こうした状況は、政党組織に対しても多大な影響を与えてきた。政党は、選挙戦で勝利するためのマシーン[iii]以上のものになるインセンティブを持たなくなった。というのも、農村票を取り纏め、十分な数の裕福な地主階級の子弟を党の候補者として出馬させることが可能である限り、市民集会や正規党員もほとんど必要とはされなかったからである。

当時のエジプトでは、民主主義を実践するにあたって明白な制度的欠陥がみられた。同時に、地主階級による支配が蔓延する議会では、数多くの深刻な国家・社会問題に取り組むこともできなかった。これらの点を考慮すれば、民主主義それ自体に疑惑の目が向けられたとしてもなんら不思議なことではない。こうした傾向は、とりわけ一九三〇年代以降に顕著になった(4)。ただし、エジプトの大部分のエリートが、民主主義を導入した当初から、憲法に守られ、報道機関や大学といった数多くの自由な機関の支持を受けたこのシステムを破棄しようとしていたと考えるのは間違いである。少なくとも、一九四八～四九年の第一次中東戦争（パレスチナ戦争）での敗北と、スエズ運河にそって展開された英国軍に対する捨て鉢の闘争が展開されるまでは、彼らは民主主義を信頼していた(5)。しかしその後、他のアラブ諸国と同様にエジプトでも、民主主義が政治的・社会的分裂を助長するために仕組まれた欧米の戦略であると広く認知されるようになった。これは、国家がその独立や経済成長、社会正義、そしてパレスチナ人の権利の擁護といった大きな問題に対応しなければならなくなった後のことであった(6)。

民主主義に対するこうした否定的な考え方を最初に行動に移した人物として、ナセル大統領の個人的な見解は大いに重要である。ナセルは一九五七年三月、インドの新聞とのインタビューのなかで、こうした感情を次のように述べた。

私に一つ質問をさせてほしい。民主主義とは何か。我々は一九二三年から五三年まで、民主主義体制を有していたはずだ。だが、この民主主義が我々の国民に何か良いことをもたらしただろうか。否、地主層とパシャ[iv]が我々の国民を支配したのだ。彼らはこうした類の民主主義を、封建制度の利益を簡単に享受するための道具として利用したのだ。封建領主が農民を集めて投票箱の前に連れて行く姿を、あなたもみたはずだ。農民たちはご主人様の指示に従って票を投じたまでだ。私はそうした農民や労働者を、社会的・経済的に解放したいのだ。そうすれ

i　一八七五〜一九五〇年。首相任期は一九三〇〜三三年、一九四六年。サアド・ザグルールらとともに英国からのエジプトの独立、立憲君主制の確立に尽力した。
ii　エジプトの村長職の名称。一村一村長の原則によって農民に対する国家の一元的支配をはかるためにムハンマド・アリーが導入し、行政の末端部において農業改革や徴兵制などの政策を実行する強制手段として機能した。また、その地位を使用して、綿花栽培の拡大にともなって所有地を広げる地方名望家層が台頭する原因にもなった。ウムダが村落政治に占める位置は大きく、同族間の抗争と結びつく一方、中央の政治対立とも関係し、選出方法も任命制と公選制のあいだを揺れ動いた。
iii　選挙に際して、特定の選挙区で実質的な見返りと引き換えに票を取り纏める集票組織を意味する政治学の用語。
iv　本来の意味はオスマン帝国の高官の称号であるが、ここでは伝統的な大地主といった意味で用いられている。

ば、彼らは「イエス」といえるようになる。私は農民と労働者が、彼らの生計や日々のパンが脅かされることなく、「イエス」と「ノー」をはっきり言えるようにしたいのだ。こうした私の考え方こそが、自由と民主主義の基礎なのだ。(7)

一部の知識人や詩人が、政治的自由を犠牲にして、ナセルのこうした経済社会政策に追従するという共犯関係に疑問を持ち始めるまで、軍に支えられた権威主義体制は長期間続いた。エジプトにおいては、作家のタウフィーク・ハキーム[i]がこうした関係に対して精力的に自己批判を行った。彼の『意識の回復（*'Auda al-Wa'y*）』という著作は、なぜ自分がナセルの指針に簡単に欺かれてしまったのかと自問する彼自身の苦悶の過程を率直に描き出している。(8) 他方、他の知識人が次の事実に気が付くまでには、かなり長い時間を要した。すなわち、ナセル主義的ナショナリズムやアラブ社会主義がいずれは民主主義を復活させることに繋がるというエジプト知識人の賭けは、明らかな誤りであったという事実である。

ナセル率いる新体制は、一九五三年にエジプトの全ての政党を解体した。そして、政党に代わって国民の意見を国政に反映させる手段として、一連の国民組織を形成した。具体的には、一九五三年に解放連合、一九五六年に国民連合、そして一九六二年にアラブ社会主義者連合（ASU）[ii]が結成された。これらは全て、正当な政治活動を独占する大衆組織であった。(9) 名前の選択も重要であった。「政党」という名称は、分裂と国家的目標の欠如を惹起させるため、慎重に避けられた。

このような大衆組織のなかで最も重要であったのが、一九六三〜六四年に形成されたASUであった。その頂点には、東欧諸国の共産党組織にみられた常任中央委員会と同様の高等執行委員会が置かれた。次いで、任期制の地方委員会が置かれ、地域の委員会形成を統括する役割が与えられた。そして、この組織の最下層には、エジプト独自の組織が追加された。それは「基本ユニット」と称され、村や職場単位で結成された。これは、二〇人から成る委員会によって運営され、その総数はおよそ七〇〇〇に上った。そして、軍人と警察官を除くほとんどのエジプト人がこの組織に加盟していた[10]。こうしたピラミッド状の大衆組織には、最終的にエジプトの男性有権者のおよそ四分の三が含まれていたのである[11]。

だが、ＡＳＵは、独立した政治組織にはならなかったし、おそらく設立当初からそうした意図はなかった。たとえば、しばしば同じ人物がＡＳＵと政府に同時にポストを持っており、組織的にも大部分が重なっていた。また、正規のメンバーシップを規定する制度を作ることにもほとんど関心が払われず、基本的には党議拘束がメンバーに課されることもなかった。ただし、ＡＳＵの役職を得ようと考える者や、連合の地域議会や全国議会に出馬しようとする者にとっては、ＡＳＵのメンバーシップは必要不可欠となったため、除名という制裁はある程度影響力を持つようになった[12]。

ＡＳＵが決定的に欠いていたものは、明確に定義された役割と、首尾一貫したイデオロギーであった。とりわけ次の三点は、継続的な議論と論争の的となっていた。第一に、特に軍や官僚機構、そして職能組合との関係である。ＡＳＵの指導者は、折に触れて、これら全てを支配下に置くことを熱望していた。第二に、ナセルがＡＳＵに期待した

---

i　一八九八～一九八七年。エジプト三大作家の一人。戯曲家として著名であり、一九七六年にはアジア・アフリカ作家会議のロータス賞を受けた。『オリエントからの小鳥』（一九三八年）は邦訳されている。ナセルの死後に発表した『意識の回復』（一九七四年）では、ナセル時代の暗黒面を活描し、ナセル主義的ナショナリズムやアラブ社会主義への批判を展開して注目を集めた。

ii　一九五三年に自由将校団メンバーによって大衆動員組織として結成された解放連合は、一九五六年に再編されて国民連合となったが、それを母体として一九六二年、人民諸勢力全国会議が採択した国民行動憲章にもとづいて創設されたのがアラブ社会主義者連合（ＡＳＵ）である。農民、労働者、知識人、軍人、および民族資本家の五つの勢力から成る連合。ナセルはアラブ連合共和国からのシリアの離脱（一九六一年）を反動的な勢力による攻撃とみなし、それに対してより強力な社会主義的変革を推進するために創設された政治組織でもあった。職場と地域を最も基本的な単位とし、社会の底辺で設置される委員会から、大統領を議長とする中央執行員会に至るまでのヒエラルキー構造を持つ。

「労働者達の連合」という性質である。だが、これは階級に基礎を置くべきなのか、あるいは協同組合のように職業や職種によって定義されるべきなのか、判然としなかった。そして第三に、イデオロギーをめぐる論点であり、それは端的に言えば、連合が体現しようとしている社会主義とは一体何を意味するのかという、極めて悩ましい問題であった。コシェリー・マフフーズは、ＡＳＵ内部にあった二つの主要な思想潮流を次のように言い表している。一つはアラブ、あるいは中東地域という文脈のなかに社会主義を位置付けようとする思想であり、もう一つは、東欧やソ連の実践からその手掛かりを得ようとする思想である[13]。ＡＳＵ内で上記の三点をめぐる見解の一致がなかったため、軍や行政機構はＡＳＵの活動に対して疑惑を持つようになり、社会や行政機構全体を統制下に置こうとしたユーゴスラヴィアやロシアの共産党のようになるのではないかとの恐れを抱くようになったのである[14]。

ナセル大統領も、ＡＳＵに対して同じような思い違いをしていた。一方でナセルは、体制への支持を寄せ集め、国内の政敵を排除するためのメカニズムが必要であると信じていた。他方、大統領直属の支配下にない集団や組織に権力を持たせることには慎重であった。他の指導者と同様に、ナセルもまた国内の様々な支持者層に配分する利益のバランスを維持しなければならなかった。ナセルの支持者の多くは、実質的なものであれ、潜在的なものであれ、ＡＳＵに過剰な権力を持たせることに激しく反対していた。ナセルは、ＡＳＵをより効率的な組織にするための提案をしばしば行っていたが、とりわけ一九六七年の第三次中東戦争で敗戦してからは、大統領の忠実な同盟者がＡＳＵを中央の行政機構のなかで管理すべき組織として扱うことが多くなった[15]。

最終的に、一九七〇年代初頭から始まった経済と政治の自由化という大きな流れのなかで、暴れ牛の角をつかみ、ＡＳＵを従順な政府与党に変化させる方法を見出す役割は、ナセルの後継者であるアンワール・サーダート[i]に委ねられた。理論的に言えば、サーダートには、他の一党支配体制の新たな指導者と同様に、三つの選択肢があった。第一に、単一政党を内側から改革することができた。第二に、それを徹底的に解体することもできた。第三に、単一政党を再編し、複数政党制という選挙制度のなかで体制への支持を動員する道具として用いることもできた。サーダートは、結果的に最後の選択肢を選んだ。だが彼は、数年に及ぶ論争の後に、ASU内部にいくつもの潮流（あるいは政治集団［minbar］）を育てるという路線を放棄し、そうした潮流のなかから中道、左派、右派の三つを選び出し、別々の政治組織として一九七六年一一月の国民議会選挙に参加することを許可したのである。具体的には、サーダート自身が率いる中道の国家社会主義連合（後のアラブ社会主義エジプト党）、右派の社会主義自由連合、そして左派の国民統一進歩連合（タガンムウ党）である。[ii]

三党システムの基礎を形成すると、次は、選挙を統括するための制度を整備し、将来的には新しい政党を結成することが必要になった。一九七六年選挙を実施する際には、サーダートとその側近が、かつてはASUが多数派を占めていた人民議会のなかで、国家社会主義連合のメンバーを通して大きな決定権を行使した。[16] こうして、全国を一七五選挙区に分け、各選挙区の定数二人のうち一人は必ず農民か労働者とする、というこれまでの制度を継続することが決定された。他方、野党勢力は政府による選挙介入を防止するための法規制を導入しようと試みたが、それが大きな支持を集めることはなかった。選挙は内務省の監視下にあり、そのうえ数多くの公職者を立候補させることにより、国家社会主義連合は圧倒的な優位を維持した。その結果、三五〇議席のうち二八〇議席を国家社会主義連合が占めることになり、一二議席は自由社会主義連合、二議席は国民統一進歩連合、残りは独立系議員が占めることになった。

i　一九七〇年にナセルの跡を継いだサーダートは、ナセルほどのカリスマ性も統治の正当性も持ち合わせていなかった。それゆえ彼は、複数政党制を導入することで統治エリートを定期的に交代させ、潜在的な競合者となり得るナセル時代からの政治エリートの権力を削ぐとともに、国民の期待をつなぎ止めておくことを目指した。

ii　社会主義自由連合は自由将校団のメンバーであったムスタファー・ムラード、国民統一進歩党は同じく自由将校団のメンバーであったハーリド・ムヒーッディーンに率いられた。三つの政治勢力が競合したとはいえ、一九七六年選挙の結果は国家社会主義連合の圧勝であり、これに満足したサーダートは一九七七年、本格的に複数政党制を復活させるために政党法を制定し、中道をアラブ社会主義エジプト党、左派を社会主義自由党、右派を国民統一進歩党（タガンムウ党）にそれぞれ再編した。

一九七七年に可決された新しい政党法では、いかなる新政党であっても憲法の原理や一九六二年の国家憲章、そしてサーダートが一九七四年四月に発表した「インフィターフ」ワーキングペーパーを受け入れなければならないこと、さらに、「階級や宗派、地理的基盤」にもとづく政党は許可されないことが規定されていた。(17) これは明らかに、労働者や農民、あるいは現政権で危機に瀕しているナセル政権期の既得権益層といった大きな支持基盤を動員することができる要素を排除し、地域や宗教にもとづいた組織の結成を防止するために作られたものである。結果としてエジプトの政党は、強固な経済的・社会的・文化的利害ではなく、ほぼ同じようなイデオロギー的潮流を代表する存在となった。そのため、国民の大部分を占める農民と労働者が、自身の利害を代表する組織を持てなくなり、彼らの公民権は効果的に奪い取られていった。

しかし、サーダート大統領による管理された民主主義の実験は、その政策の多くが国民からの激しい反発を招いたことで、早々に撤回を余儀なくされた。なかでも重要だったのが、一九七七年一月のいわゆる「パン暴動」i を引き起こしたいくつかの生活必需品に対する補助金削減の試みや、イスラエルとの和平に向けた一九七七年末のエルサレム電撃訪問であった。とはいえ、批判は徐々に下火になっていった。というのも、サーダートは、国民議会を国民投票のごとく世論を嗅ぎ取るための道具として利用できたからである。さらに、サーダートは、様々な職能組合の長を自身の支持者に挿げ替え、一九八〇年には最終的により扱いやすい議会であるマジュリス・シューラーを形成した。この議会は上院に相当し、半数は民選議員だが、もう半数はサーダートが任命した。(18)

より開かれた政治システムを目指す動きは、ムバーラク大統領によって再開された。とはいえ、ムバーラクが作り出した政治システムでも、管理と統制が重視されていた。彼はまず、一九八三年に一九七二年選挙法を改正し、まったく新しい代表システムを構築しようとした。この改正により、依然として政府与党に有利なものではあったが、それでも小規模野党に一定程度譲歩した制度が作り出された。その結果、以前は一七六あった選挙区は、より大きな四八の選挙区に統合された。また、選挙への出馬を目指す政党は、各選挙区で選出される議席数と同数の候補者および補欠候補者が明記され、かつ、それぞれ少なくとも半数以上は労働者か農民によって構成された比例順位リストを当局へ提出することが義務付けられた。これは、野党勢力が、限られた資源を最も効率良く得票の見込める少数の選挙区に集中させることを防ぐ目的で策定されたものである。野党勢力は、議席を得るためは国政レベルで八％足切り条項をクリアする必要もあった。それに加え、独立候補の出馬を禁止するという改正も重要であった。これは、所属政党がわからない人物が議会に入ることを避けるためである。こうした改革案の立案者であるファード・ムヒーッディーン首相は、私的な会話のなかで、この政策について「我々政府が知らない新しい人物」が出馬できるようにはしたくなかった、と述べている。[19]

ひとたび新しい選挙法が定まれば、次いで、野党の政治家やエジプトの有権者に、自由や開放性が担保されているため選挙には参加する価値がある、という点を認識させることが必要となった。新しい選挙制度に対する信頼は、極めて巧妙に作り上げられた。第一に、一九八三年一一月にアレクサンドリアで行われた補欠選挙では、政府推薦の候補者が敗れることを容認した。第二に、依然として公式政党として法的認可を得ていなかったが、一九八四年五月の国政選挙でワフド党が活動を再開し、リストを提出することが許可された。こうした操作によって、登録を済ませた有権者のほぼ半数（投票率四三％）の投票を確保することができた。その結果、国民民主党（ＮＤＰ）[ii]と改名した与党が七三％の得票率（全四四八議席中三九〇議席）を獲得したものの、新ワフド党も一五％の得票率を獲得することができた。[20]新ワフド党がこうした限定的躍進を遂げることができた背景には、一九五二年以前の競合的な選挙に参加した政治経

i　エジプトでは一九七七年一月、財政を圧迫していた補助金を削減するために食料品を含む一部補助品目の値上げを発表したが、それに反対して民衆が国内各地で暴動を起こした。これらの暴動を総称して「パン暴動」と呼ぶことが多い。

ii　サーダートによるアラブ社会主義者連合（ＡＳＵ）再編の過程で中道を担ったアラブ社会主義エジプト党を母体として、一九七八年に創設された。それ以降、二〇一一年に至るまで、エジプトの政権与党であり続けた。一九八一年にサーダートが暗殺されると、ムバーラクが党首に就任した。中間層を基礎としつつも、エジプト社会のあらゆる立場を内包する包括政党である。

験とスキルを有する古参指導者が存在したという事実があった。これに加えて、新ワフド党はムスリム同胞団と同盟関係を結ぶことにも成功しており、その結果、同胞団から大きな資金的・組織的支援を受けることができた。他方、他の野党勢力は、経験不足や、とりわけ農村地域への政府の選択的な介入によって、大きく足を引っ張られる結果となった。[21]さらに、特に驚くべきことではないが、多くのエジプト人にとって競合的な選挙への参加は初めての経験であり、それゆえに行政上の問題が多数発生した。たとえば、有権者登録がスムーズに進まなかったり、少なくとも閣僚一人を含む多くの有権者が、自らの投票所を見付けられなかったりした。[22]

エジプトの次の国政選挙は、予定よりも早く、一九八七年に実施された。というのも、独立候補者の出馬を禁止した一九八四年の制度に対して、一九七一年憲法に規定された個人の権利を侵害しているという理由から異議が申し立てられ、それが承認されたからである。ムバーラク大統領は、こうした違憲判決が自らの再選を実現する責務を負っていた議会の正当性を傷つける恐れがあるということを認識していた。それゆえ、選挙が公示される一九八七年四月までに、各選挙区で一人ずつ独立候補が出馬できるよう、制度を変更したのである。投票の結果、NDPは得票率七〇％、三〇八議席を獲得した。対する新ワフド党は一一％で三五議席、そして、社会主義労働党と社会主義自由党、ムスリム同胞団の新連合は一七％で五六議席を獲得した。また、四人の独立候補も当選を果たした。[23]この選挙でも、野党勢力は、たとえば四分の三の投票所で中立的な選挙監視人が存在しなかったなどの選挙妨害があったと不服を申し立てた。[24]しかし、そうした不服の大部分が真実であったとしても、あるいは選挙が完全に公正で開かれたものであったとしても、NDPはおそらく勝利を収めていたであろう。NDPは行政府とのあいだに密接な関係を持っていたため、いずれにしても大多数の票を獲得したと考えられる。独自の考えを持った少数の有権者のみが、次善の策として、有効な野党勢力を作り出すためにNDP以外の政党に票を投じたのである。[25]

一九九〇年の選挙は、またしても法的意義申し立てが成功した結果、予定よりも早く行われることになった。そして、選挙制度も新たに改正された。とりわけ、一九八四年以前に用いられていた定数を二とする選挙区制への回帰、そして独立候補に対する全ての障壁の撤廃が重要な変化であった。その結果、キーンレが論じているように、体制側はもはや野党のイデオロギーではなく、独立候補として誰が当選する可能性があるのかという点、そして出馬が禁止されている宗教勢力と独立候補者との厄介な繋がりという点に、より強い懸念を抱くようになった[26]。他方、野党勢力は九年に及ぶ非常事態令の撤回を要求していた。これは、選挙期間中に彼らの活動を著しく制約していたからである。だが、こうした要求が実現されなかったため、新ワフド党、社会主義労働党、社会主義自由党、そしてムスリム同胞団の連合は、選挙をボイコットするに至った。こうしたなかで、体制側は未だかつてないほど強硬な手段で選挙を操作し、NDPの圧勝を導いた。それ以外の政党では、タガンムウ党のメンバーが数人と、独立候補が幾人か当選したに過ぎなかった[27]。

一九九五年の選挙に至っても、野党勢力にとって事態はまったく好転していなかった。この選挙では、政府与党は四四四議席中四一七議席(九四%)を獲得したが、タガンムウ党は六議席、新ワフド党は五議席しか獲得できなかった。ただ、一四人の独立議員のなかには新ワフド党の支援者が数人いた。このように野党勢力が惨敗した背景には、部分的には、合法的な野党勢力が脆弱であったという要因があった。たとえば、新ワフド党が最終的に擁立できた候補者は僅かに一八一人に過ぎなかった[28]。しかし、一九九五年選挙でも、政府与党による選挙妨害こそが最も重要な要因であることは明らかであった。合法政党としての出馬を禁じられていたムスリム同胞団の重鎮が独立候補としての出馬を目指したが、そうした試みは様々な妨害を受けることになった[29]。

以上のような経緯を経て、一九九〇年代初頭までに、エジプトは実質的な一党支配体制となった。NDPは、野党勢力が議会で声を上げる機会を奪うとともに、核となる支持者に対して利権を供与する能力を持っており、その点で明らかに優位に立っていた。しかし、時を経るにつれ、NDPにとって不利に働く要因がいくつも露呈してきた。二〇〇〇年選挙では、NDPは票を伸ばすことができなかったことに加え、党執行部に日和見主義者が増殖した。彼らはしばしば胡散臭い取引を行ったり、政治力の点で未熟であったりしたことから、ムバーラク大統領は党組織を末端から執行部に至るまで、大幅に再編することを提唱せざるを得なくなったのである。さらに、二〇〇二年九月には、新しい考えを持った新しい人物を取り込んで党を再生させるために、大統領の二男ガマール・ムバーラク[i]の下に政治局が新設された。党と政府の政策決定において大きな権力を与えられたことで、政治局は次第にＮＤＰの古参幹部による抵抗に直面することになった。最終的に、政治局が二〇〇三年九月下旬に初めての党大会を開催することを決定すると、政治局と古参幹部の対立はいっそう険悪化していった。

北アフリカと東アラブ地域の一党支配体制と多党制

エジプトと同じような軌跡を辿ったアラブ諸国もいくつかあった。具体的には、独立以降、競合的な選挙が行われた短い時期を経て、一党支配体制に至ったスーダンやシリア、イラクである。あるいは、一党支配体制を経て、僅かに開かれたシステムへと移行したチュニジアやアルジェリアもそうである。

前者の三カ国のなかで、スーダンの辿った軌跡が最もユニークなものであった。第一に、議会制民主主義が採用された短い時期（一九五三～五八年、一九六五～六九年、一九八六～八九年）を経て、なんらかの政治組織と連携した軍部によって長期的な軍事政権が打ち立てられた点である。第二に、議会制民主主義へと回帰するたびに完全に新しい政党システムや選挙制度が作られるのではなく、過去の選挙システムが何度も採用され、統一党とウンマ党という二大勢力間の競合が復活したという点である。第三に、スーダンでは二つのまったく異なる形の一党支配体制が成立したという点である。一つは、ムハンマド・ヌマイリー大統領率いるスーダン社会主義連合（ＳＳＵ）[ii]による一党支配体制である。ＳＳＵはエジプトのＡＳＵに範をとる形で一九七二年に結成され、大衆動員を目指した。だが、ＡＳＵに比べてはるかに非効率的であったこの組織は、ヌマイリー政権が一九八五年の軍事クーデタで転覆されたことによって、一夜にして排除された。もう一つは、SSUに比べてはるかに強力で効率的な組織であり、ムスリム同胞団のスーダン支部が支配していた民族イスラーム戦線（NIF）[iii]による一党支配体制である。NIFは一九六八年以降選挙に参加するようになったが、オマル・ハサン・バシール[iv]による一九八九年六月のクーデタを支援したことで、初めて政権を獲得した。NIFは、一九九一年に全面的なイスラーム改革プログラムを打ち出した。これは、支配下にある北スーダンで、経済と社会の全面的なイスラーム化を目指した改革であった。こうした改革は、北スーダン政府が、南部の大幅な自治権獲得を目指して武装闘争を続けているスーダン人民解放運動とスーダン人民解放軍（SPLM／SPLA）の連合勢力との激しい戦闘状態にあるなかで行われた。

選挙をめぐる問題は、二〇〇〇年の暮れにバシール大統領と彼の政敵であるハサン・トゥラービーのあいだで権力闘争が激化した時に、初めて重要な争点として浮かび上がった。来る大統領選挙でトゥラービーが対立候補として出馬することを恐れたバシールは、まずはトゥラービーを政界から排除し、次いで大統領選挙と議会選挙を利用して自

i　一九六三年生まれの元銀行員で、二〇〇〇年前後から徐々に政治の世界へ足を踏み入れ始めた。主に若手実業家・ビジネスマンたちの支持を取り付け、二〇一一年にNDPが解党された時点では幹事長代理兼政策委員長の立場にあり、有力な次期大統領候補として名を挙げられていた。

ii　ヌマイリーはスーダン陸軍学校を卒業後、一九六九年のクーデタで国家権力を掌握し、同年に首相、七一年に大統領となる。SSUを率い、一九七〇年代後半からはイスラーム色の強い政策を相次いで打ち出すようになる。これに対して、比較的低開発に置かれていた南部のキリスト教徒が不満を募らせた。一九八五年のクーデタで失脚し、エジプトに亡命する。

iii　一九六〇年代にハサン・トゥラービーによって設立されたイスラーム主義組織。シャリーアの施行とイスラーム国家の樹立を目指した。

iv　一九四四年〜。一九八九年にクーデタによって軍事政権を成立させ政権を掌握して以降、二〇一四年現在に至るまで大統領および与党国民会議の議長を務める。二〇〇三年から続くダルフール紛争での集団虐殺に関与したとして、国際刑事裁判所から逮捕状が出されている。

らの勝利を正当化しようと考えた。そして、その思惑通り、大統領選挙では八六・五％を得票し、議会選挙では九七％の議席を獲得するなど地滑り的勝利を飾った。にもかかわらず、他の主要政党全てが議会選挙をボイコットし、内戦の影響によって多くの地域で有権者が投票に行くことができなかったため、バシールの地位は結局、合意ではなく権力に依存し続けた[30]。

シリアとイラクでも、競合的とはいえ、大きく管理された選挙が行われていた僅かな期間の後、軍事クーデタを経て一党支配体制が成立した。両国で権力を握ったのはバアス党[i]であった。同党は一九四〇年代にシリアで結成され、一九五〇年代にはイラク地域指導部が形成された。黎明期のバアス党は小さな地下組織に過ぎず、唯一の希望は、不満を抱いた将校との連携によって権力を奪取することであった。バアス党は、シリアで一九六三年に、イラクでは一九六八年に権力を掌握して初めて、厳格な統制・管理網を社会全体に張り巡らせるような国家規模の政治組織へと成長したのである。

シリアとイラクのバアス党創始者は、中央官僚機構とは機能的に分化した「革命の前衛」たるソビエト型の政党に強い影響を受けていた。また、公務員や軍、そして労働組合、農業組合、学生組合、女性組合などの大衆組織を指導する役割を担うようにもなった。彼らは様々なソビエト型イデオロギーを採用したが、それは、党が過去に果たした役割を誇張し、現在と将来の発展に独特な示唆を与える政治術を強調することによって、党の正統性と権威を強化することを目指すものであった。当初は、世俗的なアラブ民族主義が、バアス党イデオロギーの核心部分を構成していた。だが、時を経るごとに、そこに社会主義の色彩が加えられていき、さらにその後は民族主義、宗教、そして反帝国主義の混合物となっていった。最終的に、シリアのハーフィズ・アサド[ii]とイラクのサッダーム・フサイン[iii]は、自身の権力を盤石なものとするために党を利用し、あらゆる権力を手中に収めることで党の頂点に君臨した。さらに、党と政府の境界線を曖昧にし、バアス党を管理や支配のための複合的な道具の一つに変化させたのである。

こうしたプロセスは、シリアでは一九七〇年代以降、顕著になっていった。ひとたび大統領を頂点とするピラミッド型の権力構造を作りあげると、アサド大統領は、バアス党イデオロギーにみられる暴力的で急進的な要素を注意深く薄め、政府に従属する組織へと党を徐々に変化させていった[31]。アサド大統領が考えていたように、バアス党は動員や社会統制の道具として、あるいは農地改革や公共部門運営といった特定領域の政策執行補助機関として、非常に有益な存在であった。他方、アサド大統領は、国内の治安維持や軍の忠誠を取り付けるという大きな役割を党に与える気はなかった。軍にはすでにバアス党の軍事部門が保持されており、アサドはこれを非常に警戒していた。その結果、とりわけ地方では、新しい党員が続々とリクルートされ、バアス党の統制下で労働者などの大衆組織が徐々に拡大していった。こうしたプロセスは、一九七九年以降、様々な宗教的反体制勢力に対抗するために体制を強化する政策の一環として、よりいっそう推し進められた（第九章参照）。こうして、バアス党の正式な党員数は、一九七一年には約八〇〇〇人であったものが、一九八一年には五万三四三三人に、そして一九八九年には一六万人へと激増していった。また、正式な党員に加え、党の活動を支援する支持者数については、一九八九年の段階で六四万人に達している[32]。

とはいえ、バアス党の勢力が急速に拡大し、イデオロギーではなく地域や宗派という要因によって党員が増加したことで、革命の前衛という役割はよりいっそう曖昧なものとなっていった[33]。さらに、革命の前衛としての党の立場は、

i　一九四〇～五〇年代にかけて、ミシェル・アフラク、サラーフッディーン・ビータールらがシリアで結成したアラブ民族主義政党。バアスはアラビア語で「復興」「再生」の意。アラブの統一、植民地支配からの解放、そして社会主義が三つの党是である。形式的には、汎アラブ政党として民族指導部を党ヒエラルキーの頂点に持ち、その下に各国支部たる地域指導部が置かれる形をとる。

ii　一九三〇～二〇〇〇年。ラタキア出身のアラウィー派で、大統領任期は一九七一～二〇〇〇年。一六歳でバアス党に入党し、その後は党内での熾烈な権力闘争を勝ち抜き、四一歳の時にその頂点に立つ。空軍出身。二〇〇〇年六月に死去後は、次男バッシャールに政権を引き継いだ。

iii　一九三七～二〇〇六年、ティクリート出身の文民政治家（大統領任期は一九七九～二〇〇三年）。二〇歳の頃にバアス党に入党し、一九六〇年代には党治安部門を掌握、六八年のバアス党政権成立後は副大統領に就任、七九年には大統領に就任した。二〇〇三年のイラク戦争でフサイン体制は打倒され、二〇〇六年一二月に処刑された。

次の二つの動きによってさらに限定的になった。第一に、イデオロギーが希薄化していったこと、第二に、アラウィー派が大多数を占める治安機関の後押しによって、アサド大統領の個人支配色がよりいっそう強まっていったことである。したがって、シリアの政治構造内でバアス党が果たした役割の変遷を評価することは非常に困難である。一九八〇年代後半にヒンネブッシュは、バアス党は依然として「真の政党」であり、「決定的な政治的機能」を果たし続けていると論じていた[34]。バアス党は、依然として体制を正当化する機能を果たしており、エリートをリクルートし、大統領の後継者選びには無条件の支持を与えていた。だが、バアス党が政策決定に及ぼす影響は限定的であり、さらにヒンネブッシュも指摘しているように、バアス党は公共部門を死守するとともに、経済自由化を妨害する抵抗勢力となっているのである[35]。

イラクでは一九六八年七月、依然として小規模であったバアス党が二度目の軍事クーデタを成功させ、権力を奪取した[i]。バアス党の政治基盤も、当初は極めて脆弱であり、それゆえにテロや拷問、そして苛烈な抑圧によって権力をなんとか維持していた。しかし、一九七〇年代前半には、ハサン・バクル大統領とサッダーム・フサイン副大統領[ii]が協力して、バアス党の役割を徐々に制度化し始めた。バクル大統領は軍の忠誠を取り付ける役割を果たし、フサイン副大統領は政権の主要な治安機関である特別機関（Jihāz al-Khāṣṣ）を規律の行き届いた党の文民機関として慎重に育て上げ、それを支配した。シリアのバアス党とは異なり、イラクでは党員の党に対する忠誠心を最も重視したために、党員の拡大は緩やかでコントロールされていた。いくつかの情報筋によると、正式な党員になるには七年から八年に及ぶ様々な研修を経る必要があった[36]。また、バアス党は慎重に組織の秘密性を維持し、党大会も一九六八年から一九九五年のあいだにわずか五回開催されただけであった。さらに、党のいかなるメンバーであっても、組織やその党員数、党内の議論を外部に漏らすことは厳しく禁じられた[37]。

ひとたび党組織が十分な大きさに拡大すると、サッダーム・フサインはそれを利用して、軍や教育制度、大衆組織を支配下に置いた。さらに、支配層を形成したスンナ派コミュニティとの密接な繋がりによって、バアス党という世俗的な組織が行き渡る限りの広範なイラク社会を支配下に置くようになったのである。そうしたなかで、一九七〇年代後半以降、党の規模は急速に拡大することになった。というのも、イラン革命に刺激を受けた宗教的反体制勢力が急増したことを受けて、シーア派イラク人の忠誠心を維持するために、シーア派の人々の集中的なリクルートを始めたからである。結果として、一九七九年までには、正式な党員数は約二万五〇〇〇人に達し、支持者数はおおよそ一五〇万人と見込まれた(38)。この規模になると、全ての政府機関にバアス党員や支持者を、全ての国軍部隊に党幹部を、全ての学校・大学・地方に党の細胞を配置することが可能となった。その結果、一般的な治安機関では立ち入ることができないような家庭や教室といった場所にまで、監視の目を行きわたらせることが可能となったのである(39)。

　サッダーム・フサインが一九七九年に大統領に就任したことによって、党の役割は大きな変化を遂げることになったが、それを評価するのは容易なことではない。サッダーム・フサインは、大統領就任当初から、それまでの集団指導体制にはなんの関心もなく、彼自身の権力に依拠した個人支配を打ち立てるという意図を明確にしてきた。この点は、バアス党内部の政敵に対して行われた凄惨な粛清によって明らかになった。さらに、イラン・イラク戦争初期の段階では巧みに組織された個人崇拝を作りだすプロセスが進められ、フサイン大統領に対する無条件の服従は、中国の毛沢東や北朝鮮の金日成を髣髴《ほうふつ》とさせるまでになった。たとえば一九八二年の党大会では、「軍事や戦略、動員、政治、経済、そして心理といったあらゆる側面で、創造的で勇敢な、そして民主的な手法によって」イランとの戦争を個人的に指揮してきたのは、サッダーム・フサインに他ならないと宣言された(40)。その結果、バアス党の独創性やイ

---

i　一度目は一九六三年二月に行われたが、第一次バアス党政権はおよそ九カ月で崩壊していた。

ii　一九一四～八二年。ティクリート出身の軍人で、サッダーム・フサインとは従兄弟にあたる。文民であったフサインとは異なり、軍でキャリアを積み、一九六八年の革命でバアス党政権が発足すると、自ら大統領兼首相及び革命指導評議会議長に就任した。一九七九年に病気を理由に大統領職をサッダームに譲って政界から引退したが、それ以前からすでにバクルの権威はサッダームによって大部分浸食されていたと言われている。

デオロギーは失われていき、さらにイラン・イラク戦争やクウェートへの侵攻によって、その傾向はますます加速された。こうしたなかで、大統領自身が軍事作戦を管理し、千変万化するナショナリズムや宗教、歴史問題を正当化する役割を担うようになった。他方、バアス党それ自体への言及がなされることはほとんどなくなった。同様の傾向は一九九〇年代も続いた。バアス党の正当性は、友好関係にあったソ連や東欧の共産党が消滅したことによって大きく浸食され、中央政府の支配下にあった地域に対する監視機能のみが残されることになった。(41)

イラクに限ったことではないが、バアス党幹部は、官僚機構や教育システムの最上級ポストを独占し続けた。一方で、末端の党員には、スパイ活動や、隣人に加えて自らの家族、そしてとりわけ軍からの脱走兵と思しき人物を密告することが奨励された。(42)

そうしたことが続くなかで、ソ連や東欧共産党の経験は、シリアとイラクのバアス党にとって貴重な指針を提供することになった。イデオロギーは、ソ連の共産党と同様に希薄化の一途を辿り、時を経るごとにバアス党のレトリックは内容のない空疎なものとなっていった。結党当初、ナセル主義や共産主義などのイデオロギーと激しく競合していた段階では、シリアとイラクのバアス党スポークスマンは、可能な限り多くの政治活動家の心の琴線に触れるようにバアス党の理念を論じていた。これは、シリアとイラクのバアス党のあいだで一九六〇年代後半から七〇年代前半にかけて勃発した激しい舌戦の背景ともなった。双方ともに、自国のバアス党こそが、約二〇年前にシリアで発足したバアス党の唯一の正統な後継者であると自認していた。そして、ちょうど同じ時期にソ連と中国のあいだでマルクス・レーニン主義イデオロギーをめぐって展開された論戦と同様に、バアス党指導部はイデオロギー的真実を持っているのはどちらか一方であるとみなすようになった。言い換えれば、一方が正統な後継者であるならば、他方はそうではあり得ないという考え方である。エベラール・キーンレが論じているように、こうした闘争が激しさを増す要因は、それが体制の正当性にとって死活的問題であるという点に加えて、両指導部が、中東域内で数多くの戦闘的なバアス党シンパを獲得することを重視していた点にも求められる。そうした多くのシンパは、各々の運命をどちら側に賭けることもできたのである。[43]

とはいえ、両国のバアス党体制が十分な自信を付けた後は、こうしたイデオロギー上の論争は大きな意味を持たなくなり、東欧の共産主義と同様に、バアス主義というイデオロギーは初期の鮮明さを失っていった。このような展開の背景には、もちろん地域固有の理由も多くあったが、おそらく最も重要な点は、そもそもバアス主義が意味のある理論的緻密さを欠いた思想であり、それゆえ一般原則以上のものにはなり得なかったという事実である。たとえば、マルクス主義とは異なり、バアス主義には理論的基礎となるような重要な哲学的・歴史的著作がなかった。実際、バアス主義は、党の指導者がしばしば言及していたような進歩的な社会発展のための包括的指針などではなく、現代的な社会を作るための集合的闘争を呼びかける第三世界の典型的な民族主義イデオロギーに近かった。さらに、党員に対する訓練や理論の刷り込みが行われ、研究のために様々な党組織が作られたにもかかわらず、そこでも首尾一貫したバアス主義の教義を作りだそうとする努力はほとんどみられず、党指導部は自由にバアス主義を解釈することができたのである。[44]

その結果、公的なイデオロギーは、イラクでは「過度に修辞的」で「意図的に回りくどい」ものとなった。[45] しかし、バアス党イデオロギーの内実やその欠如を分析するだけでは、重要な点を見落とすことになる。ゴルバチョフがペレストロイカを実施する以前のソ連と同様に、イデオロギーの主要な役割は、知的な啓発ではなく、むしろ政治支配の道具となることであった。これは様々な方法によって実施された。科学的な分析ツールとしてのバアス主義が、博識を装うことを望む指導者に利用されることもあった。具体的には、指導者はバアス主義を用いて、ある出来事の深層について見通す能力を有しており、何事にも虚を突かれることなく、現代的な文脈についての分析は常に正しく、誤算などあり得ないと主張することができた。[46] また、イデオロギーを表明することは、一連の指針を提示することに繋がる場合もあった。つまり、こうした指針は、党員に対して党の現行の方針を指し示すばかりか、党の方針を決める党幹部の力を強化するものであった。再びイラクの例をみてみよう。この点は、サッダーム・フサインが政権初期に述べた次の言葉にみることができる。フサイン大統領は、「バアス主義者の人生を支える唯一の基礎」としてイデオロギーを重視し、指導者の「創造力」をそれに付け加えた。「創造力」は、即座に畏敬の念を掻き立てるものの、深刻な問題を引き起こす危険性があるために、模倣することができない概念であった。(47)

シリアとイラクの大統領が、バアス主義や党、革命の名において独占的にイデオロギーを表明する傾向は、大統領のパーソナリティーに対する盲目的崇拝が広がるにつれ、より強くなった。こうした傾向がなぜ一党支配体制にのみみられる現象なのか、という点を解明することは容易ではない。ペレストロイカ以前の共産主義世界に目を向けると、そこには様々な形態の個人崇拝がみられる。たとえば、金日成に対する酔狂なまでの盲従から、ポーランドのヴワディスワフ・ゴムウカのようなより遠慮深い人物に対する控え目な支持に至るまで、大きな幅がある。明らかにこれは、指導者自身が意図的に操作した結果である。最も権威主義的で最も国民に恐れられている体制であっても、指導者は個人崇拝を促進することも抑制することもあり得る。アサド大統領とフサイン大統領は、自分たちが「かけがえのない存在」(この表現はしばしばサッダーム・フサインに対して用いられた)であり、あらゆる政治的叡智や指針をもたらす唯一の存在であるという点を強調することによって、政敵に対する政治的優位を積極的に獲得しようとしたのである。

ひとたびそうした個人崇拝が確立されると、党とそのイデオロギーが果たす役割はますます縮小していく傾向にあった。万人の指導者としてふるまうことを希求する者は、党員を露骨に優遇することは避けたいと考えるものである。さらに、大統領から内閣、そして中央省庁に至る直線的な指令系統のほうが、党を経由する指令系統よりもはるかに効率的な支配が可能であると信じることだろう。アサドに対する盲従はサッダーム・フサインの個人支配よりも緩やかなものではあったが、以上のような要素は全てイラクとシリアの両国で観察された。ひとたびバアス党の将来が指導者個人に依存するようになると、東欧の経験が示唆しているように、仮に大衆運動が指導者を排除すれば党は生き残ることはできないだろう。

チュニジアとアルジェリアでは、エジプトの第二フェーズ、すなわち一党支配体制から始まり、その後に僅かに競合的なシステムへと移行した。チュニジアでは、一九八一年に競合的システムへの移行が試験的に始まった。この時、初代大統領ハビーブ・ブルギバが結成した与党・社会主義憲政党（ＰＳＤ）以外の候補者は、議会選挙に出馬することを初めて認可されたのである。とはいえ、この時は野党候補者は全員落選した。こうしたプロセスは、ザイヌルアービディーン・ベン・アリー[i]がブルギバの跡を継いだ一九八七年一一月以降、よりいっそう推進されることになった。ベン・アリーは大統領に就任する際に、「腐敗した一党支配国家」をより寛容な多党制国家に変化させると約束していた[48]。その一年後、彼は、そうした変化に向けて必要な指針を議論すべく、数多くの大衆組織が参加する国民会議を招集した。そこでは、政党を設立する権利や自由選挙の権利、そして「誠実な」政治的競合が謳われた国民協約が締結され、一六の組織の代表者がそれに署名した[49]。そして、一九八九年四月には、やや変則的な比例代表制の下で総選挙が実施された。この選挙では、複数の定数をもつ二五の選挙区で、最大得票率を獲得した政党が選挙区の全ての定数を獲得するという勝者総取り方式が採用されたが、これは与党にとって極めて有利なものであった。その結果、ＰＳＤから改名した立憲民主連合（ＲＣＤ）[ii]が、八〇％の得票率を得て一四一の全ての議席を獲得することになった。他方、ＲＣＤと唯一競合できたのはイスラーム志向運動（ＭＴＩ）であった。ＭＴＩは、非公式政党であったため、独立候補者を出馬させて全体の一三％の得票率を得たが、議席を獲得することはできなかった。

しかし、これ以上の政治競合は、次の二つの理由によって阻害された。第一に、チュニジアには特定の宗教を基盤

i　一九三六年〜。一九八七年の大統領就任以降、二三年以上にわたって大統領を務めた。ある程度の民主化・自由化を進めたが二〇一〇年末頃より高い失業率や物価の高騰などを背景とした国民の不満がデモとなって噴き出し、二〇一一年一月にサウディアラビアに亡命して政権は崩壊した。

ii　一九二〇年に設立されたドゥストゥール（立憲）党の方針に批判的な勢力が、ハビーブ・ブルギバを中心として一九三四年に結成したネオ・ドゥストゥール党を母体とする。チュニジアの独立運動を主導し、一九五六年の独立以降、二〇一一年に解党されるまでのあいだ、常に政権与党の座にあった。

とする政党は必要ないという理由から、ベン・アリー大統領がMTIの公認政党化を断固として拒否したためである。MTIは、その後すぐに「再生」を意味するナフダ運動に改称したが、一九九〇年には正式に非合法化された。第二に、ベン・アリー大統領が、現行の選挙制度は公認政党のあいだで合意されたものであるとして、改革の交渉には応じなかったためである。その結果、一九九四年の選挙に至るまで、数多くの政党が選挙をボイコットすることになった。他方、一九九四年選挙では、主要な野党である社会民主運動（MDS）[i]が選挙への参加を決定し、一四四議席を獲得したRCDに対して、MDSは一九議席を獲得すること成功した。しかし、そのちょうど一年後、MDSの指導者ムハンマド・モアッダが、政治的自由の広範な欠如を批判する書簡を公表したために裁判にかけられ、一一年の禁固刑を言い渡された。その後、MDSはモアッダ支持派と、体制との協力を継続すべきだと考える反モアッダ派のあいだで分裂していった。他方、体制側は、RCDの権威主義的支配に対する国外からの批判に応える形で憲法改正の動きをみせ始めた。具体的には、一九九九年の大統領選挙で、ベン・アリーの対立候補が出馬することが認められ、大統領選挙と同日に行われた上院議員選挙でも、少なくとも二〇％の議席が野党勢力に担保された。

　アルジェリアにおける政治機構の再編プロセスは、よりいっそう暴力的なものであった。その引き金となったのは、一九八八年一〇月に発生した、政府の経済政策に反対する一連の大規模な国民的デモであった。当時、単一の公認政党であるアルジェリア民族解放戦線（FLN）[ii]のメンバーが政府を支配していたが、この大規模デモの結果、FLNの特権的地位や、FLNが代表していたはずのアルジェリア社会主義にかかわる条項を削除した新憲法が起草されることになった。次いで一九八九年七月には、新しい政党法が制定された。エジプトと同様に、この新政党法も地域や宗教にもとづく結党をとりわけ厳しく禁じていた。しかし、エジプトとは異なり、この政党法は、イスラーム救国戦線（FIS）[iii]や、アルジェリア北東部を拠点にベルベル人の利害を代表していた文化民主連合（RCD）といった、地域政党や宗教政党を非合法化することはなかった。そして、最後に制定されたのが、新選挙法であった。これは、チュニジアと同様に勝者総取り方式の制度であり、与党にとって極めて有利な制度であった。しかし、政府の警戒が十分ではなかったため、一九九〇年六月に複数政党制にもとづく最初の地方議会選挙が実施されると、FISは四八の地方議会のうち三二の議会で圧勝し、全ての主要都市を押さえた。対するFLNは、一四の県議会を支配するにとどまった[50]。

シャーズィリー・ベンジャディード大統領にとって、FISの勝利は十分過ぎる圧力となった。そのためベンジャディードは、FLNの指導者に対して、直後に予定されている国政選挙に先駆けた党内改革を指示した。しかし、組織内部で大きな権力を持つ勢力がこの改革に反対したため、ベンジャディードは、ここで初めてFLNを活発な競争に晒すというリスクの高い戦略に方針転換したのである。そして、この政策は結果的に大失敗に終わった。というのも、FISが一九九一年一二月の国政選挙第一ラウンドで勝利を収め、その後、FISの第二ラウンドでの勝利を見越した軍が政治介入に踏み切ったからである。しかも、ベンジャディード大統領自身はこうした一連の政治過程から完全に排除されていた[51]。こうした事態を受けて、軍の庇護下にある新政権の転覆を目指して、FISの武装部門や、より暴力的な武装イスラーム集団（GIA）[i]が血みどろの虐殺を引き起こしたのである。

---

i　一九七八年に創設。一九八三年に合法政党化されてから、二〇一一年に至るまで、チュニジアで最大の野党であった。一九八八年の国民協約以降、ベン・アリー政権を「批判的に支持する」政党として体制側と共存してきたが、一九九五年、ムハンマド・モアッダ代表がチュニジアの人権状況を批判したとして一一年の禁固刑を言いわたされている。その後、モアッダは早期に釈放されたが、二〇〇一年にはイスラーム主義を掲げる非合法政党であるナフダ党との選挙同盟を組んだとして、再逮捕されている。

ii　アルジェリアで一九五四年一一月に対仏独立戦争が勃発し、その直後に設立された民族運動の組織。一九六二年の独立以降、一九八九年に複数政党制に移行するまでのあいだ、アルジェリアで唯一の合法政党であり、社会主義、汎アラブ主義、非同盟主義を主張した。

iii　アルジェリア最大のイスラーム主義組織で、一九九〇年の地方選挙・国会選挙で圧勝した後、弾圧された。その後、FISの武装部門が暴力的な反体制運動を開始し、アルジェリアは凄惨な内戦に突入した。

その結果、軍と武装勢力とのあいだの暴力的抗争は徐々にエスカレートしていった。軍の強硬派将校は、投獄中のＦＩＳの指導層との交渉を断固拒否する一方で、ＦＩＳの活動の余地を排除し、より制御しやすい政党によって構成される政治システムの構築を試みていた。こうした方針にそって最初に行われたのが、一九九七年五〜六月の議会選挙であった。この選挙では、僅か二カ月前にリアミーヌ・ゼルーアル大統領が形成した民主国家連合（ＮＤＲ）が三八〇議席中一五三を獲得し、二つの穏健なイスラーム政党が合計で一〇三議席を得た。ＦＬＮは頼りになる親政権派の指導者に率いられたものの、六四議席を獲得するにとどまった。『エコノミスト』誌は、「全ては大統領の思うがまま」というタイトルでこの管理選挙を報じているが、[52] これは言い得て妙である。一九九九年四月の大統領選挙の際にも同じような政策が打ち出されたが、この時はそれほど容易に成功を収めることはなかった。というのも、この時、軍が支持する大統領候補者のアブドゥルアズィーズ・ブーテフリカの正当性を高めるために、ヘビー級の、それゆえ信頼性の高い政敵を当て馬として擁立するという戦略が考案されたものの、結局土壇場になって出馬を取り下げる結果に終わった。そのため、ブーテフリカは易々と大統領に当選したが、国民和解や大きな経済・社会問題に取り組むために必要な国民的威信を欠くことになった。

モロッコ、ヨルダン、クウェートの家族支配と選挙

仮にモロッコやヨルダンの王制が転覆されるようなことがあるとすれば、その後を引き継ぐのは、ほぼ間違いなく軍事政権であろう。そしてそれは、おそらく一党支配体制となるだろう。しかし、ハサン二世とフサイン一世という二人の国王は、結局、次のような考えにもとづいて競合的な選挙を定期的に容認することになった。すなわち、政党間で競合が行われることで、政治家が団結して国王に挑むことを阻止し、ある種の代表制も兼ね備えることができる

というものである。ジョン・ウォーターベリーがモロッコの事例をもとに論じたように、国王のこうした戦略は「分断して生き残る」ための戦略の一環であった[53]。

モロッコが一九五六年三月に独立すると、君主ムハンマド五世は、主要なナショナリスト政党であったイスティクラール党が国王の権威に挑戦する脅威とならないように妨害することを、主たる政治課題に掲げた。そのために国王は、イスティクラール党が閣僚ポストを独占することを拒否したうえで、同党の指導者層を分断することに全力を挙げた。その結果、一九五九年には同党を分裂させることに成功し、党を離脱した勢力は新しく人民諸勢力全国同盟(UNFP)を結成した[54]。同時に国王は、軍や将校、官僚機構、そして政治的パトロネージの重要な資源に対する支配を確固たるものにする政策に踏み出したのである。

後継者である息子のハサン二世も、父と同様の戦略を踏襲した。さらに、用心深いハサン二世は、国王の支持者を糾合し、新たな翼賛組織として憲政擁護戦線(FDIC)を立ち上げた。そして、一九六三年の選挙では、FDICが六九議席を獲得する一方で、イスティクラール党は四一議席、UNFPは二八議席を獲得するにとどまった。イスティクラール党とUNFPという二つの野党が政府から嫌がらせを受けるようになったのは、おそらくFDICが絶対過半数を獲得することを野党が妨げたからである。その後、こうした嫌がらせは、国王暗殺の陰謀を企てたとしてUNFPの指導者の大半が逮捕されるという事態にまでエスカレートした。偶然にも、この後にモロッコは暴動を引き起こすほど深刻な経済危機に陥ることになった。その結果、一九六五年には非常事態令が宣言され、その後五年にわたって議会が停止されるに至った。

---

i　アフガニスタンにおける対ソ闘争に参加し、その後に帰国した「アラブ・アフガン」を中心として、一九九〇年代前半に設立された。アルジェリアにイスラーム国家を建設することを目指し、民間人や外国人までも標的とする行動は残虐を極めた。二〇一四年現在では、GIAのネットワークは全てイスラーム・マグリブ諸国のアル＝カーイダ機構(AQIM)が吸収したと言われている。

ハサン国王は、管理された複数政党制を蘇らせるために幾度も手を打った。まず一九六九～七〇年にこうした最初の試みが実施されたが、これは一九七一年と七二年の軍事クーデタ未遂によって即座に頓挫した。次に、一九七七年選挙では、議席の三分の二を直接選挙で、残りを選挙人団による選挙で選出する新しい選挙制度が導入された。その結果、一四一議席を独立候補が、四九議席をイスティクラール党が獲得した。この議会は一九八四年の総選挙まで七年間続き、一九八四年選挙では再び異なる制度が導入された。一九八四年選挙では、二〇四議席が直接選挙で、残りの一〇二議席が間接選挙で選出されることになった。また、主要な都市部の選挙区が地方票の大部分を取り込むことが可能となるように、大規模なゲリマンダリングも行われた[55]。その結果、同年の選挙では、一九八三年に設立された王室支持派の立憲同盟（UC）が八三議席を獲得し、イスティクラール党が四三議席を得る一方、残りの議席は参戦を許された六つの政党間で分け合うことになった。

湾岸戦争以降、ハサン国王は、「ローテーション」という新たなスローガンの下で、野党勢力であっても組閣に参加することが可能となるような開かれた政治システムを初めて導入した。とはいえ、一九九三年選挙では、野党勢力が直接選挙枠のうち過半数を獲得したにもかかわらず、直接任命枠が多数存在したため、野党の勝利は帳消しにされた。その後、一九九六年には憲法改正が新たに実施され、全ての議席が直接選挙によって選出されることになった。一九九七年一一月には憲法改正後初となる選挙が行われた。この時、野党勢力は圧倒的な勝利を収めることはできなかったものの、国王は一九九八年三月、七三歳のベテラン政治家であるアブドゥッラフマーン・ユーセフィーに、七つの政党からなる連立政権を樹立するよう指示した。さらにその後、二〇〇二年九月の選挙でも、単純小選挙区制から比例代表制へと選挙制度が変更された[56]。この時は二六もの政党が選挙戦に参加した結果、どの政党も過半数を獲得することはできなかった。あたかもこの事実を強調するかのように、国王は無所属のドリス・ジェトゥー元内務相を首相に指名した[57]。最終的に彼の内閣は、議会のあらゆる層に影響力を行使するために、「人民諸勢力社会主義連合（USFP）所属のベテラン社会主義者から、王室に近い保守派に至るまで[58]」、幅広い政治的志向性を持つ人々によって構成された。国王のこうした考え方は、新たに発足した議会を前に行われたスピーチにも表れていた。そのなかで彼は、野党勢力には「幼稚な反論や不毛な論争に陥らないよう求める。なぜなら、そうした舌戦は、失業者に対して職を与えることとも、読み書きのできない人々に教育を提供することともないからだ」と主張した[59]。

ヨルダンで競合的な政党政治が行われていたのは、一九五五年から五七年四月の政治危機に至るまでの短い期間であり、フサイン国王は一九五七年の政治危機で全ての政党を非合法化した。そのため、一九五七年から六七年までに実施された数回の国政選挙では、全ての候補者が独立候補として選挙に参加した。一九六七年には、イスラエルが西岸地区を占領し、ヨルダン政府とパレスチナ難民の関係が悪化したために混乱が生じ、王室は危機的状況に陥った。それゆえ、国王は議会を完全に停止させることが賢明であると判断した。そのため、一九七四年にラバトで開催されたアラブ連盟首脳会議後の一〇年間、表向きには、ヨルダンではなくPLOこそがパレスチナ人の唯一の代表組織だとするラバト会議での決議に違反するという理由により、下院が開催されることは一度もなかった。

一九八四年一月、次期国政選挙の準備を行うために、ついに議会が再開された。だが、選挙法の修正作業のために二年余分に費やされた結果、選挙は結局一九八九年一一月まで実施されなかった。その間、国内情勢は大きく変化していた。まず一九八七年に、西岸地区でパレスチナ人によるインティファーダが発生した。次いで一九八九年四月には、ヨルダン政府による緊縮財政政策が引き起こした物価上昇に対して、ヨルダン国内で大規模な抗議デモが発生した。こうした事態を収拾するために任命された臨時内閣は、政府による介入の存在しない自由選挙の実施を約束した。その結果、女性一二人を含む一四〇四人の候補者が八〇の議席を争う選挙が行われた。政党は依然として非合法化されていたが、候補者は特定の運動や潮流との関係をかなり自由に公にすることが許された。その結果、ヨルダン国内でも屈指の組織力を誇るムスリム同胞団と関係があると目された候補者が三二議席を、そして一〇～一五議席は左派

i　特定の政党や派閥に有利になるように不自然な選挙区を設定すること。

や改革派、そしてパレスチナ諸集団の代表候補が獲得することになった。[60]

この選挙によって、次の二つのことが生じた。第一に、フサイン国王が、この選挙を通して合法的な政治政党の存在を容認し得る条件を決める必要があることを痛感した点である。これに対する国王の答えは、国民憲章を制定するために六〇人から成る王室委員会を組織することであった。そのメンバーは、あらゆる既存の政治組織から選出された。彼らは、合法的な政党として承認されるか否かは君主制と憲法に対して支持を表明しているかどうかによって決まる、という国王の指針に、前もって合意しているようにみえた。[61]新しい憲章は一九九一年六月の国民会議で発表された。

第二に、議会で国王支持派とイスラーム主義勢力との対立が激化していったことである。この対立は、湾岸戦争後、国王が一時的に欧米諸国とイスラエルとの関係正常化を進めたことによって、さらに激化した。その結果、国王は、一九九三年選挙で新しい選挙制度を導入することになった。この選挙制度は、とりわけムスリム同胞団の候補者の当選を困難にするために設計されたものであった。新制度下では、重複投票を認めるシステムが単記投票システムへと改訂された。これによって、とりわけ地方選挙区における過剰代表状態が続き、個人的紐帯や部族の境界線にそった投票が奨励される一方、都市部に地盤を持つ候補者は大きな不利益を被ることになった。[62]この制度の影響はすぐさま顕著になり、一九九三年一一月の選挙ではムスリム同胞団の候補者のうち、当選者したのは一八人にまで減少した。それゆえ、同胞団はこれまでと同様の組織力を維持していたものの、イスラエルとの和平プロセスに反対するパレスチナ人との関係や、ヨルダン国内の若い失業者や貧困層との良好な関係を見直さざるを得なくなった。[63]

国王とムスリム同胞団との関係は、これ以降悪化の一途を辿り、一九九四〜九五年にかけてはイスラーム主義勢力の一斉逮捕が断行された。そのなかには、歯に衣を着せぬ王室批判者であった技術者組合の代表ライサ・シュバイラートも含まれていた。それに続いて、一九九七年の選挙では、一九九三年選挙法の改正を国王が拒否したことに抗議するために、ムスリム同胞団政治部門のイスラーム行動戦線党とその他の八政党がボイコットを決定した。

一九九七年選挙の結果、政党所属議員が幾人か当選したものの、議会は概ねフサイン国王の従順な支持者に独占されることになった。

クウェートもまた、実質的な議会政治を実施してきた歴史を持つ家族支配国家である。クウェートでは、一九六一年の独立に続いて諮問評議会が設置された。この評議会は、翌年の一九六二年に憲法を起草し、民選の国民議会を設置する旨を明記した。さらにその翌年の一九六三年には最初の選挙が行われ、二〇五人の候補者が独立候補として五〇の議席を争うことになった。当選した議員のなかには、クウェートの支配家系であるサバーフ家のメンバーの他に、実業家や知識人、シーア派コミュニティのメンバー、そしてベドウィンが含まれていた。[64] 有権者総数は意図的に小規模に維持された。具体的には、有権者は初期の段階では一万七〇〇〇人の成人男性のなかでも、一九二〇年以降一貫してクウェート領内で生活を続けてきた家族のメンバーに限定された。その結果、選挙区は非常に小規模なものとなり、ほとんどの候補者は有権者と個人的な知り合いであるという状況が生まれた。次なる選挙は一九六七年と七五年に行われたが、首長は一九七六年、突如として議会の解散を宣言した。その理由は、レバノン内戦が勃発したことを受けて、クウェート国内のアラブ人移民のあいだで緊張が高まることを防ぐためであると説明された。その後、サバーフ家の権力を抑制することを目指す一〇人程度の小規模野党の議員から、さらなる問題が持ち上がった。彼らは、サバーフ家が選挙に対してあからさまな介入を行ったとして非難の声を挙げたのである。[65]

こうした事態を受けて、首長は一九八一年に選挙を実施することに合意した。しかし、非公認野党にとって、政府による選挙介入と小規模な選挙区は大きな問題であった。にもかかわらず、野党勢力はいくつかの議席を得ることが

i 一九九二年に結成。母体であるヨルダン・ムスリム同胞団と同じく、穏健なイスラーム主義を掲げ、社会のイスラーム化、反シオニズム、国家との一体性（国家の統一、多元主義、国家安全保障など）を強調している。なお、ヨルダンでは政党法によって政党と宗教団体との結びつきが禁じられているため、公には同胞団とは別組織であるとしている。

できた。とりわけ、スンナ派やシーア派を問わず、宗教的帰属を前面に押し出した候補者の躍進は顕著であった。次の選挙は一九八五年に実施され、「確立された政治指針」を有する「容易に識別可能な諸組織」に支援されていた四つの院内会派を含む、新議会が発足した。J・E・ピーターソンはこの四つの会派を「非公式な集団」と呼んだ[66]。しかし、この新しい議会は一九八六年、一年足らずで解散させられた。というのも、イラン・イラク戦争が収束に向かうなかでクウェートが不安的化する兆候をみせ、政治危機へと発展していったからである。とはいえ、民主的な政治運営の復活に向けた圧力は徐々に拡大し、一九九〇年初頭には国民委員会の選挙が行われた。この委員会の目的は、サバーフ家の閣僚と対立することが多かった国民議会を刷新し、支配家系との対立を回避する国民議会を再建する方法を探ることであった。支配家系と議会の対立は、家族支配国家に付きまとう不可避的な問題でもあった。ところが、こうしたプロセスは、イラクのクウェート侵攻によってすぐさま中断されることになった。

第六章で論じたように、クウェート解放以降、一九九二年と九六年の国民議会選挙では、同じような問題がより先鋭化した形で露呈することになった。多くの議員がサバーフ家の主要メンバーに対して、占領直前の外交的失策や、危機の前後で国庫を浪費したことの責任を追及する姿勢を鮮明にしていたのである。その結果、対立と交渉の長い過程に突入し、両陣営ともに議会運営をめぐる新たな合意を取り付けようと奮闘した。そうした論争のなかで最も重要な争点となっていたのは、首相や外相、内相、国防相といった議会への説明責任を有さない首長一族の閣僚と、その他の閣僚との区別を設けるべきだとするサバーフ家の意見である[67]。しかし、両陣営にとってのこの争点は非常に重要であったため、首長一族を閣僚に登用する際に必ず浮上する政治的説明責任をどのように担保するのかという基本的問題について、たとえ一時的な合意は可能であったとしても、最終的な合意に至る可能性はほとんどなかった。

レバノンの特異な事例

レバノンで議会制度や政党政治システムが比較的長期間にわたって継続している要因は、直接的には、宗派的代表制と宗派間の政治的取引が政治システム内で本質的な役割を担っている点に求められる。こうした宗派主義制度[i]は、一九二六年の憲法によって保障され、その後、スンナ派とマロン派の指導者のあいだで一九四三年に合意された国民協約によって定式化された。それ以降、時を経るごとに、主要な宗派集団をレバノンの政治アリーナに統合し、宗派間の脆弱な関係を調整するメカニズムとしてある種の民主主義が不可欠であるという信念が広がり、宗派主義制度が補強されていったのである[(68)]。独立当初、政党活動は依然として小規模であったが、徐々に手に負えないほど流動的になっていった。加えて、明文化されない制度や妥協によって進められた政治プロセスが、様々な難題を生み出していった。深刻な問題が浮き彫りになったのは、大きな経済的・社会的不平等がレバノンを崩壊の瀬戸際へと追い込み始めた時であった。こうした状況は、一九七〇年以降、パレスチナ武装勢力が常軌を逸した活動を展開し、イスラエルがレバノン南部への侵略を繰り返したことによってますます悪化した。

多くのレバノン研究者は、一九二六年以降一貫して、議会が政治過程のなかで重要な役割を担ってきたことを強調している。その要因としてしばしば挙げられるのは、ミシェル・シーハーのような政治思想家が宗派的な共生メカニズムを懸命に提唱してきたという事実である。しかし、より現実的な説明は次のようなものであろう[(69)]。第一に、宗派ごとに代表を擁立する政治システムに対して、エリート間の広範な合意が存在したことである。第二に、一九二六年憲法の起草者が考案した議会の代表制度や、脆弱な中央政府、レッセ・フェール型の経済システム、そしてオスマン

i　高級官僚ポストから議員定数に至るまで、あらゆる公的機関のポストを予め各宗派に定数配分するという政治的取り決め。

帝国末期から存在していた宗派間の利害調整メカニズムが、極めてうまく適合した点である。第三に、宗主国のフランスが、新議会では大まかに宗派別人口分布にそって議席が配分されるべきだと主張していたために、民選議員は主要家系出身の伝統的名士に限定されてしまったということである。こうした政治エリートが国内で影響力を持つようになったことは、彼らが地方で巨大な資源を支配していたことと大いに関係している。第四に、そうした伝統的エリートは、議会でプレゼンスを獲得し、閣僚ポストを得ることによって、よりいっそう容易に富と権力にアクセスすることが可能となったことである。加えて、ムスリムであってもキリスト教徒であっても、同じように機会が開かれていたため、伝統的エリートはシリアからの分離に強く反対しなかった。というのも、レバノンという小規模な新体制下では、より直接的な政治参加が可能となるからである。

第五に、中央の行政機構が依然として脆弱であったことである。これは、レバノン経済が、国家による統制を嫌う実業家や銀行家の利害に牛耳られていたという事実と密接な関係がある。とはいえ、伝統的名士が自らの政治的クライエントをどの程度満足させることができるかという点が、行政サービスや資源を提供する伝統的名士の個人的な能力に依存していた点も、中央の行政機構を脆弱にした一因であった。というのも、こうしたサービスや資源は、行政機構が確立した国家であれば、中央政府から提供されるものだからである。

そもそも、このような政治システムでは、組織立った政治政党が活動する余地はほとんどなかった。一方で、ほとんどの経済・社会的利害は、主要一族出身の政治家か、あるいはマロン派教会やイスラーム慈善・福祉機関であるマカーシドといった宗教に基盤を置く組織によって、国政レベルで代表された。他方、レバノン経済が主に農業部門やサービス部門などを基礎としているため、階級政党の基盤となる労働組合や都市部の連帯が生まれることもなかった。したがって、議員の大半が、独立候補かあるいは伝統的名士の率いる選挙リストで当選することになったのである。その数は、一九六四年時点では三分の二にのぼった。その一方で、政治集団は第一義的に議会内会派という形を取っており、指導者の名声以上に世論に訴えるすべを持たなかった。[70]

独立後の一〇年間、様々な政治組織が選挙への出馬を目指して政党登録を始めた。最初にそれを行ったのは、ファランジスト党としても知られているカターイブ党[ii]である。フランク・ストークスによると、同党は内部からの「いくらかの抵抗」を押し切って一九五二年に政党登録を行ったという[(71)]。これは、次のことを意味している。すなわち同党は、政党登録が議会に代表者を送り込む上で有利になるとみる反面、よく訓練された若い支持者から成る自前の民兵組織を解体されるのではないかと危惧していたということである。しかし、最終的にこれは杞憂に終わった。一九五八年の限定的な内戦で、カターイブ党が自前の民兵組織を効果的に用いたことで、同党はキリスト教徒全体の利益を防衛する組織としての国家的名声を獲得することになったからである。こうしてカターイブ党は、一九六八年選挙では九九議席中九議席を獲得し、閣僚を常時輩出する政党となった。ピエール・ジュマイエル党首は、一握りの専門職員と僅かなスタッフによって構成された政治局を通じて党内を統制した。一方で、有望な新メンバーのリクルート活動にも力を入れ、一九六〇年代前半の段階で総党員数は六万を数え、そのうち八五%をキリスト教徒が占めた[(72)]。その他に、議席を獲得できる組織力の高い政党は、進歩社会主義党（PSP）[iii]やシリア社会主義民族主義党（SSNP）[iv]、そしてアルメニア・ターシュナーク党などがあった。

i　レバノン政治の文脈では「ザイーム」と称される。

ii　キリスト教マロン派の政党。一九三六年、エジプト出身の歯科医であったピエール・ジュマイエルによって、小レバノン主義と急進的なナショナリズムを掲げて結成された。一九六〇年以降は反シリアとパレスチナ難民排除を掲げるようになり、そのためにはイスラエルと手を組むことも厭わなかった。内戦のただ中にあった一九八二年には、大統領に選出されたばかりのバシール・ジュマイエル党首が党本部での演説中に爆殺される。党の民兵はその報復としてパレスチナ難民を襲撃し、サブラーとシャティーラの虐殺事件を引き起こした。一九九〇年の内戦終結以降はシリアによる実効支配の下で党の弱体化を余儀なくされたが、二〇〇〇年前半からは徐々に党勢を盛り返していった。

iii　カマール・ジュンブラートが一九四九年に創設したドルーズ派の政党。社会民主主義を掲げてはいるが、実質的にはドルーズ派の名望家であるジュンブラート家の政党である。

他のアラブ諸国と同様に、レバノンでも、政党や運動を自認する政治集団は、選挙への参加以外に様々な目的を持っていた。特定の宗派コミュニティの利害を代表する組織もあれば、他のアラブ主義政党や他国の体制と繋がっていた組織もあった。一九六七年以降、暴力がレバノンの政治過程を支配するようになるにつれ、多くの組織が議会システムを辛辣に批判するとともに、自前の民兵を組織するようになった。アラビア語でムラービトゥーンと呼ばれるイブラーヒーム・クライラート率いる独立ナセル党は、その代表例である。この組織は、ベイルートの貧民街で社会福祉団体のような役割を担っていたが、時とともに軍事的側面を前面に押し出すようになった[73]。彼らの急速な成長は、カマール・ジュンブラートのPSPやパレスチナ解放機構（PLO）との繋がりを持つより急進的な組織の危機感を煽るようになった。その結果、PSPやPLOが連合し、レバノンの政治システムの大規模な改革推進を目指して、後に国民運動として知られるようになる組織を結成することになった。カターイブ党の指導者は、この国民運動に対して激しく反対した。というのも、カターイブ党こそが、既存の政治秩序を守る前衛であると自認していたからである。こうして、一九七五年にベイルートとその周辺で発生した凄惨な武力衝突では、政党所属の民兵が武器を取って戦った。そして、まずは国軍やパレスチナ人が、後にシリア軍が内戦に巻き込まれていったのである。

それから一四年後の一九八九年、ようやく十分に暴力が沈静化したことを受けて、内戦の主要アクターがサウディアラビアのターイフに集結し、話し合いの場を持つことが可能となった。そこでは、議会制政治システムの復活に向けた基本原則が合意されたが、とりわけ、キリスト教徒とイスラーム教徒の議席配分が、それまでの六対五から五対五へと変更された点が重要である。そのために、国民議会の総議席数は九九から一〇八へと拡大された（その後、一九九二年七月には一二八へとさらに拡大された）。新しい制度下で最初の選挙が一九九二年に行われたが、それには各方面から様々な不満が寄せられた。たとえば、選挙の公示がなされたのが投票日のわずか三カ月前であったこと、内戦期間中に大規模な人口移動が生じているにもかかわらず、それをふまえた選挙人名簿が完全に整備されなかったこと、そしてシリア軍が依然として国内に展開していたことなどがその原因である。こうした様々な理由により、主要なキリスト教徒政党は選挙をボイコットした。また、投票率も極めて低かった。とはいえ、ともかく選挙が実施できたという事実は、少なくとも表面上は、政治システムが日常へと回帰したことを意味していた。この選挙では、一九九〇年に軍事部門と並立する形で政治政党を立ち上げていたシーア派のヒズブッラーが[v]、八人の議員を議会に送り込んだ点が重要であった。

内戦後の二度目の選挙は一九九六年に行われた。この選挙では、レバノンの県に大まかにそう形で五つの選挙区が設定された。ゲリマンダリングや政府の介入、票の操作があったという批判によって、選挙の正当性がやや損なわれはしたが、多くのキリスト教政党が議会へ復帰した。選挙制度は二〇〇〇年選挙でも変更され、選挙区が一四に増えた。この選挙区割りは、特別待遇を受けた政治家が、他の候補者に脅かされることなく地元の支配を維持できるように設計されていた。他方、ベイルートが三つの選挙区に分割されたため、首都を地盤とするラフィーク・ハリーリー元首相[vi]の支持者は議席を減らすことになると考えられた。しかし、ハリーリーは結果的に、自身の潤沢な資金力を生かして政治家との同盟関係を構築し、ベイルート県の議席のほぼ全て、つまり三つの選挙区をあわせて一九議席中一八議席を獲得することに成功した。同時に、他の選挙区でも十分な議席を得たため、二年に及んだ政治亡命を経て

iv　パン・シリア主義を掲げる非宗派的な世俗主義政治政党。一九三二年にアントゥーン・サアーダによって結成された。

v　一九八二年に結成されたレバノンのシーア派イスラーム主義組織・政党・対イスラエル抵抗運動。アラビア語で「神の党」の意。結成以降、イスラエルに対する武装闘争を継続する一方で、レバノン国内では国政選挙に参加し、閣僚を輩出した経験も持つ。同時に、医療や教育の分野で非営利の福祉活動を展開するＮＧＯ組織も持っている。戦略的利害が一致するシリアのアサド政権、そしてイランとは、政治的に密接な関係にある。

vi　一九四四～二〇〇五年。首相任期は一九九二～九八年、二〇〇〇～〇四年。一九七〇年代にサウディアラビアでビジネスを成功させ、一九八〇年代には世界有数の資産家になる。レバノン内戦が終結した一九九〇年、ハリーリーはレバノンへ帰国し、政治家として戦後復興に尽力した。しかし、その過程で数多くの批判者や敵を作ることにもなり、二〇〇五年二月にはベイルート市内で爆殺された。

首相に返り咲いたのである。(74)

結論――アラブ諸国の民主主義

本章は簡単な分析にとどまったが、アラブ諸国の選挙が多様であることは明らかであろう。したがって、有意義な一般化は困難であるが、ここでは二〇世紀の中東政治史に影響を与えた重要な変数を整理しておきたい。一方で、レバノンのように、選挙民主主義がコミュニティ間の関係を仲介する中心的役割を果たしている場合、あるいは、ヨルダンやモロッコのように、支配家系が戦略的に仕組まれた政党間競合のプロセスを監視しているような場合、議会民主主義は最も成功裏に継続された。他方、独立後に困難な状況に陥ったために、政治的統制を通した急速な経済・社会発展を最優先した体制は、あからさまに紆余曲折したプロセスを辿ることになった。植民地支配を経験した多くの国と同様に、いくつかの中東諸国では、政府が対外債務によってもたらされた問題を解決できなくなるまでは、一党支配体制こそが理想的な体制であると考えられてきた。こうした失敗は、政治と経済の両方に、制限付きの自由化プロセスの導入を目指す新しい指導者の登場を促すことになった。

民主主義の発展経路を左右するような大きな責任は、独立時に権力を握っていた人々や、その直後に権力を奪取した人々に帰せられる。しかし、各国の政治エリートも責任の一端を負っている。彼らは、国家の発展という最も重要な目標を達成するために、政治的自由を犠牲にすることを厭わなかった。そして、ひとたび競合的な選挙に参加する機会を得たならば、新しい選挙法を自らに都合の良いように操作するか、あるいは権威主義体制を大なり小なり複製した新しい上意下達式の政党を結成しようと試みた。その間、国家主義的な経済政策が採られ、一連の既得権益層が作り出された。彼らは、既得権益を死守しようとしたため、必然的に大衆の支持を受けた政府に疑念を持つようになった。というのも、そうした政府は説明責任を求める圧力や、官僚とビジネスマンのあいだの腐敗した関係を断ち切ろうとする圧力をもたらすと考えられたからである。最後に、こうした過程と並行して、急進的な宗教勢力が勃興することになった。これらの勢力はそれぞれ軍事部門を擁しており、その存在によって、新しい形の政治的代表制を作り出すプロセス全体がより困難になった。イスラームそれ自体が民主主義と敵対するか否かという大きな問いについては、満足のいく答えを出すことはできない。しかし、特定のムスリム集団の特定の行動は、この問いに対して多義的な答えを提供する。彼らは、世俗的な近隣住民に強い疑念を向けていたからである。

以上のように、中東諸国には適切に民主主義体利を運営するための基本的な能力が備わっていない、と十把一絡げに論じることには大きな問題がある。アラブ社会とその政治文化に何が欠けているのかという問題を分析した権威ある観察に依存するのではなく、歴史を丹念に調べていくことによって、各国の政治発展プロセスの多様性を理解することができる。ある事例では短期間で達成された約束が、別の事例では長いあいだ実現できないかもしれない。他方、たとえどれほど制約されていても、より好ましい国内的・地域的環境の下にあれば、同じ国家、同じ社会であっても、将来的にはより開かれた政治過程へとうまく回帰することができるかもしれない。少なくとも、歴史は生きた遺産を明らかにする。それは、民主主義という理念を存続させるのみならず、民主主義という理念を継続的な生きた議論の対象とすることを保証するのである[75]。

第九章　宗教復興のポリティクス

はじめに

一九七九年にイランでイスラーム国家が樹立されたことは、一九六七年のアラブ・イスラエル戦争に端を発する宗教政治運動の高まりのなかで、極めて重大な出来事であった。しかし、それよりもずっと前から、宗教は中東の人々のアイデンティティや共同体の価値といった中核的問題と密接にかかわってきた。それゆえ、宗教は中東地域の国家建設や国民形成のプロセスで重要な役割を果たしてきたのである。そして、多様な宗教組織が、権力の行使や公平な社会の形成をめぐる基本的問題に影響を及ぼし、国家と対立しているという事実に鑑みると、宗教が依然として比類なき重要性を有していることがわかる。したがって、政治過程のなかで宗教が果たす役割を分析することは重要であり、同時に困難でもある。以下ではまず、定義の問題から考えていくことにしよう。

第一に、政治における宗教の役割を分析することは、宗教それ自体の研究ではなく、近代国家の政治や権力配置に対して宗教がどのような影響を与えているかを論究することである、という点をまず確認しておく必要がある。したがって、ある特定の神学や宗教法体系を分析することは、それが政治行動の動機や計画を明らかにすることに繋がる限り、有効になる。この点を、デイル・アイケルマンとジェイムズ・ピスカトーリが提示した事例を使って説明すれば、ムスリム女性がベールを被るという行為そのものが政治的なのではなく、「それが公的なシンボルに変容する時、政治性を帯びる」のである。(1) このアプローチは、社会科学のツールを用いて分析することでさらに有効になる。ただし、次の点には意識的であるべきだ。つまり、宗教現象は「社会文化的ベクトルと複雑に絡み合って」活性化するとはいえ、社会文化的ベクトルそれ自体は宗教現象の直接的な原因ではない、ということである。(2) したがって、こうした社会科学の方法論だけでは説明できない部分もある。なかでも、ウィリアム・ジェームズが「運命のいたずら」と呼んだ宗教経験や、信仰共同体の帰属意識が重要になってくる。(3)

第二の問題は、研究対象の範囲をどのように設定するかという点である。本書は、イスラームだけではなく、キリスト教とユダヤ教という中東の三大宗教の政治的影響についても議論の俎上に載せなければならないと考える。理由は二つある。一つ目は、ムスリムの政治・宗教的活動のみを分析する研究は、イスラームに触発された政治活動の特殊性を過大評価しがちだからである。それゆえに、イスラーム政治運動を、実際よりも特殊で、より暴力的で反啓蒙主義的である、と主張する傾向が出てくるのである。二つ目は、宗教が民族的・政治的な指標として広く用いられるようになったため、異なる宗教アイデンティティを持った人々の相互作用や論争が果たす重要な役割を議論の俎上に載せなければ、宗教政治は理解できなくなることが多々あるからである。たとえばレバノン、エジプト、スーダンのムスリムとキリスト教徒の関係性、あるいはイスラエルや西岸のムスリム、キリスト教徒、そしてユダヤ教徒の相互作用を分析する必要がある。

三つ目は、中東の近代的な政治・宗教運動の共通点は何か、という問題である。サーミー・ズバイダが指摘しているように、様々な政治・宗教運動に通底しているのは、いずれもよく似た歴史的文脈のなかで活動を展開しているという点である。具体的には、いずれの運動も、特定の国境に規定されたナショナルな政治アリーナのなかで、権力の行使や影響力の拡大を目指して競合しているのである。[4] このことは、多くの運動が国境を超えた国際的な繋がりを持っているという点を否定するものではなく、神学的議論のなかで近代国家の正当性そのものが攻撃されているという事実も否定していない。そうではなく、以上の議論が意味しているのは、宗教政治運動に携わるアクターのほとんどが、既存の国家体系のなかで政策やその実施に影響力を行使することを主たる目標として活動を展開している、という点に他ならない。

したがって、そこからは二つの相反するインプリケーションを得ることができる。第一に、二〇世紀の現代的環境のなかで権力と影響力を獲得することに関心があるため、宗教的アクターは、同じ政治アリーナで活動する世俗的な政治家と同じような語彙を用い、同じような組織構成を持つようになるか、あるいはそう望んでいるようにみえる、という事実である。つまり宗教的アクターも、民主主義や市民社会、人権や政府の説明責任について語るようになったのである。何よりも、彼らはナショナリズムや国家的プロジェクトに関心を持っている。たとえエジプトのムスリム同胞団の創始者が、同胞団の愛国心の形は世俗的な政敵のそれとは異なることを強調したとしても、彼らがナショナリズムに関心を持っていることには変わりない。[5] 第二に、近代にどっぷり浸かっているがゆえに、本来宗教的に敬虔な者が、自らの神学的原則を世俗的な国民国家とは著しく異なる制度を作り上げるための具体的な政治綱領へと発展させていくことは、困難だと認識しているという点である。

極めて多くの宗教的書物が国家権力について議論を繰り返してきたにもかかわらず、官僚制や司法、議会や政党によって構成される既存の政治行政構造に対して、満足のいく代替案を提示することができたイスラーム運動は一つもない。[6] さらに、一九七九年のイランのように宗教運動が新たな政治体制を作り上げる地位を獲得した稀なケースでも、新たに二つの組織が形成されたに過ぎず、基本的には既存の行政機構が利用された。イラン革命によって新設された二つの組織は、「監督者評議会」と「便宜評議会」であり、後者は監督者と議会の論争を調停するために作られた。とはいえ、革命イランの例をみても、真のムスリム国家あるいはユダヤ国家とは何か、という問題については判然としない。これは、政権を掌握しそうな宗教運動に対する反対がしばしば広範な支持を獲得してきた理由を説明している。というのも、宗教運動が政権を取ると、政治権力をどのように利用するか、誰にも予測できないからである。

それに加えて、非常に多くの宗教集団が活動を活性化させたのが一九六七年戦争以降であったのはなぜか、そしてそれが様々な宗教に共通してみられたのはなぜか、といった問題を解明することも重要である。無論、一九六七年戦争のトラウマがその一因である。自信を吹き飛ばされたムスリムが、宗教的な行動主義をさらに促進していくことになったからである。他方、ユダヤ人は、パレスチナに定住し、その全土を支配する権利をより強く擁護するようになった。一般的に言えば、新たな独立政権のほとんどが自己正当化のために利用してきた世俗的な開発主義イデオロギーや戦略の失敗が露呈したために、宗教運動がそれへの代替案として活性化されたのである。特にムスリム世界で際立っていた特徴は、フランソワ・ブルガーが指摘しているように、イスラーム主義者の用いるようになった語彙が、近代主義者の語彙とはまったく異なっていた点である。彼らはほとんど反対の記号体系を作り上げた。それは、すでに撤退した植民地宗主国の語彙とも、それを引き継いだ独立後の政権の語彙とも異なる体系を有していた。[7]

宗教的行動主義の拡大は、一九七〇年代の世界的な経済危機や、それに続いて一九八〇年代にグローバルな経済統合の圧力や緊張が中東に波及したこととも関連している。その結果、V・S・ナイポールの言葉を借りるなら、あらゆる集団やコミュニティの歴史的自意識の「覚醒」も促進されていった。ナイポールによれば、他者から後進的で周縁化された反啓蒙主義者であるとみなされた集団は、そのように自己認識するようになり、その反動として激しい自己主張をともなう運動を発展させるようになるという。[8] 相互作用が強まった世界では、信仰の違いはより直接的に可視化されるようになり、異なる信仰を持った人々と直接対面する機会も多くなる。それゆえに、クリフォード・ギアーツの言葉を借りると、異なる信仰集団との接触は、「疑い、心配、反感、そして紛争へと容易に繋がる」のである。[9] 様々な要因に加え、こうした新たな状況が生まれたことによって、脅威に晒されているという感覚や、早急で拙速な行動や結果を求める気運が醸成された。それこそが新たな宗教政治の顕著な特徴である。

こうした宗教政治運動のなかで最も能弁かつ好戦的な集団は、偶然にも少数派であったが、西洋の研究者によって「原理主義者」と呼ばれるようになった。原理主義は、多くの点で非常に問題のある用語だ。それはもともと、第一次世界大戦直後の米国で、プロテスタントのある分派の教義を指し示すために作られた造語であった。この分派は、聖書の言葉が絶対的な真実であると固く信じ、いわゆる「近代的」価値や近代世界の価値観のほとんどを否定する教義を持っていた。[10] とはいえ、しばしば指摘されてきたように、大部分のムスリムは、コーラン（クルアーン）の無謬性を信じ、コーランの言葉は絶対的真実であるという信仰を持っているし、歴史的にもそうであった。[11] 同様に重要なのは、他の主要宗教と同じくイスラームは生きた伝統であり、信者はモスクや学校、説法師といった制度やアクターに囲まれて生活しているという点である。こうした制度やアクターは、信者にイスラームの歴史を想起させ、ある種の正しい宗教実践を強制している。[12] けれども、そうしたいかなる制度も不変ではなく、現代的な状況に照らし合わせて信仰と実践を再解釈し続けている。こうしたプロセスのなかで、新たな政治プログラムや政治的展望が生み出され、多くの人々がそれを利用できるようになる。以上の点に鑑みると、少なくともイスラームの場合、宗教政治の担い手に対する呼称は、原理主義ではなく、彼らが自己表象において使い始めた「イスラーミーユーン」という言葉、すなわちイスラーム主義者が最も適切であろう。

さらに、現代の宗教政治を理解するうえで重要な二つの概念は、「コミュナリズム」と「抗議」である。コミュナリズムは、ある共同体を他と区別するための民族的な指標として宗教が利用されることによって、より活性化され得る。ズバイダがイスラームの事例にもとづいて説明しているように、コミュナリズムは、他の宗教共同体を劣位に置くというごく単純な考え方以上の政治思想をまったく必要としない。[13] にもかかわらず、それは、特定の宗教を基盤とした主張を行う運動に対して、極めて多くの人々を動員することに成功している。たとえば、スーダンの国民イスラーム戦線（NIF）や、一九七〇年代以降にエジプトの多くのコプト教徒のあいだでみられた政治的自己意識の高まりなどがそれに当たる。

次いで、抗議は、社会の不正はただちに正されねばならないという決意を意味する。この抗議という概念は、ある社会集団が他の集団よりも現状に対して強い不満を抱いているのはなぜか、という問題を説明するために用いることができる。[14]さらに、政権の失敗を指摘することを通して、政権の正当性を攻撃するためのポリティクスを描き出す際にも、この概念は有効である。そうした抗議運動では、政権側が誠実さや社会正義といった核となる宗教的美徳を実現できていないと主張される。たとえばイスラームの抗議運動は、既存の政権がシャリーアや宗教法の決定的に重要な部分を施行できていないと批判し、社会変容の手段としてイスラーム的な代替案を提示するのである。これはナショナルなレベルで実行される場合もあるが、オリヴィエ・ロワの言う「イスラーム化された空間」を地方レベルで形成することもある。「イスラーム化された空間」では、地方の宗教集団が、明確に定義された比較的小さな空間に住む人々に対して、独自の宗教的価値を強いるようになったのだ。[15]

最後に、ほとんどの宗教政治が時代を超えて共有する本質的特徴にも触れておくべきだろう。それは、教育や説法を通して社会の宗教化が進行することと、国家が主導権を握って宗教的な生き方を促進することとのあいだには、緊張関係が生まれるという点である。社会の宗教化と国家による宗教の管理は、いずれも非常に大きく困難な課題である。そのため、少なくとも西洋史においては、日常的な行政が宗教者によって運営されるような神権政治が成立した事例は極めて稀であった、ということはおそらく驚くに当たらない。また、少なくとも一八世紀以降、政治と宗教の領域を分かつ明確な境界線を引くことによって、政教分離という概念が考え出され、その結果、行政や司法に対して宗教が影響力を及ぼすことは極めて困難になったとも言える。こうした境界線の存在は、ローマ・カトリックなどの制度化された教会にとっても好都合であった。というのも、教会側は、政治に直接かかわることは教会の分裂を意味し、神の使命を損ねるために危険である、と考えていたからである。後述するように、一九七九～八〇年にイスラー

i　エジプトの単性論派（キリストは人性と神性の両性を統一した単一の性質のみを有するとする立場）キリスト教会の信者。

ム法学者が政権を掌握した後のイランでも、宗教と国家の適切な関係をめぐって同じような議論が起こった。エジプトとスーダンのムスリム同胞団内部でも、宗教と国家の関係をめぐって長いあいだ対立が続いていた。同胞団の指導部は、概して支持者の獲得に力を入れる傾向が強く、同胞団の宗教的な目的を達成するために政治プロセスに直接関与するべきだと主張するのは小規模で急進的な集団に限定されていた。

以下ではこうしたテーマについて詳しく述べるために、イスラームの宗教政治の事例から議論を始めたい。具体的には、近代的な政治と教会の分離、そして宗教と政治の分離が初めて主張され、実践され、論争が繰り広げられたのはオスマン帝国最後の一〇年間であり、そこでコミュナリズムが初めて政治的に重要な形で制度化されたことを論じる。続いて、イラン革命の分析に移る。それはイスラーム国家を形成するために必要な権力を獲得した巨大な宗教運動であり、中東の多様な宗教政治運動に直接的影響を与えた。たしかに、ほとんどのスンナ派アラブ政治集団に対してイラン革命が与えたインパクトは、時とともに軽減され、しばしば激しく否定されてきた。それでも、革命の影響は極めて巨大なものであった。(16) 続いて、アラブの宗教政治運動を概観し、キリスト教とユダヤ教については最後に分析することにしよう。

イスラームにおける宗教と政治――概観

イスラーム政治が西洋近代世界と初めて邂逅《かいこう》したのは、一九世紀半ば、オスマン帝国に西洋の商法と刑法が導入された時であった。それ以前は、宗教法（シャリーア）とスルタンの法律（カーヌーン）という二つの異なる法律が存在していたものの、どちらも同じ宗教者によって運用されており、全ての意図や目的が連動した相互補強的な法体系であった。しかし、司法省の管轄するニザーミーヤと呼ばれる西洋的な裁判所が新設され、広がっていくと、こうした法体系の統一性が崩壊し、宗教と国家の概念的な区別が可能となっていった。宗教と国家の区別は、それ以前には考えも及ばず、許容されることも決してなかった。[17] だが、ニザーミーヤ裁判所にもとづく体制は、アブデュルハミド二世（在位一八七六～一九〇九）[i]の時代に始まった新たな政治の基礎になった。つまり、スルタンとその側近は、イスラームを利用して帝国内のムスリムの紐帯を強化し、スルタンの統治にさらなる正当性を付加しようと考えたのである。その後、一九二三年にトルコ共和国が建国されると、政治と宗教の分離は、国政に対する宗教界の影響力を軽減することを目的とした世俗化（より正確には還俗化）政策の基盤として用いられた。

一九世紀に一新され、それ以降の宗教政治に重要な影響を与えた二つ目の出来事は、ヨーロッパからの圧力によって、オスマン帝国が領内のキリスト教徒とユダヤ教徒の臣民に対して法的平等を付与したことである。それによって、宗教集団間の平等という普遍主義が支持されるようになった。同時に、宗教や宗派別の共同体の枠組みが形成されることになり、人々は独自の民族的アイデンティティや言語を維持することを許され、時に奨励されることもあった。これと同様の政策は植民地支配下にも引き継がれ、宗教や宗派別の共同体の境界がより明確になった。そして、宗教集団間の平等という普遍主義の浸透にもかかわらず、キリスト教徒やユダヤ教徒は「多数派」ムスリムからの特別な保護を必要とする「少数派」を代表するようになった。こうした政治的慣行は、それからずっと後の二〇世紀末、スーダンのように多くの非ムスリム人口を有するアラブ・イスラーム国家のなかで、ムスリムと非ムスリムの共存を実現するための一つのモデルと考えられるようになった。

以上のような状況に対して、中東のムスリムの多くは次の二つの対応を取った。そのいずれも、政治や国家から幾

i　一八四二～一九一八年。長期にわたり専制政治を敷いたオスマン帝国第三四代スルタン。列強の侵攻に対峙するためにパン・イスラーム主義運動を利用し、カリフの権威向上を図った。なお、スルタンとカリフの関係性については、一九世紀以降、オスマン帝国の君主は世俗権力であるスルタン権と宗教権威であるカリフ権を兼ね備えているとする「スルタン＝カリフ制」が敷かれるようになっていた。

分距離を置いた、新たな宗教概念に立脚していた。それは第一に、「民主主義」や「立憲主義」、「人民主権」といった西洋的で強力な概念に対応する観念をイスラーム政治思想のなかから探し出すことによって、現代の文脈でイスラームを正当化する試みである。こうした試みは、エジプトやオスマン帝国で始まった。第二に、世俗主義や西洋文化の侵略といった脅威に抵抗する試みである。具体的には、善良なムスリムが、外部からの介入を受けることなく宗教的義務を実践できるように、彼らを保護する制度を構築したり、あるいは、法体系のなかでシャリーアを周辺化してきた国家に対して、この政策を見直すべきだと圧力をかけたりした。後者の戦略を採った最も強大で影響力のある組織は、言うまでもなく、一九二八年にエジプトで創設されたムスリム同胞団である。同胞団については後述する。

中東の宗教政治運動のなかで、イスラーム国家の建設を最初にはっきりと主張したのはどの組織だろうか。これは、しばしば議論になる問題である。それは一九三〇年代のムスリム同胞団だという研究者もいれば、第二次世界大戦以降になって初めてイスラーム国家の建設が明示されたと主張する者もいる[18]。一方で、宗教政治運動が主張するイスラーム国家の核たる要素については、見解の一致がみられる。イスラーム国家の重要な要素をめぐるムスリム思想家の議論は、何よりも次の二点に集中する傾向がある[19]。それは第一に、指導者の資質をめぐる問題である。具体的には、イスラーム国家を統治するために必要な素質を持つのはどのような人物か、そしてその側近となるのは誰か、という論点である。第二に、イスラーム国家は、イスラーム法を堅持し、それによって統治しなければならないという信念である。というのも、イスラーム法は神から下った統治の原則であり、善悪の基準となるからである。他方、シャリーアをそっくりそのまま適応するにはどうすればいいかという問題や、シャリーアを近代的法体系の基礎とするにはどうすればいいかといった問題については、ほとんど議論されてこなかった。タラル・アサドが論じているように、シャリーアがムスリム「社会全体を統治した」ことなど一度もなかった、と想定することは妥当であろう[20]。とはいえ、宗教が公的領域からあまりにも排除されているために、ほとんどのムスリム政治活動家にとって、シャリーアの適用は、直接的な適用であるか法の源泉としての位置付けであるかを問わず、主たるスローガンとなり、国家がイスラーム的であるかどうかの試金石となった。彼らにとって、宗教と政治、宗教と国家のあいだの溝は、西洋の介入によって不敬にもこじ開けられたものであり、一刻も早く埋められねばならないのである。

中東のムスリムのあいだで進んだ宗教の政治化にかかわる最後の重要な特徴は、現在みられるウラマー[i]のヒエラルキーが、宗教界の伝統的なヒエラルキーの崩壊した後に形成された、という点である。とりわけシーア派世界では、一九七九年の革命以降、敬虔さと学識を持ったモッラー（ウラマーとほぼ同義）のヒエラルキーに混乱が生じることになった。というのも、革命指導者のナンバー・ツーであるアーヤトゥッラー・アリー・ハーメネイー[ii]のような学識の低いモッラーが政治権力を掌握したためである。イラクでも、サッダーム・フサイン率いるバアス党政権に対する闘争の過程で、同じようなことが起こった。具体的には、資源を動員し、新たな政治組織を作り出す能力を持っているという理由で、第二級のウラマーや、時には第三級のウラマーが、卓越した地位に躍進したのである[(21)]。よく似た権威の逆転現象はスンナ派世界でも生じており、リチャード・ビュリエはこの問題を次のように指摘している。すなわち、「宗教権威の地位は、マドラサの教員やモスクのイマーム、そしてムフティー[iii]から、指導者を自称する学識の低い者、あるいはほとんど学識を持たない者に、事実上移譲された。彼らは学識はないが、雑誌や新聞、パンフレットや記者会見などを効果的に利用する能力を持っている」[(22)]のである。

i　イスラーム諸学を修めた知識人。特に本章ではイスラーム法学者の意味で用いられている。
ii　一九三九年〜。ホメイニーの反王制運動に参加し、一九七九年の革命後はイスラーム共和党を立ち上げ、革命防衛隊の司令官に任命される。一九八一年には第二代大統領に就任し、一九九〇年以降は最高指導者となった。保守派の中心的人物。
iii　マドラサはイスラーム諸学を教える教育機関。イマームは礼拝の導師などの宗教指導者。ムフティーはファトワー（イスラーム法学裁定）を出すことができる法学者。

イラン・イスラーム共和国における宗教と政治

一九七九年一月にシャー体制が打倒される直前、革命にかかわった諸勢力の指導部は、「独立、自由、イスラーム共和国」をスローガンに掲げた。[23] これは、アーヤトゥッラー・ホメイニーとそのイスラーム法学者連合が革命勢力のあいだで重要性を増してきたことの証しであった。しかし、彼らは、依然としてシャー体制に反対する巨大な連合の一部に過ぎなかった。反シャー連合は、多様なイデオロギーを持った集団で構成されており、新たな権力構造のなかで宗教が果たす役割が規定されるのは数年後のことであった。イラン革命の政治史の概要については、第五章と第六章で論じたので、以下ではイスラーム国家樹立に向けて進められた中心的計画を理解するための基本的な問題に焦点を絞って、議論を進めたい。

シャーが亡命した後のテヘランでは、革命の指導者が集結し、ただちに革命評議会と暫定政府を形成した。これらの組織は、新憲法を起草し、国家の要職を補填するための選挙を行う権限を持っていた。続いて、一九七九年三月には、王政に代わってイスラーム共和制を導入することに同意するかどうかを問う国民投票が行われた。結果は、賛成が大多数を占めた。革命政権の公式見解に従うように大きな圧力がかけられたことを示す証拠は残っているものの、シュアル・バハシュが適切に論じているように、国民投票の結果は大多数のイラン人の意見を反映したものであった。[24] また、共和制という制度は新憲法で規定されるべきである、という合意も存在した。暫定政府のメンバーによって起草された最初の憲法草案は、一九〇六年のイラン憲法とフランス第五共和政の原則に大きく依拠していた。この草案では、イスラーム法学者の特権的地位についてはなんの記述もなく、新設の監督者評議会には反イスラーム的だと考えられる法律に対する限定的な拒否権が付与されているに過ぎなかった。にもかかわらず、ホメイニーとその側近が最小限の修正を加えただけでこの草案を承認したことは、今となっては驚くべきことである。[25] その理由は判然としない。しかし、ホメイニーが生前、自らに代わる新たな政府組織をなるべく早急に構築したいと考えていたことと、なんらかの関係があっただろう。彼は死期が迫っていることを自覚していたからである。[26]さらに、ホメイニー自身も、当初はイスラーム法学者の統治能力に疑義を持っており、ゆえに世俗的な専門家との協力を模索していたようである。ところが、イスラーム法学者が多数を占める民選議会での審議が始まるとすぐに、この憲法草案は大きく修正されることになった。審議のなかで、左派勢力があまりにも多くの特権を宗教に付与していると批判すると、それに対する反撃として、今度はアーヤトゥッラー・モハンマド・ベヘシュティー[ii]率いるイスラーム法学者の党が、公平で賢明な宗教法の専門家による統治、すなわち「法学者の統治」（公平な法学者による政府）を、憲法構造全体の中核に位置付けたのである。とはいえ、「法学者の統治」という思想に対しては興味深い議論が展開された。具体的には、一部のモッラーから、イスラーム法学者が日常的に政治に関与することによって、宗教そのものに悪影響を与えかねないという深刻な懸念が示されたのである。しかし、バハシュが指摘しているように、議会の審議で最終的な勝利を収めたのは、イスラーム国家を実現するためには法学者の役割が不可欠だという議論であった。[27]第二の主な修正は、監督者評議会に対して、議会で可決した法律を監査する権限を与えたことである。この監査権は、たとえばフランスや米国の最高裁判所の権限を超える大きな権力であると考えられ、その後の政治的帰結に計り知れない影響を与えることになった。[28]

新憲法が公布されると、大統領選挙とマジュレス（議会）選挙が実施され、さらに、ベヘシュティーが結成した新党・イスラーム共和党（ＩＲＰ）と、宗教勢力や世俗勢力の連合が激しい権力闘争を始めた。宗教・世俗連合は、Ｉ

---

i　一九〇二～一九八九年。一九七九年のイラン・イスラーム革命の中心的指導者、イラン・イスラーム共和国の初代最高指導者。「法学者の統治」論を提唱し、それにもとづく政治制度を実際に構築した。

ii　一九二九～一九八一年。ホメイニーの側近として法学者の統治体制の樹立に貢献したウラマー。イスラーム共和党（ＩＲＰ）の初代党首、初代最高裁判所長官。

ＲＰが露骨な権力の独占を目指していると批判した。当初、ＩＲＰの指導部は守勢に立たされており、「公正な法学者」すなわちアーヤトゥッラー・ホメイニーからも一貫した支持を獲得できていなかった。にもかかわらず、ＩＲＰは、革命裁判所や革命防衛隊といった新たな革命組織、そして地方の重要なイスラーム法学者ネットワークに対して、影響力を拡大するようになった。その結果、モッラーが政府機能のほぼ全てを管理するような事実上の神権政治を作り上げるというＩＲＰの一貫した政策は、次第に支持を集めるようになったのである。こうしてＩＲＰは、一九八〇年一月の大統領選挙ではほとんど得票できなかったにもかかわらず、それから二カ月後のマジュレス選挙では成功を収めたのである。その結果、アブー・ハサン・バニー・サドル新大統領という最も手ごわい政敵の激しい反対があったにもかかわらず、ＩＲＰは議会選挙での成功を足がかりに内閣の重要ポストのほとんどを獲得した。

　ＩＲＰによる権力掌握は、まずＩＲＰが正統と考えるイスラーム信仰を大学やメディアに押し付けるために実施された、いわゆる「文化革命」によって、次いで官僚機構内の反対派を一掃し、ＩＲＰに忠実な支持者と入れ替えることによって、さらに進んだ。こうしたＩＲＰによる激しい粛清の嵐を免れた唯一の組織は、軍であった。軍は、一九八〇年九月に始まったイラク軍の侵攻から祖国を防衛するという極めて重要な役割を担っていたため、その有効性を損ねるわけにはいかなかったのである。しかし、ここでもＩＲＰは、革命防衛隊を軍と同等に扱うべきであると主張することによって、軍の権益に対して相当程度切り込むことができた。

　以上のような政治プロセスのなかで、アーヤトゥッラー・ホメイニーがどのような役割を果たしたのかについては、まったく明らかになっていない。バニー・サドル大統領とＩＲＰ所属閣僚の対立を分析したバハシュによると、少なくとも初期の段階では、ホメイニーはしばしばバニー・サドルを支持していた[29]。しかし、時間が経つにつれ、一方で、モッラーの統治能力に対するホメイニーの懸念が払拭され、他方、バニー・サドルが一貫性のない政治を行ったことによって、ホメイニーは非ウラマー専門家の能力や信頼性に疑問を差し挟むようになった。そうこうするうちに、ホメイニーも、ＩＲＰの権力拡大と、分裂し絶望的な状況に陥ったバニー・サドルに対するＩＲＰの勝利から影響を受けるようになった。その結果、一九八一年六月に議会がバニー・サドル大統領に対する弾劾手続きを始めると、ホメイニーはバニー・サドルを退任させ、その代わりにIRPのモハンマド・ラジャーイーを大統領に任命するという決定に同調するより他なくなった。その二カ月後、モジャーヘディーネ・ハルク率いる急進的なイスラーム集団と左派組織の連合が、IRP指導部を狙って二発の大規模な爆弾を爆破させた。その二発目でラジャーイーは暗殺された。その後、彼の後を継いだアリー・ハーメネイーが、一九八一年一〇月に大統領に選出されたのである。

次の二年間で、IRPと連合したイスラーム法学者が反体制派の残党を一掃し、今日まで続く神権的な政権と政治体制を確立した。こうした制度構造のなかで、宗教がどのような役割を果たしたのかを問うことは興味深いことであり、そのことはイラン型イスラーム国家の特徴を浮き彫りにすることにつながるであろう。

こうした問いは次の二つの観点から考えることができる。第一に、ホメイニーとその支持者がこの問題をどのように考えていたかを分析することである。彼らの声明から判断すれば、イスラーム的憲法が存在し、法学者の役割が担保されているため、イランは当然イスラーム国家であると考えていたことは疑いない。そのことは、たとえば一九八七年二月の革命八周年記念式典におけるハーメネイー大統領のスピーチに表れている。大統領はその式典で、「環境は今やイスラーム的になった。西洋文化が支配する環境ではない。これは健全な環境である。親は子供のモラルについてもはや心配する必要はない」[30]と述べたのである。

ホメイニーとその支持者がイランをイスラーム国家であると考えていたことのさらなる証拠として、法体系のイス

i 一九三三年〜。一九七九年の革命でホメイニーとともにパリから帰国し、新憲法起草に参画し、一九八〇年にイラン・イスラーム共和国の初代大統領に任命された。その後、イスラーム共和党との対立で罷免され、フランスに亡命。

ii 一九三三〜八一年。イスラーム共和党の指導者で、第二代大統領。

iii イラン人民聖戦隊。シーア派教義とマルクス主義階級理論を基盤とする反体制ゲリラ組織。一九七九年革命以前は反王制活動を展開し、革命後はバニー・サドルと共闘したが、その後、ラジャーイー大統領を爆殺したために弾圧され、イラクに亡命。

ラーム化が進められた点を挙げることができる。これは、ホメイニー自身もとりわけ重視していた点であった。[31] 法体系をイスラーム化することとは、すなわち宗教的な訓練を受けていない全ての裁判官を段階的に排除し、イスラームの規範に従って様々な法律を書き換えるという作業であった。

第二に、イデオロギーや言説のみではなく、政治の実態を十分に考慮に入れて外部から眺めてみると、若干異なる事実が浮き彫りになり、こうした政治体制のイスラーム的特徴と近代的特徴のあいだに緊張関係があったことが明らかになる。アリー・バヌーアズィーズィーが適切に要約しているように、憲法の枠組みで機能する近代的な官僚国家と、選挙で選ばれることなく、あらゆる説明責任を超越した神権政治の「主権者」（法学者）とのあいだには、必然的な矛盾があったのである。[32]

こうした矛盾は、以下の二つのレベルでポリティクスを活性化させた。一つ目は、エリートのイスラーム法学者同士の対立である。バヌーアズィーズィーはこの点について、次のように述べている。

> アーヤトゥッラーによる支配の最も顕著な特徴は、比較的少数の統治者集団が、よく似た社会的出自を持ち、同じ知的背景を持っているにもかかわらず、イスラーム社会や政府にかかわる最も根本的な問題のいくつかをめぐって合意できなかったという点であろう。[33]

「巍々《ぎぎ》たる存在感」を持ち、憲政上比類なき地位にあったホメイニーですら、多くの重要な場面で、高位のイスラーム法学者に対して自らの見解を押し付けることはできなかった。たとえば、イスラーム国家内の私的所有の役割をめぐってマジュレスと監督者評議会のあいだで継続している対立がその典型である。[34] また、ホメイニーの後継者であるアリー・ハーメネイーは、宗教的な学識が低く権威もなかったために、イスラーム法学者の多様な派閥の上に立って調整しようという努力をほとんど放棄し、多くの問題においてもっぱら保守派の立場に公然と寄り添った。

ハーメネイーが他の勢力に影響力を行使したければ、単純な政治的駆け引きを行うより他になかった。

このように、エリートのモッラーは、内部で激しい論争を繰り広げていたのである。とはいえ、彼らは、公の場で議論してよい問題とそうでない問題のあいだに明確な境界線を引き、それを広く知らしめるに十分な連携だけは、なんとかして維持してきた。彼らは、最高指導者とイスラーム体制のイデオロギー的基礎に対する批判は一切容認しないという姿勢を明示することによって、これをやってのけた。それは、大統領選挙やマジュレス選挙の立候補者に対する資格審査権を持った監督者評議会を完全に支配することによって、より強化された。そして、こうしたことが全て失敗したとしても、彼らはなんのためらいもなく反体制派を拘束したり、あるいは革命防衛隊を派遣して、彼らに嫌がらせをしたり傷つけたりすることを一切躊躇しないだろう。

このようなタイプの権力は、イスラーム政治思想の発展に著しい制約を与えた。具体的には、ハータミー大統領[ii]のようなリベラル勢力が、多元的で開放的なイスラーム政策を推進するにあたって、常にイデオロギー的に合意された範囲内にとどまることを余儀なくされた。また、イスラーム法学者の政権に押し付けられた唯一の正統派信仰を批判し、多様な思想や実践を内包する伝統としてのイスラーム史観を提示してきたアブデルカリーム・スローシュのような哲学者の活動は困難になり、時に身の危険を感じるほどになった。スローシュは、民主主義をイスラーム化することを試みるのではなく、イスラームを民主化し、選挙で選ばれることのないエリートではなく、一般信徒のためのイスラームを作り上げなければならないと論じていた(35)。

政治を活性化させた二つ目の理由は、イスラーム法学者から成る指導部が、近代国家の様々な制度と並存すること

i　神の徴を意味する。イランやイラクで用いられる一二イマーム派の高位ウラマーへの尊称。
ii　一九四三年〜。イラン・イスラーム共和国の第五代大統領。言論や文化活動の自由化に尽力し、一九九七年の大統領就任後には「文明の対話」などを主張した。

はおろか、経済問題や急激な近代化、大規模な国営企業の管理といった日常的な問題にも取り組まねばならなかった、という点に求められる。こうした問題に取り組むうえで、高尚な問題を議論する際に用いられる宗教的語彙のほとんどは、行政の専門家が使う言葉とはうまく適合しなかった。また、イスラーム法学者は憲法の制約を否が応にも認識することになった。というのも、イランの法体系はシャリーアにもとづいて作られているにもかかわらず、それが実際に運用される段階では公的な成文法が優先される場合も多々あった。そして、宗教界ではなく国家によって選出された人物がそうした成文法を統括していたため、イスラーム法学者の活動は必然的に制約を受けるようになったのである。[36] さらに、イスラーム法学者は、正当な文化活動とは何か、あるいは正しい政治行動とは何かといった問題については、より多様な社会勢力と折衝しなければならなかった。というのも、イランでは長期に渡り、女性の雇用や音楽、娯楽、スポーツなどの問題をめぐって、近代的活動と宗教規範のあいだで多くの妥協が繰り返されてきたため、イランの日常生活は、ウラマーの地位や宗教界がほとんど制度化されていない他の多くのムスリム国家よりもずっと非イスラーム的だったからである。[37]

こうした基本的な問題については、一九七九年に革命政権の新憲法が起草される際に、批判者が予言していたことであった。すなわち、イスラーム法学者が政府や政策決定に深く関与することによって、イスラーム法学者としての正当性が失われるという点は、すでに批判されていたのである。さらに、オリヴィエ・ロワがいみじくも述べているように、宗教指導者が公然と指導権を掌握するようなイスラーム共和国を樹立してしまうと、その後に生じることはただ一つ、世俗化の進行という逆説的帰結に他ならない。[38] とはいえ、ロワも論じているように、立憲主義体制を導入することによって、イランの宗教革命は時間を稼ぐことができた。革命政権は、ロワの言う「イスラーム主義者と革命のレトリックを超えた政治空間、すなわち、その指導者の奢侈な理想論に立脚するのではなく、神の言葉がなくとも存続可能な制度的基礎に立脚した政治空間」[39] を構築することができたのである。何よりもこの立憲主義体制を確立したことによって、イランのイスラーム法学者体制は長期間継続することが可能となった。だからこそ、その体制が比較的安定し、定期的な権力交代が担保され、宗教的規範と近代生活に必要不可欠な事柄のあいだで妥協が可能となったのである。

アラブ諸国の宗教政治

イラン革命は、シーア派はもちろんのこと、西洋と同盟関係を結んだ体制や独裁政権下で生活する多数のスンナ派コミュニティにも強い衝撃を与えた。シーア派の人々は、この革命を、アラブ諸国でしばしば周辺化されてきた自らの地位を改善する機会であると考えた。その後の一〇年間で社会の宗教性が高まり、宗教政治活動が活性化したという事実に鑑みると、イラン革命はスンナ派の人々にもシーア派の人々にも、大衆運動が専制体制を打倒できるという事実を証明する出来事として認識されていたことがわかる。イラン革命のスローガンにあるように、「あらゆるファラオには、それを打倒するためのモーセがいる」のである。一九六七年の中東戦争以降、すでに守勢に立たされていた権威主義体制は、イラン革命以降、多様な政治アクターからの挑戦を受けるようになった。こうした政治アクターは、イスラーム主義の語彙がナショナリズムや社会正義といった強力なイデオロギーと組み合わさった時、とりわけ大きな動員力と活力を持つという事実を、改めて理解したのである。さらに、モスクやそれに付随する教育・福祉活動が権威主義体制の管理の及ばない空間を作り出していたために、そうした空間では、活動家の主張が広がり、好戦的な支持者がリクルートされるようになった。

多様なスンナ派宗教運動のなかで、上述のような新たな機運を最もうまく利用したのは、エジプトのムスリム同胞団と、シリア、ヨルダン、パレスチナ、スーダンに広がるその支部であった。同胞団は、学校教諭であったハサン・バンナーによって、一九二八年にエジプトで創設された。同胞団は当初、慈善活動や教育、相互扶助に携わる数ある小規模な宗教組織の一つに過ぎなかった。[40]だが、同胞団はすぐに、支持者や活動領域といった点で他の組織を大きく凌駕していった。それはなぜだろうか。第一に、そのカリスマ的指導者の組織力であった。類まれな組織力を持っていたバンナーは、全国規模の緩やかな組織構造を形成した。この組織構造のなかでは、地方レベルで近隣住民のあいだの自助組織が絶え間なく増殖し、そうした組織が新聞や他の直接的な相互交渉手段に依拠することによって、国家レベルの指導者と直接繋がり、師事することができるようになっていた。第二に、ナズィーフ・アイユービーによれば、バンナーが「イスラームの包括性」という特有の概念を作り上げた点であった。すなわち、モスクや学校、医療施設を建設することによって、同胞団は、都市のムスリムが西洋的で世俗的なライフスタイルの影響をほとんど受けることなく生活の大部分を営むことができる仕組みを作り上げたのである。[41]

こうした強みを持っていたため、ムスリム同胞団は、一九三〇年代に急速にメンバーを集め、政治アリーナで他の主要勢力と堂々とやりあうことができるほどに党勢を拡大した。その結果、いくつもの重要な帰結が生み出された。第一に、同胞団指導部は、これまでワフド党やより急進的なナショナリスト政党と連携していた労働者や公務員といった集団を動員するために、同胞団の主張を書き換えようとした。第二に、ハサン・バンナーとその側近は、他の政治家から、同胞団の政治的役割をより厳密に規定するべきだという攻撃を受けるようになった。バンナー自身は、たとえば、国家の重要課題についての見解を書き連ねた書簡を国王に送るなど、国民に対して宗教的な道義心を示すことで満足していたようである。だが、他の幹部はより活発な政治的役割を果たすための準備を始めた。彼らはまず、選挙に出馬する準備を開始した。次に、政敵からの直接的な攻撃によって同胞団組織とその資産が危機的状態にあると感じると、「秘密組織」を結成し、潜在的に最も危険だと考えられる政敵の暗殺を、先手を打って開始したのである。こうした展開にバンナーがどのような役割を果たしたかについては、延々と議論が繰り返されてきた。[42]ただし、より重要なことは、同胞団の活動路線に大きな影響を及ぼす論理があったという点であろう。すなわち、同胞団は、次から次へと難題を押し付けてくる敵対勢力に囲まれ、活動主義か静寂主義のどちらかを常に選択しなければならない状況に置かれていたのである。

第二次世界大戦以降のムスリム同胞団の歴史は、この点を裏付けている。一九四〇年代には、同胞団は国政に参加しようと努力し、大衆動員と地下活動のテロリズムを無理に結合した。これは他の政治家に大きな脅威を与えたため、同胞団は厳しい法的制約を受けることになった。それだけではなく、ハサン・バンナーが一九四九年に暗殺され、最高指導者を失う結果にもなった。それ以降、ナセル率いる自由将校団の革命政府とのあいだで一時的に蜜月関係が生まれ、最も重要な新メンバーの一人であるサイイド・クトゥブが、一九五三年にナセル体制の解放連合[i]の書記長に任命された。ところが、その後ナセル政権と同胞団の関係は悪化の一途を辿り、同胞団員の一人が一九五四年にナセルの暗殺未遂を起こすと、同胞団の活動が禁止され、クトゥブと他のほとんどの指導者は投獄された。[43] クトゥブは一〇年間に及ぶ獄中生活で、イスラーム史を精力的に再解釈し、次のような議論を展開した。つまり、エジプトはもはやイスラーム的な国家ではなく、宗教的に無知なジャーヒリーヤ状態[ii]にある。そのため、ムスリムは、社会の指導権を掌握しない限り宗教的に適切な生活を送ることができない、と論じたのである。[44] この議論は、クトゥブが一九六六年に処刑されて以降、人口に膾炙《かいしゃ》するようになり、一九七〇年代に形成された小規模の過激派集団の多くを鼓舞する思想となった。

他方、サーダート大統領は、筋金入りのナセル主義者や左派連合と戦うための政策の一環として、同胞団の再建を許可した。同胞団員の大部分は新たなモスクや学校、病院の建設で満足していたが、サーダートの経済解放政策を利用して様々なイスラーム投資制度を活用したりイスラーム銀行を創始したりする者もいた。一方で、ごく少数の活動

i　ナセル大統領が一九五三年一月に結成した国民動員組織。第二章、第八章も参照。
ii　預言者ムハンマドによってイスラームが布教される前の、前イスラーム時代、無明時代。現代では、西洋化や世俗化、脱イスラーム化が進行し、イスラーム社会とはいえない状態のことを指して、ジャーヒリーヤと呼ぶことがある。クトゥブはエジプト社会の世俗主義や社会主義を問題視した。

家が同胞団から離脱し、いくつかの戦闘的な組織を形成したが、それらはジャマーア・イスラーミーヤ（イスラーム集団）の名の元に集結した。サーダート政権の打倒を目指したのはこの組織の一部であった。こうした試みはあまり成功を収めたとは言えないが、一九八一年一〇月の建軍記念パレードではサーダート大統領の暗殺を巧みにやってのけた。

新大統領に就任したフスニー・ムバーラクは、最初の一〇年間、エジプトの宗教運動に対して二重の政策を採った。つまり、同胞団に対しては、公式政党として承認することは決してなかったが、議会や選挙などの政治プロセスに参加することを促進した。その一方で、逮捕や投獄を通じて急進的な分派を孤立させようとした。こうした状況のなかで、同胞団主流派は結成当初の戦略に立ち返り、一方でシャリーアの象徴的で重要な部分を漸次的に導入するべきだと主張しつつも、他方、政治の実権を獲得する日に向けて、代替となるイスラーム的経済・社会構造を支える制度を組み立てていった。

だが、湾岸戦争に引き続いて、宗教的動機にもとづく暴力事件が発生した結果、事態は再び変化した。ムバーラク政権は、好戦的な組織のみを取り締まりの対象にするという政策から、政府の管理外にあるあらゆる宗教組織を攻撃する政策へと転換した。(45) この政策転換は、脆弱で分裂した同胞団の指導部にとって、極めて大きな問題となった。その結果、好戦的な組織を陰で支持する同胞団員も出てきた。あるいは、医者や弁護士、ジャーナリストから成る職能集団といった半官組織に影響力を広げようとするメンバーもいた。そのいくつかは、選挙規則の変更によって排除されるまで、同胞団の支配下にあったのである。さらに、一部の同胞団員は、一九九〇年代には激しい宗教・文化戦争に再び足を踏み入れることになった。彼らは世俗的な知識人を攻撃し、結婚の自由や法の下での女性の平等を制限する記述があるシャリーアの一部にもとづき、法体系の矛盾を利用して個人的な訴訟に持ち込んだ。(46) 政府は、たとえば学校での女性のベール着用を非合法化することでこうした訴えに抵抗しつつ、部分的には譲歩を示した。このような対立は不安定な状況を生み出し、その結果、同胞団をさらなる窮地に追い込んだ。とはいえ、同胞団の指導者の多くが、独立した政治活動を自由に展開することができるように、完全な政党の身分を獲得するべきだと主張し続けたにもかかわらず、同胞団の主流派は概して調整的な役割に徹した(47)。

他国の同胞団にも、よく似た紆余曲折がみられた。シリアの同胞団は、一九五〇年代には議会政治に参加していたが、一九七〇年代後半から八〇年代初頭にかけて、バアス党が支配する国家に対して軍事的な抵抗運動を展開するようになった。だが、それ以降は再び、アサド政権と曖昧な調整を続けることになった。ヨルダンの同胞団は、当初は王政と同盟関係を構築していたために良好な地位にあり、一九八九〜九三年の議会では多数派を占めた。だが、その後はフサイン国王との対立が拡大していった。スーダンの同胞団は一九六〇年代以降、許可されれば議会に参加するようになった。そして、新たな軍事政権と極めて強い連携関係を構築していたために、一九八九年には政権を掌握することになった。パレスチナの同胞団は、教育と福祉活動を続ける一方で、同胞団本体よりも著しく活動的なハマース(イスラーム抵抗運動)[i]の基盤を形成することにもなった。ハマースは、第一次インティファーダ以降のパレスチナで、イスラエルの占領に反対する大衆の抵抗運動を鼓舞していった。以下では、ムスリム同胞団と政治権力との関係を示す対照的な事例として、スーダンとヨルダンの同胞団を概観してみたい。

スーダンのムスリム同胞団が大衆運動に発展するためには、独立から数十年を要した。一九五〇年代から六〇年代のスーダンでは、アンサールとハトミー教団[ii]という二つの大きなイスラーム組織が幅を利かせており、同胞団は当初、こうした環境で活動しなければならなかった。アンサールとハトミー教団は、どちらも政党と連携し、自由な競争的

i　エジプト・ムスリム同胞団のパレスチナ支部をその前身に持ち、一九八七年の第一次インティファーダを契機として誕生した、対イスラエル武装抵抗運動/政治組織。ハマースは、対外的にはイスラエルへの抵抗運動や市民に対する自爆テロを継続的に遂行し、対内的にはPLO主流派のファタハの汚職体質や機能不全を批判しつつ占領地での社会福祉活動を積極的に行うことで、徐々に占領地住民のあいだに根を張っていった。二〇〇六年の第二次立法評議会(パレスチナの国会に相当)選挙では全一三二議席中七四議席を獲得し、ファタハに勝利を収めた。近年では、イスラエルとの長期的な「停戦」も可能であるとの立場を明確に打ち出している。

選挙ではほとんどの票を獲得していた。したがって、同胞団がそのイデオロギーを広く宣伝する余地は、ほとんど残っていなかった。だが、一九六四年にハサン・トゥラービー[iii]がスーダンに帰国すると、スーダン同胞団の一部がエジプト同胞団からのイデオロギー的な独立を強め、さらに古参が進めてきた民主体制に対して攻撃を加えることによって、より行動主義的な姿勢を取るようになった。[48] そして、一九七七年にヌマイリー大統領が政敵との和解を始めた結果、同胞団が躍進をみせるようになった。具体的には、ＮＩＦとして新たに組織化された同胞団のトゥラービー派が政権に深く関与できるようになり、さらに行政や教育システムのなかで重要なポストを獲得し、一九八〇年の選挙では多数の議席を獲得できるまでになったのである。[49] そして、ヌマイリー大統領が一九八三年にシャリーアの部分的導入を決定すると、ＮＩＦはさらに有利な立場を獲得した。[50] こうしてＮＩＦは、聖なる法の主たる為政者としてふるまうことが可能となっただけでなく、不本意ながらも食料供給を受けざるを得なくなった何百万人もの南スーダンのキリスト教徒や他の宗派集団と、ムスリムとのあいだで高まった不可避の緊張関係からも利益を得ることが可能となった。さらに、利子を非合法化するシャリーアを適用することによってイスラーム銀行が拡大すると、ＮＩＦはそこから主たる資金を獲得することができるようになったのである。

ＮＩＦが党勢を拡大したことは、ＮＩＦ指導部が、ヌマイリー大統領の権力衰退や古い議会制度の復活といった急速な政治制度の変化に対応できるようになったという事実に、端的に表れている。具体的には、ＮＩＦは一九八六年の議会選挙で二〇％近くの票を獲得したことによって、シャリーアの部分的適用に反対する動きや、南部で再発した解放運動に対して融和的な政策を採る動きを阻止するのに十分な力を獲得した。[51] そしてついに、一九八九年七月に権力を掌握した新たな軍事政権の背後で、重要な役割を果たすことができるようになったのである。ＮＩＦは、一九八九年の軍事クーデタには積極的に関与しなかったが、バシール将軍[iv]率いる新体制とのあいだにはいくつもの共通点があった。たとえば、イスラーム主義的な政策志向に加え、複数政党制にもとづく民主体制に対する敵対心も共有していた。バシール将軍とＮＩＦは、いずれも民主体制が北部と南部の反体制派を勢い付かせる非常に厄介な要素であると考えていたのである。[52]それから数カ月のうちに、軍は、トゥラービーをイデオロギー的指導者と考えるようになった。

トゥラービーとその同僚の将校は、こうした新たな権力を用いてスーダン社会のイスラーム化に着手した。具体的には、革命イランとほとんど同じような特別革命防衛裁判所を作り上げ、司法や大学、そして役所から敵と思しき者を排除し、女性にはイスラーム的な服装を着用するよう強制した。だが、そのいずれも大きな成功を収めなかった。そのため、トゥラービーは次に、新党を立ち上げることによって政府に対する宗教の影響力を制度化しようとした。トゥラービーは新党の書記長に就任し、次第にほとんどの閣僚がこの政党から輩出されるようになった。最後に彼は、IMFが求める構造調整プログラムのイスラーム版とも呼ぶべき経済政策を導入した。これにより、補助金と輸入が削減され、トゥラービーの裕福な支持者に公共部門の一部が売却され、イスラーム銀行の資金を用いた財務投資に依存する経済体制が生み出されたのである。[53]

当時のスーダンは敵に包囲されたような状態であった。南部では反乱が続いており、湾岸戦争中にイラクを支持したことによって、国際社会の大部分から批判を受けていたからである。だからこそ、当初はイスラームの名の下に新

ii　アンサールは、一九世紀前後半のマフディー運動の支持者、およびマフディー家を中心に結成された政党（ウンマ党）の支持者。マフディー運動とは、スーダンのスンナ派のあいだで発生した民衆宗教運動で、マフディー（導かれた者）を中心に、オスマン帝国、エジプト、列強の支配に反対した運動のことである。他方、ハトミー教団は、スーダンやエジプトで有力なスーフィー教団で、エジプトとスーダンの統一を志向する民主統一党の基盤となった。

iii　一九三二年〜。スーダンのイスラーム主義者、政治家。フランスのソルボンヌ大学で博士号を取得、留学中にムスリム同胞団に加わる。ヌマイリー政権で法務相を務め、同政権崩壊後は国民イスラーム戦線の党首として活動。一九八九年のクーデタ後は、実質的な政権指導者となるが、バシール政権と対立して二〇〇一年に拘束された。

iv　一九四四年〜。スーダンの軍人、政治家。一九八九年のクーデタで軍事政権を樹立、大統領に就任した。

たな政策を導入し、自己満足に浸ることが容易であった。しかし、時間が経つにつれ、政治的自由の欠如と経済パフォーマンスの悪化が連動し、国内の反体制運動が盛り上がりをみせるようになっていった。それはトゥラービーの影響力を低下させ、軍は生存のために軍事力に依存するより単純な現実主義路線を取るようになった。

ヨルダンのムスリム同胞団は、一九七〇年代と八〇年代には特権的な地位を享受していた。というのも、同胞団は王政を支持し、ナセル主義者などの世俗的なアラブ民族主義者や左派と対立していたためである。それゆえ、同胞団は、公式政党として組織化することは許可されていなかったものの、ヨルダンのどの集団よりもはるかに組織化され、一九八九年に議会が再開された時には優位に立つことができた。同胞団は議会での影響力を用いて一九九〇年には議長を輩出し、短期間ではあるが五人の閣僚も出した。さらに、公共の場でのアルコールの販売禁止や、男女別学の教育制度の導入を試みることによって、ヨルダン社会のイスラーム化を推し進めた。しかしこれは、支配層の激しい抵抗にあった。というのも、支配層のエリートは、一九八九年以前の閣僚メンバーによる大規模な汚職を暴いた議会聴聞会に同胞団員が参加した時から、同胞団によるイスラーム化政策に大きな懸念を持つようになったからである。国王もこうしたイスラーム化政策には当惑を隠し切れず、一九九二年末の国民に向けた演説では、ヨルダンのイスラーム主義者が「後進性と弾圧の推進者になっている」と批判した。[54]

一九九三年の選挙では、選挙法が改正されたにもかかわらず、イスラーム行動戦線（ＩＡＦ）として組織された同胞団がほとんどの議席を獲得した。しかし同胞団は、さらに宮廷と対立を繰り返した後、選挙制度が不公平であるという理由で一九九七年の選挙をボイコットすることを決めた。

こうした対立によって、グレン・ロビンソンが「社会的イスラーム主義者」と「政治的イスラーム主義者」と呼んだおなじみの分裂が生まれた。前者は、ヨルダン社会のイスラーム化という伝統的な政策に関心があり、後者は、経済的・社会的正義や汚職、イスラエルとの和平協定に対する反対といった政策を重視していた。[55] どちらの政策も、国王が無視できないほど多くの支持層を持っていた。同胞団は対立と分裂の結果、孤立を深めていったが、それでもＩ

ＡＦは、王政や議会の直接的な脅威にはならないと主張し続け、その主張や要求を聞き入れさせることができるほどの力と影響力を維持したのである。ほとんど同じ状況で政府外活動を展開していたエジプトのムスリム同胞団と同様に、ヨルダン同胞団の指導部も、民主体制への支持を強調する傾向があった。というのも、民主体制こそが同胞団の独立を担保し、「段階的」にイスラーム文明を復興させるという目的を遂行するための足場を提供し得ると考えられたからである。[56] ＩＡＦが一九九九年七月の地方選挙への参加に合意した背景には、こうした思考があった。同選挙はアブドゥッラー国王の即位から六カ月後に実施され、ＩＡＦは一〇〇人の立候補のうち七二人を当選させ、五つの大都市で知事ポストを獲得した。この勝利に勢いづいたＩＡＦは、より公平で開かれた競争が可能となるように選挙法を修正することを条件に、二〇〇一年の総選挙にも参加する考えを発表した。[57]

一九八〇年代には、別のスンナ派イスラーム主義運動もいくつか形成された。これらの運動は、草の根の支持基盤を作り上げるという点でムスリム同胞団の元来の戦略を踏襲していたが、より大衆迎合的な政策や革命的なスローガンを掲げ、性急に権力を掌握しようとする点で同胞団とは異なっていた。[58] こうした運動のなかでも、チュニジアのナフダ（一九八七年にイスラーム志向運動［ＭＴＩ］から名称変更）とアルジェリアのイスラーム救済戦線（ＦＩＳ）[i]は、アラブ世界では傑出した存在であった。ＭＴＩとその指導者ラシード・ガンヌーシー[ii]は、ブルギバ大統領が実行したいくつものリベラルな開放政策を利用して、政党を形成しようとした。その可能性が否定されると、ＭＴＩの影響力を主として次の二つの方法によって拡大させようとした。第一に、無償の法律相談や無償医療の提供といった福祉プログラムのネットワークを構築した。第二に、人権や社会問題を支援する他の反体制勢力との協力体制を構築した。後者は、

i　アルジェリア最大のイスラーム主義組織で、一九九〇年の地方選挙・国会選挙で圧勝した後、弾圧される。代表はマダニー、補佐はベンハーッジュ。

ii　一九四一年～。チュニジアのイスラーム主義運動の指導者、ＭＴＩの創設者。一九七〇年代末までに学生や中産階級や下層民に大きな支持基盤を形成した。

エジプトのムスリム同胞団にはみられないMTIの特徴である。この点について、ガンヌーシーは、エジプトのムスリム同胞団は社会を監督するだけで変革する努力をしてこなかったと批判していた[59]。次にMTIは、ベン・アリー新大統領体制のもとで、ナフダと名称を変更して一九八九年の選挙プロセスに参加しようとした。だが、政党が宗教的な政策を公然と掲げることは禁止されていた。参政要求が再び否定されると、一部のナフダ・メンバーは政府との暴力的な対立に傾倒していき、ガンヌーシーも自発的に亡命することとなった。その直後にナフダに対する弾圧が始まった。一九九一年には三人の活動家が処刑され、多くのメンバーは投獄されて拷問を受けた。

アルジェリアのFISは、より劇的な盛衰を経験したものの、ナフダと同じような軌跡を辿った。一九九〇年の地方選挙に参加するために政党として組織化したFISは、ほとんどの主要都市で権力を掌握した。FISはこの勝利を利用して、地方の支持基盤をさらに強化し、バーやナイトクラブ、男女混合のビーチといった明らかな標的に狙いを定めてイスラーム化を進めようとした。さらにFISは、一九九一年一二月に実施された国政選挙の第一回投票で勝利を収めたことによって、より権力の中枢に近づいた。しかし、FISが極めて大きな支持を得ていたこと、そして一部の指導者が闘志にあふれた声明を発表したことは、軍の恐怖心を焚きつけるに十分であった。そのため軍は、一九九二年一月に予定されていた国政選挙の第二回投票を中止し、その二カ月後にFISの活動禁止処分を出してメンバー数千人を拘束したのである。

それに続いて起こった暴力の責任が誰にあるのかについては、さらなる議論が必要になる。無論、FISの軍事部門として結成されたイスラーム運動軍（MIA）は、初期の残虐行為のいくつかに責任を負っている。だが、暴力のほとんどは、武装イスラーム集団（GIA）という闇組織の仕業であった。GIAは国家機構にかかわるものを全て破壊し、国家と繋がりを持つ人物を全て殺害するという過激な綱領を持っていた。こうした活動は、GIAの指導部に多数含まれていたいわゆる「アフガン」によって刺激された、と考えられている。「アフガン」とは、アフガニスタンでソ連軍と戦うためにCIAやパキスタン軍の訓練を受けたアルジェリア人のことである。また、アルジェリア軍も同様に大きな責任を負っている。軍は、内戦初期には虐殺に介入し、その後はスパイや諜報員を使って軍事活動の浸透を促進し、外部者がみる限り、あらゆる殺戮をさらに激化させたのである。

他方、こうした展開とはまた大きく異なる文脈で、戦闘的なシーア派運動が盛り上がりをみせた。歴史的に、アラブ世界のシーア派コミュニティは、長く続いたスンナ派支配家系によって周縁に追いやられてきた。彼らは、しばしば資源をほとんど持たず、貧困な土地の広がる山岳地帯かあるいは砂漠に暮らしていた。それゆえ、シーア派の人々は、二〇世紀後半に拡大したコミュナリズムを主張する運動に対しては、それが宗教的な運動であれ階級的な運動であれ、とりわけ敏感に反応した。シーア派コミュニティのもう一つの特徴は、ウラマーがコミュニティ内で大きな役割を担っている点、そして、そうしたウラマーは、イラクやイランの聖地で身に付けた宗教政治思想に大きな影響を受けている点であった。たとえば、多くのシーア派ウラマーは、シーア派聖地に留学し、ナジャフで活躍したムハンマド・バーキル・サドル[i]の思想を習得している。サドルは、ウラマーの行動主義を重視し、そこにマルクス主義と大衆革命の強力な語彙を組み合わせることによって、明らかに政治的な思想を発展させていった。大衆革命は、より政治志向の強い盟友の宗教者（ホメイニー）が信奉していた要素であった。こうした状況下で、イラン革命がシーア派世界の最重要国で発生したという事実は、既存のアラブ体制内でさらなる平等を求めるコミュナルな組織と、既存のアラブ体制を打倒してただちにイスラーム国家を樹立すべきだと考えていたイデオロギー色の強い運動の双方に、とりわけ強い影響を与えたのである。

シーア派の運動は、とりわけ一九八〇年代の湾岸で顕在化した。その多くが革命イラン政府から刺激を受け、時に

i　一九三五〜八〇年。現代アラブ世界のシーア派イスラーム主義思想の大家、イラクのイスラーム主義運動の思想的指導者。資本主義や社会主義を乗り越えたイスラーム社会の構築を主張し、イスラーム法学者が政府や行政機構で指導的役割を果たすことを重視した。イラク戦争後に政権の中核を担うようになったダアワ党の創始者。一九八〇年にイラクのバアス党政権によって処刑。

は直接的な支援も受けていた。彼らが積極的に活動を展開していった結果、スンナ派支配層との衝突が生じた。典型的なのは、一九七九〜八〇年にサウディアラビア東部州で生じた衝突であった。だが、こうした運動は、次第に各国の政府によって封じ込められるか、あるいは消滅させられていった。一方で、シーア派運動の指導者の一部は、公平な代表制や平等を実現するために、民主主義の進展を呼びかける政治運動に注力するようになっていった。こうした民主的な政治運動は、サウディアラビアでは短期的に効力を発揮したが、バハレーンではそうはならなかった。というのも、バハレーンでは、一九七四年に解散させられた議会の再開を求める運動が、シーア派コミュニティ全体を狙った政府の大弾圧にあったためである。(60)

レバノンで形成されたアラブ・シーア派運動は、軍部にも政治にも大きな衝撃を与えた。なかでも重要なのは、一九七五年に民兵組織として結成されたアマル運動と、一九八二年に創設されたヒズブッラーであった。後者は、一九八二年六月のイスラエルの侵攻によってシーア派の人々が過激化した結果生み出された好戦的組織である。どちらの運動もイラン政府の支援を受けていた。イランからの資金は、武器の購入に加えて福祉や教育といったより幅広い活動を継続するためにも使われた。しかし、一九八〇年代前半にはヒズブッラーだけが、過激な革命的活動主義を採用するようになった。この活動は、レバノンをイスラーム国家に変えることを目指したテヘランによって奨励された。しかし、こうした状況は、内戦が終結し、一九九二年に議会が再開されると、根本的な変化を遂げた。アマルもヒズブッラーも、この機会を利用して政党に変化し、選挙に参加するようになったのである。これは、ヒズブッラーの指導部が革命という目的を放棄せざるを得なかったことを意味していた。また、レバノンの他宗派やコミュニティとの共存にもとづく民主的な多元主義を、アマルとともに支持することも意味していた。この選挙で、アマルは一二八議席中五議席、ヒズブッラーは八議席を獲得した。

とはいえ、議会への参加は、ヒズブッラーがレバノン南部でイスラエルに対して行っていたゲリラ活動を停止させることを意味しなかった。というのも、南部のゲリラ活動は、ヒズブッラーにとってリクルートと政治動員の重要な手段であり続けたからである。しかし、議会に参加したことによって、レバノンのシーア派から支持を獲得するための方法はたしかに変化した。具体的には、一九八〇年代後半にはシーア派の支持をめぐってアマルと武装闘争を繰り広げていたヒズブッラーが、今やシーア派の最貧困層を取り巻く環境を改善するための経済社会政策をめぐって、アマルと競合するようになったのである。ヒズブッラーは当初、政敵に対していくつもの点で優位に立っていた。だが、そうした政策で躓くと、一時的にではあるが、元最高指導者のシャイフ・スブヒー・トゥファイリーに出し抜かれることとなった。たとえば、貧者と抑圧された者による「飢えた者たちの革命」を提唱してきたトゥファイリーが、一九九八年に政府と軍事衝突を起こした結果、トゥファイリーの支持を失ったヒズブッラー主流派は、大衆の支持も同時に失うことになったのである。[61] このように、政治的体面を保つことと、より急進的な支持層の意見を吸い上げることとのあいだには、埋め難い溝があった。それは、革命のレトリックを放棄し、議会政治に移行したあらゆる運動に共通する問題でもあった。にもかかわらず、ヒズブッラーの指導部にとって幸運であったのは、同じような道を歩んだイラン政府の経験を参照することによって、この溝を埋めることがある意味容易になった点である。イランでは、革命に対する熱狂からハータミー大統領によるイスラーム民主主義へと移行し、政府は統治される人々の同意に依存しているという点が強調されるようになったからである。

イスラーム主義者の暴力を語る際の「テロ」という言葉について

複数の戦闘的イスラーム組織は、非ムスリムに対して、そして時には同じムスリムに対してもテロ行為を行うことによって、彼らの主義主張を表明してきた。こうした集団は当初、不信仰者であるか反イスラーム的であるとみなしたエジプトやアルジェリア、サウディアラビアの政府に対して、武装闘争を行った。しかし、ジル・ケペルが論じているように、こうした活動はただちに成功を収めることはなく、徐々に人々の支持を失っていった。そのため、アラブ人若年層が容易に敵対視することが可能なアメリカやイスラエルといった標的へと、攻撃の対象を移していったのである。[62] 彼らが関与した攻撃や民間人の殺戮は概して、信仰を守るためのジハードや聖戦という形で正当化されるようになった。その際、彼らは中世のイスラーム法学者イブン・タイミーヤ[i]の書物をしばしば引用した。イブン・タイミーヤは、二〇世紀に最も影響力を持ったサイイド・クトゥブ[ii]とパキスタンのマウラナ・マウドゥーディー[iii]という二人のイスラーム主義思想家の思想的源流となった。彼らの思想にもとづいた正当化論は、十字軍とユダヤ教徒への聖戦を宣言した一九八八年のアル＝カーイダの声明文や、「アメリカとその同盟者を、民間人や軍人を問わず殺害することは、個々人の義務である」と主張したビン・ラーディンによる二〇〇〇年の「ファトワー」にもみられる。[63] 以上のような議論に批判的な論者は、これがジハードの伝統的な教えを誤って解釈したものだと指摘する。イスラーム共同体を代表してジハードを行うのは個人ではなく政府の責任だからである。とはいえ、イスラーム世界が非ムスリムによって実際に占領されている場合には、ムスリムは、異教徒の兵士だけではなく民間人（一般的には老人、女性、子供と規定される）も殺害する権利を持っていると主張する者もいる。

　戦闘的なイスラーム組織のほとんどは、ナセル革命以前のエジプトのムスリム同胞団やパレスチナのハマースのように、軍事部門に加えて福祉部門を持っていた。だが、まずはエジプト、続いてアフガニスタンで活動したアイマン・ザワーヒリー[iv]のジハード組織に代表される一部の集団は、純粋に暴力を行使することを目的として作られた秘密組織である。反対に、戦闘的な集団のほとんどは、エジプトやパレスチナ、シリアといった国家のなかで闘争を行い、政府の公共政策、資金調達の機会、あるいは人々による支持の多寡といった国内環境に特別な注意を払ってきた。ハマースを研究したシュアル・ミシャールとアブラハム・セラは、以上の分析を支持する次のような議論を展開している。すなわち、彼らは、「教義に執着した非妥協的なイデオロギー運動」としての一般的なハマース像を批判し、ハマースが「教義ではなく、政治の実態に規定された戦略的なアクター」であることを実証しようとしたのである。[64]

二〇〇一年九月一一日のニューヨークとワシントンへのテロ攻撃以前から、アラブ世界の様々な集団が、暴力の行使やその正当化の方法について疑問を投げかけるようになっていた。典型的な例は、投獄中にあったエジプト武装集団の元指導部の言動である。彼らは、一九九七年七月に非暴力姿勢を公表し、続けて非暴力についての理論的な根拠を示した四冊の本を執筆した。これらの著作は別々に執筆されたものであるが、現在では四冊でひとまとまりの作品であるとみなされている。彼らはそのなかで、イブン・タイミーヤの著作にもとづいた解釈から距離を置き、特に資料に立脚した議論を展開した。表題には、『暴力停止のイニシアティブ』や『ジハードにまつわる誤解』といった示唆的なタイトルが付けられた(65)。後年になって、彼らは同じ手段を用いてアル＝カーイダを厳しく批判したが、なかには「アル＝カーイダはイスラームとムスリムを血で満たしただけで、何一つ利益をもたらさなかった」と主張する者もいた(66)。

多くの西洋人は、民間人を恐怖に陥れることを目的とした暴力をテロ、そしてそれを実行する人間や集団をテロリストと表象することは当然だと考えている。世界貿易センターに対するアル＝カーイダの攻撃によって、テロリストというレッテルは、表象というよりはむしろ、より明確な非難の言葉になったのである(67)。ブッシュ大統領や彼と同じ思考回路を持つ者は、以上のような暴力を行使する人間や集団を悪の化身であると考えるようになった。こうして、

i　一二五八〜一三二八年。マムルーク朝期のシリア、エジプトで活動したイスラーム学者。イスラーム法の施行を重視し、ジハード（聖戦）を主張した政治思想が、現代のイスラーム国家樹立とジハードの義務を説く思想に影響を与えた。
ii　一九〇六〜六六年。エジプトのイスラーム思想家で同胞団の急進派イデオローグ。現代のジャーヒリーヤ（無明時代）としてエジプトの政権を批判した。
iii　一九〇三〜七九年。パキスタンの思想家で、イスラーム主義組織ジャマーアテ・イスラーミーの創始者。
iv　一九五一年〜。ムスリム同胞団のメンバーで、クトゥブの影響を受け、急進的になる。ジハード団で活動した後、アフガニスタンでアル＝カーイダの指導者となる。

西洋の人々は、自爆テロと戦闘的なイスラームをより強く結びつけて考えるようになったのである。だが、これは次の二つの反論を無視するものである。第一に、自爆テロは、過去二〇年間、多くの宗教や民族集団によって実行されてきた行為だという点である。最も典型的なのは、スリランカのタミル・タイガーであった。第二に、ロバート・ペイプが指摘しているように、「ほとんど全ての自爆テロリストは、彼らが祖国と考える領域から、リベラルな民主主義勢力の軍事力を駆逐するという特別な戦略的目標を共有している」という点である。[68]

アラビア語のイルハーブやイルハービーユーンにあたる「テロ」や「テロリスト」という言葉は、中東のアル＝カーイダを批判する際にも、ほとんど同じように使われ始めた。一八世紀末のヨーロッパでみられたように、こうした言葉はもともと、シリアなどの社会主義政権やイスラエルによって実行されたいわゆる「国家」テロを表象するために広く使われてきた。テロという言葉が、中東で発生した西洋旅客機のハイジャック事件を指して使われるようになったのは、一九六〇年になって初めてのことである。それ以降、世界のあらゆる地域に共通する現象であるが、中東でもこの言葉を使うことは広く論争の的になってきた。さらに、称賛に値するテロと非難すべきテロを峻別する一般論も提示されるようになった。たとえば、パレスチナの自爆犯は、イスラエルの国家「テロ」に対する正当な政治的抵抗に従事する殉教者に他ならない、というわけである。ビン・ラーディンにとっては、称賛に値するテロとは専制的な敵に対してなされる攻撃であった。[69]

ムスリム政治——簡単な結論

以上の分析から、第二次世界大戦以降のアラブ諸国でみられたイスラーム政治の実態について、いくつかの教訓を引き出すことができるだろう。その一部は、宗教革命が起こったイランや、制度化された世俗主義が確立したトルコといった、しばしば特殊なケースに位置付けられる二カ国にも当てはまる。

まず、レバノンを除く全ての国で、ムスリムが圧倒的多数派を占めるという明らかな点から議論を始めよう[70]。これは、民主主義を多数派の支配と考える限り、民主的なプロセスに参入することはイスラーム政党にとって特別なインセンティヴになる、ということを意味している。というのも、イスラーム政党は、選挙で多くの票を集めるために必要な草の根組織を形成することに、他のどの組織よりも秀でているという点が証明されてきたからである。それに加えて、イスラーム政党は次のような主張をすることが可能である。たとえば、一九八六年のスーダンの選挙では、NIFは二〇％しか票を取れなかったにもかかわらず、NIFの指導者ハサン・トゥラービーは、「同党はイスラームを代表しているために、実際の数字よりも大きな影響を持っている」と主張したのである[71]。

各国の指導者はもちろんのこと、軍隊などの強固な組織や政敵までもが、同じ理由で選挙でのムスリム政党の動員力を恐れていた。さらに、イスラーム政党が政権を掌握すると、その抽象的な宗教原理をどのようにして具体的な政治・社会・軍事政策に結びつけるのかという問題にも直面していた。これはもっともな懸念であった。その結果、法律や直接的な弾圧を用いて、宗教政治運動に対するおびただしい数の障壁が作られていった。また、イスラーム運動が軍事部門や戦闘的メンバーを抱えている場合、こうした障壁が作られることによって暴力の連鎖が生まれ、報復が報復を招く事態に陥った。一方で、一般市民にとって、政府による弾圧が開始されると、投獄されたり、仕事を剥奪されたり、警察による日常的な嫌がらせを受けたりする可能性が高くなるために、活動家へと身を投じるコストが高まることになった。

こうした障壁に直面したため、多くの運動は、目的を推進するための代替的な戦略を採用せざるを得なくなった。第一の戦略は、多元主義や民主主義への傾倒を強調することによって、批判を和らげる試みである。ハーリド・ヘル

---

i　タミル・イスラーム解放のトラ、イスラーム国家の建設とスリランカからの独立を目指して一九七二年に形成された武装闘争組織。

ミーが指摘しているように、これは、イスラーム国家の建設という至上命題を放棄し、その代わりにシャリーアの適用を短期的かつ個別に要求していくということを意味した。ヘルミーは、エジプトやヨルダンでこうした戦略の変化を支持する者を「改新主義者」と呼んだ。彼らは、既存のシステムが根本的にはイスラーム的ではないことを受け入れつつ、立法府に積極的に参加することによってこうした状況を改善していくことに合意し、宗教的支持者の要求に対して細やかな気配りを行うことによって党勢を拡大した。(72) 二〇〇一年にトルコで公正発展党を創設した指導者も、同じような変化を経験した。

第二の戦略は、メディアや教育制度、法律、そして博物館をイスラーム化することを目的として、議会の外で可能な限りの文化的闘争を繰り返す試みである。そして第三の戦略は、可能な範囲で隣人や都市の一区画をイスラーム化する試みである。多くの場合、政府はこうした活動に対して寛容な姿勢を取っただけでなく、政権のイスラーム的正当性を強化するために、積極的に推奨した。しかし、以上のような短期的利益を追求する試みは、組織内の社会派や協調派と、拙速な行動や結果を求める短絡的政治経済プログラムの支持勢力とのあいだの分断を、しばしば激化するという代償をもたらした。

以上のような問題は、宗教と政治、そして国家と社会のあいだで新しくかつ好ましいバランスが見出されるまで、中東のムスリムのあいだで絶え間なく繰り返されることになった。したがって、意思決定や代表制、価値の配分といった一般的なシステムの内部に、宗教政治運動が活動できる場を作り出すことが求められている、と結論付けることができるだろう。宗教政党による選挙への参加を容認することは必要条件ではあるが、それだけでは、アラブ諸国の社会的安定と選挙民主主義を促進する十分条件とはならないのである。

コミュナリズムとナショナリズムの狭間に置かれたキリスト教徒

アラブ人のキリスト教徒は、アラブ人ムスリムとほとんど同じ歴史環境の下にあった。とりわけ一九六七年戦争の衝撃や、それによって醸成された宗教性の高まりといった歴史環境が、キリスト教徒にも大きな影響を与えた。ムスリムと同様に、こうした環境に対するキリスト教徒の反応も、彼らの置かれた状況に大きく左右された。特に、祖国のナショナルな運動のなかでキリスト教徒がどのような位置付けにあるのかという点、あるいは、非キリスト教徒の隣人といかなる関係を持っているのかといった点が重要であった。以下では、レバノンの事例に加えて、キリスト教徒の存在は明らかであるが、少数派でもあるエジプトとパレスチナ、そして最後にイスラエルの事例に言及しながら、こうした問題を論じていくことにしよう。

近代レバノンで実施された唯一の公式センサスによれば、一九三二年時点ではキリスト教徒が多数派を形成していた。このセンサスにもとづいて、キリスト教徒は大統領や軍の司令官のポストを獲得した。官庁のポストに占めるキリスト教徒の割合も最大であった。しかし、時が経つにつれ、アラブ民族主義勢力が国境を超えて広がり、一九六七年以降はパレスチナ人勢力が国内で驚異的な拡大を遂げた。その結果、キリスト教徒の指導者のなかから、彼らの優位が脅かされていると考える者が出てくるようになった。彼らはしばらくのあいだ、PLOのゲリラを封じ込めるために軍を含む国家権力を活用しようとした。だが、それが効果を発揮しないことがわかると、キリスト教徒を中心に形成された独自の民兵に大きく依存するようになった。その結果、一九七五年には、キリスト教徒とパレスチナ左派連合のあいだで最初の戦闘が勃発した。

戦闘が激化し、宗派が異なるという理由だけで個人や居住地区が標的になるにつれて、指標としての宗教の役割が顕著になっていった。とはいえ、こうした対立は、純粋に宗教的なものではなく、コミュナリズムの枠組みによってのみ説明可能である。たしかに、レバノンのキリスト教徒の大部分はキリスト教を信仰しており、自分自身を強い信仰者だと考えていた。だが、このことは決して、彼らや指導者がキリスト教国家を作るために戦うべきだと考えていたということを意味するわけではない。実際、セオドール・ハンフが一九八〇年代に行った世論調査が明らかにしているように、大多数の人々は世俗的なレバノンを望んでいた。[73]これをさらに実証しているのは、キリスト教勢力の指導部が、古参の政治家や新たな民兵組織の指導者によってほぼ独占されており、マロン派総主教などの教会権力の介入はごくごくわずかであった、という事実である。したがって、キリスト教コミュニティの大部分が、本質的に政治的でかつ軍事的な勢力の保護下に入った主たる理由は、宗教的な敬虔さゆえではなく、自らのコミュニティが壊滅するかもしれないという恐怖を彼らが抱いていたことに求められる。

他国のより小規模なキリスト教コミュニティが取った行動も、コミュニティの自己防衛が目的であった。ナセル率いる革命後のエジプトで生じた変化も、この点をよく示している。エジプトが独立してから最初の一〇年間、政治指導部は、コプト教徒のコミュニティ（二〇世紀に実施されたあらゆるセンサスに鑑みると、人口の六～七％程度を占めている）がエジプト国民の不可欠な一部であることを首尾よく示してきた。これは、ワフド党が政権を掌握していた時期に最も顕著であった。というのも、ワフド党は、キリスト教徒の政治家の利害を媒介する重要な政党であったからである。しかし、一九五三年に古い政党が廃止され、続いて裕福な土地所有者や産業労働者層の富に対する攻撃が始まると、コプト教コミュニティの富裕層の利害は、聖職者に大きく委ねられるようになった。[74]そして、サーダート政権前期には、一九七一年にコプト教総主教に選出されたシェヌーダ三世のような気鋭の指導者のもとで、コプト教徒は声高に自らの権利を主張するようになった。具体的には、教会を中心としたキリスト教コミュニティの動員が進み、しばしば海外のコプト教移民からの送金によって、新たな慈善団体が多数形成されていったのである。[75]

サーダート政権期に入り、コプト教コミュニティはこうした活動をさらに押し進めた。というのも、サーダート大統領が一九七一年の憲法起草の議論にムスリム同胞団の参加を要請したことによって、同政権はエジプトをよりイスラーム的な国家に変えるための政策を開始したのだ、とコプト教コミュニティが確信するようになったからである。さらに、一部の戦闘的イスラーム集団がキリスト教徒の動きに反対したことも、上記の活動を加速させていった。イスラーム集団は、一九七二年にコプトの慈善団体を教会に転換する試みに反対し、一九八〇年にはカイロと上エジプトでキリスト教徒の資産を次々と攻撃した。[76] これに対してサーダート大統領は、一九八一年夏にシェヌーダ三世総主教を含むキリスト教徒とムスリム双方の活動家を数百人拘束することによって、平和を回復しようと試みた。

ムバーラク政権下でも、下火にはなったものの、キリスト教コミュニティが自己主張を強める動きは継続した。たとえば、可能な限り多くのコプト教徒を教会主導の制度に取り込み、クリスマスやイースターといったコプト教の宗教祭典に幅広く参加させるための取り組みが続けられた。ただし、キリスト教指導部は同時に、分離主義を扇動しているというムスリムからの批判を和らげるために、エジプト史におけるコプト宗教文化の重要性や、聖人・英雄としてのコプトの役割を強調した。[77] 他方、シェヌーダ三世総主教は、コプト教徒を特別な保護が必要な「少数派」と位置付けることに断固として反対していたものの、ムバーラク大統領の最も顕著な支持者となった。[78]

レバノンとエジプトに続く三つ目の事例は、イスラエルの占領下にあるパレスチナのキリスト教徒である。パレスチナ領内のキリスト教徒は、祖国を持たず、国家機構を形成する可能性すらなかったため、時に国外のPLO指導部の支援を受けながら、キリスト教コミュニティの統一を維持することが個人的かつ集合的な使命となった。こうした制約のなかで、彼らの主たる活動は、必然的に文化領域に限定された。そして、文化活動を通して、パレスチナ主義やパレスチナの歴史に対する特別な解釈を普及させる取り組みが熱心に進められた。そこでは、宗教はアイデンティティの指標ではなく、文化的伝統の一部として理解された。[79] このことは、インティファーダのあいだ、そして

i　一九二三〜二〇一二年。第一一七代コプト正教会教皇、一九七一年から二〇一二年に死去するまで四〇年以上にわたりムスリムとの融和に尽力した。

一九九四年にパレスチナ自治政府が形成された後にも、非常に重要となった。というのも、ハマースをはじめとするムスリム集団は、反イスラエル政策を利用してパレスチナ社会のイスラーム化を促進しようとしたからである。そして、時が経つにつれ、ムスリム・コミュニティとキリスト教徒コミュニティの分断は広がり、時に幅広い対立が勃発した。たとえば、イエスの故郷ナザレ中心部の公共空間の利用をめぐって、千年祭の準備をしていたキリスト教徒とムスリムが対立したのである。

ユダヤ人国家における宗教と政治

一九四八年以降、イスラエルのユダヤ人のあいだには、イスラエルはユダヤ国家であるべきだというほとんど普遍的な合意が存在してきた。この合意は、ベン＝グリオン政権と新たに形成された国民宗教党（NRP）のあいだで、一九四九年に行われた一連の妥協に表れている。具体的には、NRPがハラハーと呼ばれる宗教法にもとづいた憲法起草に固執することを避けるために、恒久憲法を起草しないことで合意し、その代わりに、結婚や離婚を含むユダヤ教徒の生活の大部分を管轄する宗教省を設置することが決定された。NRPはこの合意を足場にして、宗教的に厳格な多数派イスラエル人と国家とのあいだの仲介者としての役割を果たすようになったのである。

ところが、アラブに対する圧倒的な勝利と、歴史的にはユダヤやサマリアとして知られたヨルダン川西岸の占領は、以上のあらゆる協定を疑問に付すことになった。戦争は宗教的に解釈され、しばしばメシア的な説明が加えられるようになった。それによって、イスラエル人であるとはどういうことか、そしてユダヤ教徒であるとはどういうことかという問題をめぐって、新たな定義がいくつも出現する可能性が生まれたのである。その結果、極端な形の領域的ナショナリズムや民族的ナショナリズムが促進されるようになった。なかでも、西岸に入植し、そこから非ユダヤ教徒を排斥することがユダヤ人の宗教的義務であるという主張が、ますます重視されるようになったのである。したがって、一九九〇年代までは、純粋な宗教政党に流れる票の割合はほとんど同じであったにもかかわらず、活動家は、宗教やコミュナリズム、民族、そしてより過激なユダヤ教ナショナリズムといった要素を統合することによって、新たな形態の政治を作り出すことが可能となったのである。(80)

こうした政治環境の変化に最初に対応したのはNRPであった。NRPは一九六七年以前から、幅広い社会問題に取り組むためには宗教的伝統をもっと活用すべきだと提唱していた集団を取り込んでいた。その結果、西岸への入植が大きな注目を集めるようになった。そこでは、宗教とナショナリズムの問題が密接に絡み合うようになった。そして今度は、NRPのメンバーが一九七四年にグーシュ・エムニーム（信仰ブロック）を形成した。グーシュ・エムニームは、新たに入植地を増やすように圧力をかけ、パレスチナ人に対する土地移譲はイスラエルの支配を弱体化させる危険性があるために、断固として反対するという政策を掲げるようになった。グーシュに続いて、政治宗教的綱領を持った様々な政党が作られたが、そこにはメイア・カハネによって創設されたカハ[i]も含まれていた。カハネは一九八四年、ユダヤ教徒の聖なる土地から異教徒を一掃する必要性があるという点を強調した綱領を掲げて、クネセト議員に選出された。だが、同僚議員から、人種主義を広め、イスラエル国家の民主的性格を損ねたという非難を受けて、クネセトを追放された。(81)

他方、正統派やセファルディといった様々なコミュニティを代表する宗教政党も、選挙に出馬するようになった。こうした政党は、数議席を獲得しさえすれば、一九八〇〜九〇年代には連立政権のパートナーとみなされるようになった。というのも、当時、新政権を形成するにあたって政党間の複雑な連立交渉が不可欠であったからである。そして、連立政権に参加することによって、こうした新たな宗教政党は、自党と連携した学校や医療施設の運営や、他

---

i　イスラエルの極右政党で、指導者のカハネは非ユダヤ人からイスラエル市民権を剥奪するなどの排外的差別思想を主張した。

の福祉活動に必要な財政資金を獲得したり、閣僚ポストを得たりするための交渉が可能になったのである。宗教政党のなかでも、三つの主要政党が党勢を拡大した。その要因は、東方出身者のコミュニティや超正統派コミュニティの人口が拡大した点、そして国家の福祉政策が縮小したために、それに代わって宗教政党が得意とする分野の規模や必要性が拡大した点、などに求めることができる。この三政党は、一九九二年の選挙では、クネセトの一六議席、九六年選挙では二三議席を獲得した。さらに、こうした宗教政党の全てが、ナショナリズム、正統派信仰、そして一般的な宗教熱を結合していったために、イデオロギー的な差異が次第に小さくなったことも、宗教政党がさらなる躍進を遂げた要因であった。というのも、イデオロギー的差異が小さくなった結果、宗教政党はクネセトで巨大なブロックを形成することができるようになったからである。そして、国家と社会のユダヤ化を進め、それを通して、ナショナルな要素に規定されてきたイスラエルのユダヤ人アイデンティティを、宗教的な要素によって再定義するという統一アジェンダを支持したのである[82]。こうしたキャンペーンでは、正統派による宗教と社会生活の支配を妨害していると考えられた既存の法律や制度に挑戦する試みが、議会内外で進められた。国家は、異なる社会集団の利害関係を円滑に管理しようと苦心したが、こうした宗教政党が十分な政治手腕と決断力を持っている場合には、宗教的な圧力に屈しがちになったのである。

第一〇章 政治のなかの軍、政治の外の軍

軍の政治的役割をめぐる理論的アプローチ

中東における軍の政治的役割を分析した研究のほとんどは、次の二つの視座のいずれかにもとづいて行われてきた。第一に、軍事「クーデタ」がかくも頻繁に発生する要因を明らかにすることである。第二に、国家建設や国民形成に果たした軍の役割といった、より広い問題を明らかにしようとするものである。中東の近代史において軍の政治介入が顕著である点に鑑みると、こうした視座にもとづく研究が蓄積されてきたのはもっともなことである。だが、以上のような研究は、示唆に富む洞察をほとんど生み出していない。中東のクーデタを分析した研究者は、概して、軍が政治権力を行使する唯一の方法は文民政権を打倒することである、という単純な前提に依拠して論を展開する傾向があった。さらに、こうした研究は、軍の政治介入の理由として、イスラームやアラブ文化の特徴とされる軍国主義的性格などの固有の要素を強調し過ぎるきらいもあった。(1) しかし、兵舎の将校も、政府の役人と同じくらい大きな影響力を持っていると考えるべきである。そして、クーデタの発生や軍事政権の形成は、ポスト・コロニアル世界に共通

する特徴であるため、単に中東に限定された要因というよりは、国際的な要因によって生じる場合が多い。さらに、「軍服を着た中間層」といった概念を用いて、将校団が国民形成に果たした役割を明らかにしようとする議論も、あまり役に立たない。(2) 軍は独自の制度化された指揮系統を有しており、それゆえに、軍の技術的・教育的・行政的資源は、たとえどのような目的で必要になったとしても、軍の外部にいる文民が簡単に利用できるものではないのである。

先行研究の単純化されたアプローチでは満足な分析ができないとすれば、より広い視点から軍の役割を検証する必要が出てくる。具体的には、国家と社会における軍の位置付けを分析することである。モーリス・ジャノヴィッツとロビン・ルクハムらの研究によれば、国家・社会関係のなかで軍の役割を明らかにするためには、次の三点が重要である。(3) 第一に、軍を、独自のヒエラルキーと明確な境界、そして独自の専門家意識を持った特別な組織として分析することである。こうした特徴は、多かれ少なかれ、どの軍隊にも共通するものである。また、軍は概して、将校のリクルートから訓練、昇進に至るまで、全てを独自の管理下に置くことを望む傾向がある。さらに、軍の組織的一体性に脅威を与えるようなあらゆる政治介入から身を守ろうとすることが一般的である。たとえば、政治的に重宝された将校を特別に昇進させるための政治的介入や、軍の特定の階位を政治化するための介入がその典型である。こうした軍の構造的要因から生まれる特徴は、中東でも同様にみられる。ただし、残念ながら、軍は秘密を堅持する傾向があるために、トルコ軍についての二冊の研究書とイスラエル国防軍（ＩＤＦ）についてのいくつかの研究を除いて、軍が実際にどのように動いているのかを知ることはできない。(4)

第二に、軍に対する国際的な影響を分析することである。第三世界のほとんどの軍は、もともとヨーロッパの軍事組織をモデルに作られており、植民地闘争でヨーロッパの武器や戦術を利用してきた。それ以降は、西洋に対する依存度が新たな形で高まっていったが、その主たる要因は次のようなものである。つまり、複雑で近代的な兵器システムを西洋から提供されるかあるいは購入したことにより、それが中東の軍の組織構造を大きく規定していったこと、また、そうした近代兵器システムを活用するために必要な戦略を西洋に依存していたこと、さらに、技術や予備部品、技術訓練などを提供できたのが西洋だけであったこと、である。それに加えて、中東諸国の軍の将校は、提供される軍備はなんでも受け取ることが一般的であった。一方で、国内に軍事産業を作り出そうとする試みは、よりいっそう国外からの支援に依存してきた。中東では、IDFだけがこうした外国への依存から自由であった。というのも、イスラエル軍は質の高い技術的専門知識を有しており、まずはフランス、次いで米国とのあいだで緊密な協力関係を維持していたからである。

第三に、軍と国家の関係を分析することである。これは極めて複雑な問題である。というのも、一つ目の理由は、こうした関係が、社会構造そのものや経済発展の水準、そして、近隣諸国との戦争の蓋然性をめぐる困難な予測に左右されるという点に求められる。(5) それに加えて、「戦争国家」とでも呼ぶことができる中東特有の事例も存在する。それは、国家があまりにも熱心に軍事的な備えを進めているために、軍が経済や社会、文化のほとんど全てのレベルに浸透している国家である。具体的には、建国当初からのイスラエルや一九七〇年代からのシリアが典型的な例である。軍・国家関係の分析が複雑である二つ目の理由は、それを解明するためには、軍と社会の関係を調整する制度について詳細に分析する必要がある、という点に看取できる。具体的には、大統領や首相と、多くのアラブ諸国で軍の最高司令官を兼任している国防相との関係性を明らかにすることが重要になってくる。一般的に、軍は内政をできる限り管理し続けようとする一方で、文民は、軍が内閣に政治同盟者を求めることを回避しようとする。何よりも、軍と文民はどちらも、たとえば予算配分や資源配分、役割分担の方法といった政軍関係を規定する様々な仕組みに対して、影響力を行使しようとするものである。最終的な意思決定は激しい交渉の結果に左右されるが、中東のほとんどの国では、軍が政治家に対して相対的に強い力を有している。このことは、いくつかの鍵となる分野で軍が成功を収めていることから判断できる。たとえば、年度予算に占める軍事費の割合、軍事産業の大きさ、そして、軍の管理が及ばない準軍事組織と協力して国内の治安維持を行うことができるか否かという極めて厄介な問題で、軍は政治家よりも優位に立ってきたのである。

軍が文民に対して相対的に優位に立つことができるのは、なぜか。それには、次のような多くの要因が関係している。つまり、軍の威信、文民閣議の決定を威圧したり無視したりする能力、上級将校の強い結束力、そしておそらく最も重要なことは、当該国が軍事的脅威をどの程度認識しているかという点である。こうした観点からみると、国家や社会内の軍の位置付けは、確固たるものでも安定したものでもなく、必然的に経時的な変化をともなうものである。参謀長は、希少な資源を求めて闘争を続け、国内の治安維持に果たす軍の役割を承認させるための闘いを続けるだろう。他方、文民であれ退役軍人であれ、政治家は、軍の活動をある程度管理下に置くことを求めるようになる。双方が世論を操作して味方につけようとし、相手の主要勢力を分断したり打ち負かしたりしようとする。こうした政軍関係を規定するルールは、ある時に合意されるが、すぐに異議を唱えられ、時に破られる。一時的に均衡が成立したとしても、それはすぐに不安定になるかもしれない。他地域と同様に、これこそが、中東における政軍関係の本質である。以下では、いくつかの異なる制度的・歴史的な事例を取り上げて、このことについて詳しく論じていくことにしよう。

比較的強いアラブ諸国の大きな軍――エジプト、シリア、イラクの事例から

エジプトやシリア、イラクの近代軍は、英国やフランスといった植民地宗主国が、それ以前の軍隊組織を解体し、まったく新しく再編したことによって生まれた。これらの軍は、たとえば一九二〇年代半ばのイラクでみられた対トルコ危機のように、対外的な国防の役割が必要になった場合を除いて、最低限の武器のみを配備された小規模なものにとどめられ、準軍事組織である警察との共存を求められた。独立以降、ようやく軍の拡張が始まり、それにともなって多くの青年将校が訓練に参加したことで、軍はさらに巨大化していった。植民地支配期と同様に、独立後も軍

の主たる役割は国内の治安維持であり、それによって、全ての武装部隊を管理できるようになった。また、軍人は文民の統治者に従い、政治には介入しないことが強く求められた点も、植民地支配期と同様であった。しかし、以上のような仕組みを維持することは次第に困難になっていった。というのも、軍がストライキや地方反乱の鎮圧といった高度に政治化された活動に密接にかかわるようになる一方で、軍部の支援によって限られた政治力を強化しようとする小規模な急進的民族主義集団が、軍将校のリクルートを始めたからである。

一九三六年のイラク、一九四九年のシリア、そして一九五二年のエジプトで発生した最初のクーデタは、制度的要因と政治的要因を組み合わせて説明しなければならない。イラクの場合、軍はこの時までに十分な規模に拡大しており、国内の反乱鎮圧という役割を果たすことによって十分な威信を獲得していたため、最高司令官のバクル・スィドキー将軍[i]にとって、不満をため込んだ政治家のクーデタ計画に参加することは容易であった。(6) それからおよそ一〇年後、シリア軍の最高司令官フスニー・ザイーム将軍[ii]がクーデタによって文民政権を打倒したのは、パレスチナ戦争での惨敗の責任をめぐって軍と文民政治家が苛烈な争いを繰り広げるなかで、軍の名誉を守るためであった。しかし、イラクとシリアのいずれの場合も、軍が権力を掌握した後に何を行うのかについて将校の意見が統一されていなかったために、深刻な内部対立が発生した。何よりも、それぞれのクーデタが発生して数カ月足らずのあいだに、バクル・スィドキー将軍とザイーム将軍が殺害されるという事態が生じた。その後、権力が分散した状態が続いたが、そこでは軍に代わる強力な勢力が存在しなかったがゆえに、軍が文民を支配することが可能となったのである。

一九四九年末にザイーム将軍がある大佐によって投獄・処刑された事件は、軍による政治介入の新時代の幕開けで

i　一八九〇〜一九三七年。イラクのキルクーク出身のオスマン帝国軍人。王政下で発生した部族の反乱の鎮圧で頭角を現した。

ii　一八九七〜一九四九年。シリアのアレッポ出身の軍人、政治家。オスマン帝国軍を経て、委任統治下で特殊部隊将校、軍参謀長を歴任した。

あったと言えるだろう。つまり、軍事クーデタを主導したのは青年将校であり、彼らは新体制を構築する前に、自らの将軍を出し抜かなければならなかったのである。こうした青年将校は、士官学校在学中に、しばしば急進的ナショナリストへと傾倒していった。同時に、彼らはクーデタを組織するうえで適切な階位にあった。というのも、一般的な軍のヒエラルキー構造では、大佐は兵舎の兵士に直接命令を下すことのできる最高位の将校だからである。一九五二年七月にナセル大佐がカイロの主要施設を制圧した計画的なクーデタは、このような新時代の軍事介入を代表する事例である。

だが、新たに形成された軍事政権は、軍部と文民行政を完全に手中に収めた場合であっても、将校の統一を維持するという問題に取り組まねばならなかった。エジプトの場合、エジプト軍とその軍に支配された内閣のあいだに新たな均衡を作り出すためには、最高司令官であるアブドゥルハキーム・アーミル陸軍元帥が自由に軍を管轄することを認める必要があった。他方、将軍よりも下級の将校によってクーデタが発生した事例は、一九五八年のイラクと、一九六〇年代前半のシリアにみられた。いずれの場合も、軍の将校団全てがあまりにも高度に政治化されていたために、新たな軍事政権の支配者にとって、軍との関係を制度化することは著しく困難であった。同様に、軍の司令官があまりにも深く内政に関与するようになったため、軍はもはや有能な戦闘装置ではなくなっていた。これは、一九六七年の対イスラエル戦争で大敗を帰した要因の一つである。

ところが、一九六七年の大敗と、それに続く一九六八年のイラク、一九七〇年のシリアでの新たな軍事政権の誕生、そしてエジプトのサーダート大統領の就任は、軍と国家の均衡にさらなる三つの変化をもたらすことになった。第一に、三軍は拡張され、ロシア製のより洗練された武器を配備され、より学歴の高い兵士や将校がリクルートされるようになった。軍は概して、より専門的な集団へと変化し、外敵から国家を守ることこそがその主要目的であると明言できるようになった。こうした新たな政策が成功を収めたことは、一九七三年の対イスラエル戦争で、三軍がはるかに優れた軍事的成果を上げたという事実に見て取ることができる。第二に、多様な準軍事組織が発展し、国内治安維持の主たる責任を担うようになった。エジプトの場合、それは中央治安警察であり、シリアでは、大統領の実弟リファアト・アサドが指揮する共和国護衛隊であった。

第三に、エジプト、シリア、イラクの各政権は、軍に対する統制をさらに強化しようとした。具体的には、サーダート大統領が行ったような国防相と参謀長を頻繁に交代させるという古典的な方法や、イラクのバアス党政権が採用したような軍に対する監視体制を構築するという新たな方法によって、軍に対する統制が強化された。一九七四年の第八回バアス党大会の報告書によれば、党の主たる目的は「軍を党の支配下に置くこと」であった。(7) こうして、将校のリクルートやイデオロギー教育を監督するバアス党組織や、多種多様な諜報機関と治安組織に加え、サッダーム・フサインが軍の忠誠を取り付ける装置として利用した血縁関係のネットワークや部族連合を結び付けることによって、軍の統制は強化された。(8) シリア軍の統制は、イラクとは異なっていた。アサド大統領は、バアス党よりも相互に重なり合った諜報機関を信頼した。以上のような政策の結果、第一に、大規模なアラブ体制は多少なりともクーデタに耐性を持つようになった。

第二の帰結は、シリア、エジプト、イラクの軍があまりにも肥大化し、重要になったため、国家と経済のなかで突出した地位を占めるようなったことである（表10.1を参照）。正確な数字はわからないが、一九八〇年代半ばにはレバノン内戦に深く介入し、イスラエルとの潜在的な戦争に直面していたシリア軍は、約四〇万人規模に拡大した。これは総人口の約五%を占め、労働力人口の二〇%を超えている。(9) 同様に、軍事費は、年度予算の少なくとも四〇%を占めた。これは国民生産の一五～一六%にあたる。(10) イランと長期にわたる戦争をしていたイラク軍の拡大はより顕著で、一九八〇年代半ばには一〇〇万人規模になった。

こうした状況で、軍の規模と組織としての突出した役割は、国内のあらゆる政策に極めて重要な影響を与えた。そ

i　一九一九～六七年。一九五二年のエジプト革命に貢献し、アラブ連合共和国の第一副大統領、国防相に就任した。

表 10.1：1989 年のエジプト、イラク、シリアにおける人口と歳入に占める軍の規模

	軍	人口（100 万）	国防支出（10 億ドル）	GDP（10 億ドル）
エジプト	450, 000	54.774	6.81	102.01
イラク	1, 000, 000	19.086	12.87（1988）	46.09（1988）
シリア	400, 000	12.983	2.49	20.26

出所：International Institute for Strategic Studies, *The Ministry Balance 1990－1991*（London : Brassey' s, 1990）.

の好例は、シリアとイラクの軍が、近代兵器の巨大な武器庫を維持するために必要な工場と修理工を開発し、独自の資源を用いることを促進されていたという点に見出すことができる。これは、できる限り独自に装備を生産することによって輸入への依存を減らすことを目指した政策であった。それにともなって、軍は非軍事的活動にまで手を伸ばすようになった。こうした動きはシリアで先駆的に進み、シリア軍が経営する建設会社である軍建設施工機関（Establishment for the Execution of Military Construction）が一九七二年に、軍住宅建設機関（Military Housing Establishment）が一九七五年に、それぞれ作られた。この二つの組織は、一九八〇年代半ばまでにシリアで最も大きな企業に成長した(11)。よく似たことは極めて強い軍事産業を持つイラクでもみられた(12)。

他方、エジプトは異なる経路を辿った。サーダート大統領は、イスラエルとの和平協定を利用して、もはやかつての敵と戦争をする可能性がなくなったエジプト軍の規模を大胆に縮小し、その役割を再定義しようとした。しかし、こうした新たな政策は、軍の品行に悪影響を与えた。影響力を持つあるエジプト人は、こうした政策に不満を持った兵士によって最終的に大統領が暗殺されることになったと批判した。これに対して、サーダートと比べて軍人気質の強かったフスニー・ムバーラク新大統領は、反対の政策を採った。すなわち、軍を元通りの規模に再建し、古くなったロシア製の武器に代わって米国製の最新兵器を配備し、将校に多数の特権を与えたのである。これによって大統領は、国防相であり軍の最高司令官でもあったアブー・ガッザーラ将軍[i]の強い支持を獲得した。

しかし、アブー・ガッザーラ将軍と軍の影響力がエジプト社会のあまりにも広範囲に及ぶようになったため、数年も経たないうちに、大統領と将軍のあいだには明らかな緊張関係が生まれるようになった。多くの研究者は、こうした不安定な関係を、一九六〇年代半ばのナセル大統領とアーミル陸軍元帥の関係と比較した[13]。このような比較は、異なる歴史環境から生まれる重要な差異を看過しがちである。だが、この場合には、次のような議論を導出することが可能となる。すなわち、軍は、組織内の自治や国家資源へのアクセスを利用して、ある程度自由に要求を実現することが可能である。だが、その場合には、多様な文民集団との軋轢が激化し、軍内部の結束力や軍事作戦上の有効性が著しく損われるという代償を払わねばならない、ということである。このプロセスを生み出すポリティクスについて、詳細に論じてみよう。

一九八一年以降に拡大したエジプト軍の役割は、主として三つの分野に及んだ。第一に、国内の治安維持である。エジプト軍は、主要な準軍事組織である中央治安警察のカイロ部隊が、一九八六年二月に賃金の低さを理由に暴動を起こした時、それを鎮圧することに成功し、中央治安警察に対する統制を確立することができた。アブー・ガッザーラ陸軍元帥は、同じ年の後半に、軍と中央治安警察の新たな関係について次のように規定した。「警察と軍の役割は相補的であり、分かち得ない。双方ともにただ一つの務めがある。それは、内外の脅威からエジプトの安全を維持することである」[14]。それに加え、軍事法廷を活用して民間人やとりわけイスラーム原理主義者を国家反逆罪で裁くことによって、エジプト国内の軍のプレゼンスは維持されてきたのである。

第二に、軍事産業である。エジプト軍は、軍事生産のための国民組織（National Organization for Military Production）やアラブ産業組織（Arab Organization for Industry）を管理することによって、国軍が使用する軍事装備を生産・修理し、場合によっては輸出に回すという野心的なプログラムを始動した。それによって、アラブ世界で最も発展した科学技術設備を持ち、多くの近隣諸国で用いられているロシア製の兵器システムを最も長期間利用してきた経験を、エジプト軍は

---

i　一九三〇〜二〇〇八年。エジプトの国防相（一九八一〜八九年）、副首相を務めた軍人、政治家。ソ連に留学後、武官として米国に駐在し、ネットワークを作った。さらに、カイロ大学で経営学の学位も取得している。

うまく利用することができるようになった。

第三に、多様な非軍事産業に加えて、治水事業、発電、干拓といった公共施設や公共事業への進出である。軍が運営する国民事業生産経営（Administration of National Service Products）は、二〇〇〇年までに一六の工場を運営し、七万五〇〇〇人もの労働者を雇用していた。この企業は、自動車やテレビ、ビデオ、扇風機、農業機器、ケーブル、オーブンといった製品を製造しており、そのうちの半分は国内向けに生産された。こうした製品は、外国からのライセンス契約のもとで組み立てられ、場合によっては国内の民間資本との合弁事業として生産された。ジョン・スファキアナキスが指摘しているように、軍は、政府の中央監査局によるあらゆる監査を回避し、傘下の企業を民営化することに対しても断固として抵抗し続けてきたのである。(15)

以上のような軍の活動は、新たな緊張を生み出すことになった。たとえば、治安維持の分野では、軍の役割が拡大したことによって、反乱者を拘束し、平和を維持する活動をより適切に行い得るのはどちらかという問題をめぐって、軍と警察や文民諜報機関が対立するようになった。他方、政府の会計監査組織の管轄外で軍事産業複合体が発展したこと、そして、こうした産業を率いていたのが外国企業との合弁事業を進めるほど強力な将校であったという事実、さらに、軍が他のアラブ諸国に独自の製品を輸出し始めたことによって、開発計画や経済、外交にかかわる多数の文民省庁と軍のあいだに対立が生まれ、それが紛争に発展する可能性も出てきたのである。

このように、一九八六年までに軍の役割が著しく拡大し、エジプト人の生活にあまりにも広範な影響を与えるようになった。このため、軍は、とりわけ反体制派のメディアのなかで報道される世論の批判を免れることはできなくなった。こうした状況のなかで、ムバーラク大統領は、軍に対する統制を取り戻すための戦略の一環として、複数政党制をともなう自由化を喜んで利用し、軍に対する批判を許可した可能性もある。これに対して、軍は広報活動で応じ、軍こそが国民の福祉を促進することに大きな関心を持った有能でよく管理された組織であると宣伝した。その結果、エジプト社会で軍の果たすべき役割について、その後の数年間だけではあったが、公の場で議論することが可能になったのである（この点は現在議論の的となっている）[15]。こうした駆け引きは、結果としてアブー・ガッザーラ将軍に幾分有利に働き、強力な敵国が存在しない状況下で軍事費を拡大させることに成功した。にもかかわらず、公の場での議論は、喫緊の難題を浮き彫りにした。

それは、軍が最も差し迫った問題であると考えていた次のような批判であった。具体的には、軍が経済活動に力を入れ過ぎてきたために、軍事的な能力が低下したという批判、軍の工場は費用対効果が低いという批判、軍事企業連合（Armed Forces Cooperatives）が税金を免除されているという批判、そして、将校と民間ビジネスマンとの密接な関係が汚職の温床になっているという批判である[17]。しかし、アブー・ガッザーラ将軍が退位し、ムバーラク大統領が軍に対する統制を回復すると、軍が議会の監査を免除される特権的領域は、再び独自の予算と経済活動に限定されるようになった。ジョン・スファキアナキスはこうした軍の特徴を、「限定された説明責任」と呼んだ[18]。

以上の分析からわかることは、軍の役割は常に変化し、常に外部の審判や再交渉を必要としているという点である。典型的な例は、エジプト軍のアブー・ガッザーラ将軍が、ロケット弾の部品を密輸入しようとしたことによって米国の支持を失い、一九九〇年四月に罷免されたことである。その結果、ムバーラク大統領は、軍の予算と米国からの武器購入に対する管理をよりいっそう強化できるようになった。さらに大統領は、自身の権限を利用して次のようなより広範な政策を押し進めた。具体的には、通常の文民生活から大きく切り離された土地に、軍のホテルやスポーツ施設、退役軍人用の邸宅を建設し、そこに軍を押し込めようとする政策である。ロバート・スプリングボーグはこれを「飛び地化」と呼んだ[19]。このように、大統領のみが上級将校の人事と昇進を掌握するようになった状況下では、軍は、ムバーラク大統領の後継者選びに対して最高司令官が拒否権を行使する可能性を除いて、政治的に重要ないかなる役割も持たなくなった。

一九八〇年代のシリアとイラクは、大規模な軍事衝突に関与していたため、状況が大きく異なる。具体的には、軍の規模が肥大化し、それを維持するための資源も大きくなった。それに加え、とりわけイラクでは、大統領と軍の上級将校との関係も修正された。サッダーム・フサインは、一方で、イランやクウェートとの戦争を遂行するために、有能な軍の司令官を必要としていた。他方、軍が大統領の命令に対して確実に服従し続けるように工夫しなければならず、また、戦争での勝利や敗北を理由に、軍が大統領の交代を主張し始めるといった事態を回避する必要があった。サッダーム・フサイン大統領は、次のような政策を用いてこの難局をなんとか乗り切った[20]。すなわち、大統領は、軍の将軍が個人的な支持層を作り上げることを阻止するために、極めて短期間で役職をローテーションさせ、戦場で失敗を犯した将校を解雇するかあるいは処刑し、いかなる勝利も大統領の名誉へとすり替えたのである。こうした政策は当初十分に機能した。だが、一九九一年にクウェートからイラク軍が駆逐された後、軍が士気を喪失し、軍の規模が三分の一にまで縮小されると、そうはいかなくなった。次の五年間で、国防省の大規模な再編が四回、クーデタ未遂が少なくとも三回発生し、そのうち三回目のクーデタ未遂は、精鋭部隊である共和国防衛隊のメンバーが一九九六年に引き起こしたものであった[21]。これに対して、サッダーム・フサインは、大きな尊敬を集めていた退役軍人のサービト・スルターンを国防相に任命することによって、この難局を乗り切ろうとした[22]。支配エリートの一族と血縁関係を持たないスルターンは、二〇〇三年の春、英米軍の侵攻に抵抗するためにイラク軍を整えるという厄介な任務を任された。

シリアのアサド大統領も、準軍事組織の司令官とのあいだに問題を抱えていた。というのも、司令官たちは、一九八四年夏、アサド大統領が深刻な病に倒れたことによって発生した後継者問題をめぐる危機的状況のなかで、ダマスカスの大通りを支配するために対立を繰り返したからである。アサド大統領は、実弟のリファアトを含む司令官を追放した後、彼らが支配していたいくつかの軍事組織を常備軍に編入したようである[23]。他方、上級将校は、民間企業との連携や、シリアの支配下にあるレバノンへの公認された密輸を通して、莫大な金儲けの機会を与えられていた。実際、アサド大統領が一九九〇年代に抱えていた大きな問題の一つは、年配の将軍の多くが「軍事貴族」になり、幅広い経済分野で権力を行使するようになった結果、定年を迎えてもなかなか引退しないことであった。

アラブの小国における軍の役割

エジプトやシリア、そしてイラクに匹敵する規模の軍隊を持ったことのあるアラブ国家は存在しない。上記三カ国以外に、一九八〇年代半ばに一〇万人を超える兵力を持っていたのはたった二カ国であった。それは、サハラ砂漠でポリサリオ戦線のゲリラ部隊と戦うために一九七〇年代から軍を拡張したモロッコと、アルジェリアであった（表10.2を参照）。にもかかわらず、相対的に小規模な軍ですら、政治プロセスでは極めて重要な役割を果たしている国がいくつもある。具体的には、軍が政権の安定を支えたり、軍の支持する政府へと体制を転換したりしているのである。

ごく一般的に言えば、アラブ諸国の小規模な軍は、次の四つのタイプに分けられる。つまり、近代的な職業軍人組織（アルジェリア、ヨルダン、モロッコ、スーダン、チュニジア、旧北イエメン）、部族を基盤とする軍事組織と共存する近代的な職業軍人組織（サウディアラビアとオマーン）、近代的で宗派主義的な職業軍人組織（レバノン）、そしてゲリラ軍（パレスチナ抵抗運動）である。以下では、ゲリラ軍を除く、それぞれタイプの軍を取り上げ、小規模な軍の政治的重要性を検討していきたい。

政権存続のために、専門的な軍隊に最も強く依存している中東諸国は、ヨルダンとモロッコの王政である。両国にはいくつもの共通点がある。いずれの国でも、軍はほとんど旧植民地宗主国によって形成されたものであり、独立後の数年間は外国人将校によって指導され、管理されていた。どちらの国でも、拡大した将校集団を「自国民化」していくプロセスには困難がともない、その結果、クーデタ未遂が何度も発生したが、それを鎮圧することも非常な困難をともなうものであった。さらに、ヨルダンのフサイン国王とモロッコのハサン国王は、軍の忠誠を確実なものにするために、ほとんど同じ政策を採るようになった。具体的には、以下の二つの政策を組み合わせて軍の忠誠を獲得した。第一に、国王自身が最高司令官として、常日頃から軍のニーズに気を配る政策であり、第二に、保守的な「部

表 10.2：1985 年と 1997 年の中東諸国の国防支出と軍の規模（1997 年実質価格）

	国防総支出（US£m）		GDP に占める国防支出の割合（%）		軍（1000 人）	
	1985	1997	1985	1997	1985	1997
北アフリカ						
アルジェリア	1,357	2,114	1.7	4.6	170.0	124.0
リビア	1,923	1,250	6.2	4.7	73.0	65.0
モロッコ	913	1,386	5.4	4.2	149.0	150.0
チュニジア	594	334	5.0	1.8	35.1	35.0
東アラブ諸国						
エジプト	3,679	2,743	7.2	4.3	445.0	450.0
イスラエル	7,196	11,143	21.2	11.5	142.0	175.0
ヨルダン	857	496	15.9	6.4	70.3	104.1
レバノン	285	676	9.0	4.5	17.4	55.1
シリア	4,961	2,217	16.4	6.3	402.5	320.0
トルコ	3,268	8,110	4.5	4.2	630.0	639.0
アラビア半島と湾岸諸国						
バハレーン	215	364	3.5	6.5	2.8	11.0
イラン	20,258	4,695	36.0	6.6	305.0	518.0
イラク	18,328	1,250	25.9	7.4	520.0	387.5
クウェート	2,558	3,618	9.1	11.4	12.0	15.3
オマーン	3,072	1,815	20.8	10.9	2.5	43.5
カタル	427	1,346	6.0	13.7	6.0	11.8
サウディアラビア	25,585	18,151	19.6	12.4	62.5	162.5
UAE	2,910	2,424	7.6	5.6	43.0	64.5
イエメン	696	403	9.9	7.0	64.1	66.3

出所：International Institute for Strategic Studies, *The Military Balance 1998/99* (Oxford: Oxford University Press, 1998), pp. 294, 296.

族」地域出身の軍人に高給で権威の高いキャリアを提供し、退役後は企業や政府の要職へと天下る機会を与えるという政策である。こうした政策を達成できたために、国王は、戦場でよく機能し、国内の治安維持にも利用でき、国家が準軍事組織を管理するための強力な手段としても活用できる、有能で信頼のおける戦闘部隊を所有することになったのである。

まずはヨルダンの事例からみていこう。ヨルダン軍は、英国の指揮下にあったアラブ軍を基礎として形成された。その主たる構成員は、南部の小さな部族の出身者であった。アラブ軍は、一九四〇年代末から五〇年代初頭にかけて急速に拡大した。その後、新たに任命されたヨルダン人将校の下で、最初の大きな危機を経験した。というのも、ナセル大統領の名声を高めた一九五六年の英・フランス・イスラエルによるエジプト侵攻を境に、ヨルダン軍が、急進的なパレスチナ人とアラブ民族主義者の政治活動へと直接的に関与するようになったためである。フサイン国王は、彼に忠誠を誓う将校を招集し、一九五七年四月の軍事クーデタを未然に阻止し、信頼するに足らない要員を軍から排除し、より安全な基盤の上に軍を再建することによって、なんとか政権を維持することができた(24)。また、高い教育を受け、より政治化されたパレスチナ人兵士を技術部隊に封じ込め、部族から多くの兵士をリクルートすることによって、パレスチナ人兵士の重要性を低下させようとした。さらに、将来の戦争で大きな役割が期待される戦車・歩兵部隊の管理を部族出身のヨルダン人兵士に任せたことも、パレスチナ人兵士の重要性を低下させるのに一役買った。こうして、西岸地区でイスラエルに大敗した一九六七年の六月戦争から、アンマンとヨルダン北部でパレスチナ・ゲリラと激しい闘争を繰り広げた一九七〇／七一年までの困難な時期を通して[i]、国王は、ヨルダン軍の大部分の忠誠を繋ぎ止めることができた。しかし、こうした軍を維持するコストは高く、外国からの莫大な支援が必要になった。そして、

i　六月戦争はアラブ側の呼び名で第三次中東戦争を指す。一九七〇／七一年の危機は、ヨルダン軍とPLOのあいだの対立、通称「黒い九月」事件を指す。

軍事費が国家財政の相当な割合を占めるようになったのである（表10.2を参照）。

モロッコの近代軍は、一九五六年五月に正式に形成された。その核となったのは、植民地時代にフランス人部隊とスペイン人部隊に従軍した南部のベルベル人であった。一九六〇年までは、フランス人将校と下士官がモロッコ軍を指揮し、訓練していた。その後、初代参謀長に任命されたのは、国王の息子のハサン皇太子であった。彼は、一九六一年に王位を継承する以前もそれ以降も、軍に対して細やかな気配りを怠らなかった。ハサン皇太子が参謀長に就任するとただちに、軍の統制をめぐる問題が持ち上がった。というのも、王室の特権を制限しようとしていたナショナリスト政治家が、王室による軍の統制に反対していたからである。一九七一年と七二年には、軍部主導の国王暗殺未遂事件が二件発生したが、将校団は概して国王に対する忠誠を維持していた。それ以降、反乱分子が粛清され、再編された軍は、王権の主たる砦となった。たとえば、軍は、警察などの様々な準軍事組織に将校を送り込むことによって国内治安を維持し、ハサン国王がスペイン領サハラを強制合併する作戦でも重要な役割を果たしたのである。

より顕著な政治的役割を果たした二つの近代軍は、アルジェリアとスーダンの軍隊である。一九九二年一月にFIS[i]主導の政権樹立を阻止し、代わりに権力を掌握したのはアルジェリア軍であった。軍がこうした行動を取った正確な理由はわからない。だが、FISのアリー・ベンハーッジュ副議長が、軍は粛清されねばならず、今後はイスラーム政権の直接支配下に置かれる必要があると強く主張したことと、なんらかの関係があったことは疑いない。その後、軍は、軍人のリアミーヌ・ゼルーアル大統領を通して宗教的な暴力を封じ込め、管理選挙や新旧の多様な政党を巧みに操作することによって、アルジェリアの政治体制を再建した。だが、こうしたプロセスはスムーズに進んだわけではなかった。ゼルーアル大統領と強力な参謀長のムハンマド・ラマーリー将軍のあいだで、イスラーム主義反体制派に対する政策をめぐって意見が対立していたために、ゼルーアル大統領は早くも一九九九年二月に辞任することになった。その後を継いだのは、文民大統領のアブドゥルアズィーズ・ブーテフリカ[ii]であった[25]。ブーテフリカ大統領は当初、ラマーリー将軍と彼を取り巻く現役将軍や退役軍人の力をかろうじて制御できるかもしれないという希望を持っていたが、実際にはそうはいかなかった。彼らは、アルジェリアで「ル・プヴォワール」（le pouvoir）として知られている軍事的・経済的な「力」の担い手であり続けた。こうした権力を持った軍こそが、国の実質的な支配者だったのである。[26]

スーダン軍は、まったく異なる理由によって、一九八九年に政治舞台に再登場した。軍は長期にわたって南部の反乱軍との戦いに従事していたが、それは将校と兵士の士気をひどく低下させることになった。軍は、サーディク・マフディー首相率いる文民政府が、南部での戦闘に軍を利用していることに不信感を抱いていた。軍内部には、南部のキリスト教徒と和平を締結するために、シャリーア（イスラーム法）が廃止されるのではないかと懸念するイスラーム主義者の将校も多数いた。[27] こうしたイスラーム主義者の将校が、国民イスラーム戦線（NIF）[iii] と連携して権力の掌握に向かったかどうかについては、議論の余地がある。だが、将校の多くがNIFの主張に敏感であり、古参の文民政治家に対する不信感をNIFと共有していたことは、疑いない。それ以降、将校とNIFは連立政権を運営したが、時が経つにつれて摩擦が増えていった。

将校とNIFのあいだで対立が発生した主たる要因は、NIFが独自に持っていた治安機関、アンム・サウラに求めることができる。それに加えて、NIFが忠誠心を欠くと考えた将校を排除するよう軍に圧力をかけていたこと、さらに、NIFが自らの組織的利権を守ったり、南部で闘争を展開したりするために、準軍事組織である人民防衛隊の内部に作られた民間人の義勇兵を利用しようとしたこと、なども対立の要因となった。[28] その結果、実質的な権力がバシール大統領とその側近のより現実主義的な軍人の手中に移っていった。それでも、軍将校のあいだには不満が充

---

i　イスラーム救済戦線の略、アルジェリア最大のイスラーム主義組織で、一九九〇年の地方選挙・国会選挙で圧勝した後、弾圧される。代表はマダニー、副議長はベンハーッジュ。第九章も参照。

ii　一九三七年〜。アルジェリアの大統領。ブーメディエン政権の外相（一九六三〜七九年）、一九九〇年代の内戦期は亡命。

iii　ハサン・トゥラービー（第九章参照）がムスリム同胞団を基盤に一九八五年に結成したイスラーム主義組織。

満していた。[29] 政府のなかの軍隊は、兵舎のなかの軍隊と比べて、軍の組織的一体性を維持することが困難になる。軍が、軍部に忠誠を示す宗教運動と連携しているスーダンのような場合は、なおさらのことである。にもかかわらず、イランと同様に、スーダンのイスラーム国家の統治者も、内外の多数の敵に打倒されることを回避するために結束しなければならないことを理解していた。

　第二のタイプの軍、つまり小規模な職業軍人組織と部族勢力が共存するような軍の典型例は、サウディアラビアである。サウディアラビアの建国から一〇年間、支配家系は、武装部隊の役割をほとんど全て部族に依存し、部族を説得して重要な戦略的拠点に定住させたり、必要な時に部族を招集したりしてきた。こうした政策は、アラビア半島のあちこちにイギリス人が駐留していた時代には申し分のないものであった。当時のイギリス人は、王政の打倒を企てるいかなる軍事行動に対しても有効な防御壁をサウディアラビアに提供していた。また、軍事費に使える予算がほとんどないなかで、専門的な将校団が存在することによって政治的反体制派の基盤が作り出されるのではないかというもっともな懸念もあった。だが、とりわけ石油の輸出が開始されてからは、常備軍を設置すべきだという圧力が高まっていった。というのも、石油の輸出が始まったことによって、サウディアラビアは十分な資金を獲得し、守るべき貴重な施設を保有するようになったためである。その結果、まずは小規模な近衛兵のリクルートが始まり、次いで、米軍の訓練を受けた職業軍人組織の中核となる部隊がリクルートされるようになった。

　ナセル主義者の将校団が一九六二年に北イエメンのイマーム・アフマド政権[i]を打倒し、続いて北イエメン内戦が勃発すると、サウディアラビア軍の拡大はさらに促進されるようになった。イエメン内戦では、サウディアラビアが支援する王党派はイエメン・アラブ共和国と戦ったが、後者は、一時期七万人まで膨れ上がった巨大で敵対的なエジプト遠征軍の支援を受けていた。だが、サウディアラビア国境に迫ったナセル率いるエジプト軍が、王政打倒を目指して重大なクーデタ未遂を少なくとも二回幇助《ほうじょ》した時には、サウディアラビア王家は危機の深刻さを認識していたにもかかわらず、軍に対して特別な対策を講じることはなかった。サウディアラビア政府による軍の統制は次のような特徴を持っていた。すなわち、皇太子を軍の上級指導者に任命すること、軍とは別の主として忠実な部族によって構成される国家警備隊に国内治安維持任務を移譲すること、そして、技術顧問として、さらにクーデタの危険性に備えて外国人将校を雇うこと、である。それに加えて王室は、新たな武器の購入はおろか、兵舎や住宅、軍の病院の建設にも巨額の資金を投じた。その結果、信頼はできるものの、大きな特権を持った将校階級を作り上げてしまったようである。こうした将校は、空軍のパイロットを除いて訓練や機動演習にほとんど時間を使わなかったため、戦場では効果的な戦闘が期待できなかった。このことは、湾岸戦争初期の出来事によって露呈した。[30]

他方、同じような形態の軍は、サウディアラビアよりも小規模な湾岸諸国でも形成された。いずれの国も、極めて高額の武器を配備して小規模な軍隊を作り、外国の専門家による訓練を受けさせた。軍の最高司令官を務めたのは支配家系のメンバーであった。サウディアラビアと同じく、これらの軍が実戦でまったく使い物にならないことは、一九九〇年八月のイラクによるクウェート侵攻の際に無残にも明らかになったのである。

第三のタイプのアラブ軍、つまり近代的で宗派主義的な軍は、レバノン固有の形態である。レバノン軍は次の二つの要因によって、政治システムのなかで独特の組織形態と役割を持つようになった。第一に、宗派バランスが反映されていたという点である。具体的には、軍は、ほとんど同数のキリスト教徒とムスリムをリクルートし、軍内の各部隊を宗派単位で構成した。第二に、ほとんどの主要政治家のあいだで、軍は小規模に保たれるべきだとの合意があった点である。これは、軍が内政に介入することを回避するためであり、さらに近隣諸国、特にイスラエルとの軍事衝突に引き込まれることを予防するためでもあった。その結果、一九四三年に独立を果たしてからしばらくのあいだ、軍は、平和を維持し、選挙の適切な実施を担保するという限定的な権限を持った憲兵にとどまった。にもかかわらず、軍は統一が維持されている限り中立な勢力として機能し得たために、初代最高司令官のファアード・シハーブ[ii]は、次第

i　北イエメン一帯に一九一八〜六二年まで支配を築いたザイド派の王朝。第三章も参照。

に大きな政治的役割を果たすようになった。具体的には、ビシャーラ・フーリー大統領の憲法改正法案に反対する運動を制圧するために、一九五二年に軍の介入が要請されたが、シハーブ将軍はこれを拒否した。そして、フーリー大統領からカミール・シャムウーン新大統領への権力移行がスムーズに実現するように、数日間の暫定大統領を自ら務めるという役割も果たしたのである。同じようなことは一九五八年に再度発生し、シャムウーン派と反シャムウーン派の衝突に対して非介入を貫いたシハーブ将軍は、最終的に大統領に選出されることになった。

シハーブ新大統領は自らの政治・行政改革を推し進めるために、慎重に軍を利用した。この事実に鑑みると、新たな軍事政権がレバノンに誕生する可能性もあった。もちろん、軍将校や文民政治家の多くがそう信じていた。だが、シハーブはすぐに軍事政権の路線から退き、大統領職からの辞任を脅し文句に、軍の支持者に自らの言い分を通そうとした。そして次に、軍は大統領であるシハーブ将軍を強く支持するが表舞台には出ないことを規定した、軍と国家の新たな関係を作り上げようとしたのである。だが、その結果もたらされたのは安定ではなく、ますます多くの政治家が軍の介入を恐れ、特に「第二局」と呼ばれる軍諜報組織の介入に反対するという状況であった。

こうした不満は、一九七〇年の大統領選挙で最高点に達した。その選挙では、反シハーブを唱える多数派が、政治プロセスに介入する軍の能力を縮小するべきだという明確な綱領を掲げていたスライマーン・フランジーエを大統領に選出したのである。その結果、軍は、内戦を勃発させた一九七五年の危機で積極的な役割を果たすことができなくなった。こうして、キリスト教徒の民兵や、パレスチナ・ゲリラに支援された左派の民兵といった組織が、互いに鎬を削るようになったのである。一九七六年二月に、アズィーズ・アフダーブ将軍が起こした軍事クーデタ未遂が、中立軍としてのレバノン軍の利用を試みた最後の機会となった。しかし、軍はすでにあまりに脆弱で分断されていたため、中立軍としての役割を果たすことはできなかった。そしてわずか数日後、若いムスリム将校が小さな暴動を起こした結果、軍の分裂はもはや引き返せないところまで進行し、キリスト教徒とムスリムの兵士は軍から脱走するか、主要な民兵と緩やかに結びついた宗派部隊を再結成し始めたのである。

残った軍は、一九八九年のターイフ合意[iii]と、内戦終結後のレバノン国民政府再建のプロセスで、やや逆説的な役割を果たした。国軍最高司令官であったキリスト教徒のミシェル・アウン[iv]将軍は、一九八九年一一月に自ら大統領への就任を宣言し、彼と彼が率いる部隊が先頭に立ってターイフ合意に反対する運動を始めたのである。その結果、アウン将軍は、シリア軍だけではなく、挙国一致政府への参加を選択していた最強のキリスト教民兵組織とも、激しい戦争をすることになった。この戦争は一九九〇年一〇月、イラクがクウェートに侵攻したことによって、アウンがイラク政府からもはや武器を入手できなくなって、ようやく終焉を迎えた。この時、アウンはベイルートのフランス大使館に逃げ込まざるを得なかった。それ以降、レバノン軍は、新たな司令官となったエミール・ラッフード将軍のもとで再統合を果たし、動員解除された何千人という各宗派の元民兵の雇用先として重要な役割を果たすようになったのである。(31) さらに、軍の国民的性格への信頼が高まるにつれ、特に選挙期間中に国内の治安を維持したり、より論争的ではあるが、一九九六年二月にレバノン労働者全国連合が組織したデモを禁止するという政府決定を支持したりするために、軍が利用されるようになった。(32) これによって、ラッフード将軍が一九九八年に大統領に選出される足場ができあがったのである。

ii　一九〇二〜七三年。レバノンのマロン派の軍人。一九五二年の政権交代時には四日間暫定政権を率い、一九五八年には大統領に選出。
iii　サウディアラビアの保養地ターイフで締結されたレバノン内戦終結についての国民和解憲章。
iv　一九三三年〜。レバノンのマロン派の軍人、政治家。レバノン内戦時代から強硬な反シリア姿勢を貫いていたが、二〇〇六年には態度を一転し、親シリアを掲げるヒズブッラーと同盟を結んだ。

トルコ、イラン、イスラエルの軍と政治

トルコ軍が著しく突出した役割を果たしていることには見解の一致があるが、その理由をどのように説明するかについては、広く合意があるわけではない。しばしば指摘されるのは、オスマン帝国期から一九二三年の共和国建国まで、長期にわたって軍が常に重視されてきたという歴史的要因である。だが、同様に重要なのは、トルコ軍が、リクルートから訓練、昇進に至るまでのプロセスを独自に統括する能力を有している点であろう。その結果、軍は、士官候補生を育て、トルコ社会のなかで軍が果たす役割を誇示する独特な軍事文化を創り出す能力を獲得するようになったのである。こうした点について、メフメト・アリー・ビランドは次のように説明している。つまり、軍は、アナトリア全土から一二歳になった青年をリクルートし、長期にわたる規律訓練と軍事訓練に従事させているが、それは明らかに、彼らを文民に対する忠誠や愛着から遠ざけることを目的にしたものである[33]。その結果、軍は、政治目的のために外部から操作することが極めて困難な組織になり、たとえトルコ社会が階級や民族、宗教集団や分派の対立によって分断された時でも、軍の結束や組織的統一性を維持する卓越した能力を獲得するようになった。こうして、一九五〇年代以降に軍の能力が向上すると、政党や政治家の日常的な政治を超越し、国家の価値を守る真の守護者としての地位を獲得するための基盤が作り出されたのである。

しかし、一九五〇年に、共和人民党（ＲＰＰ）政権が崩壊し、アドナーン・メンデレス[i]率いる民主党政権が発足すると、以上のような国家における軍の位置付けが大きく再定義されることとなった。この体制転換の結果、軍は、長期間続いた政治的パートナーとしての役割を剥奪された。他方、メンデレスは、上級将校の昇進に介入することによって、不確実であった軍の忠誠心を確保しようとした。もう一つの変化は、一九五二年にトルコがＮＡＴＯに加盟した時に起こった。トルコのＮＡＴＯ加盟はほとんどの将校が歓迎したことではあったが、ヨーロッパ主要国の軍隊

と比較してトルコ軍がいかに訓練不足で、装備が劣悪であるかという点を、否が応にも認識することになったからである。

その結果生じた軍内部の不満は、民主党政権の独裁的な政権運営が目に余るようになった一九六〇年に首をもたげ、青年将校集団による軍事反乱を誘発した。だが、上級将校団がその反乱の主導権を奪い、国民統一委員会（NUC）を形成してクーデタを完遂した。この委員会は強い結束力を誇っていたため、新憲法が公布されて選挙が実施された後には、権力を文民に返還することを約束できた。しかし、軍が今後、文民政府との協力関係をどのように構築すべきかという問題を解決するには、ずっと長い時間を要した。具体的には、以下の点が達成されて初めて、軍と文民政府の協力関係が構築された。つまり、新たな常設機関として国家安全保障会議[ii]が創設され、この会議に対して軍の問題を内閣に「勧告」するという憲法上の役割を付与したこと、そして、活動禁止処分を受けた民主党の後を継いで当選した公正党の指導者スレイマン・デミレルと軍の上級将校のあいだで、暗黙の同盟が結ばれたこと、であった。(34)

一九七一年に発生した軍による二回目の政治介入は、一九六〇年の第一回クーデタとほとんど同じような特徴を持っていた。つまり、今回の軍事クーデタも、経済危機の広がりがその背景にあったとはいえ、左派系の政治家を中心とした政治的暴力の激化がもう一つの要因であった。それに加えて、上級将校は、こうした状況のなかで青年将校が再びクーデタを起こすのではないかとの懸念を深めていた。おそらく一部の将校がこの問題に強い懸念を抱いていたがゆえに、クーデタの指導者は一〇年前よりもずっと分裂していた。だからこそ、彼らのあいだで合意に至ったのは、新たな文民政府を就任させること、多くの分野で政治的自由を制限するための部分的な憲法改正を行うこと、と

i　一八九九年～一九六一年。首相として緩やかなイスラーム化政策を進める一方、経済の自由化やNATO加盟を実現。一九六〇年のクーデタ後は処刑された。
ii　一九六一年創設。大統領、首相、参謀総長、軍司令官で構成される、安全保障政策についての最高意思決定機関。軍が制度的に政治に関与できる仕組みとして機能。

いう二点に過ぎなかった。それゆえ、文民政治家は、軍の大統領候補であったスナイ将軍（元国軍最高司令官）の当選を回避するために、こうした軍の分裂を利用した。軍が内部分裂という失敗を犯したために、一九七三年一〇月の国政選挙の後には、完全なる文民主導の政治が復活したのである。

一九七一年から七三年までの出来事から十分な教訓を得たために、一九八〇年に生じた軍の介入はこれまでと極めて異なる性格を持つようになった。[35] 一九八〇年の第三回クーデタは、明らかに練り上げられた計画にもとづいて遂行され、同時に軍内の統一は可能な限り維持された。他方、新たな憲法と新たな政治構造が導入され、これまでの政治家は追放されたのである。[36]

とはいえ、クーデタを起こした動機について、軍の説明を額面通り受け取ることには注意が必要である。とりわけ、軍は国民の利益に奉仕する中立的な仲裁者であり、社会の大きな混乱や行政機能の完全な崩壊に直面してしばしば政治介入を余儀なくされた、といった点を主張する広報活動に注力されている場合は、なおさら注意が必要である。[37] たしかに一九七〇年代後半には、政治・宗派的暴力が内戦に発展する危険性があった。だが、早急に介入しなければならない要因は、軍の側にも見出すことができた。具体的には、社会の紛争が兵舎にも波及するのではないかという恐怖や、経済や社会環境の悪化が、軍のリクルートや軍事産業、そして一九六一年に退役軍人の年金を管理するために作られた巨大な軍支援協会（ＯＹＡＫ）[i]の活動といった軍の利益に悪影響を与えるかもしれないという懸念を、軍は抱いていたのである。[38]

同様に軍は、政治から可能な限り早く手を引くことにも利益を見出していた。それは、一九八〇年九月のクーデタから一二日後に、エブレン将軍が戦争アカデミーで士官候補生に対して行った次のスピーチから読み取れる。

> 政治に関与すると、軍は常に規律を失い、次第に汚職にまみれるようになる…。したがって、もう一度君たちにお願いする。我々の現在の作戦を君たち自身の模範としないように。二度と政治にかかわってはならない。我々

は、政治から軍を救い、政治の泥から軍を洗浄するために、一連の命令と指導によってこの作戦を遂行しなければならないのだ(39)。

軍がトルコの政治システムを再建したこと、そして軍が政治的悪影響とみなした要素を払拭しようとしたことについては、すでに別のところで議論した（第五章を参照）。こうした軍の行動をより一般的な観点から分析すると、何がトルコを誤った道に導いたのか、それを矯正するにはどうすればいいのかといった問題について、将校がどのように考えていたのかという点が浮き彫りになる。軍によれば、権力欲に満ち溢れ、視野が狭い政治家は、何十年にもわたる急激な経済・社会変容がもたらした諸問題に対して適切な対策を採ってこなかった。さらに、危険な外国のイデオロギーの影響下でトルコが誤った方向に導かれたため、こうした問題はより拡大したと考えられたのである。その結果、このような状況から脱却するために軍が出した結論は、公益をよく理解した人物が率いる新たな国民的政党が、社会内の階級や利益集団からの影響を受けることなく、建設的な政策を進めることが可能となる構造を作り出すことであった。他国の軍であれば、多くの将校が間違いなくこの意見に同意するだろう。だが、こうした思考様式とは逆に、産業化が進行し、高度に都市化した社会の政治は、このような狭隘《きょうあい》な手段によって簡単に管理できるものではない。さらに、軍の言いなりになって動く新しい政党でさえ、いずれは既存の社会経済的な利益にからめとられるか、選挙で落選してしまうことになるのである。

一九八三年の選挙でトゥルグット・オザル[ii]率いる祖国党が政権を掌握して以降、トルコ政治のなかで、軍と文民のあいだの新たな均衡がゆっくりとできあがった。一方で、軍人大統領のエブレン将軍と国家安全保障会議のメンバー

---

i　もともと軍の年金の運用組織であったが、次第に銀行や保険、自動車、運輸などの事業に手を広げ、巨大な財閥になった。

ii　一九二七〜九三年。トルコの首相、大統領を歴任した政治家。経済政策を得意とし、軍の政治介入を回避する政策に長けていた。

は大きな権限を持っていたにもかかわらず、正式な絶対的命令の手段をいったん放棄してしまうと、文民政府の日常的な政治に影響力を与えるメカニズムを見出すことができなくなった。他方、民選の首相は、新憲法下でも自らの政策を実施するための十分な権力を持ち、自信を深めた時には、たとえば軍の上級将校の昇進に影響を与えることによって、軍に挑戦することすらできた。一九八〇年代にトゥルグット・オザル首相率いる祖国党政権が安定を実現し、一九八七年四月にＥＣに加盟権申請を提出することが決定されると、文民の軍に対する優位はより強化されるようになった。その結果、軍と文民政治家は、政治活動を分業することを暗黙裡に合意したのである。具体的には、軍が、一九八〇～八五年のあいだ、国家財政に占める軍事費をそれまでの倍近く獲得し、国内の治安維持活動においても大きな役割を果たす代わりに、政治決定にかかわる分野を全て文民政府に任せる、という合意である。[40]

　一九八九年に始まったトゥルグット・オザル大統領の任期中には、軍上層部に対する文民統制があたかも恒常的に確立したかのような時期がしばらく続いた。[41]しかし、一九九〇年代前半には文民政府が再び弱体化し、さらに軍が東部でのクルド人の反乱制圧に大きく関与した結果、政軍関係は再び反対方向へと推移し始めた。そして、福祉党党首のネジメッティン・エルバカン首相率いる短期政権下で、政軍関係はさらに複雑化した。多くの上級将校は、エルバカン政権が、トルコ社会と外交政策をイスラーム化することによって、トルコの世俗制度に対して全面的に攻撃を加えていると考えるようになった。その結果、将校は、国家安全保障会議でのプレゼンスを利用して首相に圧力をかけ、エルバカン首相が以前から反対していたイスラエルとの防衛諜報協定を批准させようとした。また、政府内のイスラーム主義者の力を抑制することを目的とした一八カ条勧告を突きつけるなど、軍と首相のあいだに一連の対立が生じた。そして、エルバカン首相は、以上のような軍の提案をなかなか実施しなかったため、辞任を余儀なくされた。多くの観察者はこれを「静かな」クーデタと呼んでいるが、それは文民民主主義という建前を維持しつつも、軍が強力な影響力を行使することを目的にしたものであった。[42]

　エルバカン首相の後を継いだメスト・イェルマズ政権下では、軍による圧力が強化され、文民も軍も立場を硬化さ

維持するために必要な新兵のリクルートが極めて困難になったため、一九八八年春には軍内の士気が著しく低下するに至ったのである。

一九八八年の終戦決議がイラク軍による一連の勝利の後に締結されたことに鑑みると、イラン軍との関係をめぐって、文民やイスラーム法学者からなる指導部は大きな困難を抱え込むことになった、と想定されるかもしれない。だが事実はそれとは異なっていた。文民やイスラーム法学者の指導部は軍を完全な管理下に置き、監視することができた。さらに、軍と革命防衛隊を分離することによって、軍を政治から遠ざけることにも大きな成功を収めた。他方、革命防衛隊は、独自の士官学校を持ち、一九九四年までに約一五万人のメンバーを抱えるようになったため、正規軍とほとんど同じ位置付けになった。(49)

ＩＤＦの国家と社会における役割を分析することによって、別の問題を浮き彫りにできる。まず、一九四九年に結成されたＩＤＦは、極めて稀な組織形態を有していた。というのも、イスラエルには大きな常備軍を維持するだけの資源がなかったため、常備軍の代わりに「戦闘に必要な訓練を受け、装備を持ち、ただちに動員することが可能な市民軍」が必要とされたからである。(50) その結果、予備役兵に大きく依存するいわゆる「市民軍」が形成された。これは、政軍関係に重大な影響を与えた。ダン・ホロヴィッツによれば、「部分的に軍事化された社会のなかの文民化された軍」という特徴を生み出した。(51) だが、ＩＤＦの特徴を以上のように描写することは、次のような重要な事実を看過する危険性がある。すなわち、こうした軍を維持するためには、長期に渡って軍役に従事する職業軍人が必要であり、彼らが軍事作戦の能力を担保しなければならないという点、それゆえに、こうした職業軍人は、軍事費の規模や、時には宣戦布告といった極めて重要な問題にも大きな影響力を行使できるような地位に就く、という点に他ならない。(52) 実際、こうした政軍関係は「国民軍」あるいは「軍事国家」（nation in arms）という概念から生まれた理論によってこう

i　イスラーム知識人に対する敬称。

まく説明できるだろう。そこでは、戦争準備が国家プロジェクトの中心的な位置を占め、軍と文民の境界線がある領域では曖昧になる。そして、国家がいかなる脅威に直面しているのか、それに対して国家をどのように防衛するのかといった問題については、軍人エリートと文民エリートが協同で決断を下すのである。(53)

　イスラエルの軍事政策を左右する主要なアクターは、首相、国防相、参謀総長である。一九四八～五二年まで、そして一九五五～六七年までのあいだは、ダヴィド・ベン＝グリオンとレヴィ・エシュコルという二人の首相が国防相を兼任した。そのため、原則的には、閣僚が軍を相当程度管理することができた。しかし、常にそうであったわけではない。ベン＝グリオンは国家安全保障の重要性を何よりも優先していたため、多くの国家機密が文民政治家や閣僚の耳に入らないように気を配った。一九六一年に彼が引退すると、その後を継いだ首相は、強力な参謀総長が独自に物事を進めることを阻止する力を持っていなかった。したがって、一九六七年七月の戦争に至る危機において、重要な決定を下したのは首相ではなく軍であった。軍がエシュコル首相に圧力をかけて、国防相ポストをモシェ・ダヤン将軍に譲渡させた後は、とりわけその傾向が強まった。ダヤン将軍は一九七四年まで国防相のポストにとどまり、シモン・ペレスがその後を継いだ。一九七七年以降は、強い個性を持ったエゼル・ワイツマン将軍が国防相に就任した。だが、閣僚を支配する最も高い能力を持っていたのは、間違いなく一九八〇～八三年まで国防相を務めたアリエル・シャロン将軍であった。ホロヴィッツの言葉を借りると、シャロンは国防相のポストを利用して「超最高司令官」になった。つまり、シャロンは、全国防機関を支配するほど強力な権力を用いて、和平や戦争にかかわる主要な政策決定者となったのである。最も顕著なのは、シャロン国防相が、一九八二年のＩＤＦによるレバノン侵攻の機会を利用して、イスラエル国内と近隣アラブ諸国の政治権力の均衡をも変えようとした、という例に求められる。(54)

　ヨラム・ペリは、首相・国防相・参謀総長の関係を四つのタイプに分けて理解しようとしたが、その試みは厳密に過ぎ、アクターの個性が持つ重要性を看過している。(55)それよりも、彼の議論のなかで的を射ているのは、イスラエル国家のいくつもの重要な領域で、軍と文民の境界が軍に有利な形で拡大してきた、という点に他ならない。彼はこれをいくつもの要因によって説明する。たとえば、一九六七年の占領以降、軍が西岸とガザの支配者として高度に政治化された役割を果たすようになったこと、ラビン将軍やエイタン将軍、シャロン将軍[ii]のような予備上級将校が政治家になる機会が増えたこと、そしておそらく最も重要なのは、文民と軍人が、文民統制という制度ではなく、むしろ対等なパートナーシップを発展させてきたという事実である[56]。また、ペリは、憲法にもとづいて軍の責任を追及する試みが一九六八年と七五年になされたが、いずれも満足いく結果にはならなかったと指摘している[57]。同じように、軍に対する三度目の起訴、つまり一九八三年のカハン委員会[iii]も、成功を収めたとは言い難い。というのも、カハン委員会は、内閣を誤った方向に導いた責任を追及してシャロン将軍を辞任させたものの、同じようなことが将来起こることを防ぐ新たな仕組みを導入することはなかったからである。

その後、一九八〇年代後半に生じた二つの出来事は、軍の役割に大きな影響を与えた。第一に、一九八七年一二月に勃発したパレスチナ人の蜂起（インティファーダ）を制圧する際に、軍の果たした役割が国内外に衝撃を与えた点であった。第二に、軍そのものが、組織を根本的に再編したことであった。というのも、軍事予算が大きく減少し、ポスト冷戦時代の新たなニーズに対応した、より小規模で効率的な軍を形成するという計画が進められたためである[58]。

---

i　一九二八年～二〇一四年。一九二八年にパレスチナのキブツ（集団農場）で生まれ、イスラエル国防軍に入隊、中東戦争全てに従軍、指揮官に上り詰める。その後政界に入り、国防相時代にはレバノン戦争を指揮、ＰＬＯのベイルート撤退に成功させるが、パレスチナ人虐殺を傍観した責任を問われ、国防相を辞任。二〇〇一年から首相。

ii　一九二二～九五年。イスラエルの軍人、政治家。首相や国防相を歴任し、一九九二年に首相に再任すると、中東和平に尽力し、一九九三年にオスロ合意、九四年にヨルダンとの平和条約に調印し、ノーベル平和賞を受賞（シモン・ペレス、ヤーセル・アラファートも受賞）。

iii　レバノン戦争中の一九八二年に発生したパレスチナ人虐殺（レバノンのサブラー・シャティーラ事件）を、シャロン国防相が傍観した問題を調査した委員会。カハン委員会は、シャロン国防相を辞任に追い込んだ。

その結果、将校と政治家のあいだに大きな摩擦が生まれることになり、軍と社会全体のあいだでも緊張関係が露呈した。前者については、文民政治家が、時には軍の激しい反対を無視する形で、和平プロセスへの関与や西岸・ガザからの部分的撤退といった決定を下すようになった。後者については、レバノン戦争以降、軍は社会からのかつてないほどの批判にあっている。(59) にもかかわらず、IDFへの従軍が政界への入口となっている状況に変化はない。エフード・バラク元将軍が一九九七年に労働党の党首になったこと、イツハク・モルデハイとアムノン・リプキンシャハク将軍が首相に立候補し、一九九八年五月の投票直前に説得されて立候補を取り下げたことなどがその代表例である。

結論――冷戦後の中東の軍

ほとんどの中東諸国が独立後に直面してきた問題に鑑みると、国内外の安全保障を強化するために強大な軍隊を作り上げる必要があったことは容易に理解できる。それに加えて、中東地域が冷戦下で重要な役割を果たしていたために、パトロンとなった超大国は、中東のクライエントに喜んで軍事支援を行い、近代兵器を提供した。それによって、中東諸国の軍はさらに増強された。一九七〇年代以降は、オイルマネーもまた軍の肥大化を促進する重要な要因となった。同じ理由で、多くの中東諸国で軍人が行政や政治の分野で傑出した役割を果たすようになったこと、そして、その結果として文民統制が極めて困難になり、国家権力の管理や国家資源の配分をめぐる絶え間なき競合が引き起こされたこと、などの要因についても明らかである。

だとすれば、こうした中東固有の状況は、冷戦終結を機にどのように変わったのだろうか。先進国では、一九九〇年代に軍事費と職業軍人の権威はともに低下した。しかし、非ヨーロッパ世界では、軍事費が削減される傾向は同様に認められるものの、正当性が脆弱で、国内には反抗的な国民を抱え、さらに近隣諸国との未解決の紛争を抱えているような体制は、概して軍の縮小をそれほど急激に進めることはできなかった。(60) 特に中東では、この問題が典型的にみられ、イスラエル／パレスチナと湾岸という大きな緊張を内外に抱える二つの地域に加えて、いくつもの内紛があった。最も顕著なのが、アルジェリア、スーダン、トルコ東部である。実際、この三カ国では、紛争の激化によって将軍が直接政府を掌握するか、背後から強制的に政府を操ることができるようになっていた。

軍が政府に深く関与したり、国家安全保障にかかわる喫緊の課題が存在したりする状況では、軍の規模や予算、国家資源の管理についての情報が、厳格な機密扱いを受けることは驚くべきことではない。このために、軍の現状や将来の位置付けを分析することは、とりわけ困難である。確実に言えるのは、時の経過とともに、軍も世界的な傾向であるグローバルな自由化に向かって進んでいかざるを得ないということである。その結果、軍は、中国の人民解放軍と同様に、説明責任の免除や産業活動への関与、そして日常的な国内治安維持への関与といった特権的地位を放棄することを求められるだろう。しかし、これは地域紛争が平和的に解決されるかどうか、あるいはヨーロッパ連合（EU）のような地域機構と密接に連携できるかどうかに大きく依存している。それが実現するまでは、中東の軍は、民営化や国家の役割の縮小、そして裁判制度にもとづく法の支配といった概念に反対する勢力と、強力な連携を維持し続けることは容易に想像できよう。

第一一章　非国家アクターの役割

はじめに

本書はここまで、中東政治を主として国家を中心とする視点から分析してきた。こうした視点は、権威主義体制やレンティア国家においては、国内政治の文脈では国家から独立した行動を取ることができる個人や集団はほとんど存在しない、という前提にもとづいている。とはいえ、例外もあることは疑いない。植民地支配末期から独立当初には、国家から独立した政治活動を展開する余地は十分にあった。たとえば、地方の地主が所有する土地などの国家の支配が及びはじめたばかりの領域では、そうした政治活動がみられたし、大規模な私企業をはじめ富と権力の大部分を外国に置いている集団もその担い手となった。二〇世紀の終盤には、一〇年ほどに及んだ構造調整と経済改革の後に、いわゆる市民社会への回帰、あるいはその促進というお題目のもとで、非国家アクターによる行動が再び全盛期を迎えはじめたと考える研究者が急増してきた。

よく知られているように、市民社会という概念は少なくとも一八世紀から存在していた。それは、自由主義やヘーゲル主義、あるいはマルクス主義といった、広範で様々な政治的言説の一つである。それらに共通していることは、定義や真意をめぐる幅広いコンセンサスが存在しないという点である。(1)とはいえ、一九八〇年代、様々な非党派的組織が東欧の共産党支配に挑戦し、それが明らかに成功を収めた結果、市民社会をめぐる一つの解釈が幅広い支持を得るようになった。つまり、市民が中心となって結成する組織は、国家権力を制御する役割を果たし得るという解釈に他ならない。そして、非欧米諸国が一党支配体制や国家主義体制からより多元的な政治経済システムへと移行するなかで、市民社会は民主主義へと向かう処方箋であることが幅広く認識されるようになっていった。市民社会が正確に何を意味しているのかという点については意見が分かれるが、利益集団や社会クラブ、そして政治政党の混合物のような組織が、個人と国家のあいだの空間を埋めるものとして勃興してくることに大きな期待が寄せられていたのである。(2)なお、宗教結社は、市民社会に含まれることもあるが、常にそうではない。(3)市民社会の一部と認識される集団の多くは、一般的にNGOと定義されている。そして、こうした組織の急激な拡大は、概ね非国家主体の政治活動が成長している指標と考えられている。

他方、市民社会という概念は、中東政治の文脈でも急速に市民権を獲得するようになっていった。社会正義や人権といった言葉を用いて権威主義体制を批判する手段として、あるいは代替的な政治活動に人々を動員する手段として、市民社会の概念が使われるようになったのである。こうしたことが可能となったのは、エヴァ・ベリンが論じているように、市民社会という言葉が、極左から極右に至るまであらゆる形態の反体制活動に対して適用可能な「極めて幅の広い」用語であったためである。(4)そして、ここにこそ問題がある。市民社会は、ヨーロッパで元々使用されていた形であれ、あるいは現代的な政治学用語であれ、政治過程を分析するための道具として用いるにはあまりにも曖昧なものである。さらに、市民社会という言葉を用いることで、数多くのいわゆるNGOが実際には政府の道具であるという事実がしばしば曖昧にされるという欠点もある。それに加えて、サーミー・ズバイダが指摘しているように、市民社会が「単一の領域」であったことは一度もなく、むしろ独立した活動や、部分的に独立した活動を行ういくつもの組織なのである。そして、自治を担保する唯一の手段である「明確な法規定と制度的メカニズム」を獲得するために、国家に過度に依存している。[5] さらに、ズバイダが論じた通り、そうした法規定が通常の規則通りに執行されることはめったにないばかりか、中東では法規定すらない場合がほとんどである。その結果、市民社会を構成する組織の運営者は、不正確で満足いかない制度と規制を強要する役人とのあいだで延々と交渉を続ける必要があり、市民社会の国家に対する依存度はよりいっそう高まることになる。[6]

したがって、本章では市民社会ではなく「非公的な」政治という概念を用いることにする。ただし、この概念を用いることで、国家による公的な活動から非公的な政治を完全に切り離して考えることを提唱したいわけではない。そうではなく、国家と社会がどの程度分離されているか、あるいはどの程度連続しているかは様々であり、だからこそ、非公的アクター、あるいは非国家的政治アクターが打ち出す戦略にも多様性がみられる、という点が重要なのである。本章では、労働運動と女性運動に着目して以上のような状況について分析を進めていく。とはいえ、その前に、非国家的政治活動の一つの領域に注目したい。それは、土地改革と国家統制が始まる以前の地方農村部で時としてみられた運動である。そして最後に、一九六七年以降の西岸地区とガザ地区のパレスチナ人が置かれた状況について簡単に検討する。彼らは、イスラエル当局との関係からみれば、明らかに非国家主体である。しかし、パレスチナ解放機構（PLO）が作り出した準国家機関と協力関係を強化している点に鑑みると、その存在は曖昧である。

地方政治の自己充足的な世界

二〇世紀のほぼ全期間を通して、中東地域では、主要都市部からいくらか離れた農村地域に人口が集中していた。郊外に住む多くの人々にとって、地方政治とは大規模な農地所有者によって支配されたものであった。こうした状態は、アラブ諸国とイランでは、一九五〇年代初頭に行われた農地改革によって土地所有者の土地が分割されるまでのあいだ、続いていた。とはいえ、農地改革以降も、そうした土地所有者の権力は各村では重要であり続けた。彼らは、拡張主義的な国家によって導入された協同組合や地方議会といった地方組織のなかで、指導的な役割を担い続けていたのである。だからこそ、土地所有者は、新たに生まれた権威主義体制の下に設置された国民議会に、より優位な立場で当選を果たすことができたのである。(7)

農地改革以前は、農村地域の人々は都市部の政治から隔絶されていた。彼らの日常的な関心事のほとんどは、土地や労働力の管理、あるいは水資源へのアクセス権をめぐる競合といった短期的利益であった。これはまた、農村特有の地方政治を生み出すことにもなった。そこでは土地所有者が、地主としての影響力を直接行使したり、共同体に根差した手段を用いたりして、土地や労働力、そして水などの資源をめぐる避けがたい対立を解決する極めて重要な役割を果たしていた。他方、農村地方では富と権力の格差が際立っていたため、土地所有者による支配とそれに対する農民の抵抗という形の絶え間ない闘争が生まれた。そこでは、暴力の行使という選択肢が常に存在していた。

これは大きな論点であるため、本書ではいくつかの事例を素描するにとどめたい。具体的には、エジプト、イラク、そしてレバノンという三つの事例に着目する。というのも、これらの三カ国については、歴史に注目した社会人類学者が十分に研究し、現在も機能している最も重要な地方政治のダイナミズムを明らかにしているからである。

大々的な土地改革が断行されたナセル政権以前には、エジプトの全耕地面積の三分の一が、一万二〇〇〇もの大規模私有地に集中していた。(8) そして、こうした私有地の大半は、次の二つの意味を持つイズバ（izba）[i]として知られていた。第一に、土地所有者の自宅や商店などを含む主要な建物が集まった領地という意味である。第二に、その土地に

i　エジプトの農村の一形態であり、主としてナイル・デルタで一九世紀後半以降、近代的な灌漑制度の普及にともない拡大した新耕地に地主経営の農場として作られた。農民は小片の小作地を与えられる代わりに地主の大経営地に安価で安定した労働力を提供した。

住居を借りて働く者と、領地外で雇用された日雇い労働者を併用する土地管理システムを意味する。[9] 土地所有者のなかには少数の外国人もいたが、大部分はエジプト人であり、彼らは国政レベルであたかも地方利益の代表者であるかのごとくふるまうことができた。リーム・サアドは、イズバにあたるカイロ南部のある村について興味深い研究を行っている。その村の広大な土地は、一九四七年に首都の政治家に買い上げられた。彼は警察を手先として用い、地元の人々からはあたかも唯一の「政府」のごとく認識されていたという。[10] 実際、その政治家は自由に動かすことができる巨大な強制力を有しており、農民の賃金や土地の配分、そして食糧の分配を直接的に管理する力を付けたことで、彼の影響力はさらに強化された。そのため、こうした支配に対して表立った抵抗を試みることはほぼ不可能であり、農民に残された選択肢といえば、盗みや職務放棄、あるいは抵抗のための些細な行動といった伝統的な弱者の武器のみであった。したがって、イズバ内部と周辺の政治は、国政レベルからは隔絶していた。この村の土地所有者は、議会選挙で自分に票を投じることを領民に命じ、エジプト議会の議席を通じて国家とイズバのあいだのあらゆる繋がりを独占するだけでよかった。だが、ナセルによる土地改革を通して、パシャが支配していた時代はついに終わりを迎えた。リーム・サアドによれば、農民にとってこの瞬間は極めて重要で、彼らは土地改革前の日々を古き悪しきもの、改革後の時期を良いものとして捉えていた。[11]

南イラクの一部は、一九五八年に土地再分配政策が実施される以前は、エジプトと同じような特徴を持っていた。農地の多くは大規模な私有地であり、不在地主の代理人がそれらの土地を管理していた。不在地主の権力は、地方では極めて大きかったため、地方の行政官はほとんど彼らの命令に従っていた。[12] しかし、その他の地域、たとえばロバート・ファーニーが調査を行ったユーフラテス川中部流域地方では、もう少し複雑な利害関係がみられた。具体的には、不在か否かを問わず、土地所有者のために働く定住部族と、ザガーラなどの地方商業都市の商人、そして一〇〇人程度の地方行政官のあいだで、利害関係が複雑に錯綜していたのである。[13] 行政官のなかで最も重要だったのは、水の分配をめぐる最終決定権を有する灌漑技術者であった。また、警察ならびに警察を補佐する義務があった多数の地域住民を通して、国家はその権力を行使していた。

その結果、地方政治には相互に連動した二つの権力構造が出現した。一つは部族がかかわる地方政治で、彼らは自らの争議を部族的叡智や慣行にもとづく共通理解に則って解決していた。もう一つは警察による国家権力の執行であり、彼らは個人の責任という概念に則った法を執行する人々である。警察は過度に暴力的である場合が多く、初犯や軽犯罪であっても自白を得るためにしばしば大量投獄や拷問を行った。ファーニーの調査によると、部族長は、部族の指導者ならびに土地所有者としての役割と、バグダードの議会の議員としての役割のあいだを行ったり来たりしていた。そして、部族長の影響力を行使したり、国家権力と地方の社会的規範のあいだを取り持つ能力を行使したりすることによって、対立を解消していた[14]。しかし、ファーニーが的確に描いているように、政府の役人は灌漑システムを運営する必要があったため、中央政府が徐々により大きな権限を有するようになっていったのである。こうして、地方が主導権を握る余地は徐々に狭まり、国家権力によって直接的に表明される見解は徐々に大きな存在感を持つようになっていった[15]。

レバノンの大規模な私有地は、北部、南部、そして第一次大戦以降にフランスによってレバノン領に加えられた東部の山岳地域に集中している。北アッカール平野をめぐる研究のなかで、マイケル・ジルセナンは、フランス委任統治期に土地所有者として権力を構築していったベイ[i]が、独立後に支配的な権力を持つ政治指導者となった点を指摘している。彼らはベイという地位を利用して、自らの領地とその領地を耕すために必要な農民を支配した。彼らは、時に地元の代理人を通じて、また時には社会的優越性をあからさまに行使し、恐怖に満ちた雰囲気を意図的に創り出した。同時に、地元民とその一族の歴史をめぐる詳細な知識にもとづいた策略と操作を絶え間なく行うことで、その支配を浸透させていった。ジルセナンが描き出したように、暴力への恐怖が領民の意識のなかには刷り込まれており、

i　パシャと同じく、本来の意味はオスマン帝国の高官の称号であるが、ここでは伝統的な大地主といった意味で用いられている。

実際に暴力を用いる必要性がほとんどないほど確実に領民の行動を制約していた。地方政治は、土地、労働力、そして票をめぐるベイの競合によって、あるいは議会選挙を通して閣僚ポストを獲得するためのベイ個人の能力によって、国政レベルと繋がっていた。しかし、彼らは自らの政治的資源が何であれ、それを他者と共有しようとは思わなかった。ベイの支配下で幸せに暮らしている人々の生活に対して政府が介入することを防ぐために、彼らは意図的にアッカール地方を未開発状態のまま留め置いた(16)。

以上の三つの事例が示しているように、農村地方では政治がより身近な問題をめぐって展開していた。それは資源の支配をめぐる日々の競合であり、そこには組織立った同盟関係やイデオロギーが介在する余地はほとんどなかった。政治は身近な人々による対面式の関係にとどまっており、それは各々が「顔をみればわかる」といった具合であった。とはいえ、その本質的なダイナミズムを理解しようと考える外部の観察者にとって、二〇世紀の中盤は大きな転換点であった。まずは国家による地方への介入がますます大きくなり、次いで一九五〇年代にはエジプトとイラクで土地所有者の権力に対する直接的な攻撃が始まった。こうしたプロセスは、村落という閉じられた社会に新しい政治アクターが台頭してきたこと、その結果、国家機関への直接的な関与や都市への流入、あるいは海外への出稼ぎといった新たな選択肢が出現したことによって、急激に加速されることになった。

組織された労働者と政治活動の限界

二〇世紀の都市生活にみられた重要な特徴の一つは、組織された労働者がストライキやデモといった手段を用いて、政治・経済的目的を実現しようとした点である。中東も例外ではない。しかし、労働組合や他の労働者集団のあいだの繋がりは中東特有の発展を遂げており、なおかつ、それは植民地主義やナショナリズム、そして国家形成のプロセスと密接に関連していた。以下ではこうした中東独自の発展経路について、最初はアラブ諸国の事例、次いでイラン、イスラエル、そしてトルコの事例を通して、簡単にみていくことにする。その際、より広い政治の流れに対して労働者の運動が大きな役割を果たすようになったタイミングを明らかにするつもりである。

アラブ世界に近代的労働組合が登場したのは、植民地期のことである。それは、エジプトの市街電鉄会社などの外国企業、あるいはイラクやパレスチナ、スーダンの湾港・鉄道労働者のように、植民地国家によって所有・管理された国内企業のなかで生まれた。こうした組織のなかには、外国の大都市ですでに活動を活発化させていた労働運動が直接結成にかかわった場合もあった。たとえば、北アフリカでは、最初の労働組合はフランス労働総同盟（French Confédération Générale du Travail）によって組織された。こうした組合活動は、第二次世界大戦中、中東経済を管理しようと試みた連合国側のいくつかの国家によってよりいっそう促進されることになった。

主要都市部で重要な労働者をストライキに動員する能力を持っていたことに鑑みると、初期の労働組合は、当該国のナショナリストにとって有用な同盟相手であったが、通常は、学生運動を含む広範な同盟勢力の一つに過ぎなかった。だが、ひとたび独立を達成すると、新生国家の政権は、急速に力をつけ始めていた労働組合に脅威を感じるようになった。さらに、左派の活動家が労働組合の指導部を牛耳っているようにみえたため、労働組合はなおさら脅威になった。それゆえ、新政権は素早い行動をみせ、新しい法規制によって労働組合の行動の自由を制限したり、労働組合の指導者を国家機関の内部に直接取り込んだりした。また、一九五〇年代のサウディアラビアのように、ストライキは単純に非合法な行為とされ、あらゆる形態の組合活動が禁じられた場合もある。

労働組合の指導者を国家に取り込む政策は、エジプトやアルジェリアのような権威主義体制下でとりわけ頻繁にみられた。これらの政権は、急速な経済・社会発展を達成する手段として国民統合を主張することによって、こうした政策の正当性を主張していた。多くの研究者は、労働組合の取り込み政策が、たとえばムッソリーニ期のイタリアでみられた政策と類似した中東型コーポラティズムであると考えてきた。つまり、労働者がストライキなどの形で政治活動へ参加することを控える代わりに、国家が賃金や福祉給付、雇用保障といった労働者の利害を保証するというある種の社会契約を通して、労働者階級の活動が封じ込められたのである。[17] さらに、こうした政策は、国家の管理下にある労働者連盟によって組織された公共部門の労働者集団と、民間部門の労働組合のあいだに分裂を作りだすという成果もあげた。公的部門の労働組合は特権的な賃金と労働条件を享受する傾向にあり、反対に民間部門の労働組合は依然としてなんの保護も得られなかった。

にもかかわらず、中東型コーポラティズムは、根深い不満を表明する最も一般的な手段であった非公認のストライキやデモ、座り込みといった行動を阻止することはできなかった。一般に、そうした手段は、個々の工場経営者が侵害している既存の権利を保護するために受動的に行使された。[18] しかし、これらの手段は、時としてより大きな政治的役割を担うこともあった。たとえば、一九六八年二月と七七年一月にエジプトで生じた出来事がそれにあたる。前者は、カイロ南部の街ヘルワーンにある軍用機工場の労働者が起こした抗議行動である。これは、軍事裁判所が、第三次中東戦争（一九六七年六月）の戦端でイスラエルによる急襲から国を守ることに失敗した空軍司令官に寛大な判決を言い渡したことに対して、異議を唱える抗議行動であった。この抗議行動は、労働組合員や学生による首都での大規模なデモのきっかけとなった。こうした事態は、ナセル体制の様々な政策に対する人々の深刻な不満を表明する行動と考えられるようになった。ナセル大統領は、ヘルワーンの労働者に速やかに解散するよう命じた。ナセルの側近によれば、大統領はこの抗議運動に「怯え、立ちすくんでいた」という。だが、ナセルが空軍司令官に対する寛大な刑を見直すことを発表してもなお、デモ隊は「ガマール（ナセル大統領）よ、人民は変化を求めている」と叫び続けた。[19] これによって、ナセル大統領は、大幅な民主化を約束しなければならなくなった。これは群衆の要求した重要な案件の一つであったからである。とはいえ、この出来事は、基本的な政治改革を約束した三月三〇日宣言に繋がったものの、ナセル大統領は最小限の変化を実現させただけであった。そして、彼の後任であるアンワール・サーダートが、より大きな自由を求める民意を汲み取り、一九七一年に発表したインフィターフ（門戸開放）という新しい政策の基礎として利用したのである。

結果的には、サーダート大統領の政策に対しても、一九七七年一月に国民による大規模な抗議が巻き起こった。経済開放の最初の波によって経済的困難が助長されたことが、二日間に及ぶ全国規模のデモと警察署への襲撃に繋がったのである。このデモの契機となったのは、小麦粉などの生活必需品に対する政府補助金を五割削減することを決めた政府の発表であった。この時も、アレキサンドリアとヘルワーンで労働者集団が抗議運動を主導した。[20] 暴動は、軍の介入と夜間外出禁止令を通した街頭からの人々の排除によって即座に鎮圧されたものの、政府は補助金削減の決定を取り消さざるを得なくなった。さらに、長期的にみれば、こうした国民的な抗議運動によって、サーダート体制と国際通貨基金（IMF）をはじめとする国際金融機関は、エジプトに対して厳格な緊縮財政プログラムを課すことは、その副産物として抗議運動を誘発する可能性が高いという点を認識することになったのである。

イランの労働運動の歴史は、少なくともイラン革命（一九七九年）以前は、アラブ諸国と概ね似通ったものであった。一九四〇年代から五〇年代前半は、労働運動が活発化していた。しかし、シャーと治安機関が、労働者階級の過激化を促進してきたトゥーデ党をはじめとする左派政党を弾圧し続けたため、労働運動の活動には終止符が打たれることになった。ハビーブ・ラジェヴァルディによると、それからおよそ二〇年後の一九六三年から七八年に、「公的ではあるが公表されていない政府の労働政策とは、労働者が沈黙し、政治から距離を置き続ける限り、政府は雇用主に対して労働者の解雇を控えるよう圧力をかけ、労働者の雇用を保護するというものであった」。[21] こうした政策は、一九七八年夏の時点までは十分機能していた。少なくとも、中産階級の活動家が、宗教勢力の持続的かつ強力な支援を受けて革命的運動を開始するまでは、労働者の闘志が重要な役割を果たすことはなかった。[22] しかし、最終的に政治闘争に突入したことによって、労働者集団は経済を麻痺させ、シャー体制の息の根を止めるにあたって極めて重要な役割を果たすことになった。具体的には、大勢の労働者が計画欠勤を行うことで、政府官庁や石油産業、国営テレビ・ラジオ、そして数多くの銀行や大工場を麻痺状態に陥れたのである。エルヴァンド・アブラハミアンは、こうした行動を「効果的な一斉ストライキ」と呼んだ。[23]

労働者の急進性は、イスラーム体制初期の段階でも重要な役割を果たすことになった。アーセフ・バヤートの分析によると、それは三つの段階に分けることができる。[24]第一に、多数の工場主や管理職員の逃亡によって生まれた真空を埋める形で、労働者が様々な労働者委員会を通じて企業を運営した。同様に、彼らは、より多くの財産を国家資産として国有化するよう政府に圧力をかけた。第二に、一九七九年初秋から、新体制は「上からの管理」を再導入し、労働組合の急進的なメンバーを排除し、急進的左派に対してイスラーム勢力を強化することによって、体制の権威を主張するようになった。第三に、一九八一年夏頃から、新体制の完全なる覇権が確立した。この段階では、様々なイスラーム勢力は、ライバルの潰走に乗じて勢いを増した結果、労働者勢力を徹底的に飼いならす唯一の勢力となったのである。とはいえ、革命初期の段階から一貫して変わらない一つの重要な遺産があった。それは、今日に至るまで効率化と改革を阻害し続けている巨大な公共部門である。

イスラエルの労働運動史にも、様々な特徴がある。まず、労働者の利害を代表していた主要組織ヒスタドルート（イスラエル労働総同盟）[i]は、労働組合としての役割に加えて、常に二つの機能を持っていた。第一に、イスラエル最大の銀行や産業コングロマリットを含む巨大な経済界のオーナーとしての機能、そして一九九〇年代までは、健康や年金サービスの主要な提供元としての機能である。第二に、一九二〇年の発足以降、ヒスタドルートは、シオニスト運動の密接なパートナーとしての機能も果たしてきた。シオニスト運動のなかで、ヒスタドルートは、パレスチナでのユダヤ人国家（のちのイスラエル）の建設を支援するという役割を果たしたのである。[25]その結果、労働者の利害を代表するという役割は、一九四八年以降、政府と協力してユダヤ人国家を建設するというより大きな任務に従属する二義的なものになった。政府による低賃金政策をヒスタドルートが支持したことはこの好例である。さらに、必要であれば、一九六七年戦争に先立つ景気後退期に、意図的に大量の失業者を創出するという内閣の政策を是認することすら厭わなかった。しかし、そうした曖昧な態度を取ってきたため、主要な労働者集団は、ヒスタドルートが労働者の利益を守る意思を持たないことを確信するようになった。その結果、一九六〇年代後半から七〇年代前半にかけて、非公式のストライキや議会外活動が活発化した。マイケル・シャレブは、これを「一般大衆による反乱」と呼んだ。(26) こうした事態は、労働党の覇権を切り崩し、一九七七年選挙でリクードの勝利を導いた数多くの要因の一つとなった。

トルコの労働者の急進性も、大きな政治的役割を演じてきた。たとえば、その影響力は一九七一年三月の軍による政治介入を招くことに繋がった。一九六七年以前に労働者の利害を代表していたのは、巨大なトルコ労働者組合連合（Turk－Is）のみであった。この組織は経済的目的を追求するだけで、広い意味での政治的目的を有してはいなかった。しかし、一九六七年には、Turk－Isからの離脱者が、新設されたトルコ労働者党との密接な協力関係を求めて、ライバル組織となるより急進的な革命労働者組合連合（DISK）[ii]を設立した。(27) その結果、有力な政治家や軍将校は、大きな警戒感を抱くことになった。これを受けて、一九六三年に発議されていた労働組合法が一九七〇年六月に議会で承認された。この労働組合法は、DISKが民間部門でメンバーを獲得することをより困難にすることを目的としていた。これに対してDISKは、一連の大規模ストライキを組織し、イスタンブルのマルマラ地域の経済活動は数日間全面的に停止した。さらに、DISKが好戦的な活動を続けた結果、軍が二度目の政治介入を決行したのである。(28) それ以来、軍部ならびに軍と密接な関係にある文民は、労働組合の力を制限し、組合と政党とのあいだに強固な関係が築かれるのを防ごうと躍起になっていた。こうしたせめぎあいは、一九八〇～八三年に発生した三度目の軍事クーデタで頂点に達した。その結果、DISKは解体され、指導者は逮捕・投獄された。さらに、一九八二年憲法には、政党があらゆる経済利益集団と組織的関係を構築することを禁止するという規定が明記されるように

---

i　一九二〇年に設立された労働組合の連合体組織。銀行、運輸、建設、保険、金融などの分野で数多くの事業を経営するとともに、独自の教育組織を有し、さらには医療・福祉制度を作りあげるなど、広範な活動を展開した。

ii　Turk－Isが公共セクターの労働者を中心として一九五二年に結成され、穏健派路線を基調とする労働組合である一方、一九六七年に結成されたDISKは急進派路線を基調とし、組織労働者数では劣りながらも、当時の労働運動の主導権を握った。

なった。これらの措置は、一九八〇年代後半に至るまで、労働者の政治的活動を充分効果的に抑え込んできた。とはいえ、一九八〇年代後半以降は一連の非公式なストライキが発生するようになった。多くの労働者は、こうしたストライキを通じて、実質的な賃金価値を一〇年前の水準に戻すために必要な要求を行うようになったのである。

中東全体を見渡せば、一九九〇年代を通して、国家資産を売却することで民間部門を活性化させる政策が一般的となっていたことがわかる。ただし、こうした政策は、市場経済を構築することを求める国家と労働者に対して、新たな問題を突きつけることになった。多くの場合、民営化に向けた努力は、失業や行政サービスの変化を懸念する人々によるストライキやデモといった政治活動を通して、短期的にも長期的にもことごとく妨害された。同時に、労働者は、新しい時代の労使関係の再定義に向けて、必要な法整備を行うための交渉パートナーとなった。たとえば、エジプトではこうした交渉は長期に及んだ。最終的には失敗に終わったとはいえ、自由にストライキを行う権利を保障する文言が法案に盛り込まれることになったのである[29]。したがって、ジョエル・ベイニンの次の結論は的を射ている。つまり、労働者の政治的参加と政治的抵抗は、「新自由主義的プログラムが施行されるタイミングと規模を変化させ、その社会的コストを緩和することには成功した」が、「政策の方向性を逆転させることや、包括的な新政策を打ち出すこと」はできなかったのである[30]。

政治過程のなかの女性

中東政治において、女性は、まず反植民地闘争に参加し、その後政党のメンバーとなり、さらに有権者や草の根活動家として、幅広い政治的役割を果たしてきた。女性は、トルコでは一九三四年に、シリアとレバノンでは一九五三年に、エジプトでは一九五六年に、ヨルダンでは一九七四年に、それぞれ参政権を獲得した。また、女性は、多数の閣僚や議員を輩出することにも成功している。ただし、国連の『人間開発報告書〔一九九八年度版〕』によると、アラブ諸国の議会における女性議員の割合（三％）は、世界のいかなる地域よりも低い[31]。イスラエルでさえ、クネセトの女性議員の割合は常に一〇％以下であった[32]。公的領域での女性の存在感が希薄であったため、女性枠議席が設けられたモロッコのように、女性の政治参加の拡大を目指す様々な政策が実行された。バハレーンやカタルでは、女性に対して初めて投票権が付与された。

たとえ長い時間がかかっても、女性自身が、官僚機構の管理職を女性にも開放するよう求める運動を推進し、成功を収めた事例もある。たとえばエジプトでは、女性が法曹界の高職に就くことを認めるよう求める運動が一九九〇年代に始まった。こうした動きは、二〇〇二年一〇月に開催されたアラブ女性連盟のカイロ会議で頂点に達した。この会議を通じて、多くの人々が、一一のアラブ諸国では女性がすでに裁判官に任命されている一方、エジプトでは未だに女性裁判官が一人もいないという事実に衝撃を受けた[33]。そして、この会議の直後に、エジプト政府は初の女性裁判官を任命すると発表したのである[34]。

その他にも、「女性の政治」と呼び得るような特殊な活動が中東各地でみられる。それは、結婚・離婚・相続にかかわる法といった女性に固有の争点から、新たな中東諸国の市民として、戦争や革命、そして国民蜂起においてどのような役割を果たすのかといった大きな議論に至るまで、広範囲にわたっている。ただし、幅広く論じられているように、女性は文化的アイデンティティの担い手と認識されるようにはなったが、それは、無条件で「一人前」の市民になることと同義ではなく、問題もあった[35]。それを反映して、「国家フェミニズム」[i]という概念が生まれることになった。これは、市井の女性が体制側の打ち出した国家や社会における女性の役割を支持するにつれ、彼女らが国家に取り込まれていくことを意味していた。具体的には、エジプトのスザンナ・ムバーラクや、ヨルダンのラーニア王妃[ii]といった国家元首の妻を頂点としたパトロネージの下に、全ての女性組合を組み込むという方法が採用されてきた。

たしかに、女性は単一の分析単位ではなく、階級や宗教、文化によって分断されていると議論することはできる。

だが、女性は、ある特定の目的のためには、ジェンダーによってのみ定義される不可分な集合体として公的領域に顕れてくる、という点は事実である。そしてこの事実は、女性の政治という概念を、特に緊迫した競合的なものへと変化させてきた。この点は、宗教的領域でも世俗的領域でも、しばしば激しい論争の的となりやすい。また、女性が抱いていた次のような認識は、彼女らの政治に大きな影響を及ぼすことになった。すなわち、女性の役割をめぐる既存の定義は男性が作ったものであり、それゆえに男性は、女性が自らをとりまく環境を変化させる能力や、究極的には市民として女性に与えられた公的地位を形成する能力を削ぎ落そうとしている、という認識である。

とりわけ論争の的となったのは、女性が多様な国家的闘争のなかで重要な貢献をなしてきたにもかかわらず、その後、女性の役割が軽視されるようになるという矛盾した事態であった。こうした現象がアラブ世界で初めて観察され、初めて論争の対象となったのは、アルジェリアであった。ある研究が論じているように、アルジェリアの女性は「まるで男性のように」フランスと闘った。[36] しかし、その後、一九七二年に起草された家族法には、女性に対する男性の監督権という条項が含まれていたために、ムジャーヒダート（解放戦争における女性戦士）などが率いた様々な女性集団の強力な反対にあった。彼女らは、「女性は完全な市民権を求めている」と書かれたプラカードや、女性が武器を持って「まるで男性のように」闘い、国に殉じたことに言及するプラカードを持ち、政府庁舎の周囲で組織立った抗議運動を行った。彼女らの抗議運動は一時的な成功を収めた。とはいえ、一九八四年に成立した新しい家族法にも、数多くの不愉快な条項が再登場した。[37] イスラエルとイランでは、女性の戦争参加という争点、パレスチナではインティファーダにおける女性の役割、そしてクウェートでは一九九〇〜九一年のイラクによる占領に対する抗議運動で女性が果たした役割をめぐって、同じような論争が展開されてきた。

論争の的となったもう一つの論点は、拡大した市民社会へ女性がどのように参加するかという問題であった。女性の市民社会への参加は、一九九〇年代の中東諸国における女性組合とＮＧＯの急速な拡大を支えるイデオロギー的枠組みとなった。これらの新しい組織は、しばしば女性のエンパワーメントという概念を用いて、収入を生み出している女性活動の促進や、女性の法的権利をめぐる教育を通した貧困の緩和を主張した。組織の数が増えたという観点から考えても、こうした動きは多くの場合成功を収めたと言えるだろう。だが、これらの数字をみるだけでは重要な事実を見落とすことになる。すなわち、こうした新設組織の多くは、英語を話す中間階級の女性、あるいは湾岸諸国では上流階級の女性によって運営されていた。さらに、彼女らは、社会内の女性の地位を規定する構造的問題に言及することはめったになく、多くの場合、体制側にたやすく懐柔されてしまう。したがって、公的な「非政府」組織という呼称は不適切なのである。クウェートはこの極端な例である。クウェートでは、社会問題省が他の組合と同様に女性組織を設立し、管理している。(38)

とはいえ、女性がより積極的に、より挑戦的に政治活動を行うための手段は、女性組織以外にもある。ここでは例を三つ挙げておこう。第一に、公的領域でジェンダーを意識的に主張することである。具体的には、自らの体やその他のシンボルを用いて、たとえば戦争と暴力に反対したり、自らの親族の身に起こったことについて特別な主張を行ったりするのである。サタデー・マザーズ（Saturday Mothers）として知られる女性組織がその一例である。彼女らは一九九〇年代半ば、イスタンブルの中心部に毎週集まり、夫や子供、そして親戚の失踪に対して抗議運動を行っていた。また、イスラエルのウーマン・イン・ブラック（Woman in Black）という組織もある。彼女らは、パレスチナでインティファーダが行われている時期、テルアビブの主だった交差点で、金曜日の晩から徹夜で占領地からのイスラエル兵の撤収を呼びかけた。レバノンの「誘拐された人々・消息不明な人々の家族の友人（The Friends of the

---

i　一九四一年〜。フスニー・ムバーラク元エジプト大統領の妻。国際連合食糧農業機関親善大使や女性国際平和運動会長などを歴任。女性問題や人権などの分野で積極的な活動を展開した。

ii　一九七〇年〜。ヨルダンの・アブドゥッラー二世国王の王妃。ビジネス・ウーマンとしての経歴を生かし、国内に女性のための職業訓練学校を作ったり、児童虐待防止計画を推進したりと社会的弱者の地位向上のための活動を積極的に行っている。二〇〇七年よりユニセフ親善大使を務める。

Kidnapped and the Disappeared)」という集団も、同様である。この組織のメンバーはほぼ全てが女性であり、彼女らは内戦終結時に行方がわからなかった一万七〇〇〇人の消息を突き止めるための持続的な活動を行っていた。一九九一年の恩赦によって、誘拐事案の最大の責任を負っている民兵指導者が政府に入るための道が開かれたという事実に鑑みると、女性のみが報復の恐怖を感じることなくそうした問題提起を行うことができたと言える。

第二に、公的領域を利用して相互扶助という形で運営される女性ネットワークであり、主として中東諸国の多くの都市にある貧民街で活動している。彼女らの最優先課題は、日々の糧を得ようと奮闘している女性やその家族を支援・保護することであるが、他方、地元の地方役人にどのように対処したり、彼らの圧力を回避したりするかについて有益な情報を与え、国家や地方政党の代表者と会合を持つといった役割も担っている。これを通して、彼女らは、政府に対して要求を行ったり、あるいはローカルでより非公式な政治を行うための領域を保護・拡大したりするために、日常的に用いることができる集合行為を推進しているのである。[39]

トルコでは、まず福祉党、その後は後継政党の美徳党と結び付いた女性イスラーム活動家が、特にそうしたネットワークを多数運営していた。彼女らは、困難を抱えた地域の人々を助けたり、そうした人々を投票所へと連れていったりするサービスを提供していたが、それに加えて、国政レベルで争われていた争点に数多くの女性を動員することが許可されていた。たとえば、一九九〇年代後半には、政府が学校や大学、公官庁でスカーフを被ることを禁じていたが、それに対してはしばしばデモが起こされた。[40]

第三に、イラン・イスラーム共和国内で、女性の就労権をめぐって公的領域を用いた白熱した議論が行われたことである。ホーマ・ホードファールが指摘しているように、イラン革命初期に政治化した多数の女性は、政治の舞台に居座り続けた。彼女らは、次第に政府高官からいかにして譲歩を引き出すことができるかを学んだ。[41] たとえば、イラクとの戦争中に命を落としたイラン人兵士の子供の親権は、夫の男性親族へ移譲されることになっていた。未亡人女性からの抗議の声を聴取することで、メディアと殉教者財団は、そうした女性たちの境遇を取り上げて政府に決まりの悪い思いをさせることができた。その結果、アーヤトゥッラー・ホメイニー自身が、たとえ未亡人が再婚したとしても、子供の親権（「監督権」ではなかったが）を引き続き持ち続けることができると宣言したのである。これが前例となって、多くの女性が、勇気を持ってイスラーム法廷から受けている酷い仕打ちを綴った書簡をメディアに投書するようになった。そして、政府に対しては、離婚の際の財産の平等な分割を明記するなど、婚姻契約の修正を求めた。最後の例は、一九九一年の「家事労働に対する賃金」法案の議会通過を支持するために、女性活動家がロビー活動を行ったことである。この法案が成立したことにより、婚姻中に女性が妻としての義務を十分に果たしていたと考えられる場合には、離婚の際に相応の財産権を要求できるようになった。(42)

イランでは、女性の政治は、女性の就労問題といったイスラーム主義者の意見が分かれるような争点をめぐっても展開された。一九九〇年代前半に初の女性問題担当大統領顧問に就任した女性大臣をはじめとする体制内女性エリートのなかには、家庭を離れて仕事に向かう女性に対する公的な差別を支持する者もあった。他方、こうした見解に厳しく反対した他の女性政治家は、文化的革命高等委員会を説得して、一九九二年にイスラーム的女性就労政策を作り上げることに成功した。この政策は、依然として女性の最優先業務は家事であると主張していたが、同時に、イスラームは就労を通じて彼女らが持つ潜在能力を存分に発揮するための機会を提供しており、それを促進することは国家の義務であると論じている。(43)

パレスチナ人——イスラエルへの抵抗とパレスチナ自治政府の形成

パレスチナ人は、自らの国家を持たないため、ヨルダンなどの国家に個人や集団で編入されない限り、典型的な非国家アクターと定義することができる。そして、西岸地区とガザ地区に住むパレスチナ人は、初めにエジプトとヨルダン、その後はイスラエルといった支配国家に対して、敵対姿勢を明確にしてきた。

とはいえ、パレスチナ解放機構（ＰＬＯ）が、近隣アラブ諸国を模倣してパレスチナ人に対する統制を強化しようとしていたことに鑑みるならば、問題はそう単純ではない。ＰＬＯは、レバノンとチュニジアで組織を強化した後、とりわけヤーセル・アラファートが一九九四年にガザに帰還し、パレスチナ自治政府（ＰＮＡ）が創出されると、よりいっそう国家主義的な傾向をみせるようになった。民族解放を熱望する全ての運動は、自らの国家を持とうとするものである。しかし、ヤズィード・サーイグの説得的な議論によれば、ＰＬＯは一九六四年の発足当初から、最終的な成功を予期していたかのように、領域を持たない国家としての機能を備えた政体を形成してきた。[44] 具体的には、ＰＬＯがパレスチナ社会を上からコントロールし、国家的アジェンダを形成するという関係ができあがったのである。そのなかで、日々の政治業務を行うエリート層が形成されたが、サーイグはこれを「頑強な官僚エリート」と呼んだ。[45] 彼らの自律性は、アラブ諸国などからもたらされる巨額の資金によって、ますます強化された。こうした資金によって、「官僚エリート」は社会からの独立性を維持できただけではなく、多くのパレスチナ人に給与を支払い、社会保障などの集合的サービスを提供することが可能となったのである。さらに彼らは、学生や労働者、女性といった多様なパレスチナ人集団をかつては代表し、動員していた様々な大衆組織を取り込んだり、あるいは新たに作り出したりした。[46]

　武装闘争によってイスラエル人を疲弊させようとする初期の試みが失敗に終わると、一九七〇年代を通して、ＰＬＯは「極めて重要な支持基盤」と認識されるようになった人々との関係を構築していった。[47] 具体的には、将来的にパレスチナ国家が建設されることになる西岸地区やガザ地区の住民である。支持基盤との繋がりができたことは、本質的には、独占と支配のメカニズムが成立したことを意味する。だが、そのなかでＰＬＯは、イスラエルの支配に対する抵抗運動が独自のダイナミズムを生み出しつつあった人々と関係を持つ必要が出てきた。ＰＬＯは、ヨルダンやイスラエルに加えて、イスラエル占領下のパレスチナ人に関心を示し始めた多様な国際援助機関の活動と距離を置き、あるいはそれらの機関と競合しつつ、パレスチナ人と接する必要に迫られたのである。

こうしたなかで、西岸とガザでは、いくつかの興味深い特徴を持った独自の調停と抵抗の政治文化がみられるようになった。とりわけ重要なのは、明確な目的意識と組織的経験を有する草の根的活動家の様々な集団が、一九六七年以降に出現するようになった点である。彼らは伝統的な名望家とは明らかに異なっており、その指導権を徐々に奪い取ろうとしていた。たとえば、留学帰りの学生や、一九七〇年代に西岸のビル・ゼイトとベツレヘム、ナーブルスに設立された三大学の卒業生で構成される組織もあった。労働組合指導者の率いる組織は、急速に経済発展を遂げつつあるパレスチナの労働市場や、あるいはイスラエル国内で職探しをする人々を代表していた。さらに、上述の二つの集団と重なる部分もあるが、イスラエルの刑務所に服役した経験を持つパレスチナ人によって構成される組織もあった。刑務所内で囚人仲間が密に接触し、ナショナリストとしての意識を次第に高めるとともに、囚人が気まぐれに釈放されるなかで、活動家のネットワークを刑務所外で構築することが可能となったのである。ヤズィード・サーイグが引用した推計によると、一九八一年までの時点で、およそ二三〜二五万人のパレスチナ人がイスラエルの尋問室に送られ、少なくとも二四時間の拘留を経験していたという。[48] その結果、急進的な指導者のみならず、指導者がイスラ

i　一九六四年五月にアラブ連盟によって設立されたパレスチナ人の民族解放運動連合体。現在のパレスチナ自治政府（PNA）の母体となる。一九六九年二月、ファタハの指導者ヤーセル・アラファートがPLO第三代議長に就任し、ファタハを中心に機構を再整備、実質上のパレスチナ亡命政府となる。表向きはパレスチナ民族評議会（PNC）が最高意思決定機関とされているが、実質的には議長に比べて極めて弱い権限しか有していない。一九九三年にはイスラエルとのあいだでオスロ合意を締結し、一九九四年にはパレスチナ自治政府を設立、一九九五年から西岸とガザで自治を開始した。アラファートがパレスチナ自治政府初代大統領となり、二〇〇四年一一月のアラファート死去後には、マフムード・アッバースが大統領に就任した。二〇一二年一一月には国連総会でパレスチナを「オブザーバー組織」から「オブザーバー国家」に格上げする決議案が賛成多数で承認され、パレスチナ自治政府は国連では「国家」の扱いを受けることとなった。

エルに殺害されたり再逮捕されたりした場合、彼らの跡を継ぐ活動家を大量に生み出すこととなったのである。[49]

占領下のパレスチナ社会にみられる二つの特徴も重要である。第一に、PLOを構成する様々な勢力のあいだで、これまでになく多数の住民を動員し、政治化するための競合が生じた点である。とりわけ、ファタハとパレスチナ解放人民戦線（PFLP）、そしてパレスチナ解放民主戦線（DFLP）[i]のあいだでは、激しい競合がみられた。こうした勢力は、様々な新結社や慈善団体、社交クラブを創設することによって、住民の動員を図ったのである。その後、一九八七年にPLOに承認されたパレスチナ共産党もそこに加わった。その結果、四つの組織がしばしば競合する状態が生まれた。これは、女性や学生にとって、自らの活動を活性化させる強力な原動力になったのである。第二に、占領軍に加えて、パレスチナ社会と近接するイスラエル社会全体と継続的なかかわりあいが生まれた点である。イスラエルの政策は、ある政治活動を妨害しつつも、別の活動を新たに許容する余地を常に残しておくことによって、パレスチナ社会が反応し、適応するというサイクルを促進してきた。実際、一九七六年には、イスラエルが西岸の一二の市町村で首長選挙を許可したことによって、新たな指導者層がパレスチナ社会に生まれる契機となった。それとは異なり、一九八二年には、パレスチナ民族指導委員会（PNGC）を閉鎖することによって、より現地化された政治的動員が生み出された。他方、パレスチナ人は、イスラエルが辿った建国前後の政治過程を、自らの目的のために適用できるモデルの一つと認識するようになった。

これらの要素が組み合わさることによって、一九八〇年代には、極めて特異な行動や組織、そして抗議形態を持つ二つの運動が生まれることになった。第一に、パレスチナ人だけで問題を解決し、新しい抵抗の形を獲得することを目指して、政治性の強い多様な組織が形成された点である。第二に、インティファーダとして知られる一九八七年一二月に始まった大衆蜂起である。以下では、これらの動きを順にみていこう。

第一の動きは、外部から押し付けられた政策に対するパレスチナ人の反応であった。イスラエルの占領が永続性を持つようになると、ヨルダン人とPLOは、「スムード（sumūd、アラビア語で「確固とした」の意）[ii]」と呼ばれるいくぶん受動的な政策を採用した。それは、西岸地区の住民に対して単に西岸に居住し続けることだけを求める政策である。この政策を実現するために、西岸の住民には経済難民に陥ることを防ぐ目的で外部資金が付与されたが、受動的な抵抗運動以上のものが強調されることはなかった。さらに、外国籍の慈善事業が資金を提供することによって、パレスチナの意思決定へ大きな影響を与え始めた。その結果、暫くのあいだ、外国の慈善事業が、パレスチナ人のすべきこととそうでないことをめぐる現地のアジェンダを決定しているようにみえた。こうした動きに加え、リクードが一九七七年に選挙で勝利して以降に増えた西岸地区への入植、そして一九七九年のエジプトとイスラエルの単独和平の衝撃を受けて、多くの現地指導者は、受動的な手段ではなく、行動主義や独立を主張する制度的メカニズムを作り出す方法を模索し始めた。

こうした新しい形の運動の先駆けとなったのは、医師が街や病院から離れた村落を組織的に訪問するために一九七〇年代後半に設立した医療協会であった。この医療協会に続いて、一九七八年にはラーマッラーで女性労働委員会が結成され、その後には、同じような三つの政治組織が鎬を削るようになった。こうした集団は、民族的大義という錦の御旗の下で女性を動員し、政治意識を醸成し、投獄されている活動家の家族に対して援助を提供するなどの

---

i　PFLPとは、一九六七年にジョージ・ハバシュによって設立されたパレスチナの政党・武装組織。マルクス・レーニン主義を掲げ、パレスチナ解放を目標とする。欧米政府はテロ組織に指定している。DFLPは、一九六九年にPFLPから分離して設立された組織で、PFLPと同様にマルクス・レーニン主義を掲げるが、PFLPよりは穏健派とされている。イスラエルとの二国家解決案を否定していない。

ii　一九七六年三月三〇日、イスラエル領内ガリラヤ地方でパレスチナ人の土地の大規模収用に対する抗議行動が行われた際に、パレスチナ系イスラエル市民六名がイスラエル軍によって殺害されるという事件が発生した。これ以降、三月三〇日は「土地の日」と呼ばれるようになり、またこの事件を契機として、イスラエルによる土地没収に対して自らの土地を離れまいとするパレスチナ人特有の運動が「スムード」として注目を集めるようになった。

「民族的」事業に従事することを目的としていた。[50] そのほとんどが、ＰＬＯとなんらかの繋がりを持つ人物によって創設されていいたにもかかわらず、全ての組織がＰＬＯの政策に批判的であった。とりわけ、ＰＬＯが一九八二年にレバノンからチュニジアへ追放された後には、ＰＬＯが指導的役割を担い続けることができるかという点に疑問が呈されるようになった。

新たな組織は、自らの自律性や行動の自由を犠牲にすることなく、国際機関からの資金援助を十分に引き出す能力があることを証明していた。実際、英国のオックスファムに代表される国際組織の一部は、そうした新しい組織を、中東諸国の草の根的組織のモデルケースとみなすようになった。そして、国家が介入するのではなく、自らエンパワーメントを進める組織としての役割に注意を喚起するために、様々な会議やワークショップを開催した。しかし、パレスチナ人からみると、そうした組織が歴史的重要性を持っているのは、次のような要因に由来するものであった。すなわち、それらの組織が急進的な政治課題を追求していた点、新しい形態の政治行動を発展させた点、そして現地社会の全ての集団を傘下に収めることを目指した一貫したポピュリズムを備えていた点、などである。[51] このなかで、それらの組織は、インティファーダという次なる持続的な抵抗運動の主要な組織的基盤の一つとなったのである。

第二の動き、つまりインティファーダと呼ばれる大衆蜂起は、一九八七年一二月の事件を直接的な契機として勃発した。それは、イスラエルの農業車両がガザ地区でパレスチナ人労働者を乗せた二台の車両に突っ込み、四人の死者を出した事件である。しかし、重要なことは、西岸データ・プロジェクトの一九八七年度報告書のなかでメロン・ベンヴェニスティが強調しているように、この事件は前段階で高まっていた暴力的な思想・活動が頂点に達した瞬間でもあった、という点である。ベンヴェニスティは、インティファーダの直前に次のように書いていた。「[パレスチナ人の]暴力は、その大部分が、自らの感情を自発的に表明する個人によって、後先を考えることなく白昼堂々実行されたものであった」。[52] インティファーダ自体は、街頭デモやストライキ、ボイコット、そしてイスラエルのパトロールに対する組織的な投石攻撃などの新しい形の組織と抵抗運動を展開し、イスラエル占領軍とのあいだで数多くの衝突を生み出した。そうした抵抗運動は、徐々に現地の様々な集団によって助長され、支援されるようになった。その後、一九八八年一月に結成された統一民族指導部（UNL）[i]の緩やかな管理下に置かれた。統一民族指導部はパレスチナ共産党を含む、主要な政治組織の代表によって構成されていた[53]。

統一民族指導部は、定期的に発行していたリーフレットなどの媒体を通じて、インティファーダの公的な方向性や実践的なアドバイス、そして調整されたストライキやボイコット計画を発表していた。それらは最終的に、イスラエルによるパレスチナ社会の支配を排除することを目指していた。統一民族指導部は、市町村や難民キャンプ、あるいは学生や労働者、女性のあいだで調整委員会を組織し、現地社会の人々を全力で指導しようとしていたが、主導権は基本的に人々の側にあった。たとえば女性は、日々のデモ活動や行進、座り込みなどを組織するにあたって極めて重要な役割を担った[54]。要するに、中央からの指導と現地の人々による資源投入が適切に組み合わさったことによって、インティファーダが素早く広がり、厳しい弾圧のなかで何カ月ものあいだ持続させることが可能となったのである。しかし、インティファーダは結局、パレスチナ人が置かれた環境を抜本的に変化させることはできなかった。他の闘争にも同じことが言えるが、広範囲の暴力や受動的な抵抗運動が、占領に終止符を打つことに成功することはめったにない。可能なのは、せいぜい、占領にかかるコストを釣り上げることにより、政治的・外交的解決への道のりを整備することくらいである。

もう一つの重要な要因は、イスラエルの反応である。イスラエルが外出禁止令や大量逮捕など、多くのパレスチナ人に影響を与える様々な形態の集合的懲罰を迅速に行ったため、パレスチナ社会の事実上全ての集団に蜂起が拡大していったのである。たとえば、ハンターが引用した報告書によると、インティファーダが勃発した最初の年には、合

i　インティファーダ発生後に結成された、ハマースとPLO系諸党派の連合体。その後の民衆蜂起に持続性と方向性を与え、イスラエルとの関係においては、PLOを唯一の正式な交渉窓口へと仕立て上げることに成功した。

計で一六〇〇回もの外出禁止令が出され、そのうちの四〇〇〇回は三〜四〇日続いたとされている。[55] また、イスラエル軍が、落書きや民族旗の使用などのパレスチナ・ナショナリズムを高揚させる行為を跡形もなく消し去ろうとしたことによって、弾圧と抵抗の終わりなきサイクルがもたらされたのである。その好例が、村やキャンプにパレスチナの旗を掲げることによって独立を主張する方法である。そうすると、イスラエルのパトロール隊がやってきてパレスチナの旗を引き裂くが、彼らが引き上げるのを待って、再び旗を掲げるのである。[56]

また、ムスリム同胞団はメンバーのリクルートという観点からは最も重要な組織であった。同胞団は、公式には占領に対して沈黙を貫いてきたが、インティファーダが始まった途端、その態度を大きく変え、一九八七年一二月には軍事部門のハマースを創設した。また、もう一つ重要であったのが、穏健な名望家集団であった。彼らは概ねパレスチナの旧家族の出身者であり、記者会見を開いたり、外国人記者や外交官のためのツアーを企画したりして、インティファーダの表の顔としてふるまった。以上の勢力はみな、蜂起の大まかな目的や、火器ではなく石のみを武器として用いることの重要性を認識していた。しかし、時を経るごとに、彼らは戦略をめぐる重大な見解の相違を目の当たりにすることになった。暴力を重視する者もいれば、イスラエルとの交渉や議論を重視する者もいたのである。

インティファーダは、勃発から一年後の一九八八年に、最も激しくなった。そしてこの年、彼らは最も重要な成果を獲得した。それは、ヨルダンのフサイン国王が七月に、西岸地区に対する所有権を完全に放棄すると宣言したことであった。しかし、こうしたインティファーダが、ハンターの主張したように「［パレスチナ人の］生活の一部」となったとしても、イスラエルによる継続的な集合的懲罰と、疲弊した人々の肩に重くのしかかる経済的困窮状態に直面するなかで、そのエネルギーと方向性は次第に失われていった。[57] そして、その一つの帰結として、インティファーダの戦略をめぐる対立が次第に顕在化していったのである。こうして、市民的不服従という大衆戦略が暗礁に乗り上げたことが明らかになってもなお闘争に固執する勢力に対して、交渉による妥結を主張する勢力が次第に優位に立つようになった。さらに、もう一つの帰結として、パレスチナ社会の活力が徐々に失われていったことを挙げることができる。つまり、イスラエル軍との日常的な衝突にかかわる集団の規模が縮小していったのである。また、社会的な不満が高まりつつある兆候もみられるようになった。たとえば、急進的な現地コミュニティと、彼らを動員しようとする人々とのあいだの緊張が高まっていったこと、イスラエルとの内通者として非難された人々に対する怒りを込めた攻撃がみられるようになったこと、そして銃を使用する傾向が徐々に高まっていったこと、などである。

それでも、インティファーダは、その後も散発的な抵抗運動を組織し続けることができた。だが、イラクがクウェートに侵攻したこと、それに続いて国際社会がパレスチナ／イスラエル和平交渉に新たな関心を向け始めたことにより、状況は大きく変化した。同時にこの時期、PLOは、パレスチナ社会に対する広範な支配を回復するための努力を続けていた。そうした動きはオスロ合意の後にさらに強化され、その結果、アラファートが帰還し、西岸地区とガザ地区にパレスチナ自治政府を確立する道を開いたのである。人々は長引く抵抗運動で疲弊しており、地元の指導者が軒並みイスラエルに投獄されたことによって、影響力を行使して支配することを希求するアラファートの支持者を探すことは、比較的容易であった[58]。

PLOの地位は、彼らが帰還を果たす数カ月前の段階で、すでに強固なものとなっていた。というのも、この段階でPLOは、国際的な援助機関に対して、もともと現地のパレスチナ社会福祉協会を支援するために使われていた資金を、萌芽段階にあるパレスチナ自治政府の保険省と教育省へ回すよう説得することができたからである[59]。最終的に、一九九四年には徴税権や司法権、そして福祉政策を実施する権利が、イスラエルからパレスチナ自治政府へ移譲され

i　エジプト・ムスリム同胞団のパレスチナ支部をその前身に持ち、一九八七年の第一次インティファーダを契機として誕生した対イスラエル武装抵抗運動／政治運動組織。ハマースは、対外的にはイスラエルへの抵抗運動や市民に対する自爆テロを継続的に遂行するとともに、対内的にはPLO主流派のファタハの汚職体質や機能不全を批判しつつ占領地での社会福祉活動を積極的に行うことで、徐々に占領地住民のあいだに根を張っていった。二〇〇六年の第二次立法評議会（パレスチナの国会に相当）選挙では全一三二議席中七四議席を獲得し、ファタハに対して勝利を収めた。近年では、イスラエルとの長期的な「停戦」も可能であるとの立場を明確に打ち出している。

たことによって、パレスチナ自治政府と西岸・ガザ地区の住民の関係は、まさに国家と国民の関係へと大きな変化を遂げていった。[60] 多くの人々が望んだように、こうした関係が構築されるなかで、国家による統制から独立した市民活動の領域が広がる多元的統治形態を導入することも、理論的には可能であった。しかし、現実はそうはならなかった。亡命中のPLOが追求した国家建設モデルは、近隣アラブ諸国となんら変わらないものであったことが、次第に明らかになっていった。言い換えるなら、PLO版権威主義体制と中央集権的支配が確立されたのである。[61] 反イスラエルを掲げた抗議を全て取り締まるよう求めるイスラエルの圧力は、事態を悪化させるだけであった。パレスチナのメディアや大学の自由は、徐々に侵食されていった。最高裁判所や民選議会の決定は概ね無視された。人々は治安機関やパレスチナ自治政府官僚による高圧的な行動に対して、ほとんど為す術がなかった。イスラエルという国家の支配に長年抵抗してきたパレスチナ人は、現在ではもう一つの政体、すなわち自らの統治機構であるパレスチナ自治政府の独断的な行動に対しても、ほとんど無力な状態へと追いやられてしまったのである。

第三部

九・一一の衝撃

第一二章　米国による中東再編の試み

はじめに

中東地域でも、極めて多くの人々が、テレビの生中継を通じて世界貿易センタービルとペンタゴンに対するアル＝カーイダの攻撃を目の当たりにした。公平を期して言えば、この事件に対する彼らの反応は、被害者に対する同情と衝撃が入り混じったものであった。一方で、中東諸国の政権の反応はより控えめなものであった。ほとんどの政府は、自国の宗教団体がこの事件で数多くの人命を奪った者を非難しているか否かを確かめようとした。しかし、当の統治者たちは特別な警戒感を持っていたわけでない。彼らには長年にわたって過激なイスラーム主義勢力と闘ってきたという実績があった。とりわけシリアやエジプトは、そうした過激勢力との闘いのために、米国のＣＩＡと密接な協力関係も築いてきた。それゆえ、二〇〇一年九月二〇日の演説でブッシュ大統領が「テロとの戦い」を宣言したときも、彼らは特に取り乱すこともなかった。それどころか、その後の数カ月間、ワシントンが中東諸国政府の継続的な協力を必要としていたことは、彼らにとって有利な状況となった。というのも、中東諸国の非民主的な体制を改革するよう求める直接的な圧力が減り、彼らの支配をよりいっそう強固にするための絶好の機会を得たからである。エジプトではムバーラク大統領が、この機会を利用して息子を後継者にするための準備を始めた。チュニジアでは二〇〇二年、ベン・アリー大統領が大統領の任期を三年から五年に延長するための法改正を押し進めた。ただし、唯一サウディアラビアの王室のみが、ハイジャック犯一九人のうち一五人がサウディアラビア出身者であったことに衝撃を受け、米国との関係がこれから特に難しいものにならざるを得ない点を理解した。そして事実、事態はそのように推移した。

世界貿易センタービルへの攻撃は、サウディアラビア国籍の過激派ウサーマ・ビン・ラーディン[i]とその共犯者の犯行であった。ビン・ラーディンは元々裕福な土建業者であった。だが、一九八六年以降、アフガニスタンに侵攻したソ連と戦うためにリクルートした青年のキャンプを組織することで、政治の表舞台に躍り出たのである。

ビン・ラーディンはソ連を打ち負かした後に中東へ戻り、スーダンのイスラーム政権と同盟関係を築くことになった。その後の一九九六年、スーダン政府が米国からの圧力を受けたことで、ビン・ラーディンは再びターリバーン[ii]支配下のアフガニスタンへと戻ることになった。この地で彼は、一九九八年、元内科医のアイマン・ザワーヒリー[iii]の指揮下にあったエジプトの過激派組織ジハード団のメンバーを仲間に加え、「ユダヤ人と十字軍（キリスト教徒）に対す

---

i　サウディアラビア王室御用達の建設業者であり、巨大な財閥「サウジ・ビン・ラーディン・グループ」（SBG）の総裁を務めるムハンマド・ビン・ラーディンの一〇番目の妻の子供として、一九五七年リヤドで生まれた。一〇代の頃から急進的なイスラーム思想に共鳴し、反イスラエル・反米を掲げ、ムスリム同胞団のアブドゥッラー・アッザームを師と仰いだ。二〇一一年五月、パキスタンで米軍に殺害された。

ii　ソ連によるアフガニスタン侵攻（一九七九〜八九年）の後、長期にわたって続いていた内戦のなかから生まれた武装勢力。武装闘争を厭わない急進的なイスラーム主義を掲げ、一九九〇年代には国土の大部分を支配するに至る。一九九六年にはビン・ラーディンやアル＝カーイダ幹部を客人として受け入れている。九・一一事件を経て、米国は事件の容疑者としてアル＝カーイダ幹部を引き渡すように要求するが、ターリバーン側がこれを拒否したため、米軍主導の有志連合がターリバーンへの攻撃を行い、支配地域の大部分を喪失した。その後、再び勢力を回復し、二〇一五年三月時点でもイスラーム国家樹立を目指して武装闘争を続けている。

るジハードのための世界イスラーム戦線」（世界イスラーム戦線）を結成した。[iv]

この連合組織の結成は二重の意味で重要であった。第一に、彼らが言う「近い敵」、すなわち米国に支援されたアラブ諸国の政権に対する戦争は失敗に終わり、今では「遠い敵」である米国に対する攻撃を画策するようになったということである。[1] 第二に、ビン・ラーディンが恐るべき組織力を備えるエジプトのジハード団と結託したということである。この組織は極めて謎の多い武装集団であり、暗殺やテロ行為に従事した長い歴史を有する。世界イスラーム戦線が初めて戦果を挙げたのは、結成初年に実行されたケニアとタンザニアの米国大使館爆破事件であった。彼らは、結果的に甚大なる被害を出すことになったこの攻撃を、西洋からイスラーム世界をを防衛するための聖戦では、たとえ同じムスリムであっても、女性や子供ですら殺害することができると論じた中世のイスラーム思想家の議論を恣意的に引き合いに出すことで、正当化した。

世界イスラーム戦線は、その直後にアル＝カーイダとして知られるようになった。アル＝カーイダはアラビア語で「基地」を意味する言葉であるが、それはアフガニスタンにあるビン・ラーディンの指令本部だけでなく、一九八八年以降、彼のコンピューターに蓄積されていったイスラーム過激派の「データ・ベース」を指していた。[2] その「データ・ベース」には、ビン・ラーディンのアフガン・キャンプを修了した若いムスリムや、急進的なイスラーム主義組織に属するか、あるいはアル＝カーイダへの参加意思を表明したヨーロッパ、中東、東アジアのムスリムも含まれていた。最終的に、世界貿易センタービルとペンタゴンに突っ込み、ホワイトハウスへの攻撃未遂を起こした飛行機をハイジャックしたチームは、エジプト出身者一名、レバノン出身と思しき人物複数名、国外在住のアラブ首長国連邦出身者二名、そしてサウディアラビア国内でリクルートされた複数のサウディアラビア人によって構成されていた。[3] そして、犯人グループのなかでも外国経験が長かったのは、この事件の主犯格のムハンマド・アターであった。アターは、ヨーロッパへ留学した若いエジプト人であった。彼は、当地でなんらかの宗教的転換を経験し、二年間ほど家族と欧州警察から行方をくらましていたが、そのあいだに攻撃を準備していたようだ。

ブッシュ大統領がテロとの闘いを宣言すると、米国とその同盟国は、世界中のおよそ六〇カ国で何千人ものアル＝カーイダ戦闘員を逮捕した。(4) さらに、二〇〇一年秋にはアフガニスタンにあるアル＝カーイダの本拠地ならびにターリバーン政権に対して米国主導の攻撃を加え、さらに数多くのアル＝カーイダ戦闘員を捕らえ、ビン・ラーディンやザワーヒリーを含む多数の勢力を世界中に追い散らすことに成功した。こうした米国の行動は、アラブ諸国からも絶大な支持を集めた。なぜなら、アル＝カーイダはアラブ諸国に対しても深刻な脅威をもたらしていたからだ。とはいえ、アラブ諸国の一般大衆のあいだでこの攻撃がどれほどの支持を集めていたのかについては、判然としない。ただし、ここで強調しておきたいのは、アラブ人エリートのあいだでは、九・一一事件はアラブ世界全体にとって厄災であった、という極めて強固な認識が存在していた点である。というのも、この攻撃は、中東地域に対する米国の関与を大幅に促進し、同時に、中東・米国間の人や資金の移動が大きく制約される可能性があったからである。さらに、中東の多くの宗教指導者も、ビン・ラーディンと彼の急進的な姿勢からは大きく距離をとった。

しかし、米国による攻撃が、ターリバーン政権を排除した後も止まらず、イラクやその他の国の体制転換を目指して拡大する可能性のあることが明らかになるにつれ、アラブ諸国政府の不安は高まっていった。こうした不安は、

---

iii　一九五一年、カイロ郊外のマアーディーの中流家族に生まれた。一〇代の頃から政治やイスラーム主義に関心を持ち、一四歳でムスリム同胞団に入団。カイロ大学医学部を卒業後、実家の傍らに開業。他方でジハード団の一員として暴力的な活動に身を投じ、一九八一年には投獄・拷問を経験。出所後はジハード団の再建に努めるとともに、パキスタンのペシャーワルに行き赤新月社で難民の治療に従事した。ビン・ラーディンとはこの時に出会ったと言われている。二〇一一年のビン・ラーディン殺害後、アル・カーイダの司令官（アミール）に就任している。

iv　ジハード団とは、急進的なイスラーム思想を持つ学生集団と、同様の思想傾向を持つ軍内部の集団とが合流し、一九七〇年代前半にエジプトで結成された組織である。一九八〇年にはイスラーム国家樹立を目指すイスラーム団と合流し、ジハード連合組織を形成、一九八一年にサーダート大統領を暗殺する。その後、激しい弾圧によって活動停止を余儀なくされるが、ザワーヒリーの指揮の下、ビン・ラーディンによって一九九八年に結成された世界イスラーム戦線に参加する。

二〇〇二年九月に至り、確信へと変わった。というのも、ブッシュ大統領が正式に、ならず者国家が「大量破壊兵器を使用したり、その脅しをかけたりする前に」、そうした国家に対して「先制攻撃」を仕掛けるという、米国の新しい「国家安全保障戦略」を発表したからである。同時にブッシュは、イラクに軍事力を行使するための広範囲の権限を議会に要求した。(5) その後、中東諸国に対する脅威の認識は、米国が問題を国連安全保障理事会に付託することを決定したこと、それを英国が支持したことによって、若干は和らげられた。安保理は続いて、「強化された」査察プロセスで自国の大量破壊兵器を公開するようにイラクに求め、それを拒めば「深刻な結果」に直面することになる、という点を定めた安保理決議一四四一号を、二〇〇二年一一月八日に議決した。(6) 当時、安保理に議席を持っていた唯一のアラブ国家であるシリアがこの決議に賛成票を投じたことは、当時の雰囲気を如実に表していた。

にもかかわらず、米国と英国が、単独でも戦争を遂行する準備があることが徐々に明らかになると、アラブの諸政権は最悪の事態に備え始めた。彼らの心配事は無数にあった。アラブ連盟はサッダーム・フサイン大統領に対して大統領職を辞するよう説得し、米国による攻撃を回避しようと試みた。だが、アラブ連盟は、米国の軍事行動を直接的に支持する約束を交わしていたバハレーンやカタルといった米軍の前方展開基地がある国と、米国の軍事侵攻に強く反対するシリアやエジプトといった国のあいだで深く分裂していたため、身動きが取れずにいた。後者は、米国との関係に深刻な亀裂が入らないよう細心の注意を払いつつも、国民の反戦機運に乗じ、予期された反戦と反米デモをお膳立てするという難しい綱渡りを強いられた。なかでもヨルダン政府は、とりわけ困難な立場に置かれていた。ヨルダンの新国王は、一九九〇～九一年の湾岸戦争の際、イラクに味方するという先代国王の犯した過ちを目撃しており、その二の舞だけは避けたいと考えていた。先代のフサイン国王は、イラクと同盟したことによって、ヨルダン国民からは熱狂的な支持を獲得したものの、貴重な外的援助を失うことになったからである。

結局、二〇〇三年三月にイラク戦争が始まり、大規模な反戦デモは瞬く間に鎮圧された。しかし、問題はこれだけでは解決しなかった。同年四月、米軍によってバグダートが陥落し、イラク政権があっけなく崩壊すると、これに勇気付けられたアラブの知識人や野党勢力が民主体制を求める新しい要求を始めた。彼らに言わせれば、民主化こそがこれ以上の厄災を防ぐ唯一の方法であった。アラブ諸国の政権にとっては、過激な反体制勢力を封じ込めるために使い古された治安対策を用いることと、ブッシュ政権と国内の知識人から同時にもたらされる改革圧力に対応することは、まったく別の問題であった。内部からの批判の典型的な例は、二八七人の「シリア市民」が提示した「嘆願」であり、それには次のような主張が明示されていた。すなわち、「当局は我々の病を治すための治療薬を持ち合わせておらず」、唯一の解決策は「国内の改革」のみであり、そして米国とイスラエルを押しとどめるための最良の方法は「自由な人々」を作りだすことである、というものである。(7)

イラク戦争へと突き進む過程は、イラン、イスラエル、そしてトルコにも、多大なるインパクトを与えた。イランでは、バグダートで体制転換の可能性が生じたことによって、サッダーム・フサインに対する憎悪と米軍がイラン国境付近に展開することへの恐怖が混じり合った、両義的な反応が政界に広がった。イスラーム法学者の権威が制限されたより民主的なイスラーム共和国がイラクに樹立される可能性を歓迎した人々もいた。ただ、事態をより複雑にしていたのは、イラクの問題が、イランをめぐる次の二つの情勢と重なったことであった。それは第一に、ハータミー政権が様々な問題に上手く対処することができなかったために、同政権に対する国民的支持が徐々に低下傾向にあったことである。第二に、イランの核開発プログラムに対して国際社会の懸念が急激に高まったことである。

トルコでは、米国が戦争の準備を始めたことによって、二〇〇二年一一月に発足して以来盤石の政権運営に成功していた公正発展党政権は、深刻な挑戦に直面することになった。具体的には、北イラク侵攻のために大規模な米軍が自国領内を通過することを許可するよう、米国が圧力をかけてきたことである。これには国民の大多数が反対の意を示していた。それに加えて、米軍の北イラク侵攻に際しては、トルコがクルド軍勢と協力関係に入る必要があったが、それは、同地域にクルド人国家を設立する機会をクルド人にもたらすことを意味していた。結局、公正発展党政権は、米軍の自国領通過を許可するよう大多数の議会メンバーを説得することができず、米国の逆鱗に触れることになった。

だが、これには思わぬ副産物もあった。米軍の自国領通過を拒否したことでトルコ国軍の権威は大打撃を受け、それによって公正発展党政権は、軍が率いる国家安全保障会議の権限を縮小する計画を前に進めることが可能となったのである。これは、トルコがEUに加盟するための必要条件の一つとなっていたものである。さらに、これは、レジェップ・タイイップ・エルドアン[i]新首相の就任を後押しし、数カ月に及んだ棚上げ期間の後に、ケマル・デルヴィシュが策定した国際通貨基金（IMF）の財政再建プログラムに取り組むこともできるようになった。

アラブ諸政権の直面するジレンマ

湾岸戦争（一九九一年）によってもたらされた制約と圧力のなかを生き延びたアラブ諸国の政権は、イラク戦争（二〇〇三年）後にはよりいっそう困難な状況に直面することになった。それは第一に、変革を求める米国の強大な圧力である。第二に、バグダードの連合国暫定当局（CPA）が、周辺のアラブ諸国と比べてより開かれた政治システムを構築する可能性があるという困惑すべき事態である。第三に、米国に媚びへつらったと思われないように注意しつつ、国内社会の改革圧力に対応する必要もあった。イスラーム主義を掲げる野党勢力からの体制批判も、相変わらず続いていた。さらに、シリア、ヨルダン、そしてモロッコでは、新しい統治者の誕生によって高まった改革への期待を鎮める必要もあった。エジプトとイエメンでは、共和国でありながら、大統領の息子への権力委譲を可能にする素地を作らねばならなかった。

こうした状況を好転させるための一つの方法は、国政選挙を用いて、明示された許容範囲内にとどまる限り、大衆の政治参加は政府にとって真に歓迎すべきものである、というシグナルを送ることであった。この政策はアルジェリア、モロッコ、そしてバハレーンでは二〇〇二年に、シリア、ヨルダン、イエメン、クウェート、そしてオマーンでは二〇〇三年に、それぞれ実行された。不当な扱いを受けている野党勢力からの批判をさほど受けずにこうした戦略を実行できるならば、そのメリットは明らかであろう。つまり、これは体制の正当性を維持するために有用であった。また、宗教的な反体制勢力の少なくとも一部を抱き込む機会にもなった。さらに、少なくともレトリックのうえでは、外部からの批判や介入の可能性を回避することも可能になったのである。事実、エジプトの与党である国民民主党（NDP）のサフワト・シャリーフ事務局長は、二〇〇三年六月、「我々が圧力に屈することは決してない。なぜなら我々は民主国家だからだ」(8)と吹聴している。

にもかかわらず、そこには危険もあった。選挙は、政府が過剰に介入し、あまりにも予想通りの結果が出た場合、当初の想定とは正反対の印象を与えることになる。二〇〇三年三月に行われたシリアの総選挙はまさにその好例であった。というのも、与党のバアス党が主導する翼賛組織である進歩国民戦線は、過去七回の選挙とまったく同じ二五〇議席中一六七議席を獲得したからである。もう一つの興味深い事例は、二年の任期延長を経て二〇〇三年四月に行われたイエメンの総選挙である。原書大統領[ii]は、「イラク政府の崩壊はあらゆるアラブ諸政権にとって教訓とならなければならない」(9)と主張して、投票所へなった。今日、我々は統治形態としての民主主義という選択肢を受け入れなければならない」(9)と主張して、投票所へ

---

i　一九五四年～。首相任期は二〇〇三～一四年、二〇一四年八月以降は大統領に就任。イスラーム主義系政党である公正発展党の党首を長く務め、イスラーム色の強い法案を提出してきたため、一部勢力からはイスラーム主義者とみなされている。外交面では、イラン、ロシア、アルメニアなど、EU諸国以外の国々とも関係強化を図る全方位外交を展開した。対米関係についても、イラク戦争の際に米軍駐留法案を否決したことで一時悪化したが、それ以降、一定の距離をとりつつも、関係のそれ以上の悪化を避けるような舵取りを続けている。

ii　一九四二年～。一九七八～一九九〇年にかけて北イエメン大統領、九〇年の南北イエメン統合後はイエメン大統領を二〇一二年まで務めた。二〇一二年にはいわゆる「アラブの春」の影響がイエメンにも及び、国民の反体制デモを受けて退陣。しかしその後も、腹心のアブド・ラッボ・マンスール・ハーディーを後継者に据えた。

足を運ぶよう有権者を促した。しかし、信頼に足る野党が二つも参加していたにもかかわらず、与党の国民全体会議が四分の三の議席を獲得して圧倒的な勝利を飾るという結果に終わった。

同様に重要なことは、野党勢力が、選挙によって自らの置かれている基本的な状況を確認する機会にもなったという点である。ここでも、二〇〇三年のシリア総選挙は好例を提供してくれる。同選挙では、五つの野党が政党を合法化することを求める選挙制度改革を政府に提案したが、それは無視された。そのため、この五政党は選挙のボイコットを決定した[10]。実際、二一世紀初頭以降、民主主義が長いあいだ不完全な形で運用されてきたため、あらゆるアラブ諸国では、重要な野党勢力や反体制派は封じ込められてきた。彼らは、非常事態宣言の撤廃、政治亡命者の帰還、野党結党の自由、そして市民集会を開く自由を要求し、真に開放的で自由な選挙を実施するための抜本的な改革案を提示していた[11]。民主主義の導入は緩やかで困難な過程であると繰り返すアラブの政治指導者の主張が最低限の信頼を得るためには、少なくとも、選挙が行われるたびに少しずつでも開放的になっていっているという証拠が必要とされるだろう。

選挙以外では、米国主導の対テロ戦争[i]とイラク戦争によって突きつけられた政治的課題に対して、アラブ諸国の政府が即座に取った対応は、どうしても曖昧なものとなった。一方で、アラブ諸国の政府は、野党勢力の要求に対して小さいながらも重要な妥協を進んで行った。その好例が、クウェート首長が、皇太子を首相に任命するという慣行の廃止を決定したことである。議員は、こうした首長の決定によって、首相に対してより自由に意見を主張することが許可されるようになったと解釈した[12]。他方、アラブ諸国の政府は、あらゆる手段を用いて議会内外の野党を監視・統制することによって、政治システムに対する厳格な管理体制を維持した。二〇〇三年八月、ヨルダン議会で信任投票をめぐって五日間にわたって戦わされた激論は、その良い例である。ヨルダンのテレビはこれを「真に民主的なプロセス」であると報じたが、体制支持派が下院議会を支配していたため、体制にはいかなる脅威ももたらさなかった[13]。

ちょうど同じようなエピソードは、その一ヵ月前に発表されたエジプトの議会年次報告書にも掲載されている。それによると、体制支持派ではない独立系議員によって発議された五二法案のうち、議会を通過したのはたった三つであった。また、内務相に向けられた六つの質問については、回答が必要な型式であったにもかかわらず、一つも答えが得られなかった。さらに、与党NDPは、党員四人とともに、二人のうるさがた野党議員を議会から排除している(14)。こうした例から明らかなことは、国内に強力な利益集団を抱える多くのアラブ諸国の政府は、彼らの特権的地位を脅かす可能性のあるいかなる変化も、断固として阻止してきたという点である。

アラブ経済への圧力

アラブ諸国の政府にとって、これまでも現在も希望の拠り所となっているのは、急激な経済成長期には民主化への大きな圧力が軽減されるという事実である。しかし、彼らにとって不幸なことに、国際的・地域的条件はともに、そうした経済成長にとって好ましいものではなくなった。グローバル経済が停滞していることに加えて、パレスチナで第二次インティファーダ[ii]が発生し、イラク侵攻への準備が着々と進むなかで、地域的な不安定も増長された。これら

i　九・一一事件を契機に、ジョージ・W・ブッシュ米大統領がアフガニスタンに侵攻したことをはじめとして、主にアル＝カーイダを殲滅する目的で行った戦争。同時に、米国の主張に賛同して各国で行われた世界規模での反テロリズム作戦のことをそのように呼ぶ場合もある。

ii　二〇〇〇年九月末、アリエル・シャロンが多数の護衛を従えてエルサレムのハラム・シャリーフ（イスラームの第三の聖地）に入場し、これにパレスチナ人が反発、占領地全域でイスラエル当局に対する抗議運動が発生した。これが、第二次インティファーダ、あるいは聖地内のアクサー・モスクの名を冠してアル＝アクサー・インティファーダと呼ばれる抗議運動である。ほとんど非武装の抗議運動であった一九八七年の第一次インティファーダとは異なり、第二次インティファーダでは初期の頃から爆弾や銃が使用され、自爆テロも多発し、ほとんど戦争に近い状態で展開したことで、非常に多くの犠牲者を出した。

が重なり合って、主要なアラブ諸国により大きな悪影響を及ぼしていくことになったのである。二〇〇一年の段階で、アラブ経済の国際貿易に対する貢献はたった三％であった。[15] 直接海外投資（ＦＤＩ）は世界基準のちょうど半分にとどまる。[16] 一五％というアラブ諸国の平均失業率は、世界で最も高い水準である。[17] 二〇〇三年九月に出された世界銀行の報告書によると、一九八五年から二〇〇〇年にかけて、中東・北アフリカのアラブ諸国の国民一人当たりの所得の成長率は、年率わずか〇・五％にとどまるという。こうした経済成長の失敗は、政府が低い水準の政策を打ち出し続けてきたことに起因する。[18]

以上のような経済状況は、イラク戦争によってよりいっそう深刻になるとの予測が一般的であった。しかし、アラブ経済に対するイラク戦争のインパクトは、深刻ではあったものの、アラブ諸国の政府が当初想定していたほど大きくはなかった。たしかに、イラクとの貿易が中断されたことによって不利益を被った国もあった。また、シリアやヨルダンのように、イラクから特別に低価格で石油を仕入れていた国は大きな損失を出すことにもなった。だが、ヨルダンやトルコは米国からの資金援助によって、産油諸国は戦争終結以降の油価の高騰によって、損失をある程度補塡することができた。また、米国が被害を受けたイラクの油田を支配することによって、石油の国際価格を操作する力を手に入れるといった戦前の想定も、結局は実現しなかった。

とはいえ、いくつかの重大な懸念も残った。第一に、米国が、アラブ諸国の国家主導型経済体制とは異なる、より開かれた自由な経済体制をイラクに作り上げるのではないかという懸念である。米国政府の指導者や石油専門家、そして経済学者が、イラクの国営石油会社に対する国家の支配を減じたり廃止したりする必要性に言及していたことは、とりわけ強い懸念を引き起こした。第二に、米国が、米・中東自由貿易地域の創出に向けた計画を実行に移す可能性が高いと認識されたことである。この計画は、ブッシュ大統領が、さらなる経済開放を促進することを目的として、二〇〇三年五月に初めて大枠を作り上げたものである。ブッシュ大統領は、一連の段階的なステップを経ることで、十分な水準の政治・経済改革を実施した国家だけを組み込んだ自由貿易地域を二〇一三年までに創出する、という計画を頭に描いていた[19]。また、ロバート・ゼーリック米通商代表部代表は、その点をあてこするように、即座に次のように指摘した。すなわち、エジプトはそうした枠組みに参加する準備がまだできておらず、とりわけ関税規定の近代化といった「いくつかの作業」を行う必要がある、と主張したのである[20]。他方、シリア政府は同様の圧力に直面して、EUとのあいだで地中海自由貿易協定を結ぶ方向へと動き出した。というのも、シリア政府は、この協定が米国による将来的な経済的圧力に対して効果的な防御壁になると考えていたからである[21]。

イラク戦争を契機として、アラブ諸国の政府が積極的に新しい経済政策を押し進めようとした分野もあった。それは、湾岸地域で新しい石油・ガス田の開発を進めるために決定的に重要であった外国投資を、積極的に呼び込む政策であった。一九七〇年代に現地の石油会社を全て国有化したことによって、政府は、死活的に重要な資本と技術的助言を得るためには、生産分与契約を国際企業と締結する以外に手段はなかった。こうした決定を統治者が自発的に行った国もあった。だが、多くの国では、生産分与契約は、外国企業が再び国内市場に参入してくるのを防ぐために、石油関連顧問の圧力によって締結されたものであった。クウェートとサウディアラビアでは、議会や諮問評議会からの圧力が大きな役割を果たした[22]。クウェートの首長一族は、イラク戦争終結以降のこうした行き詰まりに対して、北部の三つの油田については議会の干渉なしに外国企業との契約更新を行えるようなシステムを考案した。サウディアラビアもまた、ロイヤル・ダッチ・シェルが主導するコンソーシアムとのあいだで天然ガス探査の契約を交わす一方、元々予定されていた生産と輸出の契約は棚上げすることで、国内の批判者を宥めようとした[23]。

イスラエルとパレスチナ――和平プロセスから第二次インティファーダ、そして新しいロードマップへ

二〇〇〇年九月に始まったイスラエル人とパレスチナ人とのあいだの小規模抗争は激化の一途を辿り、双方から数

多くの人命と平安を奪った。弱者であるパレスチナ人は、とりわけ甚大な被害を被った。二〇〇〇年九月から〇三年一一月までに、二五〇〇人以上のパレスチナ人が殺害され、二万四〇〇〇人以上が負傷した。他方でイスラエル側は、およそ九〇〇人が死亡し、六〇〇〇人ほどが負傷していた。だが、こうした死傷者の数字をみるだけでは、パレスチナ側の被害状況を把握することはできない。彼らは、家屋や農園を破壊され、土地を収奪され、それによって失業率は上昇した。また、教育制度は崩壊し、西岸とガザ地区はイスラエルの無数の検問によって細切れに分断されていた。[24]比較的恵まれていたパレスチナ人は、パレスチナ自治政府や国際ＮＧＯによって提供された雇用機会を活用することができた。しかし、二〇〇万人以上のパレスチナ人は貧困ライン以下の生活を送っており、国連パレスチナ難民救済事業機関（ＵＮＲＷＡ）や国連世界食糧計画に生活必需品を依存し、生活資金は外国籍の支援団体や親族から提供されていた。[25]

パレスチナ自治政府もまた、激化する暴力の被害者であった。というのも、自治政府は、そうした暴力を抑えるようイスラエル側から圧力を加えられていたからである。自治政府の資金は縮小されるか打ち切られ、事務所は破壊され、警察部門は麻痺していた。その後、二〇〇二年三〜四月にかけて、イスラエルはパレスチナ自治領であった地域を再び占領し始め、ヤーセル・アラファート[i]をラーマッラーの自宅に軟禁し、彼の治安維持部隊が西岸とガザの大部分で活動することを禁じた。こうした政策は、二つの重要な帰結をもたらした。第一に、和平プロセスを再開すべきだと考えるパレスチナ人エリートと、二国家解決に向けたいかなる動きも阻止しなければならないと考えるエリートのあいだに、深刻な亀裂を生み出したことである。第二に、パレスチナ自治政府は、イスラエルに対する攻撃を取り締まることがますます困難になっていったということである。というのも、自治政府は人々の支持を欠いており、逮捕・裁判・投獄などの手段を実行する力も欠いていたからである。その結果、政治的・軍事的権威はますます拡散していき、日常的にイスラエルとの衝突を望み、かつそれを実行できる軍事宗教運動であるハマースの威信がますます高まっていった。

イスラエル人にとっては、こうした事態の主な影響は経済的なものと心理的なものに大別することができる。第二次インティファーダによって生じた旅行客の大幅な減少や建設業の不振、そして外国投資の縮小といった影響は、一九九〇年代後半から始まった短期的な経済ブームに歯止めをかける結果になったのみならず、二〇〇一年と〇二年には国民所得を実際に一％収縮させることにも繋がった。二〇〇三年には失業率は一一％にのぼり、税収は落ち込んだ。財政赤字はＧＤＰ比で六％にも膨れ上がり、公共支出の削減を余儀なくされた。[26] にもかかわらず、アリエル・シャロン[ii]首相とその政府に対する国民の支持が劇的に落ち込むことはなかった。イスラエル国民は、第二次インティファーダをユダヤ国家の存亡を掛けた危機であると認識しており、そうした認識は二〇〇一年五月のパレスチナ人による自爆テロの再発によってよりいっそう強まった。

第二次インティファーダの発生からおよそ一年後に発生した九・一一事件は、シャロン政権にとって大きな追い風となった。この事件によって、さしあたりアフガニスタンとイラクに対する米国の戦争が終結するまでのあいだ、パレスチナ人との妥協を求める米国とヨーロッパの圧力がなくなった。さらに、九・一一事件が発生したことで、急進的なパレスチナ勢力やアラファートをテロリストと同列に扱うことが容易になり、ハマースの軍事部門指導者を対象としたイスラエルの暗殺作戦に対する国際的批判を鎮めることにも繋がった。加えて、パレスチナとイスラエルの生

i　一九二九〜二〇〇四年。一九九六年から二〇〇四年まで、パレスチナ自治政府初代大統領を務めた。二〇〇〇年九月の第二次インティファーダ以降、イスラエルとパレスチナのあいだの暴力の応酬は激化の一途を辿り、交渉によって和平を進めようとするアラファートはパレスチナ人の支持を徐々に失っていた。二〇〇一年末頃からはイスラエルによってラーマッラーの自宅に軟禁されるようになり、二〇〇四年一一月に脳出血で死去（毒殺されたとする説もある）。

ii　一九二八〜二〇一四年。首相任期は二〇〇一〜〇六年。右派強硬派として知られ、二〇〇〇年九月には第二次インティファーダのきっかけをつくる。二〇〇五年にはリクードを抜け、中道主義を掲げるカディマを結党。二〇〇六年に脳卒中で倒れ、一四年一月一一日に死去。

活圏を分断するための分離壁[i]を建設することで、入植活動を保護するという政策を実行に移す余地も生まれた。

とはいえ、シャロン政権のみならず、全ての人々にとって、ひとたびイラク戦争が終結すれば、ブッシュ政権は暴力を恒常化させている根本的な問題に取り組むであろうことは明らかであった。仮に中東を作り替えるためのブッシュ政権の計画が成功したとすれば、そこには民主的な政府がバグダードに成立することに加え、なんらかの形でパレスチナ政府を樹立することも含まれるはずであった。大半の政策決定者にとって、この二つは分ち難く結び付いていた。結果的に、新しいイニシアティブは、米国の主導のもとで、国連、EU、そしてロシアが共同で作成する「ロードマップ」[ii]という形をとった。この枠組みは、段階的な会合、信頼醸成、停戦発効、そして最終的な和平へと至る計画であり、キャンプ・デーヴィッド合意や二〇〇〇～〇一年のタバ交渉と似たようなプロセスを呼びかけるものであった。アラファート大統領に圧力をかけ、彼の忠実な側近であったマフムード・アッバース[iii]を首相に任命することに成功したことで、和平への望みが繋がった。というのも、ブッシュ大統領もシャロン首相も、アラファートよりもアッバースを懐柔するほうが容易だと考えていたのである。

ブッシュ大統領、シャロン首相、そしてアッバース首相が、二〇〇三年六月にアカバで合意したロードマップの第一ステージの基礎は、単純な約束の交換に過ぎなかった。すなわち、イスラエルは入植地建設活動を停止し、アッバース首相と彼の同僚はハマースの攻撃を防ぐ、というものである。これによって数週間の平和な時間が生まれた。だが、その不備は即座に明らかとなった。双方の指導者のあいだに真の信頼関係は存在せず、また、アッバース首相に対するパレスチナ人からの政治的支持も十分ではなかった。それゆえアッバースは、ハマースの戦闘員をパレスチナ自治政府内に直接取り込むことも、ハマースに対して自治政府に歯向かえば支持者を失う危険を冒すことになると説得することもできなかった。他方、イスラエルは入植地建設を継続した。イスラエルは、一九六七年ライン（グリーンライン）を無視してパレスチナ側に大きく食い込む形で西岸地域に分離壁を建設し、パレスチナ人の土地を収奪していった。ロードマップへの支持が減少し、米国の関与も縮小していったことで、ハマースはイスラエルの攻撃に対して軍事的に報復を加えるという路線へ回帰していった。その結果、ハマースの軍事部門の指導者のみならず政治部門の指導者までもが暗殺の対象となった。その後、二〇二人のイスラエル人犠牲者を出した自爆攻撃が二〇〇三年八月一九日にエルサレムで発生すると、シャロン政権はアッバースを押しのけて、自らハマースを排除する政策を採り始めた。

イスラエルは、西岸やガザ地区の入植地の防衛を含む高コストの軍事作戦を継続したことで、国内にも問題を抱えるようになっていった。イスラエルがこの先一〇年にわたって米国から九〇億ドルの融資保証の提供を受ける資格を得るためには、二〇〇三年の終わりにはGDP比で六%に達した財政赤字を半減させる必要があった。(27) 非軍事支出についても抜本的な歳出削減を行う必要があったため、シャロン政権の財務大臣を務めたベンヤミン・ネタニヤフが、一九九〇年代の首相在任時に採用していた経済の「脱中央集権化」政策を踏襲したことは、理にかなっていた。(28) こうした政策の一環として、国民総支出における政府支出の割合を下げること、減税措置を講じること、民営化を進めること、そして労働組合の権限に打撃を加えるために公務員の消防業務への参入を許可すること、などが実施された。

---

i　二〇〇二年以降、シャロン政権の下で、イスラエルと西岸地区との境界線(グリーンライン)から西岸側に大きく食い込む形で建設が始められた長大な壁。堀・有刺鉄線・電気フェンス・幅六〇～一〇〇メートルの警備道路とコンクリート壁から成る。二〇〇三年以降、国際司法裁判所やイスラエル最高裁判所がその違法性を指摘し、経路変更を求める判決が相次いで出されたが、現在まで段階的に建設が続いている。

ii　二〇〇三年四月にカルテット(米国、EU、ロシア、国連の四者)が、イスラエルとパレスチナの平和的な二国家共存に向けて、イスラエル側・パレスチナ側の双方が実施すべき措置を段階に分けて行程表の形で整理して発表した文書。

iii　一九三五年～。通称、アブー・マーゼン。首相任期は二〇〇三年三月～九月、二〇〇五年以降は大統領を務める。中東和平交渉では現実主義的な路線を貫き、イスラエルに対して大幅に譲歩することも厭わない姿勢をみせることもあり、ハマースなどから批判を浴びることもある。

イラク——戦争への道とその後

サッダーム・フサイン政権は、九・一一事件以降、アル＝カーイダや彼らが起こした事件とまったく無関係であったにもかかわらず、次第に強力な国際的圧力に晒されることになった。[i] というのも、ブッシュ政権が設定した「ならず者国家」という範疇にイラクが入れられたからである。「ならず者国家」とは、大量破壊兵器を保有し、それを使用する恐れがあるか、あるいはテロリスト組織に引き渡す恐れのある国家を意味した。その結果、米国の対イラク政策は、制裁を選択的に強化するという方針から、イラクに隠された大量破壊兵器を捜索するか、あるいはサッダーム・フサイン自身に責任を取らせる方針へと一八〇度転換した。

こうした政策転換をもたらした表向きの理由は、よく知られている。つまり、ブッシュ政権のネオコン[ii]勢力が強大な権力を手に入れ、イラク政府は米国の国益に対する大きな脅威であると大統領を説得することに成功したからである。しかし、そうした決定の背後にある特別な動機については、真実が明るみに出ることは決してないだろう。危険な兵器が存在し、それがテロリストの手に渡る危険性があることが、開戦の動機となったと考える政治家もいる。また、人権やイラクの石油が開戦の動機であったと認識する者もいた。とはいえ、最もタカ派の大統領顧問のよく知られた見解にもとづけば、開戦には二つの主要な動機が存在したものと推測される。第一に、戦略的先制攻撃という新しい軍事ドクトリンを試す絶好の機会だったということである。第二に、バグダードで体制転換が生じることは、国家安全保障問題担当大統領補佐官が主張した「中東の再編」に向けた第一歩になるという信念があったことである。それは、米国の力と影響力によってアラブ諸国の政治・社会をより開かれたものへと作り替え、それによってテロリズムと宗教的急進主義を封じ込めることを目指したものであった。[29]

また、サッダーム・フサインがどの段階で直面する脅威を認識し、それに対処し始めたのかという点も、明らかではない。おそらくそれは、二〇〇二年半ばであった可能性が高い。米国の脅威に直面したイラクの支配者は、再強化された部族主義を利用したり、信頼する側近に権力を配分したりする一九九〇年代の支配手段を強化・発展させていった。フサイン大統領が信頼する側近のなかには、次男クサイも含まれていた。クサイは、この時すでに特別治安機関長官をはじめ、政界や軍部でかなり高い地位に昇進しており、二〇〇一年夏には一八人のメンバーから成るバアス党地域指導部にも名を連ねるようになった。[30] こうした手法は、フサイン政権の軍事計画の根幹であり、今となっては想像するしかないが、「帰還」と題された戦後の抵抗運動の枠組みにもなっていたようだ。[31] 具体的には、第一段階で国軍将校を地方行政府の長に任命し、いわゆる「フィダーイーン・サッダーム」と呼ばれる軽武装の非正規軍を補充し、さらに国中に武器をばら撒いて隠し、地下ラジオ局を建設することを目論んでいた。それは、イラク人を動員し、イラク国外に戦争被害者のメッセージを放送することを通してアラブ諸国や国際世論を喚起し、侵攻に対して反対の声を挙げさせることを目的にしていた。彼はまた、国民の宗教的感情も重視していた。具体的には、シーア派法学者に対して圧力を加え、反体制勢力を否定するファトワーを出すよう圧力をかけたのである。それに加えて、第二段階では、イラク国軍を主要都市とその周辺に展開させ、市街戦の期間をできるだけ長引かせることが画策されてい

i　二〇〇一年の大統領就任直後から、ジョージ・W・ブッシュ米大統領は、政府関連施設の査察に対するイラクの非協力的姿勢をしばしば問題にしていたと言われている。九・一一事件を経て、米国から「ならず者国家」と名指しされたフサイン政権は、実際には大量破壊兵器を保有していなかったにもかかわらず、イランに対する抑止を目的としてその存在をほのめかし、兵器保有疑惑を否定しつつも国連による査察を拒否するという姿勢をとった。結果として、こうしたフサイン政権の姿勢がイラク戦争勃発の直接的な要因の一つとなった。

ii　米外交政策の文脈における新保守主義の略称。攻撃的な対外政策を志向し、米国の優位を世界全体で維持するために、そして民主主義、人権、自由市場を世界に拡大するために、単独行動主義をとることも必要であると主張した。ジョージ・W・ブッシュ政権のなかでは、ディック・チェイニー副大統領やドナルド・ラムズフェルド国防長官、ポール・ウォルフォウィッツ国防副長官などが、しばしばネオコンの筆頭として挙げられる。

た。[32]

しかし、結局、イラク正規軍による抵抗は即座に鎮圧された。米軍は開戦から三週間以内にバグダードへと到達しており、同じタイミングで英軍も南部の都市バスラの中心部にまで進軍した。有志連合軍に対して加えられた唯一の大きな打撃は、フィダーイーン・サッダームが無防備の陸軍護衛隊を狙った攻撃であった。短期間での勝利によって国家の統治機構が瞬く間に崩壊したため、略奪と強盗が国中に溢れかえった。米英軍はこうした事態に対してまったく備えをしていなかった。国内に大量の武器が存在し、イラク軍が解体され、フサインに忠誠を誓う者が存在したことによって、占領軍に対するゲリラ攻撃がいっそう激化したのである。さらに、政治的に重要な標的を狙った爆弾テロ攻撃というより計算された攻撃も起こるようになった。そうした標的は、ヨルダン大使館や国連本部、バグダードの警察学校、シーア派の聖地ナジャフにあるイマーム・アリー・モスクなどであった。シーア派の高位法学者であったムハンマド・バーキル・ハキームも標的となり、暗殺された。粉砕されたインフラを立て直すことではなく、治安維持こそが、米軍主導の行政が直面する最重要課題となった。二〇〇三年一二月までのあいだに、米軍に対する攻撃だけでも一日に三〇～三五回も発生していた。[33]

イラクの戦後復興計画は、二〇〇三年一月頃から米国国防総省の高官に独占されるようになった。[34]そうした計画の基礎となっていたのは、一目で著しく楽観的だとわかるシナリオだった。これは、亡命イラク人に唆されたワシントンのネオコン・イデオローグが書いたものであった。[35]事態が計画通りに進んでいないことを示す最初の兆候は、ジェイ・ガーナーが突然解任され、彼が指揮していた復興人道支援室（ORHA）が解体されたことであった。その後、二〇〇三年五月、イラクを統治する役割はポール・ブレマー大使の率いるCPAに引き継がれた。ブレマーはイラク国軍を丸ごと解体したが、それによって、職を失った怒れる元兵士が国中に溢れかえることになった。また、有名なバアス党幹部を雇ったり、時として解雇したり、その政策には一貫性が欠けていた。さらに、彼が二〇〇三年七月に任命した二五人の統治評議会に対して、自らの権限の一部を移譲するために多くの時間を使った。[36]

長期的にみると、イラクの行政機構にとって大きな意味を持つのは、ブレマーとその顧問が、地方や中央の議会で宗派ごとに代表を送り出す仕組みを作りだしてしまった点に他ならない。具体的には、二〇〇三年九月に発足した二五人のイラク人から成る統治評議会は、そのうちの一三人がシーア派、スンナ派とクルド人が五人ずつ、一人はトルコマン人、そして一人は唯一の女性閣僚であるキリスト教徒という顔ぶれになった。これらの閣僚は、一六の新党を代表しており、宗教や民族にもとづいて形成された政党がほとんどであった。このことは、同じような宗派・民族的な政治制度が将来的にも構築されるであろうことを示唆していた。それは、宗派に立脚した民兵の誕生を促進し、非宗派的な共通利益に基礎を置くような連合の誕生を阻害することになるだろう。

悪化する一方の治安状況に対する懸念が高まり、統治評議会が有効な政策を打ち出せないことが明らかになると、米国は二〇〇三年一一月、政策を大きく転換させた。ブッシュ政権は、戦後初の国政選挙を実施する前に恒久憲法を起草するという当初のタイム・テーブルを逆転させて、まずはイラク人指導者のあいだで協議を行い、二〇〇四年六月末までに暫定国民議会のメンバーを選出し、この暫定議会が二〇〇五年三月までに制憲議会選挙を準備する、という計画を提示した。こうして、中東に民主主義を導入するという米国の一大プロジェクトの成否は、以上の複雑な手続きを実行に移すイラク人の能力に委ねられることになったのである。

結論　二一世紀初頭の中東

二〇世紀の中東政治システムの構築と再編を説明するためには、その過程の一般的特徴と特殊性の両方に焦点を合わせる必要がある。前者については、本書はここまで、広く第三世界全般に共通してみられる点に着目して、主要アラブ諸国の事例を論じてきた。それは、植民地支配を経験し、その後ナショナリズム運動を通して独立を達成し、安全保障と発展を同時に強調することで正当性を獲得した権威主義体制が作り出される過程である。そうした権威主義体制下では、いくつかの独立組織や反体制組織も許容される余地が広がっていった。また、それぞれの段階で生じた多数の現象は、中東のみならず広く非欧米世界全体を規定していたグローバルな力学によって説明されなければならない。具体的には、植民地主義、第一次・第二次世界大戦、国家建設と発展を強調する世界的傾向、そして一九七〇年代か八〇年代にかけて顕在化した自由主義経済を志向する傾向、などであった。

他方、中東には、国内的要因がより強力に作用していた国家もあった。そうした国は、他国とは異なる発展経路を辿った。小規模な産油国はその好例である。湾岸産油国は家族支配と巨万の富を独特な形で組み合わせることによって、その特異な政治システムを発展させてきた。レバノンも独特な発展経路を辿った国である。レバノンは、複数の強力な政治勢力によって支配された脆弱な国家として誕生し、一九七〇〜八〇年代の長い内戦であっけなく崩れ去り、その後はシリア支配下での復興を余儀なくされた。トルコとイランという非アラブ国家は、アタチュルクやレザー・シャーといった強力なリーダーのもとで直接的な植民地支配を回避することができた。しかし、両国も、より開放的な政治システムを発展させる以前は、権威主義体制を経験していた。とりわけトルコでは、繰り返される軍の政治介入が、開放的な政治システムを作り上げる重要なインセンティブとなった。また、イランは、革命とその後の政治過程でよりいっそう困難な時期を経験した。イランでは、宗教的要素と政治的要素を一つの統治構造のなかで組み合わせるという、まったく新しい試みがなされていた。最後に、植民地パレスチナにユダヤ人国家として誕生したイスラエルは、政党政治や海外送金、そしてパレスチナ人や周辺アラブ諸国との継続的な緊張関係といった様々な要素の結節点となった。

もう一つ念頭に置いておかなければならないことは、中東地域は、域外の大国が死活的な安全保障上の利害のために一方的に定義し、形作った地理的空間だという点である。だからこそ、両大戦期には、域外大国の軍事行動が中東諸国の政治や国民に対して直接的な影響を与えたのである。また、第一次世界大戦中に大シリア地域の各州やアナトリアで、少なくともヨーロッパの諸戦場と同程度の民間人犠牲者を出したのも、域外大国による大規模な介入が原因であった。また、冷戦期に中東地域が超大国の激しい対立の舞台となったのも、こうした事情によるものである。そのため、米ソという超大国は中東の同盟国に対する軍事支援を惜しまず、これが中東の軍備拡張競争を助長した。その結果、イスラエルと周辺アラブ諸国のあいだで大規模な戦争が勃発し、一九八〇年代にはイランとイラクのあいだで八年にも及ぶ戦争が起こった。こうした戦争は、米ソの軍備拡張競争や軍事支援のために、よりいっそう激しく破壊的なものとなった。他方、まずはヨーロッパ、次いで米国が、中東の防衛力を強化したり、中東を一つの単位とした経済発展を進めるよう尽力したりしたことによって、アラブとイスラエルのあいだの敵意は解決することなく暗礁に乗り上げ、反植民地ナショナリズムや反西洋ナショナリズムは頓挫した。その結果、以上のようなナショナリズムが打破しようとしていた国境線がいっそう強化されることにもなった。ルイス・キャロル・ブラウンが指摘しているように、中東地域は「あらゆる非欧米地域と比較しても、より一貫性を持って、より徹底的に、大国間政治の罠に絡めとられることになったのである」(1)。

アラブ統一に向けた努力が実を結ぶことは、ほとんどなかった。一般のアラブ人がどれほどパン・アラブ主義の大義へ情熱を燃やしていたとしても、いかなる国家機構にもとづいてどのような統治が行われるべきなのかといった点については、各国政府が合意に至ることは決してなかった。したがって、アラブ連盟の創設から一九六〇年代の一連のアラブ首脳会談に至るまでの初期段階ではいくつかの成功を収めたが、政治的統合も経済的統合も達成されることはなかった。同じような分裂のプロセスは、石油の時代にも観察された。軍事的には強力であるが貧しい近隣アラブ諸国と産油国のあいだには、一見すると相互依存的な関係性を築くことが可能であると考えられた。というのも、産油国が喉から手が出るほど欲している労働力と軍事支援を、近隣アラブ諸国が石油収入の見返りとして供給することができるからである。しかし、実際には、産油国は独自の道を選択し、シリアやエジプトではなく米国やその同盟国から軍事的庇護を買い取ることを好んだ。事実、アラブ諸国は近隣諸国による介入の危険性を差し迫った脅威と考えており、それは協調関係からもたらされる利益への見込みを凌ぐものであった。それゆえ、アラブ統一に向けたいかなる計画も諸刃の剣であると考えられたのである。

そうしたなかで、いくつかの国では、植民地期から引き継いで作り出したばかりの民主的制度が順調な発展を遂げることは、極めて困難であった。自国の資源を発展させる一方で、外部の脅威から自国を防衛しようと奮闘する中東諸国にとって、国家の安定、自国の防衛、そして急速な工業化といった目標は、政治的多元主義や個人の権利よりも優先すべき課題とならざるを得なかったのであろう。さらに、欧米以外の発展途上国全般にも言えることであるが、各国政府は、貧困、非識字率、健康、住環境、そして急速な都市化などから派生する様々な問題に対処する必要があり、さらに先進工業国に経済的に追いつくことを求める逼迫した情熱にも突き動かされていた。こうした状況では、ほとんどの国家が、管理・監視・統制に大きく力点を置くような権威主義的システムを選択することとなった。他方、民主主義への道を歩むことを試みたわずかな国は、レバノンのように、国内に抱え込んだ問題によって簡単に自滅していった。また、トルコのように、膨大な要求に応えられる柔軟な政治制度を作り上げるという極めて困難な課題に直面した国もあった。さらに、イスラエルでも、アラブ系市民の権利や、あるいはユダヤ系市民の権利さえも、シオニズムと国家安全保障という究極的な目標のためにしばしば犠牲となった。

ほとんどの中東諸国では、新たに作り出された国境線や国家の形態をめぐって国民的コンセンサスを創り出すことが最も重要な課題であった。しかし、大多数の国家で民主的制度が欠落していたことに鑑みるならば、そうしたコンセンサスは一般市民による議論や討議から生み出されるものというよりは、むしろ単純に上から押し付けられる傾向にあった。少なくとも主要なアラブ諸国では、ナショナリズム、反植民地主義、そして社会主義の組み合わせこそが、国民的コンセンサスを生み出すための一般的な手段となった。これらのイデオロギーは、それぞれ恣意的に、ポピュリズム、国有化、そして中東的な福祉国家と読み替えられた。こうした形の国民的コンセンサスは、最初にシリア・バアス党のイデオローグによって詳細が提示され、その後にエジプトのナセル政権によってアラブ社会主義として定式化された。その後は、各国の一国ナショナリズムを強調する傾向がますます強まっていった。その結果、中東地域の特定の国に住む特定のアラブ人であるという認識が、より大きなアラブ民族への忠誠心に勝るようになっていった。他方、湾岸諸国では、市民の政治的権利という理念ではなく、忠実な市民という概念や、宗教、血縁、清廉潔白な行動、そして経済的福祉を重視する理念が、支配家系の正当性とともに重視されるようになっていった。

しかし、時を経るごとに明らかになったことがある。それは、国家が国民に対してなんらかのコンセンサスを押し付ければ押し付けるほど、反対勢力はそれとは別の手段を動員して国家に対抗しようとする、ということである。その際には、たとえば、地域や共同体への忠誠心に訴求したり、イスラーム国家の宗教とその指導力について、既存の国家とは異なる民衆的な解釈を提示したりした。既存の権力構造とその正当性の源泉に対して真っ向から挑戦した最も明確な例は、一九七〇年代後半のイランでみられた。他にも、成功こそしなかったものの、重要な事例はアラブ世界でいくつも観察できる。他の中東諸国と比べて均質的な国民を有し、公共の場で開放的な議論をすることが可能なイスラエルとトルコですら、法と政府を構成する全ての要素は世俗的で正当性が薄弱な基盤の上に成り立っている、と熱狂的に信じ込む集団からの強力な挑戦に晒されている。

冷戦が終結し、新しいグローバルな枠組みのなかで自由主義と資本主義が勝利を収めたという認識が人口に膾炙《かいじゃ》すると、中東諸国の統治者や社会に、新しい政治力学や新しい課題、そして新しい機会がもたらされるようになった。その結果、事態はより複雑になった。一九世紀後半にみられた初期のグローバル化と同様に、二〇世紀に中東地域で作用した政治力学は、経済的圧力や政治的圧力、そして米英に占領されたイラクのように、軍事的圧力が混じり合ったものであった。しかし、二一世紀に入ってからはまだ日が浅く、上記のようなグローバルな政治力学に対する中東地域の反応は端緒に就いたばかりである。二一世紀の最初の一〇年で、こうした「自由主義」の実験がどの程度うまくいくかは予断を許さない。したがって、二〇〇三年の時点でできることは、これまでに生じた変化とともに、政治家や政策決定者が数年先を見据えてすでに短期的・長期的課題としている問題を、単純に記述することくらいである。

地域的な文脈

国際安全保障という観点からみた場合、一〇〇年前とちょうど同じように、中東は依然として単一のユニットを形成している。これは現地の政府が共有している認識である。中東諸国の政府は、東はイラン、西はモロッコに広がる領域内での軍事・安全保障問題はとりわけ重要であると考えて行動している。こうした地域のまとまりは、バルカンやインド亜大陸といった隣接地域に広がることはなかった。たとえば、イスラエルと米国は、中東のいかなる国家であれ（その可能性が最も高いのは、イラク、イラン、そしてリビアであるとみられていた）、核兵器を開発するような事態が生じれば、直接的に軍事力で対処するか、あるいは理想的には地域的な核不拡散プログラムによって処理するべきだと考えている。もう一つの例は、域内の戦闘的イスラーム主義運動が暴力で既存の体制を転覆することのないよう、西洋の「遠い敵」へとその関心を逸らすことが肝要だという認識が、中東諸国で共有されていることである。

まさにこうした理由により、イスラエル／アラブ和平プロセスの趨勢が、域内全体の軍備を縮小し得るかどうか、また、域内貿易と投資を促進するために作られた中東全域に広がる経済制度のネットワークにイスラエルを統合することができるか否かの鍵を握っている、と言えるだろう。和平プロセスは、一九九一年のマドリード会議で始まり、オスロ合意を経て、一九九四年のイスラエル・ヨルダン和平合意に至った。オスロ合意は、長いあいだ、最終的な国境線確定やエルサレムの地位確定といったあらゆる難問に対する解決の糸口を提供し得るものだと楽観的に考えられてきた。しかし、双方のオスロ合意をめぐる理解には、いくつかの基本的な齟齬があったことが次第に浮き彫りになっていった。双方のあいだに信頼関係が欠如していたという基本的な問題に加えて、最も重要な点は、イスラエルがパレスチナ領内に入植地を建設し続け、大部分の占領地からの撤退を意図的に引き延ばすなかで、ヤーセル・アラファートが側近やパレスチナ人を管理するという役割を果たさず、散発的な弾圧すらほとんど行わなかった点だろう。二〇〇〇年の時点で、パレスチナの人々の忍耐は限界に達しているようにみえた。おそらく、アラファートが武装闘争を積極的に黙認していたことによって、第二次インティファーダは引き起こされたのである。その結果、イスラエル人の大多数は反パレスチナという姿勢で一致団結することになった。

とはいえ、たとえ平和と協力関係が地中海の東岸地域に創出されたとしても、いくつもの大きな地域的問題は残されたままである。それは第一に、イラク政治の将来、そして、隣接するトルコとイランという非アラブ諸国とイラクの関係、さらにイラクをいかにしてアラブ世界に再統合するか、といった問題である。第二に、イスラエルのように大量破壊兵器を保有している国、ならびにそれを持とうとしている国の存在である。そして第三に、経済協力のための地域システムを作り出すことの困難さである。それは、中東諸国が自発的に進めるものであれ、ＥＵや米国が主導するより広域な計画の一部としてであれ、同じように困難であろう。

内政の文脈

主要な非産油国にとって、一九九〇年代に政治を動かす最大の原動力となったのは、間違いなく経済自由化への圧力であった。国営企業の民営化、銀行部門の民間資本への開放、株式市場の役割の拡大、そして国際機関との貿易協定の締結などの経済自由化にかかわる計画は、政府と商業の関係や政府と民間経済部門との関係にも多大なるインパクトを与え始めていた。少なくともいくつかの国では、公共部門と民間部門のバランスに変化が生じつつあり、公共部門の従業員数が減少傾向にあるという明確な証拠もあった。より一般的に言えば、経済政策の方向性が変化したことによって、開発主義的な国家から、公共部門と民間部門の関係を円滑化することに関心を払う国家へと変化したのだ、と議論することもできる。そして、民間部門こそが新しい投資のなかで最大の割当を得るはずであった。

だが、第六章と第七章で論じたように、当初の期待とは裏腹に、そうした経済面での変化が政治の領域に大きな影響を与えることはなかった。アラブ諸国では、多元主義的な政治システムを促進する代わりに、自由で開かれた議論を許容することや、資本家や労働者といった一部の社会階層の利害を代表する政党の誕生を促すことで、自らが積み上げてきた経済発展が危機に晒されるのを避けようとした。それゆえ、経済政策の成功は、一方で、一党支配体制を強化する手段となりがちであった。他方、労使関係や、起業、情報開示、NGOやメディアの活動を規定する新しい法体系の整備は、「再規制」という形態をとる傾向にあった。言い換えるなら、国家による管理の水準が引き下げられることはなく、新しい形態へと変わっただけであった。

その結果、政府と財界の関係は、薄れていくのではなく、逆に強化されていった。そのなかで、エジプトやチュニジア、ヨルダンでは独特な形の「クローニー・キャピタリズム」が生み出された。そこでは、健全な競合は阻害され、政権と密接な関係にある起業家がほとんどの主要な契約を受注することができた。そして、彼らが訴えられた際には、新たな法律やその他の法規制は歪められ、無視された。一方で、こうした起業家は、体制からの嫌がらせには耐えなければならなかった。政府は、有力なビジネスマンに対して、特権と引き換えに、政府にとって都合の良いビジネスや福祉プロジェクトへの投資を強要することを厭わなかったからである。他方、組織化された労働運動は依然として守勢に立たされており、公共部門で働くメンバーの職を守ることを最優先課題としていた。そのため、労働環境全体の改善にかかわる法案を打ち出すことはほとんど、あるいはまったくできなかった。

一般に、政府と主要な宗教勢力のあいだには、政府と民間起業家のあいだに生じたよりも多くの対立がみられた。エジプトやアルジェリアのように過激派が武装蜂起を起こした国であれ、あるいはそうでない国であれ、政府はイスラーム政党の結成を認可することには慎重であり、その代わり、個別的に宗教問題に対処しようとした。そうしたなか、一九九〇年代後半には、体制側は過激派集団の考え方の変化に大いに助けられることになった。すなわち、ほとんどの過激派集団が、体制外部からではなく体制内で活動を試みるほうが、よりいっそうの利益を得ることができるという結論に至ったのである。その結果、次のような重要な変化が生まれた。つまり、基本的にはシャリーアの復活を求めて武装闘争を行うという単一争点に絞った主張から、経済や社会、そしてモラルに至るまで、より一般的な幅広い争点をめぐる主張を展開するようになったのである。それはあたかも、独立初期のムスリム同胞団を範とするかのようであった。次いで、こうした事態は宗教勢力の内部に新しい亀裂を生じさせた。体制への順応を主張する勢力と体制への抵抗を重視する勢力のあいだで生じていた旧い亀裂とは違い、新しい亀裂は、たとえば、宗教的生活を保持するために議会活動を利用することを重視する勢力と、支持基盤の経済・社会的ニーズにより広く応えていくべきだと主張する勢力とのあいだに生じることになったのである。

市民社会や人権といった概念を強調し始めた宗教運動もあった。その結果、世俗的なNGOや人権活動家との距離が急速に縮まっていった。こうした人々は、エジプトなどで活動を始めていたが、ほとんどのいわゆる「公認野党」よりも、体制の政策に積極的な批判を展開していた。公認野党は、まとまりを欠いており、選挙で勝てないことから、大なり小なり周縁化されていたのである。海外からの資金援助と海外メディアを通じて国内の人権問題を暴き出す術を備えていたことで、NGOや人権活動家は徐々にアラブ諸政府の頭痛の種になり、それにともなって次第に嫌がらせの対象になっていった。

非産油国の軍は、舞台裏で強大な影響力を行使し続けていた。アルジェリアのように、軍は政治過程に直接的なインパクトを与え、文民政府を作り出すことも破壊することもできた。あるいは、国王や大統領への支持を表明したり、統治者の後継者選びに異論がないことを主張したりするために、軍は敢えて舞台裏にとどまり、あらゆる支配エリートに対して隠然と影響力を行使することも可能であった。その結果、軍は特権的な地位を獲得できたのである。それは、将校のための別荘や保養施設の建設から、軍独自の経済部門の発展まで、あらゆる特権を享受できることを意味していた。たとえばエジプトでは、国内需要をはるかに超えた国産兵器や一般消費者向けの工業製品と食品が、軍の管理下で生産された。軍は、労働力から土地に至るまであらゆる資源を思いのままにすることができたため、その経済的地位はますます盤石になった。とはいえ、軍が経済のさまざまな部門を独占しているという事実を、透明性と国民に対する説明責任や、あるいは特定の経済部門を他国に開放するという多くの国際条約とどのように調和させるかという根本的な問題は、依然として解決されていなかった。

一九九〇年代に政治的多元主義が実質的な発展をみせなかったことにより、エリートの関心は極めて狭い範囲の重要な争点に絞られることになった。たとえば、大統領の後継者問題や選挙の操作、情報の管理・統制、NGOや人権組織、宗教組織の活動などである。そうしたなかで、一九九九年には、シリア、エジプト、イエメン、チュニジア、アルジェリアの五カ国で大統領選挙が実施され、ヨルダンのフサイン国王とモロッコのハサン国王がそれぞれ長男に王座を世襲させたことにより、統治者の役割に大きな注目が集まるようになっていった。

上記の五カ国のうち四カ国では、現職大統領（シリアのアサド、エジプトのムバーラク、イエメンのアブドゥッラー・サーレフ、チュニジアのベン・アリー）はすでに何期も権力の座にあった。彼らがさらに五年以上大統領を続けるとなると、それはいくつもの重要かつ明白な示唆を与えることになるだろう。それは、彼らの政策や政治手法の方向性が、大なり小なり同じだという点である。同様に、大統領の任期が終わりに近づいた時、彼らが後継者をどのように選ぶかは極めて重要な争点として浮上することになる。また、こうした国々の政治体制下では、大統領選挙は競合的というよりは国民投票のような性質を持っており、かつ、真の変革は若い後継者が大統領に就任することによってもたらされると信じられていることから、対立する利害の競合ではなく、安定こそが最も重要な要素となる。その結果、政治的無関心が生まれる。体制に対する批判は多くなるが、そうした批判に対する体制側の許容度はますます縮小していくことになる。そして、政府の弾圧を受けた人々に残された唯一の選択肢が、政権打倒になるのだ。

その後に続くのは、国民投票に酷似した国政選挙である。それは前もって政権与党に有利になるように操作され、欧米からの批判をかわすための名ばかり野党が揃えられた選挙である。他方、政府を批判し、その政策に説明責任を求める役割は、人権活動家と宗教活動家に委ねられるようになった。どちらの団体も、特定の争点をめぐる共通の大義を作り出すことには成功した。だが、人権活動家と宗教活動家は、目指す社会や政治システムの形が根本的に異なっていたため、政府が彼らを分断することは比較的容易いことであった。そのようにして、たとえ開放と自由に向けた小さな勝利を勝ち取ったとしても、それは、宗教勢力に与えられた「賄賂」によって相殺された。つまり、政府は、個人の選択権をさらに強く監視し、それに介入するようになったのである。

とはいえ、そうしたシステムがどれだけ継続するかはまた別の問題である。九・一一事件とそれに続く一連の出来事は、新たな、そしてより強力な政治変動への圧力を生み出した。同様に、中東諸国には、そうした変化がいかなるものであるべきかについて十分に練られた理念を有する諸集団が存在した。彼らの理念の中心にあったのは、次のような要求であった。すなわち、大統領選挙で意味ある競合が行われるよう憲法を改正すること、より自由に政党を創設できるような新しい法を整備すること、非常事態令などの言論や結社の自由を阻害するような手段を撤廃すること、などである。このような要求の存在に気付かない国王や大統領はいなかった。だが、それでも彼らは、自らの権力を無傷なまま維持するための表面的な変革によって、そうした要求を持つ人々の考えを改めさせようと全力を尽くした。

ほとんど同様の議論は、産油国とレバノンにも当てはまる。これらの国々もまた、グローバル経済に統合され、経済自由化に向けた圧力を同じように受け、開放性、個人の権利、そしてグッド・ガバナンスという国際的な理念に従うよう求められた。こうした圧力のいくつかは、一九九〇年代にすでに明確になっていた。具体的には、諮問機関が急増し、カタルやバハレーンで女性参政権が認められるなど、選挙という手続きを利用する国が増え、サウディアラビアではある種の憲法が発布された。これは、アブドゥルアズィーズ・イブン・サウードの時代には考えもつかなかったことである。こうした傾向はイラク戦争の前後にさらに進んだ。カタルとバハレーンは依然として他の産油国を一歩先んじていた。しかし、支配家系の人々は、ここでも再び、自らの権力を実際に制限する動きを認めることはなかった。サウード家の人々は、二〇〇三年一〇月に地方議会選挙の実施を認めた際には、自らが直面する数多くの困難を認識していたが、それでも自らの権限を制限する改革は決して実施しなかった。

ただし、レバノンでは状況はやや異なっていた。たとえ全ての当事者が精根尽き果てたことで内戦に終止符が打たれたのだとしても、それはあくまでシリアを中心とする外部介入の結果であった。そうした外部からの圧力があって初めて、一九八九年、全ての当事者がターイフに終結することになったのである。その会議では、政治活動を再開させるための基本的な枠組みを定めた事実上の第二次国民協約が合意された。この取り決めにより、政治的市場としての議会を復活させることができた。さらに、シーア派民兵やマロン派キリスト教徒強硬派を含むほとんど全ての宗派指導者を政治過程に編入することができるようなり、これらの指導者が、自らの支持者を満足させるために十分な資源を保証することも可能となった。にもかかわらず、シリアの治安要員が継続的に展開していること、そして国内外で債務過多といった経済的苦境が続いていることによって、政治指導者は、とりわけ最貧層の支持者のあらゆる要求に応えることができなくなった。その結果、政局は袋小路に陥った。大規模な経済改革の試みは、様々な政治勢力によってことごとく妨害された。そうした抵抗勢力にはラッフード大統領も含まれていた。彼は二〇〇四年当時、自らの大統領任期を延長するための憲法改正を画策しており、そのための国民的支持を必要としていた。結果的に彼は、歴代大統領のなかで初めて大統領任期延長を実現することができた。さらに事態を複雑にしていたのは、イスラエルと米国の二方面からもたらされる圧力にどのように対処するかという問題をめぐって、ダマスカスの政治指導部が分裂しているようにみえたことである。これは、アサド政権の出方を正確に読み取ることが困難だったことを意味していた。

一九九〇年代、ムスリムが人口の大部分を占める国のなかで最も急進的な政治的実験に乗り出した国は、イランであった。まず始めに、ラフサンジャーニー大統領のもとで、従来通りの経済主導型自由化プログラムが実行に移された。しかし、後任のモハンマド・ハータミー大統領のもとでは、この自由化プログラムは政治分野に特化した政策に姿を変えるようになった。具体的には、イランの権威主義的体制にみられる画一的なシステムを、より開かれた、より多元的なものへと変化させようとする試みであった。選挙での継続的な勝利を追い風にし、国民の支持という正当性を武器に、改革派は、ほとんどの重要な国家機構を支配下に置いていた保守派の権力を徐々に浸食していった。しかし、保守派による押し戻しを受けて、改革派の成功はその限界も同時に露呈させることになった。保守派は議会に提出される改革案の大部分を妨害し、司法に圧力を加えることで新聞を発禁にし、声の大きい批判者を投獄した。

このなかで、両陣営の全面対決に発展する危険が何度もあった。しかし、その度に指導者たちは引き下がるか、あるいは暗黙の妥協に合意した。というのも、政治的・社会的な緊張が内戦に繋がるのではないかという危惧があったからである。二〇〇三年一〇月に起きた一連の出来事は、そうした亀裂を埋める好機を提供することになった。この時、国際社会はイランの核開発プログラムについて詳細な調査を要求していた。イラン国内では、こうした国際社会の要請への対処方法をめぐる議論が、公の場で長期にわたって行われた。その結果、詳細な立ち入り調査は侮辱だと主張する人々が、説得されて引き下がったのである。というのも、イランの国益という観点から考えた場合、制裁とボイコットの脅威は無視するにはあまりに大き過ぎるものだと考えられたからである。

イスラエルとトルコという二つの非アラブ民主国家も、一九九〇年代、周辺国からもたらされる複合的な問題に直面していた。そうした問題は、部分的には、この二カ国がグローバル経済により密接に統合されていたため、深刻になった。イスラエルとトルコはより開放的な政治システムを採用していたことから、この時期、欧米諸国と同じような現象が顕在化していたのである。具体的には、主要な世俗主義政党のあいだでイデオロギー的差異が徐々になくなっていったことが挙げられる。また、政策ではなく指導者のパーソナリティを重視する傾向がみられたり、選挙時の政治動員では、個人のライフスタイルにかかわる問題について訴え、宣伝するという、欧米的で新しい手段が取り入れられたりした。しかし、両国の政治が中東地域の争点からも多大な影響を受けていたという事実は、事態をさらに複雑にしている。たとえば、ナショナリズムや宗教、そしてクルド人やパレスチナ人といった大規模なマイノリティとの将来的な関係などである。こうした問題が両国のシステムを大きく揺さぶることもあった。たとえば、一九九九年のイスラエル総選挙、そして二〇〇二年のトルコ総選挙がそうだった。この時、指導者への支持と政党への支持が大きな乖離をみせたのである。

二〇世紀の遺産

言うまでもなく、世紀ごとに区切って歴史を眺めることは一つの方法に過ぎない。しかし、少なくとも中東については、この方法が有効である。一九〇〇年から二〇〇〇年までの期間にはたしかに一貫性が見受けられるし、それと同時に中東独自の特徴をも見出すことができるからである。中東にとっての二〇世紀は、欧州列強の影響力のもとで地域がいくつかの区画へと最終的に分割されていく過程とともに幕を開けた。その後、第一次世界大戦を経て、それらの区画は国家として固定化されていった。そうしたなかで、自らの独立した政体を作り上げることができるほど長期間、外圧に耐えられた国家は稀であった。さらに第二次世界大戦後は、英領委任統治下のパレスチナはイスラエルというユダヤ人国家へと変化した。また、湾岸地域の小さな首長国家のほとんどは、大量の石油が発見されたことによって、国家を模倣した独自の機構を発展させることが可能となり、従来の首長を中心とする統治構造を盤石なものにすることができた。他方、自発的にアラブ諸国の連合政体を作り出そうとする計画は、イエメンを除いて失敗に終わった。また、不満を抱いたイラクがクウェートの領有権を主張した事例からもわかるように、近隣諸国を併合しようとする試みもまた、失敗に終わった。そして、二〇世紀の終盤に至るまで、中東地域システムを構成する基本的なユニットは、国家であり続けたのである。

同時に、こうした国家構造の内部で起こった出来事も、もう一つの重要な問題であった。政治制度の構築と政治発展の経路は、極めて多様であった。しかし、本書では、こうした発展は概して「構築と再編」として解釈され得ること、そして、二〇世紀のほとんどは「構築」に費やされ、「再編」は世紀後半の一〇年間に進んだことを論じてきた。「構築」は、主として権威主義体制を構築するということを意味し、「再編」は、多くのアラブ諸国では自由化プロジェクトを、イランでは革命的イスラーム国家という例外的な政体を作りだす試みを、イスラエルとトルコではナショナリズムや宗教復興、そしてグローバルな変化への柔軟な対応を、それぞれ示している。

一般の人々にとっては、二〇世紀は哀歓入り交じる時代であった。大多数の人々は、物質的には間違いなく祖父母の世代よりも豊かな暮らしをするようになった。健康、平均寿命、教育、そして所得についても、二〇世紀半ば以降は劇的な改善がみられた。しかし、こうした発展とは裏腹に、中東の人々には、戦争や強制移住、欧州で発生したホロコーストといった厄災が立て続けに発生したのである。さらに、ナショナリズムと独立によって膨らんだ期待は無惨にも打ち砕かれ、自由を約束していた体制はほぼ例外なく独裁へと変化し、あらゆる政治的権利が失われた。そして、検閲や警察による統制が社会を支配し始めた。こうした点に鑑みると、二〇世紀に出版されたアラビア語やトルコ語、ヘブライ語の書物に広くみられる苦難と絶望のトーンは、十分理解できるだろう。

二一世紀に向けた展望

二一世紀に入り、中東は再び明るい政治的未来へと歩み出したようにみえた。それを象徴するのは、新しい世紀を迎える前日の大晦日、パレスチナのベツレヘム中心部にあるマンガー広場で歓喜に沸く人々が、数多くの白い鳩を空に向かって放していた光景であった。国家間の緊張関係は上手くコントロールされているようにみえた。アラブの若い統治者が政権を引き継いだことは、平和的変革の時期が到来していることを示唆していた。そして最終的に、中東が他地域からの経済的孤立を深めているという大きな問題に、ようやく取り組む時が来たように思われた。

しかし、二〇〇〇年九月にパレスチナで第二次インティファーダが勃発し、そのちょうど一年後にはアル＝カーイダがニューヨークとワシントンを攻撃し、イラク戦争に向けた緊張が高まっていった。世界は不確実な未来に備え始めた。アラブ諸国では、人々は、衛星テレビ局から毎日のように流れてくるパレスチナとアフガニスタンでの戦いの光景を目の当たりにし、怒り、恐れ、そして危機感を募らせていった。イスラエルとイランが直面していた巨大な問題は、両国の未来に大きな暗い影を落としており、主要な政治・経済問題は手付かずのまま放置されていた。トルコだけは、二〇〇二年選挙で公正発展党が圧倒的な勝利を収めたことで、EUへの加盟権を獲得するために必要な政治・経済改革プログラムを通じて国家の目標を確実に達成するための基礎を固めていた。しかし、そのトルコでさえ、隣国イラクへの攻撃が持ち上がったことで深刻な問題に直面することになった。というのも、米国が考えていたイラク政府の再建計画をトルコの国益と合致させることは極めて困難だということが、次第に明らかになっていたからでである。

その結果、政治史研究者にとって、極めて不確実なことが多過ぎるため、自信を持って将来を予測することは困難になった。二〇〇三年秋までには、イラクで拡大しつつあった米国のプレゼンスに対する抵抗運動が、首都バグダードの周辺および内部にまで達していた(2)。こうした事態は、米国とその同盟者のイラク人が、新しい統治システムを作り上げる能力を持っていないのではないかという懸念を惹起した。イラクの将来的な統治システムは、あらゆる宗教的、民族的、部族的、そしてイデオロギー的差異を調停できる構造を作り上げることはもちろんのこと、治安を維持できるほど強靱で正当性を備えたものでなければならなかった。イスラエル／パレスチナでは、相互信頼の欠如と継続する入植地建設活動、そして土地の接収などが、独立パレスチナ国家の建設に向けたあらゆる可能性を阻害しているように思われた。サウディアラビアでは二〇〇三年五月、リヤドにある三つの集合住宅がアル＝カーイダによって爆破された。この事件は、サウディアラビア王室の主張とは裏腹に、アル＝カーイダが依然として国際的な標的のみならず、アラブ諸国を攻撃する能力をも有していることを示唆していた。

ほとんどのアラブ諸国の政府が政治改革に言及し始めたのは、こうした困難と危険が原因であった場合もあれば、そうでない場合もある。しかし、適切で競合的な選挙で選ばれた政治家に、自身の権力を譲り渡すことを真剣に考えるような大胆な統治者は誰もいなかった。その代わりに統治者は、野党の不満に対してより穏健な対応策を打ち出すことを甘受するか、あるいは二〇〇三年九月のＮＤＰ党大会以降のエジプトで試みられたように、政治対話を用いて野党勢力を懐柔し、特定の活動形態のみを許可する規則に合意させようとした。政府とその支持者が望んでいたのは、単に主たる権力を掌握し続けることであった。上述の政策が採られたのはそのためである。こうして、統治者は、主流派の宗教的見解を代表する政党の結成を禁止したり、後継者を自ら選出することに固執したりするあまり、問題を倍増させてしまったのである。その結果、たとえばエジプトでは、大統領選挙を真に競合的なものにしたり、正式な手順を踏んで選ばれた副大統領を後継者にしたりすることを規定したあらゆる憲法改正が、否定されたのである。また、エジプトとシリアでは、大統領の息子を前もって後継者に選んでおくことは、若い改革者集団をしぶとい古参幹部に挑戦させることを意味していた。この対決では、どちらの側も圧倒的な勝利を収めることはできなかった。

こうした状況は永久に変わらないのだろうか。中東諸国の政治システムは、これからも権威主義体制と複数政党制の中間に位置し続けるのだろうか。これについては、二つのシナリオが考えられる。第一に、体制側が、これまでの手段で管理できなくなった利益集団に、自発的に権力を譲渡することである。特にエジプトでは、このシナリオは時間とともに現実味を帯びていった。エジプトには、軍や治安機関、NDPのエリート、高級官僚、司法、そして巨大なビジネス・コングロマリットなど、独自のビジネスや組織的利害を有するような集団が数多く存在する。これらの集団はあまりに巨大化し過ぎており、実際の政策決定過程が停止寸前の状態に陥ることもある。第二に、野党勢力が十分に強力に組織化されることによって、変革を起こすことである。これは、西欧の経験から引き出される可能性である。西欧の歴史が示唆しているのは、権力を握る人間が民主主義を自発的に導入することはめったにないという点である。民主主義は常に、それを最も必要としている人々の飽くなき闘争によって勝ち取られなければならないのである。

UAE　アラブ首長国連邦
UC　立憲同盟（モロッコ）
UGTT　チュニジア労働者総連合（チュニジア）
UNL　統一民族指導部（パレスチナ）
UNFP　人民諸勢力国民連合（モロッコ）
UNRWA　国連パレスチナ難民救済事業機関
USFP　人民諸勢力社会主義連合（モロッコ）
WTO　世界貿易機関

略語一覧

ACC　アラブ協力会議
ASU　アラブ社会主義者連合（エジプト）
CIA　中央情報局（アメリカ）
CPA　連合国暫定当局（イラク）
CU　立憲連合（モロッコ）
DISK　革命労働者組合連合（トルコ）
DMC　変化のための民主的運動（イスラエル）
EU　ヨーロッパ連合（元ヨーロッパ経済共同体）
FDIC　憲政擁護戦線（モロッコ）
FIS　イスラーム救済戦線（アルジェリア）
FLN　民族解放戦線（アルジェリア）
GCC　湾岸協力会議
GIA　武装イスラーム集団（アルジェリア）
GPC　人民総議会（リビア）
IAF　イスラーム行動戦線（ヨルダン）
IDF　イスラエル国防軍（イスラエル）
IMF　国際通貨基金
IRP　イスラーム共和党（イラン）
MAN　アラブ民族主義者運動
MDS　社会民主運動（チュニジア）
MIA　イスラーム運動軍（アルジェリア）
MTI　イスラーム志向運動（チュニジア）
MU　アラブ・マグリブ連合
NDP　国民民主党（エジプト）
NIF　民族イスラーム戦線（スーダン）
NRP　国家宗教党（イスラエル）
NUC　国民統一委員会（トルコ）
OYAK　軍支援協会（トルコ）
PKK　クルディスターン労働者党（トルコ）
PLO　パレスチナ解放機構
PSD　社会主義憲政党（チュニジア）
PSP　進歩社会主義党（レバノン）
RCD　立憲民主連合（チュニジア）
　　　文化民主連合（アルジェリア）
RNI　国民独立連合（モロッコ）
RPP　人民共和党（トルコ）
SPLA／SPLM　スーダン人民解放軍（スーダン）
SSNP　シリア社会主義民族主義（レバノン）
Turk-Is　トルコ労働者組合連合（トルコ）

結論

（1）Clement M. Henry and Robert Springborg, *Globalization and the Politics of Development in the Middle East* (Cambridge: Cambridge University Press, 2001), p. 8 から引用。

（2）2003 年 10 月下旬の段階で、米軍に対する攻撃は、平均して 1 週間で 230 回にも及んでいた。Robert H. Reid, 'Two US soldiers killed', *The Boston Globe,* 30 October 2003.

Glass, 'Is Syria next', p. 6.

(12) Chris Doyle, 'Break with tradition', *Middle East International*, 8 August 2003, p. 17.

(13) Sana Abdallah, 'Democratic process', *Middle East International*, 22 August 2003, pp. 18–19.

(14) Gamal Essam El-Din, 'Busy session in the balance', *Al-Ahram Weekly*, 17–23 July 2003.

(15) 数字はアラブ通貨基金のものである。Waed Gamal, 'Oiling the slump', *Al-Ahram Weekly*, 5–11 June 2003 から引用。

(16) 数字は世界銀行レポートのものである。Stephen J. Glain, 'Land of economicunrest', *Boston Sunday Globe*, 24 August 2003 から引用。

(17) 数字は世界銀行の推計による。Roula Khalaf, 'Zoellick criticisms set back Egypthopes', *Financial Times*, 23 June 2003 から引用。

(18) Roula Khalaf and Gareth Smyth, 'Arab world "held back by poor governance", *Financial Times*, 9 September 2003 から引用。

(19) Elisabeth Bumiller, 'Bush seeks free trade zone with Mideast by 2013', *New York Times*, 10May 2003.

(20) Roula Khalaf, 'Zeollick criticism sets back Egypt's hopes', *Financial Times*, 23 June2003.

(21) Iason Athanasiadis, 'Once-hesitant Damascus now chases EU deal', *Daily Star* (Beirut), 13 October 2003.

(22) "The natural gas initiative, Part II', *Middle East Monitor, The Gulf*, 13/8 (August 2003), p. 2.

(23) Carola Hayos, 'Oil states start to unlock their doors to foreigners', *Financial Times*, 23 July 2003.

(24) パレスチナ側の被害について、その正確な数字はパレスチナ赤新月社のウェブサイトから引用した (http://www.palestinercs.org/ Database/Date/)。イスラエル側については、IDF のウェブサイトからの引用 (http://www.idf.il/english/news/ jump_eng_300900.stm)。

(25)『世界銀行レポート』による。John Donnelly, 'Report says 2m Palestinians impoverished', *The Boston Globe*, 6 March 2003 からの引用。

(26) Sharmili Devi, 'Tension grows over Israel bank policy', *Financial Times*, 27 August 2003.

(27) *Ibid.* 入植地防衛のコストに関して、『ハアレツ』紙は年間 9 億ドルと推計している。Greg Myre and Steven R. Wiseman, 'Israel builds new houses in 3 West Bank settlements', *New York Times*, 3 October 2003 からの引用。

(28) Martin Wolf, 'Combative Netanyahu eyes victory in economic war', *Financial Times*, 9 June 2003 からの引用。

(29) James Harding, 'As a re-election campaign draws near', *Financial Times*, 27 August 2003.

(30) Roula Khalaf, 'Saddam's dynasty', *Financial Times*, 31 August 2001.

(31) General Wesley K. Clark, 'Iraq: what went wrong?', *New York Review of Books*, 25 September 2003, p. 54.

(32) これらの点は、ハーバード大学（2002 年 10 月）、ならびに北米中東学会（ワシントン DC、2002 年 11 月）におけるファーレフ・アブドゥルジャッバールの報告による。

(33) John F. Burns, 'General vows to intensify U.S. response to attackers', *New York Times*, 12 November 2003.

(34) Stephen Fidler and Gerard Baker, 'The best laid plans?', *Financial Times*, 4 August2003.

(35) トーマス・フリードマンは、国防総省の高官たちを「我々は全てを知っており、我々以外の全ての人間たちは愚か者である」と考えている人々だと表現しているが、これは概ね正しかったように思われる。Thomas Friedman, 'Policy lobotomy needed', *New York Times*, 31 August 2003.

(36) これらの決定は、25 万人のイラク人元将校に対して提供される生活費をめぐる 2003 年 6 月の合意に対してイラク人が抗議の意を示したことから、部分的には覆された。Ashraf Fahim, 'Iraq's vanished legions', *Middle East International*, 26 September 2003, p. 28.

(49) 現地で急進的な活動家が生み出される際の刑務所での経験の重要性については、次も参照。Glenn E. Robinson, *Building a Palestinian State: The Incomplete Revolution* (Bloomington, IN: Indiana University Press, 1997), pp. 22, 37.

(50) Hamida Kazi, 'Palestinian women and the national liberation movement: a social perspective', in *Khamsin Collective, Women in the Middle East* (London: Zed Books1987), p. 34.

(51) たとえば次を参照。Sayigh, *Armed Struggle*, pp. 612–13.

(52) 1987 Report: *Demographic, Economic, Legal, Social and Political Developments in the West Bank* (Jerusalem: West Bank Data Project, 1987), p. 28. F. Robert Hunter, *The Palestinian Uprising: War by Other Means* (London and New York: I. B. Tauris, 1991), p. 36 で引用されている。

(53) インティファーダに関しては数多くの詳細な研究があるが、それでも次の二つが最も優れている。Hunter, *The Palestinian Uprising*; Ze'ev Schiff and Ehud Ta'ari, *Intifada: The Palestinian Uprising – Israel's Third Front* (New York: Simon and Schuster, 1989).

(54) Maria Holt, 'Palestinian women and the Intifada', in Afshar (ed.), *Women and Politics*, p. 194.

(55) Report by the Palestinian human rights organization Al-Haq, quoted in Hunter, *The Palestinian Uprising*, p. 96.

(56) このプロセスについては次が詳しい。*Ibid.*, pp. 140–1.

(57) *Ibid.*, pp. 182–215.

(58) Sayigh, *Armed Struggle*, p. 636.

(59) Graham Usher, *Palestine in Crisis: The Struggle for Peace and Independence after Oslo* (London and East Haven, CT: Pluto Press, 1995), pp. 46–7.

(60) Rita Giacamen, Islah Jad and Penny Johnson, *Middle East Report*, 26/1, 198
(Jan.–March 1996), p. 11.

(61) この点はサーイグの研究における中心的な論点である。Sayigh, *Armed Struggle* の結論と pp. 667–79 を参照。

第 12 章

(1) これらの用語は、Amira Howeidy による Mohamed Saleh の '*Waqai' Sanawat Al-Jihad: Rihlat Al-Afghan Al-Arab*' (Years of Jihad: the journey of the Arab Afghans) の書評。*Al-Ahram Weekly*, Monthly Supplement, January 2002.

(2) この情報はジル・ケペル教授から個人的に伺ったものである。

(3) FBI のウェブサイトによると、ハイジャック犯のうちの何人かは、未だに国籍も居住場所も明らかになっていない。

(4) Roula Khalaf, 'Arab defeat leaves roots of Arab resentment thriving', *Financial Times*, 20 February 2002.

(5) ブッシュの国家安全保障戦略については、*Boston Globe*, 22 September 2002 から引用した。

(6) 決議全文は *Middle East International*, 22 November 2002, pp. 6–7 に掲載されている。

(7) Charles Glass, 'Is Syria next?', *London Review of Books*, 25/14 (24 July 2003), p. 6 より引用。

(8) Gamal Essam El-Din, 'NDP between populism and pragmatism', *Al-Ahram Weekly*, 10–16 June 2003 より引用。

(9) Brian Whitaker, 'Saleh sins again', *Middle East International*, 2 May 2003, pp. 21–2.

(10) Sherine Bahaa, 'Chronicle of an election foretold', *Al-Ahram Weekly*, 13–19 March 2003.

(11) たとえばシリアでは、2000 年 9 月、99 人の知識人が連名で「99 カ条宣言」を発表している。

–12.

(23) *Ibid.*, pp. 517–18; Shaul Bakhash, *The Reign of the Ayatollahs: Iran and the Islamic Revolution* (London: I. B. Tauris, 1985), p. 16.

(24) Asef Bayat, 'Workers' control after the Revolution', *MERIP*, 13/3, 113 (March/April 1983), pp.19–20.

(25) ここでは次の議論に従っている。Michael Shalev, 'The labor movement in Israel: ideology and political economy', in Ellis Jay Goldberg (ed.), *The Social History of Labor in the Middle East* (Boulder, CO and Oxford: Westview Press, 1996), pp. 138–45.

(26) *Ibid.*, pp. 151–2.

(27) Gunseli Berik and Cihan Bilginsoy, 'The labor movement in Turkey: labor pains, maturity, metamorphosis', in *ibid.*, pp. 47–8.

(28) Feroz Ahmad, *The Making of Modern Turkey* (London: Harper Collins, 1991), pp. 146–7.

(29) たとえば次を参照。Gamal Essan El-Din, 'Liberalization bills in the offing', *Al-Ahram Weekly*, 19/25 Nov. 1998.

(30) Joel Beinin, 'Late capitalism and reformation of the working classes', in Israel Gershoni, Hakan Erdem and Ursula Wokock (eds), *Histories of the Modern Middle East* (Boulder, CO:Lynn Rienner, 2002), p. 119.

(31) United Nations Development Programme, *Human Development Report 1998* (New York and Oxford: Oxford University Press, 1998), Table 18.

(32) Tamar Hermann and Gila Kurtz, 'Prospects for democratizing foreign policy making: the gradual improvement in Israel women', *Middle East Journal*, 49/3 (Summer 1993), Table 1, p. 451.

(33) Amina Elbendary, 'Women on the bench', *Al-Ahram Weekly*, 9–15 January 2003.

(34) Ashraf Khalil, 'Women and the judiciary in Egypt', *Middle East International*, 12 September 2002, p. 33.

(35) たとえば次を参照。Georgina Waylen, 'Analysing women in the politics of the Third World', in Haleh Afshar (ed.), *Women and Politics in the Third World* (London and New York: Routledge, 1996), pp. 14–16.

(36) Baya Gacemi, 'Algeria in the grip of terror: hopes and lost illusions', *Le Monde Diplomatique* (Sept. 1998), p. 10.

(37) *Ibid.*

(38) Haya al-Mughni, ' Women's organizations in Kuwait', *Middle East Report*, 26/1, 198 (Jan–March 1996), p. 32.

(39) たとえば次を参照。Diane Singerman, *Avenues of Participation: Family, Politics and Networks in Urban Quarters of Cairo* (Princeton, NJ: Princeton University Press, 1995), pp. 71–3, 132–8, 255–68.

(40) Yesim Arat, 'On gender and citizenship in Turkey', *Middle East Report*, 26/1, 198 (Jan.–March 1996), p. 30.

(41) Homa Hoodfar, 'Women and personal status law in Iran', *Middle East Report*, 26/1, 198 (Jan.–March 1996), p. 36.

(42) *Ibid.*, pp. 36–7.

(43) Haleh Afshar, 'Women and political fundamentalism in Iran', in Afshar (ed.), *Women and Politics*, pp. 127–30.

(44) Yazid Sayigh, *Armed Struggle and the Search for a State: The Palestinian National Movement, 1949–1993* (Oxford: Clarendon Press, 1997), p. viii.

(45) *Ibid.*, p. x.

(46) *Ibid.*

(47) *Ibid.*, pp. 464–5.

(48) *Ibid.*, p. 478.

(2) Eva Bellin, 'Civil society and state formation in Tunisia', in Augustus Richard Norton (ed.), *Civil Society in the Middle East, I* (Leiden: E. J. Brill, 1995), p. 125.

(3) たとえば次の研究では宗教結社が市民社会の定義から外されている。Saad Eddine Ibrahim, 'Civil society and the prospects for democratization in the Arab world', in Norton (ed.), *Civil Society, I*, p. 28.

(4) Bellin, 'Civil society and state formation in Tunisia', p. 121.

(5) Sami Zubaida, 'Islam, the state and democracy: contrasting opinions of society in Egypt', *Middle East Report*, 22/6, 179 (Nov./Dec. 1992), pp. 2–3.

(6) *Ibid.*

(7) たとえば次を参照。Leonard Binder, *In a Moment of Enthusiasm: Political Power and the Second Stratum in Egypt* (Chicago: University of Chicago Press, 1978), Ch. 9; Raymond Hinnebusch, *Peasant and Bureaucracy in Ba'thist Syria: The Political Economy of Rural Development* (Boulder, CO: Westview Press, 1989), pp. 107–16.

(8) Gabriel Baer, *A History of Landownership in Modern Egypt* (London: Oxford University Press, 1962), Appendix I; Hamied Ansari, *Egypt: The Stalled Society* (Albany, NY: State University of New York Press, 1986), p. 73.

(9) たとえば次を参照。Roger Owen, 'The development of agricultural production in nineteenth-century Egypt: capitalism of what type?', in A. L. Udovitch (ed.), *The Islamic Middle East, 700–1900: Studies in Economic and Social History* (Princeton, NJ: The Darwin Press, 1981); and Alan Richards, *Egypt's Agricultural Development, 1800–1980: Technical and Social Change* (Boulder, CO: Westview Press, 1982), pp. 523–31.

(10) Reem Saad, 'Social history of an agrarian reform community in Egypt', *Cairo Papers in Social Science*, 11, Monograph 4 (Winter 1988) pp. 43, 46.

(11) *Ibid.*, Ch. 5.

(12) これはたとえば、バグダードのちょうど真南、チグリス川流域のクートやアマーラで明確に観察された。Robert A. Fernea, 'State and tribe in southern Iraq: the struggle for hegemony before the 1958 revolution', in Robert A. Fernea and William Roger Louis (eds), *The Iraqi Revolution of 1958: The Old Social Classes Revisited* (London and New York: I. B. Tauris, 1991), p. 146.

(13) *Ibid.*, p. 147; Robert A. Fernea, *Shaykh and Effendi: Changing Patterns of Authority among the El Shabana of Southern Iraq* (Cambridge, MA: Harvard University Press, 1970), Ch. 4.

(14) Fernea, 'State and tribe', pp. 145–51.

(15) *Ibid.*, p. 152.

(16) Michael Gilsenan, *Lords of the Lebanese Marches: Violence and Narrative in an Arab Society* (Berkeley and Los Angeles: University of California Press, 1996), Part I.

(17) たとえば次を参照。Robert Bianchi, 'The corporatization of the Egyptian labour movement', *Middle East Journal*, 4/3 (Summer 1986), pp. 429–44; Alan Richards and John Waterbury, *A Political Economy of the Middle East*, 2nd edn (Boulder, CO and Oxford: Westview Press, 1996), pp. 316–17.

(18) こうした受動的な活動の事例については、とりわけ次の研究にみることができる。Marsha Pripstein Posusney, *Labor and the State in Egypt: Workers, Unions and Economic Restructuring* (New York: Columbia University Press, 1997), Ch. 3.

(19) Kirk J. Beattie, *Egypt during the Nasser Years: Ideology, Politics and Civil Society* (Boulder, CO and Oxford: Westview Press, 1994), p. 215.

(20) Raymond Hinnebusch, *Egyptian Politics under Sadat* (Cambridge: Cambridge University Press, 1985), p. 71; David Hirst and Irene Beeson, *Sadat* (London: Faber and Faber, 1981), p. 242.

(21) Habib Ladjevardi, *Labor Unions and Autocracy in Iran* (Syracuse: Syracuse University Press 1985), p. 234.

(22) Ervand Abrahamian, *Iran: Between Two Revolutions* (Princeton, NJ: Princeton University Press, 1982), pp. 510

(37) *Ibid.,* p. 67.

(38) Alan Richards and John Waterbury, *A Political Economy of the Middle East: Class and Economic Development* (Boulder, CO: Westview Press, 1990), pp. 365–6.

(39) Hale,'Transition to civilian governments', p. 163.

(40) Metin Heper, 'The state, the military, and democracy in Turkey', *Jerusalem Journal of International Relations,* 9 (1987), p. 63. Figures from Office of Joint Chiefs of Staff, Milliyet (2 May 1986).

(41) このことは、1990 年 12 月に参謀長であったトロムタイ将軍が辞任した事件に最も明確に表れていた。トロムタイ将軍は、湾岸戦争の同盟国にトルコがどのように貢献するかをめぐって大統領と対立し、その結果辞任したとみられる。

(42) たとえば、Michael M. Gunter, 'The silent coup: the secularist/Islamist struggle in Turkey', *Journal of South Asian and Middle Eastern Studies,* XXI/3 (Spring 1998), pp.1–13 を参照のこと。

(43) John Barnham, 'Turkish ministers bow to generals', *Financial Times,* 8 July 1998.

(44) Nicole Pope, 'Expanding ties with Israel', *Middle East International,* 17 June 1998, p. 12.

(45) Nicole Pope, 'Quickening the pace', *Middle East International,* 27 July 2003, pp. 18–19.

(46) Shaul Bakhash, *The Reign of the Ayatollahs: Iran and the Islamic Revolution* (London: I. B. Tauris, 1985), pp. 161–8.

(47) Sepehr Zabih, *The Iranian Military in Revolution and War* (London and New York: Routledge, 1988), Ch. 5.

(48) Rebecca Cann and Constantine P. Danopoulos, 'The military and politics in a theocratic state: Iran as a case study', *Armed Forces and Society,* 24/2 (Winter 1997), p. 272.

(49) *Ibid.,* pp. 271, 276.

(50) Edward Luttwak and Dan Horowitz, *The Israeli Army* (London: Allen Lane, 1975), p.76; Ze'ev Schiff, 'Fifty years of Israeli security: the central role of the defence system', *Middle East Journal,* 53/3 (Summer 1999), pp. 434–42.

(51) Dan Horowitz 'The Israeli defence forces: a civilianized military in a partially militarized society', in R. Kolkowicz and A. Korbanski (eds), *Soldiers, Peasants and Bureaucrats* (London: Allenand Unwin, 1982).

(52) Peri, *Between Battles and Ballots,* Ch. 7.

(53) この議論は、Uri Ben-Eliezer, 'Is a military coup possible in Israel? Israel and French-Algeria in historical–sociological perspective', *Theory and Society,* 27 (1998), particularly pp. 318–23 に拠っている。

(54) Dan Horowitz 'Changing patterns of civil/military relations in Israel' (lecture), Oxford, 26 Oct.1982.

(55) Peri, *Between Battles and Ballots,* Ch. 7.

(56) *Ibid.,* pp. 172–4.

(57) *Ibid.,* pp. 131–43.

(58) Ben-Eliezer, 'Is a military coup possible?', pp. 326–8.

(59) *Ibid.,* p. 327; Schiff, 'Fifty years of Israeli security', pp. 441–2.

(60) この問題についてのすぐれた議論は、Michael Barnett, 'Foreign policy change and its impact on the military's status' (Paper prepared for the IISS Conference on 'Armed Forces and Society in the Middle East', Beirut, 27–29 Sept. 1998) を参照のこと。

第 11 章

(1) この点に関しては次の研究がうまくまとめている。John Keane, 'Despotism and democracy', in John Keane (ed.), *Civil Society and the State; New European Perspectives* (London: Verso, 1988), especially pp. 35–9.

(14) *Al-Yassar al-Arabi/L'Egypte Gauche* (Paris), 79 (Dec. 1986), p. 13 の引用を用いた。

(15) John Sfakianakis, 'The Egyptian military: amidst a de-liberalized polity and a deglobalizing economy' (Paper prepared for Fourth Mediterranean Special and Political Research Meeting, Robert Schuman Centre, European University Institute, Florence, March 2003), p. 22.

(16) Robert Springborg, *Mubarak's Egypt: Fragmentation of the Political Order* (Boulder, CO: Westview Press, and London: Kegan Paul International, 1989), pp. 118–23.

(17) たとえば、Zohny, 'Towards an apolitical role', pp. 554–5 を参照のこと。

(18) Sfakianakis, 'The Egyptian military: amidst a de-liberalized polity and a de-globalizing economy', p. 10.

(19) Robert Springborg, 'Military elites and the polity in the Arab states', *Development Associates Occasional Paper,* 2 (Arlington, VA, Sept. 1998), p. 4.

(20) Amatzia Baram, *Building Towards Crisis: Saddam Hussayn's Strategy for Survival* (Washington, DC: Washington Institute for Near East Policy, Policy Paper no. 47,1998), pp. 44–5.

(21) *Ibid.,* pp. 48–51; Jabar, 'The Iraqi army and anti-army', p. 122.

(22) *Ibid.*

(23) Alastair Drysdale, 'The succession question in Syria', *Middle East Journal,* 39/2 (Spring1985), p. 252; Hanna Batatu, *Syria's Peasantry, the Descendants of its Lesser Rural Notables and Their Politics* (Princeton, NJ: Princeton University Press, 1999), pp. 232–6.

(24) P. J. Vatikiotis, *Politics and the Military in Jordan: A Study of the Arab Legion 1921–1957* (London: Frank Cass, 1967); Uriel Dann, *King Hussein and the Challenge of Arab Radicalism: Jordan 1955–1967* (Oxford: Oxford University Press, 1989), pp. 55–67.

(25) Hugh Roberts, *The Battlefield Algeria 1988–2002: Studies in a Broken Polity* (London:Verso, 2003), pp. 169–72.

(26) Adam Shatz, 'Algeria's failed revolution', *New York Review of Books,* 3 July 2003, p. 52.

(27) この議論については、T. Abdou Maliqalim Simone, *In Whose Image? Political Islam and Urban Practices in Sudan* (Chicago: Chicago University Press, 1994),pp. 62–3 で詳細に展開されている。

(28) *Ibid.,* p. 64. Michaela Wong, 'Years of civil war sap Sudan's youth and stoke army discontent', *Financial Times,* 6 July 1998.

(29) Mark Husband, 'International hostility stiffens the resolve of Sudan's rulers', *Financial Times,* 18 June 1997.

(30) サウディアラビア軍の戦闘能力についての勇ましい弁護については、HRH General Khalid bin Sultan, *Desert Warrior: A Personal View of the Gulf War by the Joint Forces Commander* (New York: Harper Collins, 1995), pp. 361–90 を参照のこと。

(31) Elizabeth Picard, 'The military and political reconstruction' (Paper prepared for the IISS Conference on 'Armed Forces and Society in the Middle East', Beirut, 27–29 Sept. 1998), p. 5.

(32) *Ibid.,* p. 12.

(33) Mehmet Ali Birand, *Shirts of Steel,* Ch. 1.

(34) Feroz Ahmad, *The Making of Modern Turkey* (London: Harper Collins, 1991), pp.129–30, 137–8.

(35) Mehmet Ali Birand, *The Generals' Coup in Turkey: An Inside Story of 12 September 1980* (London: Brassey's, 1987), pp. 137–8, 198–208; William Hale, 'Transition to civilian governments in Turkey: the military perspective', in Metin Heper and Ahmet Evin (eds), *State, Democracy and the Military in Turkey in the 1980s* (Berlin and New York: Walterde Gruyter, 1988), pp. 163–6.

(36) たとえば、Feroz Ahmad, 'Military intervention and the crisis in Turkey', *MERIP,* 11/1, 93 (Jan. 1981), p. 56 を参照のこと。

(79) Glenn Bowman, 'Nationalizing the sacred: shrines and shifting identities in the Israeli-occupied territories', *Man*, XXVIII/3 (Sept. 1993), pp. 431–60.

(80) Itzhak Galnoor, 'The 1984 elections in Israel: political results and open questions', *Middle East Review*, XVIII/4 (Summer 1986), p. 54.

(81) Aviezer Ravitsky, 'Religious radicalism and political Messianism in Israel', in Emmanuel Sivan and Menachem Freidman (eds), *Religious Radicalism and Politics in the Middle East* (Albany, NY: State University of New York Press, 1990), pp. 33–7.

(82) Avishai Ehrlich, ' For land and God: Israel under Netanyahu', *Israel and Palestine,* 203 (undated: 1998?), p. 17.

第10章

(1) たとえば、Eliezer Be'eri, *Army Officers in Arab Politics and Society,* trans. Dov Ben-Abba (New York: Praeger, 1969) の第3部を参照のこと。

(2) たとえば、Manfred Halpern, 'The Middle East armies and the new middle class', in J. Johnson (ed.), *The Role of the Military in Underdeveloped Countries* (Princeton, NJ:Princeton University Press, 1962) を参照のこと。

(3) たとえば、Maurice Janowitz, *The Military in the Political Development of New Nations* (Chicago, IL: Chicago University Press, 1964) や、Robin Luckham, *The Nigerian Military: A Sociological Analysis of Authority and Revolt* (Cambridge: Cambridge University Press, 1971) を参照のこと。

(4) トルコ軍については、Mehmet Ali Birand, *Emret Kapitan* (trans. as *Shirts of Steel: An Anatomy of the Turkish Army*) (London: I. B. Tauris, 1991) を、イスラエル軍については、Yoram Peri, *Between Battles and Ballots: Israeli Military in Politics* (Cambridge: Cambridge University Press, 1983) を参照のこと。

(5) 方法論的な問題についての入門書は、Paul A. C. Kostinen, *Mobilizing for Modern War: The Political Economy of Modern American Warfare,1865–1919* (Kansas: Kansas University Press, 1997) を参照のこと。

(6) Mohamad A. Tarbush, *The Role of the Military in Politics: A Case Study of Iraq to 1941* (London and New York: Kegan Paul International, 1985), pp. 123–33.

(7) Faleh A. Jabar, Ahmad Shikara and Keiko Sakai, *From Storm to Thunder* (Tokyo: Institute of Developing Economies, 1998), p. 17 の引用を用いた。

(8) *Ibid.,* p. 9. Faleh A. Jabar, 'The Iraqi army and anti-army: some reflectionson the role of the military', in Toby Dodge and Steven Simon (eds), *Iraq at the Crossroads: State and Society in the Shadow of Regime Change* (London: Oxford University Press for International Institute for Strategic Studies, 2003), Adelphi Paper 354, pp.116–18 も参照のこと。

(9) Brig. Gen. (Res.) Aharon Levran, 'Syria's military strength and capability', *Middle East Review,* 19 (Spring 1987), p. 8.

(10) Volke Perthes, *The Political Economy of Syria under Asad* (London and New York: I. B.Tauris, 1995), pp. 31–2.

(11) Elizabeth Picard, 'Arab military in politics: from revolutionary plot to authoritarian state', in Adeed Dawisha and I. William Zartman (eds), *Beyond Coercion: The Durability of the Arab State* (London: Croom Helm, 1988), p. 139.

(12) Peter Sluglett and Marion Farouk-Sluglett, 'Iraq since 1986: the strengthening of Saddam', *Middle East Report,* 20/6, 167 (Nov.–Dec. 1990), p. 21.

(13) Springborg, *Mubarak's Egypt,* p. 98. Ahmed T. Zohny, 'Towards an apolitical role for the Egyptian military in the management of development', *Orient,* 28/4 (Dec.1987), p. 551 も参照。

(1998), pp. 403–4.

(56) Robinson, 'Can Islamists be democrats?', p. 377.

(57) Sana Kamal, 'Jordan: democratic tests', *Middle East International*, 30 July 1999, pp.14–15.

(58) オリヴィエ・ロワはこの点について論じているが、新たな運動をネオ・ファンダメンタリズムと呼ぶなど、差異を強調し過ぎている。Olivier Roy, *Failure of Political Islam* の第5章を参照のこと。ハサン・トゥラービー自身は、ムスリム同胞団主流派のエリート主義とは異なり、新たな運動はより庶民の生活に関与しているという異なる分類を行っている。Lowrie (ed.), *Islam, Democracy and the West*, p. 16.

(59) Ayubi, *Political Islam*, p. 115.

(60) たとえば、Madawi Al-Rasheed, 'The Shi'a of Saudi Arabia: a minority in search of cultural authenticity', *British Journal of Middle Eastern Studies*, 25/1 (May 1998), pp. 136–8 を参照のこと。

(61) たとえば、Reinoud Leenders, 'Hizbullah's Baalbek reversal', *Middle East International*, 19 June 1998, pp. 8–9 を参照のこと。

(62) Gilles Kepel, 'The Jihad in search of a cause', *Financial Times*, 2 September 2002.

(63) John L. Esposito, *Unholy War: Terror in the Name of Islam* (New York, NY: Oxford University Press, 2002), p. 20 の引用を用いた。

(64) Shaul Mishal and Avraham Sella, *The Palestinian Hamas: Vision, Violence and Coexistence* に対する Quinton Wiktorowicz の書評（*International Journal of Middle East Studies*, 35/3 (August 2003), pp. 511–13.)。

(65) Mustapha Kamel A-Sayyid, 'The Other Face of the Islamist Movement', Carnegie Endowment for International Peace, Global Policy Program, *Working Papers*, 33(January 2003), pp. 16–18.

(66) Jailan Halawi, 'Rethinking Militancy', *Al-Ahram Weekly*, 26 August–3 September 2003 の引用を用いた。

(67) こうした問題を回避するために、多くの新聞は「テロリスト」という言葉を攻撃に限定して使用し、攻撃に関与した者に対しては用いていない。たとえば、Christine Chinlund, 'Who should wear the terrorist label?', *The Boston Globe*, 8 September 2003 を参照のこと。

(68) Robert Pape, 'Dying to kill us', *New York Times*, 22 September 2003.

(69) Esposito, *Unholy War*, pp. 24–5.

(70) レバノンでは、1990年代にはムスリムが実際に多数派になったが、1932年以来、公式の人口調査が行われていないため、それを確認することはできない。

(71) Lowrie (ed.), *Islam, Democracy, the State and the West*, p. 22 の引用を用いた。

(72) Khaled Helmy, 'Disaggregating Islam for social science analysis: the internal dynamics of parliamentary Islamism in comparative perspective', *Items and Issues* (Social Science Research Council, NY), 3/3-4 (Summer/Fall 2002), pp. 25–8.

(73) Theodor Hanf, *Coexistence in Wartime Lebanon: Decline of a State and Rise of a Nation* (London: I. B. Tauris, 1993), pp. 480–2, 513.

(74) ナセル大統領やそれ以降のエジプト大統領の政権下では、一人のコプト教徒も国政選挙で当選していないことは重要である。

(75) Hamied Ansari, 'Sectarian conflict in Egypt and the political expediency of religion', *Middle East Journal*, 38/3 (Summer 1984), pp. 398–400.

(76) *Ibid.*, pp. 408–15.

(77) たとえば、William Suliman Kilada, 'Christian–Muslim relations in Egypt', in Kail C. Ellis (ed.), *The Vatican, Islam and the Middle East* (Syracuse, NY: Syracuse UniversityPress, 1987), pp. 258–9 を参照のこと。

(78) *Civil Society* (Cairo), III/30 (June 1994), pp. 28–33 を参照のこと。

24/6, 191 (Nov./Dec. 1994), p. 5.

(33) *Ibid.*, p. 2.

(34) カッコ内の言葉については、Bakhash, *Reign of the Ayatollahs*, pp. 241–2 から引用した。イスラームが私的所有を認めるかどうかについては、*ibid.*, pp. 204–11. および、Asghar Schirazi, *Islamic Development Policy: The Agrarian Question in Iran* (Boulder, CO and London: Lynne Rienner, 1993) を参照のこと。

(35) Ahmed and Mahmoud Sadri (eds), *Reason, Freedom and Democracy in Islam: Essential Writings of Abdelkarim Soroush* (Oxford: Oxford University Press, 1999).

(36) Roy, *Failure of Political Islam*, pp. 177–8.

(37) この点については、*ibid.*, p.181 を参照のこと。

(38) *Ibid*

(39) *Ibid.*, p. 177.

(40) バンナー自身は、同胞団を創設する以前は、道徳的行動のための社会や禁止された者の保護のための社会といった名称の小組織に属していた。R. P. Mitchell, *The Society of Muslim Brothers* (Oxford: Oxford UniversityPress, 1969), p. 2.

(41) Ayubi, *Political Islam*, p. 131.

(42) たとえば、Mitchell, *Society of Muslim Brothers*, pp. 30–2, 54–7, 62, 73, 88 を参照のこと。

(43) Ayubi, *Political Islam*, p. 138.

(44) Sayyid Qutb, *Milestones,* trans. (Cedar Rapids, Iowa: Unity Publishing Co., nd), pp. 93–140; Zubaida, *Islam, the People and the State*, pp. 51–3.

(45) Kienle, *Grand Delusion*, pp. 158–66.

(46) たとえば、カイロ大学のある教授を起訴することに成功し、背教という理由で彼の妻と離婚するように命じる判決が出た。George M. Sfeir, 'Basic freedoms in a fractured legal culture: Egypt and the case of Nasr Hamid Abu Zayd', *Middle East Journal*, 52/3 (Summer 1988), pp. 402–14.

(47) Sana Abed-Kotob, 'The accommodationists speak: goals and strategies of the Muslim Brothers in Egypt', *International Journal of Middle Eastern Studies*, 27/3 (Aug. 1995), pp. 326, 329.

(48) John L. Esposito and John O. Voll, *Islam and Democracy* (Oxford and New York: Oxford University Press, 1996), pp. 91–2.

(49) Alexander L. Cudsi, 'Islam and politics in Sudan', in James Piscatori (ed.), *Islam in the Political Process* (Cambridge: Cambridge University Press, 1983), pp. 48–53. 公式には、1985 年にムスリム同胞団の残党とともに分離することによって、INF が結成された。

(50) シャリーアを再度導入するという決定は、ヌマイリー大統領自身のものであり、後の彼の代理の将軍になるハサン・トゥラービーの影響力はまったくなかった。Esposito and Voll, *Islam and Democracy,* pp. 92–3.

(51) Ayubi, *Political Islam*, pp. 108–12.

(52) Esposito and Voll, *Islam and Democracy*, pp. 94–5.

(53) たとえば、Banaiah Yongo-Bure, 'Sudan's deepening crisis', *Middle East Report*, 21/5, 172 (Sept./Oct. 1991), p. 12 を参照のこと。この考え方は、1992 年 5 月に開催されたラウンドテーブル会議でも、ハサン・トゥラービー自身によって支持された。Arthur L. Lowrie (ed.), *Islam, Democracy and the West* (Tampa, FL: The World and Islam Studies Enterprise, 1993), pp. 49–51.

(54) Robinson, 'Can Islamists be democrats?', p. 382.

(55) Glenn E. Robinson, 'Defensive democratization in Jordan', *International Journal of Middle East Studies*, 30

(8) V. S. Naipaul, 'The shadow of the Guru', *New York Review of Books*, 20 Nov. 1990, p. 69.

(9) Geertz, 'The pinch of destiny', p. 10.

(10) たとえば、Roger Savory, 'Ex Oriente Nebula: an inquiry into the nature of Khomeini's ideology', in Peter J. Chelkowski and Robert J. Pranger (eds), *Ideology and Power in the Middle East* (Durham, NC and London: Duke University Press, 1988), p.340 を参照のこと。

(11) *Ibid.*, p. 341.

(12) この議論については、Talal Asad, *The Idea of an Anthropology of Islam* (Washington, DC: Center for Contemporary Arab Studies, Georgetown University, Occasional Papers, March 1986), pp. 14–15 から着想を得ている。

(13) Sami Zubaida, *Islam, the People and the State* (London: I. B. Tauris), pp. 152–4.

(14) たとえば、Eickelman and Piscatori, *Muslim Politics*, p. 109 を参照のこと。

(15) Roy, *Failure of Political Islam*, pp. 80–1.

(16) たとえば、ヨルダンのイスラーム行動戦線の指導者イスハーク・ファルハーンの声明をみると、イランをイスラーム国家の「模範」と考えているわけではないことは明らかである。Glenn E. Robinson, 'Can Islamists be democrats? The case of Jordan', *Middle East Journal*, 51 (Summer 1997), pp. 318–19.

(17) この議論は、ヒュリセハン・イスラモグル教授から援用したものである。また、Roderic H. Davison, *Reform in the Ottoman Empire 1856–1876* (Princeton, NJ: PrincetonUniversity Press, 1963), pp. 251–6 も参照のこと。

(18) たとえば、Nazih Ayubi, *Political Islam: Religion and Politics in the Arab World* (London and New York: Routledge, 1991), p. 131 を参照のこと。

(19) V. S. Naipaul, 他でもないイスラーム共和国のモハンマド・ハータミー大統領本人が、イスラーム思想は豊富な神学や法学の概念を持っているにもかかわらず、統治や社会管理という点においては不十分であることを明らかにしている。ハータミーの著書（Mohammad Khatami, *From the World of the City to the City of the World: A Survey of Western Political Thought*）に対する Shaul Bakhash の書評を参照のこと。*New York Review of Books* (5 Nov.1998), pp. 47–51.

(20) Asad, *The Idea of an Anthropology of Islam*, p. 13.

(21) Roy Parviz Mottahedeh, 'Keeping the Shi'ites straight', *Religion in the News* (Trinity College, Hartford, CN), 6/2 (Summer 2003), p. 5.

(22) Richard W. Bulliet, 'Twenty years of Islamic politics', *Middle East Journal*, 53/2 (Spring 1999), p. 194.

(23) Fred Halliday, 'The Iranian revolution and religious populism', *Journal of International Relations*, 36/2 (Fall/Winter 1982/83), p. 197.

(24) Shaul Bakhash, *Reign of the Ayatollahs: Iran and the Islamic Revolution* (London: I. B.Tauris), p. 73.

(25) *Ibid.*, p. 74

(26) 当時の革命評議会のメンバーに対する直接の聴き取り調査による。

(27) Bakhash, *Reign of the Ayatollahs*, pp. 84–5.

(28) Chibli Mallat, *The Renewal of Islamic Law: Muhammad Baqer as-Sadr, Najaf and the Shi'i International* (Cambridge: Cambridge University Press, 1993), p. 80.

(29) Bakhash, *Reign of the Ayatollahs*, pp. 99–110 and Ch. 6.

(30) BBC, SWB, 2nd series, ME/8491 (13 Feb. 1987), A/3.

(31) Bakhash, *Reign of the Ayatollahs*, pp. 227, 241

(32) Ali Banuazizi, 'Iran's revolutionary impasse; political factionalism and societal resistance', *Middle East Report*,

(58) Eileen Byrne, 'Jettou's choice', *Middle East International*, 22 November 2003, p. 26.

(59) Byrne, 'Technocrat in charge', p. 28 より引用。

(60) Lamis Andoni, 'King Hussein leads Jordan into a new era', *Middle East International*, 17 Nov. 1989, p. 3.

(61) Lamis Andoni, 'Preparing a national charter'; 'Incorporating all trends', *Middle East International*, 2 Feb. 1990, p. 10 and 13 April 1990, p. 10.

(62) 旧制度と新制度の違いについては、Glenn E. Robinson, 'Can Islamists be democrats? The case of Jordan', *Middle East Journal*, 51/3 (Summer 1997), pp. 373–87 が詳しい。

(63) *Ibid.*, pp. 382–3.

(64) J. E. Peterson, *The Arab Gulf States: Steps Towards Political Participation* (New York: Praeger, 1988), pp. 39–40; Rosemary Said Zahlan, *The Making of the Modern Gulf States* (London: Unwin Hyman, 1989), pp. 37, 40–1.

(65) *Ibid.*, pp. 43–4.

(66) Peterson, *Arab Gulf States*, pp. 42–6.

(67) 次を参照。Robin Allen, 'Emir of Kuwait acts on stand-off', *Financial Times*, 12 June 1998.

(68) たとえば、次を参照。Kamal Salibi, *A House of Many Mansions* (London: I. B. Tauris, 1988).

(69) Edmond Rabbath, *La formation du Liban politique et constitutionel: Essai de synthèse*, 2nd edn (Beirut: Librairie Orientale, 1986), I, pp. 393–7; Meir Zamir, *The Formation of Modern Lebanon* (Ithaca, NY and London and New York: Cornell University Press, 1985), pp. 207–13.

(70) Michael Hudson, *The Precarious Republic: Political Modernization in Lebanon* (New York: Random House, 1968), p. 232.

(71) Frank Stoakes,'The super vigilantes: the Lebanese Kataeb Party as builder, surrogate and defender of the state', *Middle Eastern Studies*, 11/1 (Jan. 1975), p. 215.

(72) *Ibid.*, pp. 216–17.

(73) Marion Farouk-Sluglett and Peter Sluglett, 'Aspects of the changing nature of Lebanese confessional politics: Al-Murabitun, 1958–1979', *Peuples Mediterranéens*, 20 (July/Sept. 1982), pp. 67–8.

(74) Jim Quilty, 'Lebanon's free market elections', *Middle East International*, 15 September 2000, pp. 4–6.

(75) たとえば、Ayubi, *Over-Stating the State*, pp. 442–5 を参照。

第9章

(1) Dale F. Eickelman and James Piscatori, *Muslim Politics* (Princeton, NJ: Princeton University Press, 1996), p. 4.

(2) この情報は次の論文から得た。Harvey G. Cox, 'The myth of the twentieth century: therise and fall of secularization', *Harvard Divinity Bulletin*, 28/2/3 (1999), p. 8.

(3) この点は、クリフォード・ギアーツが1998年にハーバード大学で行った講演（William James Lecture）に示されている。この講演は、Clifford Geertz, 'The pinch of destiny: religion as experience, meaning, identity, power', *Harvard Divinity Bulletin*, 27/4 (1998), pp. 7–12 として刊行された。

(4) Sami Zubaida, 'Reading history backwards', *MERIP*, 19/5, 160 (Sept./Oct. 1989), pp.39–41; Sami Zubaida, *Islam, the People and the State* (London: I. B. Taurus, 1995), pp. 152–5.

(5) たとえば、Charles Wendell (ed. and trans.), *Five Tracts of Hasan Al-Banna* (1906–1949) (Berkeley, CA: University of California Press, 1978), pp. 40–65 を参照のこと。

(6) この点は、Olivier Roy, *The Failure of Political Islam*, trans. Carol Volk (Cambridge, MA: Harvard University Press, 1994) の第4章で特に強調されている。

(7) François Burgat, *L'Islamisme en face* (Paris: La Découverte, 1995), pp. 11–15.

(36) たとえば次を参照。Christine Moss Helms, *Iraq: Eastern Front of the Arab World* (Washington, DC: The Brookings Institution, 1984), p. 87.

(37) たとえばバアス党の機関誌である『サウラ』(1980 年 2 月 14 日付) を参照。Ofra Bengio, 'Iraq', in Colin Legum (ed.), *Middle East Contemporary Survey, 4, 1979–80* (London and New York: Holmes and Meier, 1981), p. 505 より引用。

(38) F. A. Jabar, A. Shikara and K. Sakai, *From Storm to Thunder* (Tokyo: Institute of Developing Economies, 1998), p. 16.

(39) *Ibid.* 次も参照。Youssef M. Ibrahim, 'How the Baath rules Iraq: with a very tight fist', *New York Times*, 11 Jan. 1981.

(40) 'Statement of the Iraqi Ba'th Party Ninth Regional Congress', 27 June 1982. Ofra Bengio, ' Iraq', in Colin Legum (ed.), *Middle East Contemporary Survey, 6, 1981–2* (London and New York: Holmes and Meier, 1983), pp. 588–90 より引用。

(41) Jabar, Shikara and Sakai, *From Storm to Thunder*, p. 28.

(42) Robert G. Rabil, 'The making of Saddam's executioners: a manual of oppression by procedures', *MERIA Journal*, 7/1 (March 2003).

(43) Eberhard Kienle, *Ba'th Versus Ba'th: The Conflict Between Syria and Iraq* (London: I. B. Tauris, 1990), pp. 38–46.

(44) たとえばイラクでは、サッダーム・フサインは唯一の主要なイデオローグとみなされ、1980 年代前半までの段階において彼の名前を冠した本や論文、エッセイは 200 以上に上っていた。Helms, *Iraq*, pp. 105–6.

(45) *Ibid.*, p. 104.

(46) こうした主張はたとえば次を参照。Saddam Hussein's 'Interviews with Arab and foreign journalists', in *Saddam Hussein on Current Events in Iraq*, trans. Khalid Kishtainy (London: Longman, 1977), p. 48; Tariq 'Aziz, *The Revolution of the New Way* (np, nd, printed in March 1977), pp. 30, 37.

(47) この 2 つのフレーズは Bengio, 'Statement of the Iraqi Ba'th Party Ninth Regional Congress', pp. 616, 618 から引用した。

(48) Fred Halliday, 'Tunisia's uncertain future', *Middle East Report*, 163 (March/April 1990), p. 25.

(49) Lisa Anderson,'The Tunisian National Pact of 1988', *Government and Opposition*, 26/2 (Spring 1991), pp. 244–60.

(50) Arun Kapil, 'Algeria's elections show Islamist strength', *Middle East Report*, 163 (March–April 1990), p. 13.

(51) こうした一連の出来事の背景にあったはずの数多くの要因については、現時点でも未だ明らかとはなっていない。しかし、数多くのアルジェリアのエリートたちは「ベンジャディードは FLN 内部の政敵と追い落とすために FIS を利用しようとした」と主張している。

(52) *The Economist*, 14 June 1997, p. 48.

(53) John Waterbury, *The Commander of the Faithful The Moroccan Political Elite: A Study of Segmented Politics* (London: Weidenfeld and Nicolson, 1970), pp. 145–9.

(54) Douglas E. Ashford, *Political Change in Morocco* (Princeton, NJ: Princeton University Press, 1961), p. 97.

(55) Mustapha Sehemi, 'Les élections legislatives au Maroc', *Maghreb/Machrek*, 107 (Jan./Feb./March 1985), p. 25.

(56) Eileen Byrne, 'Election build-up', *Middle East International*, 13 September 2002; James Drummond, 'Moroccan poll will test commitment to democracy', *Financial Times*, 27September 2002.

(57) Eileen Byrne, 'Technocrat in charge', *Middle East International*, 25 October 2003, p. 28.

(10) Leonard Binder, *In a Moment of Enthusiasm: Political Power and the Second Stratum in Egypt* (Chicago and London: University of Chicago Press, 1978), p. 310; El Kosheiri Mahfouz, *Socialisme et pouvoir en Egypte* (Paris: Librairie Generale de Droit et de Jurisprudence, 1972), p. 173.

(11) Mark H. Cooper, *The Transformation of Egypt* (London: Croom Helm, 1982), p. 31.

(12) Clement Henry Moore, *Images of Development: Egyptian Engineers in Search of Industry* (Cambridge, MA and London: MIT Press, 1980), p. 58; Raymond Baker, *Egypt's Uncertain Revolution under Nasser and Sadat* (Cambridge, MA and London: Harvard University Press, 1978), pp. 84–5.

(13) Mahfouz, *Socialisme et pouvoir*, pp. 125–7.

(14) 支配領域を拡大しようとするこのような野望については、当時のASU指導者であったアリー・サブリーのインタビューにその一端を窺うことができる。*Ibid.*, p. 177.

(15) Baker, *Egypt's Uncertain Revolution*, p. 108.

(16) Cooper, *Transformation of Egypt*, pp. 194–8.

(17) Waterbury, *Egypt of Nasser and Sadat*, p. 368.

(18) Robert Bianchi, *Unruly Corporatism: Associational Life in the Twentieth Century Egypt* (Oxford: Oxford University Press, 1989), pp. 84–6.

(19) この点については、故アフマド・バハーエッディーンから個人的な情報提供を受けた。

(20) 選挙結果の全容については、*Revue de la Presse égyptienne* (Cairo), 13 (July 1984), pp. 11–27を参照。

(21) Bertus Hendricks, 'Egypt's elections: Mubarak's bond', *MERIP*, 14/1, 129 (Jan.1985), pp. 11–18.

(22) なお、マグディー・ワフバから個人的に聴き及んだ情報によると、この閣僚とは当時のブトゥルス・ブトゥルス・ガーリー外務相（後の国連事務総長）であったという。

(23) 選挙結果の全容については、次を参照。*Revue de la Presse égyptienne*, 27 (1987), p. 245.

(24) Bertus Hendricks, 'Egypt's new political map: report from the election campaign', *MERIP*, 17/4, 147 (July–Aug. 1987), pp. 23–30; Adel Darwish, 'Mubarak's electoral triumph', *The Middle East*, 151 (May 1987), pp. 11–14.

(25) 仮に自由で開放的な選挙を行ったとしてもNDPが勝利していたとする議論については、次を参照。*Ibid.*, p. 11.

(26) Eberhard Kienle, *A Grand Delusion: Democracy and Economic Reform in Egypt* (London: I.B. Taurus, 2001), pp. 131–43.

(27) Max Rodenbeck, 'Egypt: disdain and apathy', *Middle East International*, 7 December 1990, pp. 15–16.

(28) Eberhard Kienle, 'Désélectionner par le haut: Le Wafd dans les élections législatives de 1995', in Sandrine Gamblin (ed.), *Contours et détours du politique en Egypte: les élections législatives de* 1995 (Paris: Harmattan/Cairo: CEDEJ, 1997), p. 136.

(29) Kienle, *Grand Delusion*, pp. 154–64.

(30) Abd al-Wahhab al-Affandi, 'Back in the fold', *Middle East International*, 12 January 2001, pp. 13–14.

(31) Raymond Hinnebusch, *Authoritarian Power and State Formation in Ba'thist Syria: Army, Party and Peasant* (Boulder, CO: Westview Press, 1990), pp. 145–7, 166–77.

(32) Hanna Batatu, *Syria's Peasantry, the Descendants of Its Lesser Rural Notables and Their Politics* (Princeton, NJ: Princeton University Press, 1999), Table 13-1, p. 178. これらの数字は、ヒンネブッシュの推計よりも概ね大きいものとなっている。Hinnebusch, *Authoritarian Power*, pp. 178.

(33) *Ibid.*, pp. 177–85.

(34) *Ibid.*, p. 312.

(35) Hinnebusch, *Authoritarian Power*, pp. 316–17.

(29) Michael Shalev, 'The contradictions of economic reform in Israel', *Middle East Report,* 28/2, 207 (Summer 1998), pp. 31–33; Judy Dempsey, 'Doubts exist over benefits of sales', *Financial Times* (Israel Supplement), 26 March 1998.

(30) Harvey Morris, 'Israel may shrug off warning', *Financial Times,* 18 September 2003. このうちのいくらかはその後に返還されたが、それでも7億7400万ドルは留保されたままとなった。

(31) *Ibid.*

(32) Shaul Bakhash, *The Reign of the Ayatollahs: Iran and the Islamic Revolution* (London: I. B.Tauris), pp. 178–85.

(33) 'Constitution of the Islamic Republic of Iran', *Middle East Journal,* 34/2 (Spring 1980), p. 193.

(34) Patrick Clawson, 'Islamic Iran's economic prospects', *Middle East Journal,* 42/3 (Summer 1988), p. 381.

(35) Shahrough Akhavi, 'Elite factionalism in the Islamic Republic of Iran', *Middle East Journal,* 41/2 (Spring 1987), p. 184.

(36) こうした複数為替レートにともなうメリット・デメリットをめぐる技術的な議論については、次を参照。Massoud Karshenas, 'Structural adjustment and the Iranian economy', in Shafik (ed.), *Economic Challenges,* pp. 202–24; Sohrab Behdad, 'The post-revolutionary economic crisis', in Rahnama and Behdad (eds), *Iran after the Revolution,* pp. 115–19.

(37) 'Khatami promises economic reform', *Financial Times,* 3 August 1998.

第8章

(1) このような研究は枚挙に遑がない。そのなかでも、とりわけ重要な貢献だと思われるのは次の研究である。Nazih N. Ayubi, *Over-Stating the State: Politics and Society in the Middle East* (London: I. B. Tauris, 1995), Ch. 11; John L. Esposito and John O. Voll, *Islam and Democracy* (New York and Oxford: Oxford University Press, 1996); Sami Zubaida, *Islam, the People and the State* (London: I. B. Tauris, 1995), Ch. 6. また、Ghassan Salamé (ed.), *Democracy without Democrats* (London: I. B. Tauris, 1994) に収められている各論文、とりわけ編者自身、ジーン・レカ、ジョン・ウォーターベリー、そしてガードン・クレーマーの各論文は重要である。

(2) 競合的選挙という概念は、カール・ポッパーによる民主主義の定義のなかに重要な要素がみられる。Charmers Johnson, 'South Korean democratization: the role of economic development', *The Pacific Review,* 2/1 (1989), pp. 3–4 より引用。

(3) P. J. Vatikiotis, *The Modern History of Egypt* (London: Weidenfeld and Nicolson, 1969), p. 283.

(4) 初期の頃の例としては、スィドキー自身の回顧録である Ismail Sidqi, *Mudhakkirati* [回顧録] (Cairo: Dar al-Hilal Press), pp. 119–38 を挙げることができる

(5) この点については以下の文献で的確に議論されている。Israel Gershoni, 'Confronting Naziism in Egypt: Tawfiq al-Hakim's anti-totalitarianism 1938–1945', *Tel Aviver Jahr-Buch Für Deutsche Geschichte* (Tel Aviv: Institut fur Deutsche Geschichte, Tel Aviv University, 1997), XXVI, particularly pp. 136–46.

(6) こうした傾向に関する有益な議論としては、次を参照。Malcolm Kerr, 'Arab radical notions of democracy', *St Antony's Papers,* 16 (London: Chatto and Windus, 1963), pp. 9–11.

(7) BBC, SWB, 194, 12 March 1957 より引用。

(8) Tawfiq al-Hakim, *The Return of Consciousness,* trans. Bayly Winder (New York: New York University Pressand Basingstoke: Macmillan, 1985).

(9) John Waterbury, *The Egypt of Nasser and Sadat: The Political Economy of Two Regimes* (Princeton, NJ: Princeton University Press, 1983), p. 313.

(7) この表現は Oliver Schlumberger, 'Transition to development?', in G. Joffe (ed.), *Jordan in Transition* (New York, NY: Palgrave), p. 239 からの引用。

(8) Joel Hellman, 'Winners take all: the politics of partial reform in post-communist transitions', *World Politics,* 50 (January 1998), pp. 203–34.

(9) David Gardner, 'Reformist zeal put to the test', *Financial Times* (Egypt Supplement), 11 May 1999.

(10) エジプト労働組合の指導力が脆弱であったため、1993 年に始まった新労働法をめぐる交渉が、1999 年の夏になっても満足いく結果を出せなかったと論じられている。Fatemah Farag, 'May Day dilemma', *Al-Ahram Weekly,* 29 April–5 May 1999.

(11) Raymond A. Hinnebusch, *Authoritarian Power and State Formation in Ba'thist Syria: Army, Party and Peasant* (Boulder, CO: Westview Press, 1990), pp. 295–6 and 317.

(12) *Ibid.*

(13) この点に関する有益な議論としては、次を参照。Hanna Batatu, *Syria's Peasantry, the Descendants of Its Lesser Rural Notables and Their Politics* (Princeton, NJ: Princeton University Press, 1999), pp. 208–16.

(14) *Ibid.*

(15) ヒンネブッシュは 1989 年に、ダマスカスのある壁に「アサドシェスク（Asadsescu）」と書かれているのをみたと記している。これは明らかに、アサドがチャウシェスクと同じ道を歩むことを願う何者かが壁に書き付けたものであろう。Raymond A. Hinnebusch, 'State and civil society in Syria', *Middle East Journal,* 47/2 (Spring 1993), p. 243.

(16) *Ibid.,* p. 315.

(17) Issam al-Khafaji, 'The parasitic basis of the Ba'thist regime', in CADRI (Committee Against Repression and for the Democratic Rights of Iraq), *Saddam's Iraq: Revolution or Reaction* (London: Zed Press 1986), pp. 73–88.

(18) Robert Springborg, 'Iraqi infitah: agrarian transformation and growth of the private sector', *Middle East Journal,* 40/1 (Winter 1986), p. 37.

(19) *Middle East Economic Digest,* 31/13 (28 March 1987), p. 18 より引用。

(20) たとえば、説得力のある議論としては、Marion Farouk-Sluglett, 'Iraq after the war (2): the role of the private sector', *Middle East International,* 17 March 1989, p. 18 を参照。これとは異なる見方としては、K. A. Chaudhry, 'On the way to the market: economic liberalization and Iraq's invasion of Kuwait', *Middle East Reports* (MERIP), 170 (May/June 1991), pp. 20–3 を参照。

(21) たとえば、Taher H. Kanaan, 'The state and the private sector in Jordan', in Nemat Shafik (ed.), *Economic Challenges Facing Middle Eastern and North African Countries* (Houndmills, Basingstoke: Macmillan, 1998), p. 78 を参照。

(22) G. Luciani, 'Allocation vs. production states', in G. Luciani (ed.), *The Arab State* (London: Routledge, 1990), pp. 75–8.

(23) 以下の分析は次の研究に多くを負っている。Caglar Keyder, *State and Class in Turkey* (London: Verso, 1987), Ch. IX; Ilkay Sunar, 'Redemocratization and organized interests in Turkey', mimeo (Paper presented to the annual conference of the British Society for Middle Eastern Studies, Exeter, 12–15 July 1987).

(24) *Ibid.*

(25) Hugh Pope, 'The Gordian Knot of Turkey's economy', *Wall Street Journal,* 30 April2001.

(26) 'Turkey: return from the brink, attempt a systematic change and structural reform', 2 July 2003 (www.worldbank.org/wbi/B_SPAN/sub_turkey_development.htm) から引用。

(27) Michael Bruno, 'Sharp disinflation strategy: Israel 1985', *Economic Policy,* 2 (April 1986), pp. 379–402.

(28) Peretz Kidron, 'The pay off', *Middle East International,* 17 Feb. 1989, pp. 10–11.

(40) この発言は2003年5月になされたものであり、以下から引用した。Zand Shakabi, 'Iran: the future of reform', *Middle East International*, 12 September 2003, p. 30.

(41) Jim Muir, 'Khatami romps home', *Middle East International*, 15 June 2001, pp. 12–13.

(42) Guy Dinmore, 'Iranian economy in healthiest shape for decade', *Financial Times*, 15 March 2001.

(43) 私はここの議論を次の研究から拝借している。Avishai Ehrlich, 'For land and God: Israel under Netanyahu', *Israel and Palestine*, 203 (undated: 1998?), pp. 10–12.

(44) ここでの数字は以下からの引用。Gregory Mahlet, 'Israel's new electoral system: effects on policy andpolitics', *MERIA Journal*, Centre for Strategic Studies, Bar-Ilan University, Israel, Issue 2 (June 1997); Sammy Smooha and Don Peretz, 'Israel's 1996 elections: a second political earthquake', *Middle East Journal*, 50/4 (Autumn 1996), p. 537.

(45) こうした議論は、Avishai Margalit, 'Israel: why Barak won', *New York Review of Books*, 21 Aug. 1999, pp. 47–51によって打ち出されたものである。

(46) たとえば、Michael M. Gunter, 'The silent coup: the secularist–Islamist struggle in Turkey', *Journal of South Asian and Middle Eastern Studies*, 21/3 (Spring 1998), pp. 1–13など。

(47) 'Turkish ministers bow to the generals', *Financial Times*, 8 July 1998からのJohn Barhamの引用。

(48) これがいわゆる「コペンハーゲン基準」、すなわち、ある国が欧州連合に加盟するのに適しているかを判断する基準である。Leyla Boulton, 'Turkey's debate on EU', *Financial Times*, 4 February 2000から引用。

(49) Glass, 'Is Syria next?', p. 3.

第7章

(1) Guillermo O' Donnell, 'Reflections on the pattern of change in the bureaucratic authoritarian state', *Latin American Research Review*, 13 (1973), pp. 3–37; Guillerno O'Donnel, 'Tensions in the bureaucratic authoritarian state and the question of democracy', in David Collier (ed.), *The New Authoritarianism in Latin America* (Princeton, NJ: Princeton University Press, 1979).

(2) サーダートについては、Waterbury, *Nasser and Sadat*, pp. 127–8を、ラフサンジャーニーについては、Sohrab Behdad, 'The post-revolutionary economic crisis', in Saeed Rahnema and Sohrab Behdad (eds), *Iran after the Revolution: Crisis of an Islamic State* (London and New York: I. B. Tauris 1995), p. 112を、アサドについては、Raymond A. Hinnebusch, 'The political economy of economic liberalization in Syria', *International Journal of Middle Eastern Studies*, 27/3 (August 1995), p. 308を、それぞれ参照。

(3) この時期の経済政策については、P. K. O'Brien, *The Revolution in Egypt's Economic System: From Private Enterprise to Socialism* (Oxford: Oxford University Press, 1966)の5章、ならびにBent Hansen (with Girgis Marzouk), *Development and Economic Policy in the UAR (Egypt)* (Amsterdam: North Holland Publishing Company, 1965)の11章が優れた説明を行っている。両著者は共に1960年代前半にエジプトに居住し、政府の計画立案者と個人的な知己を得ていた。

(4) *The Economist*, 27 Oct. 1997, p. 45.

(5) この数字は次からの引用。Gamal Essam El-Din, 'Privatization at the crossroads', *Al-Ahram Weekly*, 23–29 Oct. 1997. ただし、これとは異なる数字を述べている論者も多い。

(6) Cameron Khosrowshahi, 'Privatization in Morocco: the politics of development', *Middle East Journal*, 51/2 (Spring 1997), p. 243; Roula Khalaf, 'Stuck in the slow lane', *Financial Times* (Morocco Supplement), 26 March 1998.

Palgrave, 2002), pp. xvi–xx, 79–82.

(17) この遺書については英訳版が公開されている。'Word for word: succession in Jordan', *New York Times*, 31 January 19992.

(18) Oliver Schlumberger, 'Transition to development?', in Joffe (ed.), *Jordan in Transition,* p.234.

(19) Gregory White, 'The advent of electoral democracy in Morocco? The referendum of 1996', *Middle East Journal*, 51/3 (Summer 1997), p. 396 からの引用。

(20) Abdeslam Maghraoui, 'Political authority in crisis: Mohammed VI's Morocco', *Middle East Report*, 31/1, 218 (Spring 2001), p. 14.

(21) *Ibid.*, p. 15.

(22) この数字はグースによるものである。F. Gregory Gause III, *Oil Monarchies*: *Domestic and Security Challenges in the Arab Gulf States* (New York: Council on Foreign Relations, 1994), pp. 102–3.

(23) Robin Allen, 'Kuwait's PM is invited to form a new cabinet', *Financial Times*, 30 January 2001.

(24) Jean-Francois Seznec, 'Parliaments and auto-parliaments in the Gulf Cooperation Council' (Paper presented at the Middle East Studies Association conference in Anchorage, Alaska, 8 November 2003), pp. 1–2.

(25) R. Hrair Dekmejian, 'Saudi Arabia's Consultative Council', *Middle East Journal*, 52/2 (Spring 1998), pp. 204–10; Selim Jahel, 'Arabie Saoudite: le Majlis Al-Choura, un parlement selon la Charia', *Arabies* (May 1998), pp. 20–34.

(26) たとえば、Abdullah Juma Al-Haj, 'The politics of participation in the Gulf Cooperation states: the Omani Consultative Council', *Middle East Journal*, 50/4 (Autumn 1996), pp. 564–5 を参照。

(27) Richard Murphy, *Winning the Peace: Managing a Successful Transition in Iraq* (Washington DC: American University and Atlantic Council, January 2003), p.7.

(28) Charles Tripp, 'Iraq: political recognition and social action', *Items and Issues*, 4/1 (Winter 2002–3), pp. 11–12.

(29) Sami Zubaida, 'The rise and fall of civil society in Iraq', *Open Democracy*, 2 May 2003 (http://www.opendemocracy.net/debates/article-2-88-953.jsp).

(30) なお、国連の制裁体制は 1999 年に一時的に解除されたものの、2003 年まで続いていた。米国による制裁は途切れることなく続いている。

(31) Abd al-Wahhab al-Affandi, 'High noon in Khartoum', *Middle East International*, 14 January 2000, pp. 20–1.

(32) Abd al-Wahhab al-Affandi, 'The crisis deepens', *Middle East International*, 19 May 2000, p. 12.

(33) Volker Perthes, 'Myths and money: four years of Hariri and Lebanon's preparation for a new Middle East', *Middle East Report*, 203, 27/2 (Spring 1997), pp. 19–20.

(34) Clement M. Henry and Robert Springborg, *Globalization and the Politics of Development in the Middle East* (Cambridge: Cambridge University Press, 2001), pp. 219–20.

(35) Jim Quilty, 'Lebanon's free market elections', *Middle East International,* 9 March 2001, pp. 18–19.

(36) Farzin Sarabi, 'The post-Khomeini era in Iran: the elections to the fourth Majlis', *Middle East Journal*, 48/1 (Winter 1994), pp. 104–5.

(37) この点は次の研究において議論されている。Olivier Roy, 'Tensions in Iran: the future of the Islamic Revolution', *Middle East Report*, 28/2, 207 (Summer 1998), p. 40.

(38) たとえば、David Gardner, 'Mayor who made the mullahs see red', *The Financial Times*, 24 July 1998 を参照。

(39) たとえば、大統領就任 2 周年の際（1999 年 5 月 23 日）に行われた彼の演説を参照。Saeed Barzin, 'Cracks in the reform camp', *Middle East International*, 4 June 1999, pp. 16–17.

(48) *Ibid.*, pp. 142–4.

(49) Ahmet Samim, 'The ordeal of the Turkish Left', *New Left Review*, 126 (March/April1981), pp. 72–6.

(50) Tosun Aricanli, 'The political economy of Turkey's external debt: the bearing of exogenous factors', in Tosun Aricanli and Dani Rodrick (eds), *The Political Economy of Turkey: Adjustment and Sustainability* (London: Macmillan, 1990), pp. 230–49.

(51) Ahmad, *Making of Modern Turkey*, pp. 175–6.

(52) *Ibid.*, p. 176.

(53) *Ibid.*, pp. 189–90.

(54) これは、次の研究報告の議論に依拠したものである。Ayse Oncu, 'Street politics: comparative perspectives on working class activism in Egypt and Turkey', mimeo (Paper prepared forworkshop on 'Socio-economic Transformation, State and Political Regimes in Turkey and Egypt', Istanbul, July 1990).

(55) この議論は、次の研究報告に依拠したものである。Korkut Boratav, 'Contradictions of "structural adjustment": capital and state in post-1980 Turkey', mimeo (Paper prepared for workshop on 'Socio-economic Transformation: State and Political regimes in Turkey and Egypt', Istanbul, July 1990).

第6章

(1) Amira Hass, *Drinking the Sea at Gaza: Days and Nights in a Land Under Siege*, trans. E. Wesley and M. Kaufman-Lacusta (New York: Metropolitan Books, 1999), especially pp. 234–7.

(2) Lilia Shevtsova, *Putin's Russia* (Washington, DC: Carnegie Endowment for International Peace, 2003) に対するアーチー・ブラウンによる書評からの引用。*Times Literary Supplement,* 26 June 2003, p. 10.

(3) 私はここで、「合理化（streamlining）」という便利な用語を、Eberhard Kienle, *A Grand Delusion: Democracy and Economic Reform in Egypt* (London: I. B. Tauris, 2002), p. 164 から拝借した。

(4) John Demetrius Sfakaniakis, 'Families, businessmen and oligarchs: the political economy of crony capitalism in Egypt', Ph.D. thesis (London, 2003), especially pp. 17–22.

(5) Clement M. Henry and Robert Springborg, *Globalization and the Politics of Development in the Middle East* (Cambridge: Cambridge University Press, 2001), pp. 219–20.

(6) イブラーヒーム教授は2000年から2003年までエジプト当局によって逮捕、拷問、投獄されていたが、その真の原因はこうした体制に対する批判的な研究にあったと広く信じられている。

(7) たとえば、Charles Glass, 'Is Syria next?', *London Review of Books*, 24 July 2003, pp. 3–6.

(8) Michael Jansen, 'Springtime in Syria', *Al-Ahram Weekly*, 22–28 May 2001; Gareth Smyth, 'Syrians hold opposition leader as debate curbed', *Financial Times*, 8–9 September 2001.

(9) Hugh Roberts, *The Battlefield Algeria 1988–2002: Studies in Broken Politics* (London: Verso, 2003), ch. 11.

(10) Rachid Tlemcani, *Elections et élites en Algérie: Paroles de candidats* (Algiers: Chihab Editions, 2003), pp. 122–3.

(11) Kienle, *Grand Delusion*, pp. 140–3.

(12) *Ibid.*, pp. 138–9.

(13) *Ibid.*, p. 156.

(14) Eva Bellin, *Stalled Democracy: Capital, Labor and the Paradox of State-Sponsored Development* (Ithaca: Cornell University Press, 2002), pp. 158, 174.

(15) とはいえ、IAFのメンバ15人は1991年の僅かな期間、閣僚ポストに就いていた。

(16) George Joffe, 'Introduction' および Ranjit Singh, 'Liberalisation or democratization: the limits of political reform and civil society in Jordan', in George Joffe (ed.), *Jordan in Transition 1990–2000* (New York, NY:

(24) *Ibid.*, pp. 123–4.

(25) Peretz, *Government and Politics*, p. 62.

(26) Galnoor, 'Israeli democracy in transition', pp. 12–13.

(27) たとえば、Michael Shalev, 'Israel's domestic policy regime: Zionism, dualism andthe rise of capital', in Frances G. Castles (ed.), *The Comparative History of Public Policy* (Cambridge, MA: Polity Press, 1989), pp. 131–2 を参照のこと。

(28) 議席などの数字については、Peretz, *Government and Politics*, pp. 80–1 を参照のこと。

(29) これは、ホロヴィッツの *Jerusalem Quarterly* (Fall 1977) の論文タイトルである。

(30) ここでは、ガルヌールの議論に従った。Itzhak Galnoor, 'Israeli democracy in transition', pp.35–43.

(31) Ervand Abrahamian, *Iran: Between Two Revolutions* (Princeton, NJ: Princeton University Press, 1982), pp. 281–305.

(32) Hossein Mahdavy, 'Patterns and problems of economic development in rentier states: the case of Iran', in M. A. Cook (ed.), *Studies in the Economic History of the Middle East* (Oxford: Oxford University Press, 1970), Table 2, p. 430.

(33) 石油レントの経済的利点をめぐるマフダヴィーの過度な評価については、*ibid.*, p. 432 を参照のこと。

(34) Abrahamian, *Iran*, p. 438.

(35) Fatemeh E. Moghadam, 'An historical interpretation of the Iranian Revolution', *Cambridge Journal of Economics*, 12 (1988), p. 413.

(36) Fred Halliday, *Iran: Dictatorship and Development* (Harmondsworth: Penguin Books, 1979), p. 47.

(37) たとえば、Henry Munson Jr, *Islam and Revolution in the Middle East* (New Haven, CT and London: Yale University Press, 1988), pp. 126–7 を参照のこと。

(38) ハリディーは、イラン革命が一般的なストライキを用いていたことを取り上げ、ロシア革命やフランス革命と比較して、イラン革命が「近代的」であったと強調している。Fred Halliday, 'The Iranian Revolution', *Political Studies*, XXX/3 (Sept. 1982), p. 438.

(39) たとえば、Hamid Algar, *The Roots of the Islamic Revolution* (London: The Open Press, 1983), pp. 123–4 を参照のこと。

(40) Sami Zubaida, *Islam, the People and the State* (London: I. B. Tauris, 1995) pp. 18–20, 33.

(41) ホメイニーの思想についてのより詳細な分析は、第9章を参照のこと。また、ファキーフを「正統な法学者」と訳出することについては、'The Constitution of the Islamic Republic of Iran', *Middle East Journal*, 34/2 (Spring 1980), pp. 181–204 を参照のこと。

(42) アリー・ハーメネイーによる1989年4月28日の金曜礼拝における説教については、British Broadcasting Corporation (BBC), *Summary of World Broadcasts (SWB)*, ME/0447 A/1 (1 May 1989) を参照のこと。

(43) Asghar Schirazi, *The Problems of Land Reform in the Islamic Republic of Iran: Complications and Consequences of an Islamic Reform Policy* (Berlin: Free University of Berlin, Forschungsgebietsschwerpunkt, Occasional Papers, 10, published by Das Arabische Buch, Berlin, 1987), pp. 13–22.

(44) Ali Khamenei's Friday Sermon of 28 April 1989.

(45) Ahmad Feroz, *The Making of Modern Turkey* (London: Routledge, 1993), pp. 110–14.

(46) Caglar Keyder, *State and Class in Turkey: A Study of Capitalist Development* (London and New York: Verso, 1987), p. 117.

(47) Ahmad, *Making of Modern Turkey*, pp. 138–9.

(1) 1948／49 年のパレスチナ人の数についての詳細な分析については、Benny Morris, *The Birth of the Palestinian Refugee Problem: 1947–1949* (Cambridge: Cambridge University Press, 1987); Avi Shlaim, *Collusion Across the Jordan: King Abdullah, the Zionist Movement and the Partition of Palestine* (Oxford: Clarendon Press, 1988), Chs 71–2 を参照のこと。

(2) Nira Yuval-Davis, 'The Jewish collectivity', *Khamsin*, 13, *Women in the Middle East* (London: Zed Press, 1987), pp. 62–3.

(3) E. Roger Owen, 'State and society in the Middle East', *Items*, 44/1 (March 1990), pp.10–14

(4) Yoram Peri, *Between Battles and Ballots: Israeli Military in Politics* (Cambridge: Cambridge University Press, 1983), pp. 45–6.

(5) たとえば、Dan Horowitz and Moshe Lissak, *Origins of the Israeli Polity: Palestine Under the Mandate* (Chicago, IL and London: Chicago University Press, 1978), pp. 190–1; Don Peretz, *The Government and Politics of Israel*, 2nd edn (Boulder, CO: Westview Press, 1983), p. 144 を参照のこと。

(6) Peri, *Between Battles and Ballots*, pp. 39–40.

(7) *Ibid.*, p. 48.

(8) Horowitz and Lissak, *Origins*, pp. 193–4.

(9) Michael Shalev, 'Jewish organized labor and the Palestinians: a study in state/society relations in Israel', in Baruch Kimmerling (ed.), *The Israeli State and Society: Boundaries and Frontiers* (Albany, NY: State University of New York Press, 1989), pp. 103–13.

(10) Horowitz and Lissak, *Origins*, pp. 194–5.

(11) Michael Shalev, 'Jewish organized labor', p. 93; Uri Davis and Walter Lehn, 'And the Fund still lives', *Journal of Palestine Studies*, VII/4 (Summer 1978), pp. 4–16.

(12) Dan Horowitz and Moshe Lissak, *Trouble in Utopia: The Overburdened Polity in Israel* (Albany, NY: State University of New York Press, 1989), p. 35.

(13) イスラエルの選挙制度の歴史とその問題点については、Misha Louvain, 'The making of electoral reform', *Jerusalem Post*, 13 April 1977 を参照のこと。

(14) Dan Horowitz, 'More than a change of government', *Jerusalem Quarterly*, V (Fall 1977), pp. 14–15; Michael Shalev, 'The political economy of Labor Party dominance', in T. J. Hempel (ed.), *Uncommon Democracies: The One Party Dominant Regimes* (Ithaca, NY and London: Cornell University Press, 1990), pp. 104–7.

(15) Shalev, 'Political economy', pp. 85, 118.

(16) Itzhak Galnoor, 'Israeli democracy in transition', mimeo (1987), pp. 28–35.

(17) Horowitz and Lissak, *Origins*, pp. 206–10.

(18) Joel Beinin, 'Israel at forty: the political economy/political culture of constant conflict', *Arab Studies Quarterly*, 10/4 (Fall 1988), p. 437 and Table 1.

(19) *Ibid.* pp. 440–1.

(20) Shalev, 'Political economy', pp. 122–5.

(21) Erik Cohen, 'Citizenship, nationality and religion in Israel and Thailand', in Kimmerling (ed.), *Israeli State and Society*, p. 72.

(22) Shalev, 'Jewish organized labor', pp. 110–15.

(23) Itzhak Galnoor, 'Transformations in the Israeli political system since the Yom Kippur War', in A. Arian (ed.), *Elections in Israel* 1977 (Jerusalem: Jerusalem Academic Press,1980), p. 123.

Marxism (London: Charles Knight, 1975), Ch. 4; Fred Halliday, *Arabia Without Sultans* (Harmondsworth: Penguin Books, 1975), pp. 21–5.

(18) Fouad Ajami, 'The end of Pan-Arabism', *Foreign Affairs*, 57/2 (Winter, 1978/9), pp. 355–73.

(19) これは、Adeed Dawisha and I. William Zartman (eds), *Beyond Coercion* (London: Croom Helm, 1988) の副題の一部である。

(20) George Corm, *Fragmentation of the Middle East: The Last Thirty Years* (London: Hutchinson Education, 1988), Ch. 6.

(21) Kienle, *Ba'th Versus Ba'th*, Ch. 4.

(22) Elbaki Hermassi, 'State-building and regime performance in the Greater Maghreb', in Salamé (ed.), *Foundations of the Arab State*, pp. 76–7.

(23) たとえば、Amatzia Baram, 'Qawmiyya and Wataniyya in Ba'thi Iraq: the search for a new balance', *Middle Eastern Studies*, 19/2 (April 1983), pp. 188–200 を参照のこと。

(24) これは、マイケル・クック教授の議論を借用した。

(25) Emmanuel Sivan, 'The Arab nation-state: in search of a usable past', *Middle East Review* (Spring 1987), pp. 25–8.

(26) Amatzia Baram, 'Mesopotamian identity in Ba'thi Iraq', *Middle Eastern Studies,* 19/4(Oct. 1983), pp. 426–55; Amatzia Baram, *History and Ideology in the Formation of Ba'thist Iraq,1968–89* (London and Basingstoke: Macmillan/St Antony's, 1991), especially Chs 6 and 7.

(27) Patrick Seale, *Asad: The Struggle for the Middle East* (London: I. B. Tauris, 1988), p. 313.

(28) Muhammad Khalil, *The Arab States and the Arab League: A Documentary Record, II, International Affairs* (Beirut: Khayats, 1962), p. 59.

(29) *Ibid.*, p. 203.

(30) *Middle East News Agency*, 12 Dec. 1989. の引用を用いた。

(31) こうした試みの最も良い例は、依然として、Patrick Seale, *The Struggle for Syria: A Study of Post-War Arab Politics, 1945-1958* (Oxford: Oxford University Press, 1965) である。他の議論については、Bahgat Korany and Ali E. Hilal Dessouki (eds), *The Foreign Policies of the Arab States* (Boulder, CO: Westview Press and Cairo, Egypt: The American University of Cairo Press,1984) を参照のこと。

(32) Dan Horowitz, 'The Israeli concept of national security and prospects for peace in the Middle East', in Gabriel Sheffer (ed.), *Dynamics of a Conflict: A Re-examination of the Arab-Israeli Conflict* (Atlantic Highlands, NJ: Humanities Press, 1975).

(33) このテクストの英語訳の抜粋は、*Middle East International*, 339 (2 Dec. 1988), pp. 22–3 を参照のこと。

(34) この点をさらに敷衍した議論については、Roger Owen, 'Arab integration in historical perspective: are there any lessons', *Arab Affairs*, 1/6 (April 1988), pp.41–51 を参照のこと。

(35) たとえば、M. J. H. Finch, 'The Latin American Free Trade Association', in Ali M. El-Agraa (ed.), *International Economic Integration* (London and Basingstoke: Macmillan, 1982) を参照のこと。

(36) Abdullah Ibrahim El-Kuwaiz, 'Economic integration of the Cooperation Council ofthe Arab States of the Gulf: challenges, achievements and future outlook', in John A. Sandwick (ed.), *Gulf Cooperation Council: Moderation and Stability in an Independent World* (Boulder, CO: Westview Press, 1988); Michael Cain and Kais Al-Badri, 'Anassessment of the trade and restructuring effects of the Gulf Cooperation Council', *International Journal of Middle Eastern Studies*, 21/1 (Feb. 1989), pp. 51–69.

第4章

(1) Sami Zubaida, 'Theories of nationalism', in G. Littlejohn, B. Smart, J. Wakeford and N. Yuval-Davis (eds), *Power and the State* (London: Croom Helm, 1978).

(2) たとえば、Sylvia G. Haim (ed.), *Arab Nationalism: An Anthology* (Los Angeles, CA: University of California Press, 1962) の序論、および Albert Hourani, *Arabic Thought in the Liberal Age 1798–1939* (Oxford: Oxford University Press, 1962) の特に第 11 章を参照のこと。

(3) アーネスト・ゲルナーは、1980 年 10 月 18 日にオックスフォード大学のセントアントニーズ・カレッジで行った「ナショナリズム」についてのセミナーで、「観念主義」アプローチと「物質主義」アプローチの違いについてすぐれた例を挙げている。彼は、「マルクスがヘーゲルの観念主義をまったく新しいものとしてとらえたように、私は、文化的同質性を作ったのはナショナリズムをめぐる考え方であるというエリー・ケドゥーリーの主張に対してもまったく同じ方法で解釈することを提案いたします。つまり、私の考えでは、文化的同質性こそがナショナリズムを創り出すという逆の主張もまたしかりなのです」と分析した。同じ議論は、Ernest Gellner, *Nations and Nationalism* (Oxford: Basil Blackwell, 1983), p. 358 で繰り返されている。

(4) これ以降の議論については、C. Ernest Dawn, 'The formationof Pan-Arab ideology in the interwar years', *International Journal of Middle Eastern Studies*, 20/1 (Feb. 1988), pp. 67–91; Eberhard Kienle, *Ba'th Versus Ba'th: The Conflict Between Syria and Iraq* (London: I. B. Tauris, 1990); Malik Mufti, *Sovereign Creations: Pan-Arabism and Political Order in Syria and Iraq* (New York and London: Syracuse University Press, 1996) を参照した。

(5) Said Bensaid, 'Al-Watan and al-Umma in contemporary Arab use', in Ghassan Salamé (ed.), *The Foundations of the Arab State* (London: Croom Helm, 1987), pp.152–9.

(6) Benedict Anderson, *Imagined Communities: Reflections on the Origins and Spread of Nationalism* (London: Verso, 1983); Tom Nairn, 'Marxism and the modern Janus', *New Left Review*, 94 (Nov./Dec. 1975), pp. 3–29.

(7) 第一次世界大戦直後のダマスカスに現れた競合的なナショナリズムをめぐる巧みな分析については、James L. Gelvin, *Divided Loyalties: Nationalism and Mass Politics in Syria at the Close of the Empire* (Berkeley, CA: University of California Press, 1998) を参照のこと。

(8) Yehoshuà Poràth, *In Search of Arab Unity, 1930–1945* (London: Frank Cass, 1986), p. 162.

(9) Bensaid, 'Al-Watan and al-Umma', p. 152.

(10) Khaldun S. Husri, 'King Faysal I and Arab unity 1930–33', *Journal of Contemporary History*, 10/2 (April 1975), pp. 324–5.

(11) Ahmed Gomaa, *The Foundation of the League of Arab States: Wartime Diplomacy and Inter-Arab Politics* (London and New York: Longman, 1977), pp. 247–8.

(12) Bahgat Korany, 'Regional system in transition: the Camp David order and the Arab world 1978–1990', in Barbara Allen Roberson (ed.), *The Middle East Regional Order* (London and Basingstoke: Macmillan, 1992).

(13) Adeed Dawisha, *The Arab Radicals* (New York: Council on Foreign Relations, 1986), p. 24 の引用を用いた。

(14) Moshe Shemesh, *The Palestinian Entity 1959-1974: Arab Politics and the PLO* (London: Frank Cass, 1988), pp. 11, 19, 21.

(15) たとえば、Helena Cobban, *The Palestine Liberation Organisation: People, Power and Politics* (Cambridge: Cambridge University Press, 1984), p. 23; Andrew Gowers and Tony Walker, *The Man Behind the Myth: Yasser Arafat and the Palestinian Revolution* (London: W. H. Allen, 1990), p. 25 を参照のこと。

(16) Mufti, *Sovereign Creations*, pp. 10–16.

(17) Walid Kazziha, *Revolutionary Transformation in the Arab World: Habash and His Comrades from Nationalism to*

(London: Weidenfeld and Nicolson, 1970), p. 162.

(17) Walter Bagehot, *The English Constitution* (London: Chapman and Hall, 1867), pp. 63, 70–1.

(18) Waterbury, *Commander of the Faithful*, p. 150.

(19) ヨルダンの政治体制をめぐる本パラグラフの議論は、Mutawi, *Jordan* の第 1 章に拠っている。また、より詳細な記述については、同じ筆者の博士論文を参照のこと。Samir A. Mutawi, 'Jordan in the 1967 War', Reading University, Sept. 1985. さらなる情報については、Marius Haas, *Hussein's Konigreich: Jordaniens Stelling im Nach Orient* (Munich: Tuduv Verlagsgesellschaft, 1975) を参照のこと。

(20) Sune Persson, 'Exile and success: Palestinian exiles in Jordan', mimeo (Department of Political Science, University of Göteberg, Sweden, Oct. 1985), p. 21.

(21) *Ibid.*, p. 22.

(22) I. William Zartman, 'Political dynamics in the Maghrib: the cultural dialectic', in Halim Barakat (ed.), *Contemporary North Africa* (Washington, DC: Center for Contemporary Arab Studies, Georgetown University, 1985), p. 289.

(23) John P. Entelis, *Comparative Politics of North Africa: Algeria, Morocco and Tunisia* (Syracuse, NY: Syracuse University Press, 1980), p. 65.

(24) Leveau, 'Aperçu d'évolution du système politique morocain', p. 236.

(25) *Ibid.*, p. 18.

(26) たとえば、David Seddon, *Moroccan Peasants: A Century of Change in the Eastern Rif 1870–1970* (Folkstone: Dutton, 1981) を参照のこと。

(27) 本節の議論は、Samore, 'Royal Family politics' とSummer Scott Huyette, *Political Adaptation in Sa'udi Arabia: A Study of the Council of Ministers* (Boulder, CO and London: Westview Press, 1985) に大きく拠っている。

(28) Samore, 'Royal Family politics', pp. 235, 286–7.

(29) *Ibid.*, p. 490.

(30) Zahlan, *Making of the Modern Gulf States*, Ch. 8 and Appendix.

(31) Roger Owen, *Migrant Workers in the Gulf* (London: The Minority Rights Group, Report No. 68, Sept. 1985)、およびそこで引用されている資料にもとづいている。

(32) Jill Crystal, *Oil and Politics in the Gulf: Rulers and Merchants in Kuwait and Qatar* (Cambridge: Cambridge University Press, 1990), p. 75.

(33) Alexei P. Kiriyev, 'An analysis of Kuwait's debt collection program', in Nigel Andrew Chalk, Mohamed El-Erian, Susan J. Fennell, Alexei R. Kireyev and John F. Wilson, *Kuwait: From Reconstruction to Accumulation for Future Generations* (Washington DC: IMF Occasional Papers, 150, April 1997).

(34) Ruth First, *Libya: The Elusive Revolution* (Harmondsworth: Penguin Books, 1974), p. 78.

(35) Nathan Alexander, 'Libya: the continuous revolution', *Middle Eastern Studies*, 17/2(April 1981), pp. 212–19.

(36) 軍の規模については、Lisa Anderson, *State and Social Transformation in Tunisia and Libya, 1830-1980* (Princeton, NJ: Princeton University Press, 1986), p. 266 から引用した。

(37) 極めて稀な研究の一つが、ジョン・デイヴィスによる新たな大衆型委員会の選挙についての参与観察である。John Davis, 'Théorie et pratique dugouvernement non representatif: les élections aux comités populaires d'Ajdabaiyah', *Maghreb/Machrek*, 93 (July/Aug./Sept. 1981).

(38) *Ibid.*, p. 39.

(37) Ansari, *Stalled Society*, pp. 34–8, 42, 102, 137–8. また、カムシーシュ村の事件をめぐる「修正論者」の説明については、Waterbury, *Egypt of Nasser and Sadat*, p. 340 を参照のこと。

第3章

(1) Nazih Ayubi, 'Arab bureaucracies: expanding size, changing roles', in A. Dawisha and I. W. Zartman (eds), *Beyond Coercion* (London: Croom Helm, 1988), p. 17. アイユービーが提示する 1980 年のクウェート政府職員数は、おそらく軍人と外交官を含んでおらず、軍人と外交官は 1982 年時点で 1 万 4227 人にのぼった。1980 年の総労働力人口は、49 万 1641 人に達した。しかしそのなかでクウェート市民は 10 万人程度に過ぎなかった。これについては、State of Kuwait, Ministry of Planning, Central Statistical Office, *Annual Statistical Abstract 1983* (Kuwait: Nov. 1983), pp. 105–6, 132–3 を参照のこと。

(2) *Ibid.*, p. 17. しかし、サウディアラビア計画省は、公務員について異なる定義を用いており、1980 年には 40 万人を少し下回る数の公務員を抱えていたと報告している。総労働力人口に占める公務員の割合は、13.2％であった。Kingdom of Saudi Arabia, Ministry of Planning, *Fourth Development Plan* (Riyadh, 1405 AH/1985), Table 2-6, p. 32.

(3) John A. Shaw and David E. Long, *Saudi Arabian Modernization: The Impact of Change on Stability* (Washington, DC: Praeger, with Center for Strategic Studies, Georgetown University, 1982), p. 26.

(4) Ayubi, 'Arab bureaucracies', p. 19; Mary C. Wilson, 'Jordan's current malaise', *Current History* (Feb. 1987), p. 85.

(5) ここでは、かつてアデン保護領として知られた南イエメン辺境地の小国家の統治者を除いている。彼らは皆、1967 年に英国が撤退すると、支配者の座から下ろされた。

(6) Samuel P. Huntington, *Political Order in Changing Societies* (New Haven, CT: Yale University Press, 1968), pp. 171–91.

(7) *Ibid.*

(8) とはいえ、アブドゥルアズィーズ・イブン・サウードは現地の宗教者からヒジャーズの王として認められていたことは事実であり、王という称号は 1917 年に彼の祖先によって用いられたなじみのあるものであったことも事実である。Madawi al-Rasheed, *A History of Saudi Arabia* (Cambridge: Cambridge University Press, 2002), p. 62.

(9) Mordechai Abir, 'The consolidation of the ruling class and new elites in Saudi Arabia', *Middle Eastern Studies*, 23/2 (April 1987), p. 156 からの引用。

(10) たとえば、1992 年 3 月 2 日のファハド国王のスピーチにこの点が表れているが、それについては、Madawi al-Rashid, 'God, the King and the nation: political rhetoric in Saudi Arabia in the 1990s', *Middle East Journal*, 50/3 (Summer 1996), pp. 359–71 に引用されている。

(11) Abir, 'Consolidation of the ruling class', p. 157.

(12) G. S. Samore, 'Royal Family politics in Saudi Arabia (1953–1982)', unpublished Ph.D. thesis, Harvard University, 1984, pp. 308ff.

(13) Rosemary Said Zahlan, *The Making of the Modern Gulf States* (London: Unwin Hyman,1989), pp. 83, 88, 98, etc.

(14) たとえば、Rémy Leveau, 'Aperçu d'évolution du système politique morocaindepuis vingt ans', *Maghreb/Machrek*, 106 (Oct./Nov./Dec. 1984), pp. 15–18 を参照のこと。

(15) Samir A. Mutawi, *Jordan in the 1967 War* (Cambridge: CambridgeUniversity Press, 1987), p. 16 からの引用。

(16) John Waterbury, *The Commander of the Faithful: The Moroccan Political Elite – A Study in Segmented Politics*

(17) このことを示す最も良い資料は、アムネスティ・インターナショナルの中東についての報告書である。たとえば、*Iraq: Report of an Amnesty International Mission* (London, 1983); *Syria: Report to the Government* (London, 1983); *Syria: Torture by Security Forces* (London, 1987) を参照のこと。

(18) Georg Konrad, *The Loser* (London: Penguin Books, 1984), p. 205.

(19) *Ibid.*; Samir Al-Khalil, *The Republic of Fear: The Politics of Modern Iraq* (London: Radius, 1989) の第 1 章、2 章を参照のこと。

(20) たとえば、Robert Springborg, *Family, Power and Politics in Egypt* (Philadelphia, PA: Pennsylvania University Press, 1982), p. 83 や William Zartman, 'L'élite algériennesous le President Chadli Benjadid', *Maghreb/Machrek*, 106 (Oct./Nov./Dec. 1984), p.39 を参照のこと。

(21) たとえば、Bruno Etienne, *L'Algérie, Cultures et révolution* (Paris: Editions du Seuil, 1977) や Jean Leca, 'Social structure and political stability', in Dawisha and Zartman (eds), *Beyond Coercion*, p. 165 を参照のこと。

(22) この点については、Zartman, 'L'élite algérienne', p. 39 や Leca, 'Socialstructure and political stability', pp. 164–83 を参照のこと。

(23) この点については、バタートゥーの議論を参考にした。バタートゥーは、詳細な分析の後、経済政策については、アサド大統領がシリアの「アラウィー派コミュニティに対して大きな特恵を与えた」という「証拠はほとんどない」と論じている。Hanna Batatu, *Syria's Peasantry, the Descendents of Its Lesser Rural Notables and Their Politics* (Princeton, NJ: Princeton University Press, 1999), pp. 227–9.

(24) *L'Algérie*, pp. 92–106.

(25) *Ibid.*, pp. 40–5.

(26) Bassam Tibi, 'Trade unions as an organizational form of political opposition in Afro-Arab states: the case of Tunisia', *Orient*, 24/4 (Dec. 1979), p. 88 からの引用。

(27) この問題については、John Waterbury, *The Egypt of Nasser and Sadat: The Political Economy of Two Regimes* (Princeton, NJ: Princeton University Press, 1983), pp. 247–60 や Hugh Roberts, 'Political development in Algeria: the regime of Greater Kabylia', unpublished D.Phil. thesis (Oxford University, 1980), pp. 69–74 が詳細な分析を行っている。

(28) この分析は、Roberts in *ibid.*, pp. 73–5 の議論に依拠している。

(29) *Ibid.*, p. 84. また、Leca, 'Social structure and political stability', pp. 166–9 も参照のこと。

(30) Zubaida, *Islam, the People and the States*, p. 165.

(31) Amatzia Baram, 'The ruling political elite in Ba'thi Iraq, 1968–1986: changing features of a collective profile', *International Journal of Middle Eastern Studies*, 21/4 (Nov.1989), pp. 450–2.

(32) Marion Farouk-Sluglett, 'Iraq's capitalism in transition', *MERIP*, 14/6, pp. 125–6 (July/Sept. 1984), p. 52.

(33) Raymond A. Hinnebusch, *Authoritarian Power and State Formation in Ba'thist Syria: Army, Party and Peasant* (Boulder, CO: Westview Press, 1990), pp. 286–90; Hugh Roberts, 'The unforeseen development of the Kabyle question in Algeria', *Government and Opposition*, 17/3 (Summer 1982), pp. 312–34.

(34) Joel Beinin, 'Labor, capital and the state in Nasserist Egypt: 1952–1961', *International Journal of Middle Eastern Studies*, 21/1 (Feb. 1989), p. 72.

(35) たとえば、Ayubi, *Bureaucracy and Politics* の第 2 章、Joel S. Migdal, *Strong Societies and Weak States: State–Society Relations and State Capabilities in the Third World* (Princeton, NJ: Princeton University Press, 1988), pp. 4–15 を参照のこと。

(36) たとえば、Hamied Ansari, *Egypt: The Stalled Society* (Albany, NY: State University of New York Press, 1986) の第 1 章と 3 章、Leonard Binder, *In a Moment of Enthusiasm: Political Power and the Second Stratum in Egypt* (Chicago, IL, and London: University of Chicago Press, 1978) の第 14 章を参照のこと。

Row, 1990).
(9) Fahkreddin Azimi, *Iran: The Crisis of Democracy* (London: I. B. Tauris, 1989) 第 1 章を参照のこと。
(10) Ervand Abrahamian, *Iran between Two Revolutions* (Princeton, NJ: Princeton UniversityPress, 1982), p. 441.

第2章

(1) Nazih N. Ayubi, *Bureaucracy and Politics in Contemporary Egypt* (London: Ithaca Press,1980), p. 189.
(2) Clement H. Moore, 'Authoritarian politics in unincorporated society: the case of Nasser's Egypt', *Comparative Politics*, VI/2 (Jan. 1974), p. 199.
(3) Elizabeth Picard, 'Arab military in politics: from revolutionary plot to authoritarian state', in Adeed Dawisha and I. William Zartman (eds), *Beyond Coercion: The Durability of the Arab State* (London: Croom Helm, 1988), p. 119.
(4) Moore, 'Authoritarian politics', p. 199 の表 2 を参照のこと。
(5) Nazih Ayubi, 'Arab bureaucracies: expanding size, changing roles', in Dawisha and Zartman (eds), *Beyond Coercion*, p. 19.
(6) Picard, 'Arab military', p. 119.
(7) チュニジアについては、Lisa Anderson, *The State and Social Transformation in Tunisia and Libya 1830–1980* (Princeton, NJ: Princeton University Press, 1985), pp. 235–6 を参照のこと。
(8) Picard, 'Arab military', p. 119.
(9) Ahmed Abdalla, *The Student Movement and National Politics in Egypt 1923–1973* (London: Al-Saqi Books, 1985), p. 102 の表 6.1 と 6.2 を参照のこと。
(10) Mahfoud Bennoune, *The Making of Contemporary Algeria 1830–1987* (Cambridge: Cambridge University Press, 1988), p. 225 の表 9.3 を参照のこと。
(11) E. R. J. Owen, 'Economic aspects of revolution in the Middle East', in P. J. Vatikiotis (ed.), *Revolution in the Middle East and Other Case Studies* (London: George Allen & Unwin, 1972), p. 53 の表 1 を参照のこと。Elisabeth Longuenesse, 'Structures sociales et rapports de classedans les sociétés du Proche Orient', *Peuples Mediterranéens* (July/Sept. 1982), pp.167–85 では、シリアの土地収用の割合は、25%と論じられている。
(12) Bennoune, *Making of Contemporary Algeria*, p. 176.
(13) A. O. Hirschman, 'The political economy of import-substituting industrialization in Latin America', *The Quarterly Journal of Economics*, 82/1 (Feb. 1968), pp. 11–12.
(14) このテーマについての主要な研究は、Samuel P. Huntington and Clement H. Moore (eds), *Authoritarian Politics in Modern Societies: The Dynamics of Established One Party Systems* (New York: Basic Books, 1970) である。さらに、Guillermo O'Donnell, *Modernization and Bureaucratic Authoritarianism* (Berkeley, CA: Institute of International Studies, 1973) も参照のこと。中東の権威主義体制については、Moore, 'Authoritarian politics', pp. 193–218 を参照のこと。
(15) Raymond H. Hinnebusch, 'Local politics in Syria: organization and mobilizationin four village cases', *Middle East Journal*, XXX/1 (Winter 1976), p. 124; Ilya Harik, *The Political Mobilization of Peasants: A Study of an Egyptian Peasant Community* (Bloomington, Indiana and London: University of Indiana Press, 1974); and Robert Springborg, 'Baathism in practice: agriculture, politics and political culture in Syria and Iraq', *Middle Eastern Studies*, 17/2 (April 1981), pp. 191–206.
(16) Gauthier de Villers, *Problèmes d'emploi rural en Algérie* (Geneva: ILO Programme Mondiale d'Emploi, Dec. 1978), pp. 17–19.

原註

序論

(1) The World Bank, *World Development Report 1997 (Summary): The State in a Changing World* (Washington, DC: The World Bank, 1997), p. 1.

(2) たとえば、Philip Abrams, 'Notes on the difficulty of studying the state', *The Journal of Historical Sociology*, 1/1 (March 1988), pp. 63–4; Timothy Mitchell, 'The limits of the state: beyond statist approaches and their critics', *American Political Science Review*, 85/1 (March 1991), pp. 77–96 を参照のこと。

(3) たとえば、Joel Migdal, *Strong States and Weak Societies: State–Society Relations and State Capabilities in the Third World* (Princeton, NJ: Princeton University Press, 1988); Michael Barnett, *Confronting the Costs of War: Military Power, State and Society in Egypt and Israel* (Princeton, NJ: Princeton University Press, 1992) を参照のこと。異なる形態の興味深い事例については、Thierry Gongora, 'War making and state power in the Middle East', *International Journal of Middle Eastern Studies*, 29/3 (1997), pp. 323–40 を参照のこと。

(4) 典型的な例としては、Bertrand Badie, *Les deux états: pouvoir et société en Occident et en terre d'Islam* (Paris: Fayard, 1986) を参照のこと。また、これの論考に対する批判については、Sami Zubaida, *Islam, the People and the State* (London and New York: Routledge, 1989), pp. 131–7 を参照のこと。

(5) Migdal, *Strong Societies and Weak States*, p. 19.

(6) Nazih N. Ayubi, *Over-Stating the State: Politics and Society in the Middle East* (London and New York, I. B. Tauris, 1995), pp. 30–3 および 12 章参照のこと。

(7) Zubaida, *Islam, the People and the State*, p. 145.

(8) Talal Asad, 'Conscripts of Western civilization', in Christine Ward Gailey (ed.), *Dialectical Anthropology: Essays in Honor of Stanley Diamond* (Tallahassee, FL: University Press of Florida, 1992), vol. 2.

第 1 章

(1) Elizabeth Monroe, *Britain's Moment in the Middle East 1914–1956* (London: Chatto andWindus, 1963).

(2) 植民地国家の政治経済についての有益な議論は、Hamza Alavi, 'The state in post-colonial societies: Pakistan and Bangladesh', *New Left Review*, 74 (July/August 1972), pp. 59–81; A. G. Hopkins, *An Economic History of West Africa* (London: Longman, 1973) の第 5 章を参照のこと。

(3) 本節の議論については、Zubaida, *Islam, the People and the State*, pp. 145–52 に大きく依拠している。

(4) 数字は、Ahmed Abdalla, *The Student Movement and National Politics in Egypt 1923–1973* から引用。

(5) たとえば、Philip Khoury, *Syria and the French Mandate: The Politics of Arab Nationalism 1920–1945* (London: I. B. Tauris, 1987) の 第 4 部、 お よ び、Philip Khoury, 'Syrian urban politicsin transition: The quarters of Damascus during the French Mandate', *International Journal of Middle Eastern Studies*, 16/X (Nov. 1984), pp. 507–40 を参照のこと。

(6) Feroz Ahmed, *The Making of Modern Turkey* (London: Routledge, 1992).

(7) *Ibid.* トルコの場合には、世俗主義は還俗化、すなわち、国家がイスラームの公的な表現を全て管理することを意味する。

(8) Metin Heper, 'Transitions to democracy reconsidered: a historical perspective', in Dankwart A. Rustow and Kenneth Paul Erikson (eds), *Comparative Political Dynamics: Global Research Perspectives* (New York: Harper and

Hoge, James F., Jr, and Rose, Gideon (eds), *The War on Terror* (New York: Council on Foreign Relations/Foreign Affairs, 2003).

Rabil, Robert G., 'The making of Saddam's executioners: a manual of oppression by procedures', *MERIA Journal*, 7/1 (March 2003).

Warshawski, Michael, 'The 2003 elections in Israel: Labor's increasing irrelevance?', *Journal of Palestine Studies*, 32/3, 127 (Spring 2003), pp. 53-63.

Kegan Paul International, 1989).
Vatikiotis, P. J., *Politics and the Military in Jordan: A Study of the Arab Legion 1921-1957* (London: Frank Cass, 1967).
Zabih, Sepehr, *The Iranian Military in Revolution and War* (London and New York: Routledge, 1988).

11 章

Doumato, Eleanor Abdella and Posusney, Marsha Pripstein (eds), *Women and Globalization in the Arab Middle East: Gender, Economy and Society* (Boulder, CO: Lynne Rienner, 2003).
Carapico, Sheila, *Civil Society in Yemen: The Political Economy of Activism in Modern Arabia* (Cambridge: Cambridge University Press, 1998).
Gilsenan, Michael, *Lords of the Lebanese Marches: Violence and Narrative in an Arab Society* (Berkeley, CA: University of California Press, 1996).
Goldberg, Ellis J. (ed.), *The Social History of Labor in the Middle East* (Boulder, CO and Oxford: Westview Press, 1996).
Kubba, Laith, 'Arabs and democrats: the awakening of civil society', *Journal of Democracy*, 11/3 (July 2000), pp. 84-90.
Sayigh, Yezid, *Armed Struggle and the Search for State: The Palestinian National Movement 1949-1993* (Oxford: Oxford University Press, 1997).
Sayyid, Mustafa K., 'A civil society in Egypt?' *Middle East Journal*, 47/2 (Spring 1993), pp. 228-42.
Singerman, Diane, *Avenue of Participation: Family, Politics and Networks in Urban Quarters of Cairo* (Princeton, NJ: Princeton University Press, 1995).
Tucker, Judith E. (ed.), *Arab Women: Old Boundaries and New Frontiers* (Bloomington and Indianapolis, IN: Indiana University Press, 1993).
White, Jenny B., *Money Makes Us Relatives: Women's Labor in Urban Turkey* (Austin, TX: University of Texas Press, 1994).

12 章

Abdul-Jabbar, Faleh (ed.), *Ayatollahs, Sufis and Ideologues: State, Religion and Social Movements in Iraq* (London: Saqi Books, 2002).
Beck, Sara and Downing, Malcolm (eds), *The Battle for Iraq: BBC News Correspondents on the War Against Saddam* (Baltimore, MD: Johns Hopkins University Press, 2003) 〔BBC 特報班『イラク戦争は終わったか！：BBC news』中谷和男訳、河出書房新社，2004 年〕.
Cordesman, Anthony H., *The Iraq War: Strategy, Tactics and Military Lessons* (Westport, CT: Praeger, 2003).
Danner, Mark, 'Iraq: the new war', *New York Review of Books*, 25 September 2003, pp. 88-91.
Dodge, Toby and Simon, Steven (eds), *Iraq at the Cross-roads: State and Society in the Shadow of Regime Change* (Oxford: Oxford University Press for The International Institute of Strategic Studies, 2003).
Enderlin, Charles, *Shattered Dreams: The Failure of the Peace Process in the Middle East 1995-2002*, trans. Susan Fairfield (New York: The Other Press, 2003).
Halliday, Fred, *Two Hours that Shook the World, September 11, 2001: Causes and Consequences* (London: Saqi Books, 2002).

9章

Abrahamian, Ervand, *Khomeinism: Essays on the Islamic Republic* (Berkeley, CA: University of California Press, 1993).

Antoun, Richard T. and Hegland, Mary (eds), *Religious Resurgence: Contemporary Cases in Islam, Christianity and Judaism* (Syracuse, NY: Syracuse University Press, 1987).

Ayubi, Nazih N., *Political Islam: Religion and Politics in the Arab World* (London and New York: Routledge, 1991).

Burgat, François, *Face to Face with Political Islam* (London: I. B. Tauris, 2003), translation of *L'islamismeen face* (Paris: Decouverte, 1995).

Eickelman, Dale F. and Piscatori, James, *Muslim Politics* (Princeton, NJ: Princeton University Press, 1996).

Helmy, Khaled, 'Disaggregating Islam for social science analysis: the internal dynamics of parliamentary Islamism in comparative perspective', *Items and Issues: Social Science Research Council*, 3, 3/4, pp. 25-8.

Kepel, Gilles, *Jihad: On the Trail of Political Islam*, trans. Anthony F. Roberts (Cambridge, MA: The Belknap Press of Harvard University Press, 2002).〔ジル・ケペル『ジハード：イスラム主義の発展と衰退』丸岡高弘訳、産業図書、2006 年〕.

Mitchell, R. P., *The Society of the Muslim Brothers* (New York: Oxford University Press, 1993).

Moin, Baqer, *Khomeini: Life of the Ayatollah* (London: I. B. Tauris, 1999).

Qutb, Sayyid, *Maalim fi al-Tariq*, translated as *Milestones* (Cedar Rapids, IA: Unit-5, nd).〔サイイド・クトゥブ『イスラーム原理主義の「道しるべ」』岡島稔・座喜純訳・解説、第三書館、2008 年〕

Roy, Olivier, *The Failure of Political Islam*, trans. Carol Volk (Cambridge, MA: Harvard University Press, 1994).

Sivan, Emmanuel, *Radical Islam: Medieval Theology and Modern Politics* (New Haven, CT: Yale University Press, 1985).

Sivan, Emmanuel and Friedman, Menachem (eds), *Religious Radicalism and Politics in the Middle East* (Albany, NY: State University of New York Press, 1990).

Zubaida, Sami, 'Islam and the politics of community and citizenship', *Middle East Report*, 31/4, 221 (Winter 2001), pp. 20-7.

10章

Birand Mehmet Ali, *The Generals' Coup in Turkey: An Inside Story of 12 September 1980*, trans. (London: Brassey's, 1987).

—— *Shirts of Steel: An Anatomy of the Turkish Armed Forces*, trans. Saliha Paker and Ruth Christie (London and New York: I. B. Tauris, 1991).

Hale, William M., *Turkish Politics and the Military* (London and New York: Routledge, 1994).

Jabar, Faleh A., 'The Iraqi army and the anti-army: some reflections on the role of the military', in Toby Dodge and Steven Simon (eds), *Iraq at the Crossroads: State and Society in the Shadow of Regime Change* (London: Oxford University Press for The International Institute of Strategic Studies, 2003), Adelphi Paper 354.

Peri, Yoram, *Between Battles and Ballots: Israeli Military in Politics* (Cambridge: Cambridge University Press, 1983).

Picard, Elizabeth, 'Arab military in politics: from revolutionary plot to authoritarian regime', in Giacomo Luciani (ed.), *The Arab State* (London: Routledge, 1990).

Salih, Khaled, *State-Making, Nation-Building and the Military: Iraq, 1941-1958* (Goteburg, Sweden: Department of Political Science, Goteberg University, 1996).

Springborg, Robert, *Mubarak's Egypt: Fragmentation of the Political Order* (Boulder, CO: Westview and London:

7章

Aricanli, Tosun and Rodrick, Dani (eds), *The Political Economy of Turkey: Adjustment and Sustainability* (London: Macmillan, 1990).

Bellin, Eva, *Stalled Democracy: Capital, Labor and the Paradox of State-Sponsored Development* (Ithaca, NY: Cornell University Press, 2002).

Handoussa, Hiba and Potter, Gillian (eds), *Employment and Structural Adjustment in Egypt in the 1990s* (Cairo: American University of Cairo Press, 1991).

Henry, Clement M. and Springborg, Robert, *Globalization and the Politics of Development in the Middle East* (Cambridge: Cambridge University Press, 2001).

Hinnebusch, Raymond, 'The political economy of economic liberalization in Syria', *International Journal of Middle East Studies*, 27/3 (1995), pp. 305-20.

Khosroshahi, Cameron, 'Privatization in Morocco: The politics of development', *Middle East Journal*, 51/1 (Spring 1997), pp. 242-55.

Naggar, S., *Privatization and Structural Adjustment in the Arab Countries* (Washington: International Monetary Fund, 1989).

Owen, Roger and Pamuk, Sevket, *A History of the Middle East Economies in the Twentieth Century* (London: I. B. Tauris, 1998/Cambridge, MA: Harvard University Press, 1999).

Rahnama, Saeed and Behdad, Sohrab (eds), *Iran After the Revolution: Crisis of an Islamic State* (London and New York: I. B. Tauris, 1995)

Shafik, Nemat (ed.), *Economic Challenges Facing Middle Eastern and North African Countries* (Houndmills, Basingstoke: Macmillan/New York: St Martin's Press, 1997)

Shalev, Michael, 'Contradictions of economic reform in Israel', *Middle East Review*, 28/2, 207 (Summer 1998), pp. 31-3 and 41

8章

Abdo, Baaklini, Denoeux, Guilain and Springborg, Robert (eds), *Legislative Politics in the Arab World: The Resurgence of Democratic Institutions* (Boulder, CO: Lynne Rienner, 1999).

Gause, F. Gregory III, *Oil Monarchies: Domestic and Security Challenges in the Arab Gulf States* (New York: Council on Foreign Relations, 1994).

Hermet, Guy, Rose, Richard and Rouquié, Alain (eds), *Elections Without Choices* (Basingstoke and London: Macmillan, 1978).

Hudson, Michael, *The Precarious Republic: Political Modernization in Lebanon* (New York: Random House, 1968).

Moore, Clement Henry, *Tunisia Since Independence: The Dynamics of One Party Government* (Berkeley, CA: University of California Press, 1965).

Salame, Ghassan (ed.), *Democracy Without Democrats? The Renewal of Politics in the Muslim World* (London: I. B. Tauris, 1994).

Vandewalle, Dirk (ed.), *North Africa: Development and Reform in a Changing Global Economy* (New York: St Martin's Press, 1996).

Bakhash, Shaul, *The Reign of the Ayatollahs: Iran and the Islamic Revolution* (London: I. B. Tauris, 1985).

Heper, Metin and Evin, Ahmet (eds), *State, Democracy and the Military: Turkey in the 1980s* (Berlin and New York: Walter de Gruyter, 1988).

Herzberg, Arthur (ed.), *The Zionist Idea: A Historical Analysis and Reader* (New York: Atheneum, 1986).

Keyder, Caglar, *State and Class: A Study of Capitalist Development* (London and New York: Verso, 1987).

Lochary, Neil, *The Israeli Labor Party: In the Shadow of Likud* (Ithaca NY: Cornell University Press, 1997).

Ozbudun, Ergun, *Contemporary Turkish Politics: Challenges to Democratic Consolidation* (Boulder, CO: Lynne Rienner, 2000).

Peretz, Don, *The Government and Politics of Israel*, 2nd edn (Boulder, CO: Westview Press, 1983).

Sayari, Sabri and Esmer, Yilmaz (eds), *Parties, Politics and Elections in Turkey* (Boulder, CO: Lynne Rienner, 2002).

Schirazi, Asghar, *The Constitution of Iran: Politics and the State in the Islamic Republic*, trans. John O'Kane (London and New York: I. B. Tauris, 1997).

Shafir, Gershon, and Peled, Yoav, *The New Israel: Peacemaking and Liberalization* (Boulder, CO: Westview Press, 2000).

Troen, S. Ilan and Lucas, Noah (eds), *Israel: The First Decade of Independence* (Albany, NY: State University of New York Press, 1995).

6章

Abu-Odeh, Adnan, *Jordanians, Palestinians and the Hashemite Kingdom in the Peace Process* (Washington, DC: United States Institute of Peace Press, 1999).

Brownlee, Jason, 'And yet they persist: explaining survival and transition in neo-patrimonial regimes', *Studies in Comparative International Development*, 37/3 (2002), pp. 35-63.

Carey, Roane (ed.), *The New Intifada: Resisting Israel's Apartheid* (London: Verso, 2001).

Dekmejian, R. Hrair, 'Saudi Arabia's consultative council', *Middle East Journal*, 52/2 (Spring 1998), pp. 204-18.

Faour, Muhammad, *The Arab World after Desert Storm* (Washington, DC: United States Institute of Peace Press, 1993).

Hilterman, Joost R., 'Clipped wings, sharp claws: Iraq in the 1990s', *Middle East Report*, 29/3, 212 (Fall 1999), pp. 54-60.

Khatami, Mohammad, *Islam, Liberty and Development*, trans. (Binghamton, NY: Institute of Global Cultural Studies, Binghamton University, 1998).

Kienle, Eberhard, *Contemporary Syria: Liberalization Between Cold War and Peace* (London: I. B. Tauris, 1997).

—— *A Grand Delusion: Democracy and Economic Reform in Egypt* (London: I. B. Tauris, 2001).

Perthes, Volker, 'Myths and money: four years of Hariri and Lebanon's preparation for a new Middle East', *Middle East Report*, 27/2, 203 (Spring 1997), pp. 16-21.

—— *The Political Economy of Syria under Asad* (London: I. B. Tauris, 1997).

Roberts, Hugh, *The Battlefield Algeria 1988-2002* (London: Verso, 2003).

Said, Edward, *The End of the Peace Process: Oslo and After* (New York: Vintage Books, 2001).

Sayigh, Yezid, 'Palestine's prospects', *Survival*, 42/4 (Winter 2000-1), pp. 5-19.

Usher, Graham, *Palestine in Crisis: The Struggle for Political Independence After Oslo* (London and New Haven, CT: Pluto Press, 1995).

Rasheed, Madawi, *A History of Saudi Arabia* (Cambridge: Cambridge University Press, 2002).
Samore, G. S., 'Royal Family politics in Saudi Arabia (1953-1982)', Harvard University, unpublished PhD thesis, 1984 (University Microfilms).
Vandewalle, Dirk (ed.), *Qadhafi's Libya 1969-1994* (New York: St Martin's Press, 1995).
Waterbury, John, *The Commander of the Faithful: The Moroccan Political Elite: A Study of Segmented Politics* (London: Weidenfeld and Nicolson, 1970).
Zahlan, Rosemary Said, *The Making of the Modern Gulf States: Kuwait, Bahrain, Qatar, the United Arab Emirates and Oman* (Reading: Ithaca Press, 1998).

4章

Anderson, Benedict, *Imagined Communities: Reflections on the Origins and Spread of Nationalism* (London and New York: Verso, 1991)〔ベネディクト・アンダーソン『定本　想像の共同体：ナショナリズムの起源と流行』白石隆、白石さや訳、書籍工房早山、2007年〕〔ベネディクト・アンダーソン『想像の共同体：ナショナリズムの起源と流行』白石隆、白石さや訳、NTT出版、1997年〕〔ベネディクト・アンダーソン『想像の共同体：ナショナリズムの起源と流行』白石隆、白石さや訳、リブロポート、1987年〕.
Baram, Amatzia, *Culture, History and Ideology in the Formation of Ba'thist Iraq, 1968-89* (Basingstoke and London: Macmillan/St Antony's, 1991).
Dawn, C. Ernest, *From Ottomanism to Arabism: Essays on the Origins of Arab Nationalism* (Urbana, IL: University of Illinois Press, 1973).
Gellner, Ernest, *Nations and Nationalism* (Oxford: Basil Blackwell, 1983)〔アーネスト・ゲルナー『民族とナショナリズム』加藤節監訳、岩波書店、2000年〕.
Gelvin, James L., *Divided Loyalties: Nationalism and Mass Politics in Syria at the Close of Empire* (Berkeley, CA: University of California Press, 1998).
Gomaa, Ahmed M., *The Foundations of the League of Arab States: Wartime Diplomacy and Inter-Arab Politics 1941 to 1945* (London and New York: Longman, 1977).
Haim, Sylvia (ed.), *Arab Nationalism: An Anthology* (Los Angeles, CA: University of California Press, 1976).
Kerr, Malcolm, *The Arab Cold War 1958-1967: A Study of Ideology in Politics* (London: Oxford University Press for RIIA, 1967).
Kienle, Eberhard, *Ba'th Versus Ba'th: The Conflict Between Syria and Iraq* (London: I. B. Tauris 1990).
Mufti, Malik, *Sovereign Creations: Pan-Arabism and Political Order in Syria and Iraq* (Ithaca and London: Cornell University Press, 1996).
Seale, Patrick, *The Struggle for Syria: A Study of Post-War Arab Politics 1945-1958* (London: I. B. Tauris 1986).

5章

Abrahamian, Ervand, *Iran Between Two Revolutions* (Princeton, NJ: Princeton University Press, 1982).
Ahmad, Feroz, *The Making of Modern Turkey* (London: Routledge, 1992).
Arian, Asher and Shamir, Michael (eds), *The Elections in Israel, 1999* (Albany, NY: State University of New York Press, 2002).
Azimi, Fahkreddin, *Iran: The Crisis of Democracy 1941-1953* (London: I. B. Tauris, 1989).

各章の重要文献

1章

Hourani, Albert, *A History of the Arab Peoples* (London: Faber and Cambridge, MA: Belknap/Harvard University Press, 1991)〔アルバート・ホーラーニー『アラブの人々の歴史』湯川武監訳・阿久津正幸編訳、第三書館、2003年〕.

Khalaf, Issa, *Politics in Palestine: Arab Factionalism and Social Disintegration 1939-1948* (Albany, NY: State University of New York Press, 1991).

Khoury, Philip S., *Syria and the French Mandate: The Politics of Arab Nationalism 1920-1945* (Princeton, NJ: Princeton University Press and London: I. B. Tauris, 1987).

Monroe, Elizabeth, *Britain's Moment in the Middle East 1914-1956* (London: Chatto and Windus, 1963).

Moore, Clement Henry, *The Politics of North Africa: Algeria, Morocco and Tunisia* (Boston, MA: Little, Brown, 1970).

Yapp, M. E., *The Near East Since the First World War: A History to 1995*, 2nd edn (London: Longman, 1996).

Zubaida, Sami, *Islam, the People and the State* (London: I. B. Tauris, 1995).

2章

Ayubi, Nazih N., *Over-Stating the Arab State: Politics and Society in the Middle East* (London: I. B. Tauris, 1996).

Batatu, Hanna, *Syria's Peasantry, the Descendants of Its Lesser Rural Notables and Their Politics* (Princeton NJ: Princeton University Press, 1999).

Beattie, Kirk J., *Egypt During the Nasser Years: Ideology, Politics and Civil Society* (Boulder, CO: Westview Press, 1994).

Khalil, Samir (Kanan Makiya), *The Republic of Fear: The Politics of Modern Iraq* (Berkeley, CA: University of California Press, 1990).

Moore, Clement Henry, 'Authoritarian politics in unincorporated society', *Comparative Politics*, 6/2 (Jan. 1974), pp. 193-218.

Tripp, Charles, *A History of Iraq*, 2nd edn (Cambridge: Cambridge University Press, 2002)〔チャールズ・トリップ『イラクの歴史』大野元裕監訳・岩永尚子他訳、明石書店、2004年〕.

Waterbury, John, *The Egypt of Nasser and Sadat: The Political Economy of Two Regimes* (Princeton: Princeton University Press, 1983).

Wedeen, Lisa, *Ambiguities of Domination: Politics, Rhetoric, and Symbols in Contemporary Syria* (Chicago, IL, and London: Chicago University Press, 1999).

3章

Alexander, Nathan, 'Libya: The Continuous Revolution', *Middle Eastern Studies*, 17/2 (April 1981), pp. 210-27.

Chaudhry, Kiren Aziz, *The Price of Wealth: Economies and Institutions in the Middle East* (Ithaca and London: Cornell University Press, 1997).

Luciani, Giacomo (ed.), *The Arab State* (London: Routledge, 1990).

Mutawi, Samir A., *Jordan in the 1967 War* (Cambridge: Cambridge University Press, 1987).

わ

や

ら

ま

な

は

た

さ

か

索引

あ

訳者解説

本書はRoger Owen, *State, Power and Politics in the Making of the Modern Middle East*, 3rd ed.（Routledge, 2004）の全訳である。

原著は、中東政治を学ぶうえで古典ともいえる重要な研究であり、中東政治・政治史の教科書として高い評価を得ている。その証拠に、ロンドン大学東洋アフリカ研究学院（SOAS）やオックスフォード大学、ハーバード大学、タフツ大学、スタンフォード大学をはじめ、欧米の主要な大学および大学院で中東政治のテキストとして広く使われている。一九九二年に初版が刊行されてから三回も版を改め、そのたびに重版されていることからも、原著がいかに広く読まれているかがわかるだろう。日本語訳の刊行にあたって、著者には「日本語版への序文」を加筆する労をとっていただいた。

ロジャー・オーウェンは、一九三五年に生を得た英国出身の歴史家であり、現在はハーバード大学歴史学部名誉教授の職にある。オックスフォード大学セントアントニーズ・カレッジで博士号（経済史）を取得したオーウェンは、一九六四年以降、同カレッジで長らく教鞭をとるかたわら、セントアントニーズ・カレッジ中東研究センターの所長も務めた。一九九三年には、米国のハーバード大学に異動し、一九九六年からは同大学中東研究センターの所長、二〇〇七年からはアメリカ芸術科学アカデミーのメンバーを歴任した。オーウェンは、中東政治や中東現代政治史をめぐるこれまでの業績が評価され、第三回世界中東学会（二〇一〇年スペイン・バルセロナで開催）で、世界中東学会賞を受けている。

本書以外の主要な著書は次の通りである。

Roger Owen, *Cotton and the Egyptian Economy, 1820-1914: A Study in Trade and Development* (Oxford University Press, 1969).
Roger Owen, *The Middle East in the World Economy, 1800-1914* (Methuen, 1981), Reprinted with new Introduction (I.B. Tauris, 1993).
Roger Owen, *A History of the Middle East Economies in the Twentieth Century* (I.B. Tauris and Harvard University Press 1998) (with Sevket Pamuk).
Roger Owen, *The Rise and Fall of Arab Presidents for Life* (Harvard University Press, 2012).

重要な編著もいくつかある。

Roger Owen ed., *Studies in the Economic and Social History of Palestine in the 19th and 20th Centuries* (Macmillan, 1982).
Roger Owen and William Roger Louis eds., *Suez 1956: The Crisis and its Consequences* (Oxford University Press, 1989).
Roger Owen and Charles Tripp eds., *Egypt under Mubarak* (Routledge, 1989).
Roger Owen ed., *New Perspectives on Property and Land in the Middle East* (Harvard University Press, 2000).
Roger Owen and William Roger Louis eds., *The Revolutionary Middle East in 1958* (I.B. Tauris, 2002).

以上の研究業績からも分かるように、オーウェンは、もともとの専門である経済史の立場から、中東の現代政治史や社会経済史についての重要な研究を蓄積してきた。とりわけ、植民地支配下の中東の経済史が彼の最も得意とする分野である。

本書にも、その経済史という専門的知見が随所にちりばめられている。一九九二年に初版が刊行された後、本書は翌年と翌々年に重版されている。二〇〇〇年に刊行された第二版では、第六章「一九九〇年代における中東政治の再編」が加筆された。本書が訳本として用いた第三版は二〇〇四年に刊行され、さらに第一二章「米国による中東再編の試み」が加筆されている。なお、第三版も二度重版されている。重版を繰り返していることが示すように、本書は間違いなくオーウェンの代表作の一つである。中東地域で数多くのフィールド調査を重ね、中東政治や経済史について長きにわたって研究を行ってきたオーウェンならではの、深遠な造詣に裏打ちされた味わい深い教科書に仕上がっている。

＊

とはいえ、本書は単なる中東政治史の教科書ではない。オーウェンは疑いなく歴史家であるが、本書には中東現代史についての時系列的な説明はほとんど見当たらない。むしろ、これまでの中東現代史や経済史の研究をふまえ、中東地域に近代国家がどのように成立したのか、そして国家建設後に政治体制がいかに定着していったのかといった問題について、構造的な議論が展開されている点が、本書の最大の特徴であろう。

また、本書は単なる中東政治学の教科書でもない。地域に特化した政治の教科書にありがちな各国ごとの概説というスタイルを採らず、重要なテーマ（国家建設、一党支配、家族支配、ナショナリズム、経済再建、政党と選挙、宗教復興、軍、非国家アクター）ごとに議論が展開されている。また、歴史学の視点から書かれた教科書ではあるが、同時に（比較）政治学の重要概念や枠組みにも十分な注意が払われている。これによって、著者が序文で指摘しているように、「中東を国際的な比較研究の俎上に載せること」（一五頁）が可能となっているのである。ともすれば、特異な例として位置付けられがちな中東政治のダイナミズムを、ポスト・コロニアルな社会に共通する現象として比較可能な形で説明している点は、本書のもう一つの特徴であろう。

中東を例外視しない立場、言い換えれば「中東例外論」に対する批判は、古くて新しい問題である。それは、著者が序文で指摘している「オリエンタリズム批判」の問題にも繋がる。オリエンタリズムに対する批判は、我が国ではかなり人口に膾炙しつつあるが、欧米では依然として重要な課題である。オリエンタリズムに対してオーウェンが本書で提示した回答は、中東を例外的な事例として扱わない一方で過度の一般化を回避する、というバランスの取れた議論なのである。安易な一般化や理論化を回避するという歴史家らしい慎重な姿勢は、本書の説得力を増す一因にもなっている。

終始一貫して慎重な記述がなされているため、本書で展開されている議論を要約することは困難なのだが、おおづかみにみれば、次のように整理できるだろう。

まず、本書全体を貫く論点は、植民地支配からの独立の過程で建設された中東諸国が、その後様々な仕組みや制度を定着させることによって政権を維持し、支配を強化してきたという議論である。オーウェンによれば、これは中東に特有の事情ではなく、ポスト・コロニアルな社会に共通する現象である。したがって、建国後に一党支配体制や家族支配、国内経済といった様々な制度や仕組みを整えることによって、これまで一般に国家の殻が柔らかいと考えられてきた中東においても、中東国家体制が固まってきた、という点が説得的に描かれている。

もう一つ、本書に独創的な論点は、こうした中東国家体制が一九九〇年代に「再編」された、という指摘である。湾岸戦争後、中東諸国は政治・経済的自由化を求める強い外圧に晒されてきたが、それに応じる形で進められた中東国家体制の「再編」は、当初想定されていたような方向へは進まなかった。それどころか、むしろ政治・経済的自由化に逆行する動きすらみられた。その結果、欧米の市場原理と民主主義が表面的に模倣される一方で、体制の根幹部分ではパトロン・クライエント関係や権威主義的統治、そして説明責任をまったく果たさない政府が維持されることになったのである。この点について、本書は多くの事例を用いて説得的な議論がなされており、そこには、後に注目が集まることになる権威主義体制の持続要因を探求する研究の論点が随所にみられる。

ただし、本書の大部分が一九八〇年代後半に書かれたことを物語る部分もないわけではない。最も顕著なのは、アラブ諸国とイラン・トルコ・イスラエルが区別して議論されている点であろう。これは、オーウェンがアラブ民族主義パラダイムの強い影響下で研究を進めてきたことに起因する。その後、アラブ民族主義の影響力が低下すると、イラン・トルコ・イスラエルはアラブ諸国と連動した同じシステム内のアクターであると認識され、議論されることが多くなっている。たとえば、Raymond A. Hinnebusch, *The International Politics of the Middle East*（Manchester University Press, 2003）や Barry Buzan and Ole Wæver, *Regions and Powers: The Structure of International Security*（Cambridge University Press, 2003）を参照されたい。

また、本書では中東諸国の国際関係や対外政策については、アラブ民族主義との関係でのみ触れられている程度である。この問題は、近年の中東情勢を考えるうえでも、中東政治の全体像を把握するうえでも重要である。これについては、本書と合わせて、Louise Fawcett, *International Relations of the Middle East*, 3rd ed.（Oxford University Press, 2013）や、Fred Halliday, *The Middle East in International Relations: Power, Politics and Ideology*（Cambridge University Press, 2005）、さらに、Raymond Hinnebusch and Anoushiravan Ehteshami, eds., *The Foreign Policies of Middle East States*（Lynne Rienner, 2002）を参照していただきたい。また、対米関係は中東諸国にとってとりわけ重要な外交課題の一つであるが、これについては David W. Lesch and Mark L. Haas, eds., *The Middle East and the United States: History, Politics, and Ideologies*, 5th ed.（Westview Press, 2011）が網羅的で参考になる。

*

さて、中東政治を扱った教科書のなかで、本書にはどのように位置付けられるのだろうか。

実は、英語圏には中東政治の教科書は多数ある。たとえば、歴史的記述が中心の入門書に位置付けられる中東政治

（史）の教科書としては、Marion Farouk-Sluglett and Peter Sluglett eds., *The Times Guide to the Middle East*, 3rd ed.（Times Book, 1996）や Ilan Pappé, *The Modern Middle East*（Routledge 2005）、James L. Gelvin, *The Modern Middle East: A History*, 3rd ed.（Oxford University Press, 2011）、William L. Cleveland and Martin Bunton, *A History of the Modern Middle East*, 5th ed.（Westview Press, 2013）、Mehran Kamrava, *The Modern Middle East: A Political History Since the First World War*, 3rd ed.（University of California Press, 2013）、などが挙げられる。中東の戦争に着目して現代史を描いた Avi Shlaim, *War and Peace in the Middle East: A Concise History*（Penguin, 1995）、アラブの歴史に限定されるがよくまとまっている Eugene Rogan, *The Arabs: A History*, 2nd ed.（Penguin, 2012）（ユージン・ローガン『アラブ五〇〇年史——オスマン帝国支配から「アラブ革命」まで（上・下）』白須英子訳、白水社、二〇一三年）も、ここに位置付けられるだろう。

一方で、各国の政治体制や現状についての概説書には、Tareq Y. Ismael, *Middle East Politics Today: Government and Civil Society*（University Press of Florida, 2001）や、Ellen Lust, ed. *The Middle East*, 13th ed.（CQ Press, 2013）、Michele Penner Angrist, ed. *Politics & Society in the Contemporary Middle East*, 2nd ed.（Lynne Reinner Publishers, 2013）などがある。それに加え、各国の歴史や政治経済、外交などのデータを集めた David E. Long, Bernard Reich and Mark Gasiorouwski eds., *The Government and Politics of the Middle East and North Africa*, 5th ed.（Westview Press, 2007）や、各国研究の主要な著作や論文を紹介したデータブック Bernard Reich ed., *Handbook of Political Science Research on the Middle East and North Africa*（Westport: Greenwood Press, 1998）も参考になるだろう。

以上のような教科書とは異なり、重要なテーマごとに中東諸国を串刺しにして議論を展開するスタイルを取っている中東政治学の入門書としては、James A. Bill and Robert Springborg, *Politics in the Middle East*, 5th ed.（Longman, 1999）と、Beverly Milton-Edwards, *Contemporary Politics in the Middle East*, 3rd ed.（Polity Press, 2011）が挙げられる。ビルとスプリングボーグ、そしてミルトンエドワードの二冊の教科書は、記述のレベルも内容も易しく、中東政治を政治学的に理解したい初学者には最適のテキストだと言えるだろう。

他方、この二冊に比べて、テーマごとにかなり分厚い議論が展開されているのが、本書でもたびたび引用されている Nazih N. Ayubi, *Over-Stating the Arab State: Politics and Society in the Middle East*（I.B. Tauris, 1995）や Alan Richards and John Waterbury, *A Political Economy of the Middle East*, 3rd ed.（Westview Press, 2007）、そして Clement Moore Henry and Robert Springborg, *Globalization and the Politics of Development in the Middle East*, 2nd ed.（Cambridge University Press, 2010）である。これらは、いわば、中東政治の上級教科書である。

オーウェンによる本書は、ビルとスプリングボーグやミルトンエドワードの初級教科書と、アイユービーらの上級教科書のちょうど中間に位置付けることができるだろう。初級教科書に比べて議論に深みが増しているが、上級教科書ほど専門的ではない、といったところだろうか。決して、中東の現代史が全て頭に入っていなければ読めないわけではないので、本書を先に紐解き、背景となる歴史をそのつど学ぶという学習スタイルも可能となる。そのため、より広い読者が対象となっている。それに加えて、本書は類書にみられない視点、つまり、国家建設から国家の制度や仕組みの定着、そしてそれらの再編に至るまで、一貫した視角でかつ多面的に議論が展開されているという魅力もある。

＊

このように、英語で書かれた中東政治の教科書は、通史や各国別の分析、テーマごとの論述など、多岐にわたる。ところが、日本語では、教科書と呼べる中東政治の書物はほとんど見当たらない。類書としては、酒井啓子編『中東政治学』（有斐閣、二〇一二年）があるが、教科書というよりは論文集の性格が色濃く、他方、松本弘編『中東・イスラーム諸国　民主化ハンドブック』（明石書店、二〇一一年）は各国の民主化にかかわるデータを集めた参考書である。したがって、我が国には日本語で読める中東政治学の教科書が、ほとんど存在しないということになる。

翻って、他の地域をみてみると、当該地域の政治を理解するための教科書は徐々に充実してきている。ラテンアメリカは（比較）政治学のケースとして使われることが多かったため、早くから教科書が整備されてきた。たとえば、松下洋・乗浩子編『ラテンアメリカ――政治と社会』（新評論、一九九三年）、加茂雄三ほか『ラテンアメリカ（第二版）』（自由国民社、二〇〇五年）、恒川惠市『比較政治――中南米』（放送大学教育振興会、二〇〇八年）などがある。東南アジアについては、清水一史・田村慶子・横山豪志編『東南アジア現代政治入門』（ミネルヴァ書房、二〇一一年）、中村正志編『東南アジアの比較政治学』（アジア経済研究所、二〇一二年）などがある。

こうした状況に鑑みるならば、中東政治の教科書がないことは深刻な問題だと言わざるを得ない。九・一一事件（二〇〇一年）、イラク戦争（二〇〇三年）、「アラブの春」（二〇一一年）、そして「イスラーム国」の台頭（二〇一四年）と、中東では立て続けに重要な事件が起こっており、国際的にも大きな注目を集めている。我が国にとっても、中東は極めて重要な地域である。したがって、中東政治を体系的に学ぶことができる教科書の重要性については、多言を要しない。中東政治への関心が高まるなかで、教科書がなければ、学ぶ側も教える側も、不便極まりない。

だからこそ、本書は訳された。オーウェンによる本書は、上述のように、易し過ぎず専門的過ぎず、最もスタンダードな中東政治の教科書である。中東政治の初学者だけでなく、地域事情に精通した専門家にとっても、本書の分析は有効であろう。さらに、読み物としても興味深いので、今後本格的に中東政治を学ぶわけではない一般読者も手に取りやすくなっている。

ところで、とりわけ二〇〇〇年代半ば以降の中東政治研究では、中東諸国の民主化や市民社会をめぐる研究に代わって、権威主義体制はなぜ持続するのかという問いに注目が集まるようになった（たとえば、Marsha Pripstein Posusney and Michele Penner Angrist eds., *Authoritarianism in the Middle East: Regimes and Resistance* [Lynne Rienner, 2005]、Ellen Lust-Okar, *Structuring Conflict in the Arab World: Incumbents, Opponents and Institutions* [Cambridge University Press, 2005]、Oliver Schlumberger ed., *Debating Arab Authoritarianism: Dynamics and Durability in Nondemocratic Regimes* [Stanford University Press, 2007]、Jason Brownlee, *Authoritarianism in an Age of Democratization*

[Cambridge University Press, 2007]、Jennifer Gandhi, *Political Institutions under Dictatorship* [Cambridge University Press, 2008]、酒井啓子・青山弘之編『中東・中央アジア諸国における権力構造——したたかな国家・翻弄される社会』[岩波書店、二〇〇五年] などが代表的である)。さらに、いわゆる「アラブの春」以降の中東に生じた新しい政治的ダイナミズムをめぐっては、権威主義体制(とりわけ君主制)の持続と民主化、民衆運動、そして急進的なイスラーム主義勢力の勃興などに焦点を当てた研究が矢継ぎ早に上梓されるようになった(たとえば、Rex Brynen, Peter Moore and Basel Salloukh, *Beyond the Arab Spring: Authoritarianism and Democratization in the Arab World* [Lynne Reinner Publishers, 2012]、Fawaz A. Gerges, ed., *The New Middle East: Protest and Revolution in the Arab World* [Cambridge University Press, 2014]、Marc Lynch, ed., *The Arab Uprisings Explained: New Contentious Politics in the Middle East* [Columbia University Press, 2014] などが興味深い)。

こうした新しい研究は、中東政治のダイナミズムを理解するうえで極めて重要である。だが、これらの研究の原点にあるのが、オーウェンによる本書であると言っても過言ではない。というのも、本書で詳細に議論されている国家建設やナショナリズム、経済再建、軍、宗教復興などの論点は、「アラブの春」以前に発展した権威主義体制の頑健性をめぐる研究においても、また「アラブの春」以降の新しい政治的ダイナミクスについての研究でも、依然として重要な論点として議論され続けているからである。本書を読み返すなかで、中東諸国の国家建設にさかのぼって中東政治を歴史的観点からみつめなおすことは、現在の激動の中東を理解するための近道に思えてならない。

＊

翻訳にあたり、まず次のように分担して下訳を作成した。

日本語版への序文、序論、第一章、第二章、第三章、第四章、第九章、第一〇章　山尾大

序文、謝辞、第五章、第六章、第七章、第八章、第一一章、第一二章、結論　溝渕正季

その後、お互いの下訳に手を入れ合い、訳語についても議論を重ねた。全体を通して文章を整える作業についても、山尾と溝渕が共同で行った。万全を期したつもりであるが、とくに訳者が専門としない国や時代については、思わぬ誤訳が残っているかもしれない。読者諸賢からのご意見を待ちたい。

本書の刊行にあたって、多くの方のご協力をいただいた。著者のオーウェン先生は、日本語版の刊行を誰よりも喜んでくれた。教授職を退いてもなお、研究に対していつまでも果てることのない情熱を燃やし続ける彼の姿勢は、常に訳者たちの敬意の的である。明石書店の大江道雅氏は、「中東政治の教科書が必要です」という駆け出しの研究者の思いを実現してくださった。実際に編集を担当していただいた瀬戸由美子氏は、下訳のチェックから校正まで、極めて献身的かつプロフェッショナルな作業で、本書を刊行に導いてくださった。お二人のご助力がなければ、本書はいつまでも日の目をみることはなかっただろう。改めて深謝申し上げたい。

最後に、この訳書を出発点として、中東政治研究を志す方々が一人でも増えること、そして我が国の中東政治研究がよりいっそう進展していくことを祈念してやまない。

二〇一四年一一月

山尾　大・溝渕　正季

訳者略歴

山尾　大（やまお・だい）

1981年　滋賀県に生まれる。

2010年　京都大学大学院アジア・アフリカ地域研究研究科一貫制博士課程修了。

2010年　日本学術振興会特別研究員（PD）。

現在　九州大学大学院比較社会文化研究院准教授、博士（地域研究、京都大学）。

専攻　イラク政治、中東政治、国際政治、比較政治。

著作　『「イスラーム国」の脅威とイラク』岩波書店、2014年（吉岡明子と共編著）、『紛争と国家建設――戦後イラクの再建をめぐるポリティクス』明石書店、2013年（第17回国際開発研究 大来賞受賞）、『イラクを知るための60章』明石書店、2013年（酒井啓子・吉岡明子と共編著）、『現代イラクのイスラーム主義運動――革命運動から政権党への軌跡』有斐閣、2011年、"Sectarianism Twisted: Changing Cleavages in the Elections of Post-war Iraq", *Arab Studies Quarterly,* 34 (1), 2012、「反体制勢力に対する外部アクターの影響――イラク・イスラーム主義政党の戦後政策対立を事例に」『国際政治』(166)、2011年（第5回国際政治学会奨励賞受賞）など。

溝渕　正季（みぞぶち・まさき）

1984年　香川県に生まれる。

2011年　上智大学大学院グローバル・スタディーズ研究科地域研究専攻単位取得退学。

2012年　日本学術振興会特別研究員（PD）。

2013年　ハーバード大学ジョン・F・ケネディ公共政策大学院ベルファー科学・国際問題研究センター研究員。

現在　名古屋商科大学経済学部専任講師、博士（地域研究、上智大学）。

専攻　シリア・レバノン政治、中東政治、国際政治、比較政治。

著作　『シリア・レバノンを知るための64章』明石書店、2013年（黒木英充編著）、『中東和平の現状――各アクターの動向と今後の展望』日本国際問題研究所、2011年（日本国際問題研究所編）、「『見えない敵』への爆撃――第二次レバノン戦争（2006年）とガザ戦争（2008/09年）におけるイスラエルのエア・パワー」『国際政治』(178)，2014年、「シリア危機はなぜ長期化しているのか？――変容する反体制勢力と地政学的攻防」『国際安全保障』41(4)，2014年、"The Myth of the "New Phoenicians": Are Lebanese People Really Cosmopolitans?" *Mediterran-ean Review,* 6(1), 2013（高岡豊との共著）、など。

著者略歴

ロジャー・オーウェン

1935年　英国ロンドンに生まれる。

1964年　オックスフォード大学セントアントニーズ・カレッジ修了。

1964年　オックスフォード大学講師。

1971年　オックスフォード大学セントアントニーズ・カレッジ中東研究センター長（～74年、80～82年、86～88年、91～93年）。

1993年　ハーバード大学教授。

1996年　ハーバード大学中東研究センター長（～99年）。

現在　ハーバード大学名誉教授、D Phil（経済史、オックスフォード大学）。

専攻　経済史、中東政治史。

著作　*The Rise and Fall of Arab Presidents for Life* (Harvard University Press, 2012)、*A History of the Middle East Economies in the Twentieth Century* (I. B. Tauris and Harvard University Press 1998)（Sevket Pamukとの共著）、*The Middle East in the World Economy, 1800-1914* (Methuen, 1981)（1993年にI. B. Taurisから新版）、*Cotton and the Egyptian Economy, 1820-1914: A Study in Trade and Development* (Oxford University Press, 1969) など。

現代中東の国家・権力・政治

2015年2月20日　初版第1刷発行

著　者　ロジャー・オーウェン
訳　者　山　尾　　大
　　　　溝　渕　正　季
発行者　石　井　昭　男
発行所　株式会社明石書店
〒101-0021 東京都千代田区外神田6-9-5
電　話　03（5818）1171
FAX　03（5818）1174
振　替　00100-7-24505
http://www.akashi.co.jp
装丁　明石書店デザイン室
印刷／製本　モリモト印刷株式会社

Printed in Japan

ISBN978-4-7503-4140-8
（定価はカバーに表示してあります）

現代アラブを知るための56章
エリア・スタディーズ 120 松本 弘編著 ◉2000円

シリア・レバノンを知るための64章
エリア・スタディーズ 123 黒木英充編著 ◉2000円

現代イラクを知るための60章
エリア・スタディーズ 115 酒井啓子、吉岡明子、山尾 大編著 ◉2000円

イランを知るための65章
エリア・スタディーズ 43 岡田恵美子、北原圭一、鈴木珠里編著 ◉2000円

サウジアラビアを知るための65章
エリア・スタディーズ 64 中村 覚編著 ◉2000円

アラブ首長国連邦（UAE）を知るための60章
エリア・スタディーズ 89 細井 長編著 ◉2000円

トルコを知るための53章
エリア・スタディーズ 95 大村幸宏、永田雄三、内藤正典編著 ◉2000円

イスラエルを知るための60章
エリア・スタディーズ 104 立山良司編著 ◉2000円

現代エジプトを知るための60章
エリア・スタディーズ 107 鈴木恵美編著 ◉2000円

チュニジアを知るための60章
エリア・スタディーズ 81 鷹木恵子編著 ◉2000円

アルジェリアを知るための62章
エリア・スタディーズ 73 私市正年編著 ◉2000円

モロッコを知るための65章
エリア・スタディーズ 63 私市正年、佐藤健太郎編著 ◉2000円

紛争と国家建設 戦後イラクの再建をめぐるポリティクス
山尾 大 ◉4200円

中東・イスラーム諸国 民主化ハンドブック
松本 弘編著 ◉6800円

イスラーム世界の挫折と再生 「アラブの春」後を読み解く
内藤正典編著 ◉2800円

中東湾岸諸国の民主化と政党システム
石黒大岳 ◉4200円

〈価格は本体価格です〉